刘晨晖 著

晚清六名臣

团结出版社
UNITY PRESS

图书在版编目（ＣＩＰ）数据

震荡晚清六名臣 / 刘晨晖著. -- 北京 ：团结出版
社，2017.5（2018.7 重印）
ISBN 978-7-5126-4686-5

Ⅰ．①震… Ⅱ．①刘… Ⅲ．①政治人物－列传－中国
－清后期 Ⅳ．①K827=52

中国版本图书馆 CIP 数据核字(2016)第 301552 号

出　版：团结出版社
　　　　（北京市东城区东皇城根南街 84 号　邮编：100006）
电　话：（010）65228880　65244790　（出版社）
　　　　（010）65238766　85113874　65133603（发行部）
　　　　（010）65133603（邮购）
网　址：http://www.tjpress.com
E-mail：zb65244790@vip.163.com
　　　　fx65133603@163.com（发行部邮购）
经　销：全国新华书店
印　装：三河市东方印刷有限公司

开　本：170mm×240mm　　16 开
印　张：22
字　数：343 千字
印　数：4046-6055
版　次：2017 年 5 月　第 1 版
印　次：2018 年 7 月　第 2 次印刷

书　号：978-7-5126-4686-5
定　价：48.00 元

前 言
PREFACE

　　从1840年鸦片战争以后，到1912年中华民国成立，大清皇帝宣布退位，这一段70余年的时期，称为晚清。这是一段历史，它包括进程、社会形势、事件、外交与人物，全面研究这段历史属于中国近代史的范畴，不是本书的宗旨。

　　在这段历史中，有一段时间，即从1864年太平天国覆亡到1884年中法战争爆发，20年间，国内太平天国、捻军、入侵新疆的阿古柏匪帮均已被镇压下去；对外无战争而且还从俄国人手中收回了伊犁。朝廷上有慈安太后与慈禧太后两宫垂帘共掌乾坤而非由慈禧一人做主，中枢有头脑清醒的政治家恭亲王与文祥主政，地方上封疆大吏已多是军功卓著且深明"修身、齐家、治国"道德原则的汉将名臣，由于最重要的枢臣与疆吏皆为佼佼者，故政局比较清明，内忧外患都不紧迫，所以当时国家呈现出相当难得的稳定局面。

　　在此历史条件与现实环境下，朝廷（首先是几位重要的大臣）开始认识到不能再顽固地闭关锁国，这就酝酿出了要学习西洋以加强国力的想法并实施了一些史无前例的行动。这一段时期主要开始于同治（1862—1874）年间，正因为有比较安定的社会环境，同时又开始认识到要通过学习西洋发展经验与现实来振兴国家（求强求富），而不是仅满足于平定内乱后墨守成规和无所改进（简单地恢复农桑与民休息），所以被史家称为"同治中兴"。

　　因此兴洋务当然是中兴的重要内容，但它的实施却不只限于同治年间。具体来看，自从同治元年（1862年）李鸿章率领淮军进到上海并开始成建制使用洋枪洋炮武装淮军步兵，大大提高了军队的战斗力以后，李鸿章就进一步认识到西洋武器的威力，并随即实施了购买西洋机器和组建江南制造总局以制造西洋武器；在此过程中又认识到实现军备西洋化需要资金支持，因此就必须兴办工业以积累资金，从而开始筹办建设军民两用的电报、轮船招商局、铁路建设、造船、采矿等现代工业的工程项目。由于这些原是经世派的大臣迅速转化为洋务派，就在1888年年底建成了以西洋战舰为主力的中国北洋水师，而且使中国陆军都抛弃了冷兵器而换上了后膛枪，并且开始认识到要使中国从几千年的农桑经济走向工业化的道路。

在李鸿章时期所展开的这些活动，就是他所提倡的"兴洋务、图自强"运动，一直延续到同治去世以后的光绪年间，虽然1894年的甲午战争战败标志着李鸿章所主宰的自强运动失败了，但并不能因此说"同治中兴"以失败告终，因为大兴洋务的过程或者说实现工业化的过程在中国并未停止，事实上它已经获得了朝野广泛的认同，其中尤其修铁路更获得重视，因此随后至少在经济上还继续推动洋务过程，而且在张之洞、盛宣怀等人的积极努力下，得到了更大的发展。需知，清朝不是亡于经济崩溃，当时国家税收年年增加。兴洋务使中国一步一步从"同治中兴"开始走向各方面（经济、军事、文化乃至政治）都以向西方学习为主要内容的现代化过程，也就是"同治中兴"并不是一个封闭的时段，其实质性的内涵在延续。

总之，没有兴洋务就不能称为中兴，没有20年社会安定的中兴就不会认识到要兴洋务，而随着洋务运动的蓬勃兴起与深化，不但使中国开始了走工业化的道路，而且也促使中国思想界的先进人士与承担了历史使命的革命志士们，更加深了对世界政治形势的了解与对自己国家和一代人责任的认识。1905年日俄战争以后，立宪派与革命派也就因此在中国兴起，随之而来的就是发生在20世纪初期辛亥革命的成功与大清皇朝的覆亡。

本书选择了卷入此历史进程中的六位最重要的大臣来说明晚清中兴与倡办洋务这两个过程。其中，曾国藩、左宗棠、胡林翼主要是中兴大臣（即稳定当时国家面临的严峻政治形势与平息内乱是他们的主要成就，由于他们平定了太平天国、捻军和收复新疆等，就给随后的"同治中兴"奠定了基础，但他们作为注重实用的经世派大臣，自然敏感地认识到学习西洋的重要性，所以也是兴洋务的先驱与倡导者）；张之洞与盛宣怀是极力倡办洋务并成效卓著的大臣；而李鸿章则既是重要的中兴大臣又是最先倡办与实施洋务的中流砥柱大臣。

这六位大臣都是汉人，他们基本上都是疆臣，而非执掌朝政的枢臣，但他们作为晚清的重臣，可谓殚精竭虑。一生对晚清乃至中国近代史，都产生了意义深远的积极影响，因此就使得他们青史留名，成为震荡历史的人物。

1900 年庚子之役以及 1905 年发生在中国土地上的日俄战争，极大地震撼了中国人民并使中国人民对封建专制已不再抱任何希望，同时也认识到国家只有两条出路：

一是，彻底推翻封建专制的清皇朝，建立共和；

二是，改造封建专制的清皇朝的内部体制，实行君主立宪。

所以，进入 20 世纪以后，辛亥革命之前，中国是革命派与立宪派的天下，革命与立宪的浪潮席卷全国，湮没了其他一切的政治主张。当时，中兴大臣曾国藩、左宗棠、胡林翼、李鸿章均已去世，而以张之洞与盛宣怀为代表的、只限于引进西方先进技术与文化而不涉及政治体制的洋务派，以及当时为朝廷所鼓吹的仿行宪政改革，在上述的浪潮下，就显得苍白无力而被湮没了。所以，要想了解晚清历史，或者中国近代史，必须了解这个过程，即：曾、左、李、胡（以及与他们有关的若干文武大臣）平定国家内乱的功绩——同治中兴开始兴洋务——继续兴洋务与维新的过程——革命派与立宪派的兴起。这都是晚清国事。

所以，作者相信，本书十分有益于具有相当文化修养并关心中国近代史的读者们。

目 录
CONTENTS

1

第一章
天降大任：
建丰功伟业曾国藩立柱擎天拯大清

十年征战破南京，赢得无湘不成军；天国春秋烟云散，立柱擎天拯大清。

八旗绿营俱往矣，一门将帅统雄兵；牧野鹰扬东南地，虎踞龙蟠可沉吟。

1—1. 尽忠朝廷仕途得意，忠心谏君蒙受圣恩

150 年来，曾国藩（号涤生）一直都是备受中国社会推崇的晚清第一名臣，他点翰林入仕七年就由从七品升到正二品，被誉为"力挽狂澜擎天柱，旷代难逢天下才"。

1853 年，他任吏部左侍郎丁忧守制在籍，即一个普通人而已，居然一呼而起，训练出一支剽悍的湘军，经十年征战，于 1864 年平定太平天国以后，统辖三十万重兵并节制苏、皖、浙、赣四省军财大权，兵为将有，其实完全有可能在东南半壁称王，已呈"内圣外王"之态。

当时的湖湘名儒王闿运曾半真半假地问他："东南半壁无主，涤帅岂无意乎？"此

两江总督曾国藩

时咸丰已逝，幼主同治新立，慈安与慈禧两宫垂帘，国无圣主，若谋天下，正其时也。

不但王闿运鼓动他，而且另外还有人送给他一副对联：

神所凭依，将在德矣；

鼎之轻重，似可问焉！

华夏今日天降大任，当可筹谋运作乾坤！但是儒家正统观念极强的曾国藩却没有这样做，尽管曾国藩对王闿运的话的确心有所思，但还是斥之为"妄、谬"。结果战功赫赫的湘军大量被遣散，被遗弃的湘军当然心怀不满，导致1870年就发生了相传与湘军有关的张文祥刺杀两江总督马新贻的"张文祥刺马"惊天大案。

湖湘名士王闿运

对于自己最欣赏的帝王之术终未能在最理想的曾国藩身上纵横演绎，王闿运仰天长叹：

纵横长计终不就，空余高咏付江流；

古来贤豪尽无命，恐是天意悲难留。

1644年满族入关建立清朝政权以后，立即从"满蒙一体"转为"满汉一体"，表明将团结汉人、使用汉人以治理国家；同时，又高度重视对读书人的选拔与使用，这与三百年前入主中国的另一个少数民族政权——元朝，是截然不同的。

在元朝，社会上的各种人员被分为十个等级，即：官、吏、僧、道、医、工、匠、娼、儒、丐。读书人的地位被列为第九等，在乞丐之前，而在妓女之后。元朝在中国的统治一共97年，但直到它在定鼎大都42年以后才进行第一次科举。

而清朝入关以后，首先就通告所有前明的官员都继续留用，且第二年就迫不及待地举办科举取士，直到光绪三十年清朝举行最后一次科举考试。也就是在整个清朝，科举始终未停，这样不仅收买了主要是汉族读书人的民心，而且也为大清朝廷培育出了大量的治国良才，为巩固清政权的统治，产生了巨大的作用。

曾国藩就是这样一个典型的人物。

曾国藩是湖南湘乡县人，嘉庆十六年（1811年）生，6岁时开始读书，14岁就到长沙应童子试，但并不是一帆风顺，他先后考了7次，直到道光十三年，也就是他23岁那一年，才通过童子试成为具有读书人资格的童生。而他的父亲竹亭公曾麟书一生乡试17次不第，最后只比儿子曾国藩早一年考中"准秀才"（补生员）。

随后通过院试成秀才，又通过湖南乡试中第三十六名举人。于道光十八年在北京通过会试，并在殿试中第三甲第四十二名赐同进士出身，当时28岁。

中进士以后，他先将原名"子城"改为"国藩"（国之藩篱），而其号为涤生（涤旧更新）。然后他力求要点翰林，于是他又参加了朝考，成绩很不错，列为一等第三名，因此被点为庶吉士，然后在翰林院教习三年。道光二十年通过散馆考试，列为第二等第十九名，留翰林院供职，授职为官秩从七品的检讨，马上就派到顺天府去参与监督乡试。

道光二十一年十月，任国史馆协修。道光二十三年三月，他又参加朝廷举行的翰（林）詹（事）大考，被列为二等第一名，随即升任从六品的翰林院修撰。同年六月，被任命为四川乡试正考官。道光二十五年九月，升任从四品的翰林院侍讲。二十七年再次参加翰詹大考，列二等，奉旨记名补缺。道光二十八年由于他曾裸身核查国库有功，两个月内就连升四级，六月升从二品的内阁学士，兼正二品的礼部侍郎衔。道光二十九年已领正二品的礼部右侍郎并署（代理）兵部右侍郎。他一生曾领五部（除户部外）侍郎衔。

曾国藩在升任内阁学士兼礼部侍郎以后，给祖父去信说："由从四品骤升二品，超越四级，迁擢不次，惶悚实深。"但是他当然也满意，于是在给叔父的信中写道："常恐祖宗积累之福，自我一人享尽。"得意之余，他以为这是祖母死后埋的地方风水好，于是在写给弟弟的信中说："湖南三十七岁至二品者，本朝尚无一人。……祖母大人葬后，家中诸事顺遂，祖父之病已好，予之癣疾亦愈，且骤升至二品，则风水之好可知，万万不可改葬。若再改葬，则谓之不祥矣。"

但他之所以获得很快的提拔，据说与其老师穆彰阿的帮助有关。道光皇帝有一次传旨次日要他在养性殿等候召见，而养性殿是皇宫收藏各种字画之处，一般不是接见臣子之处。于是穆彰阿用三百两银子买通了养性殿太监，要他将养性殿内所挂书画按其悬挂顺序和名称、作者的名字全部抄录给他，并要曾国藩连夜强记。果然第二天道光皇帝在接见曾国藩之前，先让他浏览养性殿所藏字画，然后在接见他时似乎是"无意"中问到其中某些字画，结果曾国藩对答如流，显示了他的见识力与记忆力，道光皇帝大喜，于是决定重用他。曾国藩一生相信运气，这一次是不是就是某种运气帮助了他。真是："时来天地皆同力，运去英雄不自由。"

秉着对朝廷尽忠负责的宗旨，曾国藩虽然还没有任实际官职，但还是对于朝政与吏治建设，不断提出许多有积极意义的建议，甚至对皇帝个人行为的重要性，都提出了十分中肯的意见，这充分表明在咸丰元年四月间他所上的一道《敬陈圣德三端预防流弊疏》中。在该奏折中，曾国藩提请刚登基的咸丰皇帝发扬"圣德"时一定要注意三件事：一是敬慎，核心就是办事要谨慎并且要实事求是，不可浮夸与文过饰非；二是正确对待好古，好古诚为美德，但不要流于形式，例如对参与殿试的贡士只追求小楷字写得好和看重文章字面华丽，其实这都不是应当唯一看重的，任何时候最主要的都是看有无充实的内容；三是要胸怀广大，也就是要广开言路，从谏如流，以堵塞那些佞谀之言。

对于新登基的皇帝，当时在朝廷中唯有曾国藩敢于上此忠言之谏，因为若冒犯了皇帝就可能招来杀身之祸。据称，咸丰帝初见此折时，大为震怒，将奏折扔在地上，并欲将曾国藩重加惩治。但在经过一番深思熟虑以后，他终于为曾国藩忠君爱国的本意所感动，结果不仅不予加罪，且降旨褒奖曾国藩之敢言，并命兼署刑部左侍郎。咸丰帝感触之余曾对人说："敢言必能负重。"所以后来咸丰皇帝特别注意重用曾国藩，也就是这一奏疏对曾国藩个人的前途乃至晚清时朝廷的命运都有当时人们看不到的重要性。

当然对于这样一个胆大的行为，曾国藩自己也在随后的奏折中作了自我批评："臣才本疏庸，识尤浅陋。无朱云之廉正，徒学其狂。乏汲黯之忠诚，但师其憨。"

这里所说的朱云在汉成帝时任槐里令，曾上疏切谏，指斥朝臣尸位素餐，请斩佞臣安昌侯张禹（成帝的师傅）以厉其馀。成帝大怒，欲诛云，云攀折殿槛（殿堂上栏杆）。后来成帝觉悟，命保留折坏的殿槛，以旌直臣。汲黯是西汉名臣，字长孺，濮阳（今河南濮阳）人。景帝时因为父亲的原因任太子洗马。武帝初为谒者，后来出京做官为东海太守，有政绩。被召为主爵都尉，列于九卿。汲黯为人耿直，好直谏廷诤，武帝称为"社稷之臣"。主张与匈奴和亲，后犯小罪免官，居田园数年，奉召拜淮阳太守，卒于任上。

而曾国藩本人在给弟弟的信中，讲到了自己的本意："余受恩深重，若于此时再不尽忠直言，更待何时乃可进言？是以趁此元年新政，即将此骄矜之机关说破，使圣心日就兢业，而绝自是之萌，此余区区之本意也。"

曾国藩出身于士绅家庭，自小研读《周礼》《史记》《文选》……深受儒学精义陶铸。而当时的湖湘学风也促成了儒家理学的发展：在湖南，宋代以来，继承并发扬儒家到一个新阶段的程朱理学一直处于独尊地位。"传教生徒，辄屏去汉唐儒书，务以程朱为宗。"所谓程朱理学亦称程朱道学，是宋明理学的主要派别之一，也是理学各派中对后世影响最大的学派之一。首先由北宋河南人二程（程颢、程颐）兄弟开始创立，其间经过弟子杨时，再传罗从彦，三传李侗的传承，到南宋时朱熹集为大成。

理学的特点比较开放，它的基础仍是儒家思想，但采纳百家，形成自己的看法，也就使得理学具有极强的自主意识。它特别强调讲道理，提倡并信仰理高于势的政治理念，强调真正的道理是永恒的，因此也形成了一套为人修养与行事都要讲道理和懂道理及守规矩的原则，取代了粗糙的"天命"观并反对一味空谈及只迷信自己的封闭意识，可以说是中国哲学思想的一次巨大飞越。

当时已步入晚清，国家所面临的政治形势是：农民起义频繁；列强咄咄逼人；不尚实际而喜空谈与仪式的封建礼乐面临崩溃。为解决"内忧外患"，清政府欲扬理学，让臣民们（尤其是大臣们）面对现实，明道理、振纲纪，对治理国家提出切实可行的主张做出身体力行的政绩，而不是仅限于重复儒家书本上的空议，曾国藩孜求理学也正适应了这一政治需要。

道光末年，曾国藩离京南下，后来因适应形势的需要与服从朝廷的诏令，以一介书生之身，亲自练兵，并遵循湖湘理学思想，"口诵古人之书，目睹今日之事，心维天下之理，深考拨乱致治之术"，真正做到了：知于理，行于气，思于心，力于果。尤其是强调朱熹理学的"实事求是"的行事原则和"忠孝廉洁"的道德信仰，终于带出了一代耀眼的湘军，平定了太平天国，挽救清皇朝免遭覆亡。

当时有相当一批文人，他们认识到，首先应当认真读书以懂得道理，但这还不够，更重要的是要将自己已有的知识或者说已经懂得的道理用到社会实践中去，而不能只将自己的学问才能陷于书本和书斋中，因此就有了"经世致用"的呼吁，或者说就是提倡学用结合，即读书人应当以关心社会政治、匡时济世、讲求实际为自己的学习主旨，把学术研究与社会现实紧密地结合起来，让传统的儒家学说直接、有效地为社会现实服务。这本是儒家学说固有含义，也是这类文人的价值取向，他们就被称为"经世派"，曾国藩就是当时经世派的代表人物。

从而"经世致用"就成为他们经邦治国的指导思想，要求自己做到"内圣外王"。"内圣"就是要求自己本人一定要深通儒家学说以此作为修身的根本，"外王"就是拿自己的学问以此经世致用，成就一番事业。而在认识社会现象并投身于社会实践时，作为信奉理学的人，就特别讲究要明道理、讲道理与实事求是。

《史记》中曾记录了不少韩信的经典战例，如韩信破龙且的战役。公元前203年，项羽手下的大将龙且率20万大军攻韩信，十一月，双方隔潍水摆开阵势。按照《史记》中的记载，韩信事先在上游准备好沙袋，阻塞河流，然后引诱龙且渡河追击。就在追击的过程中，韩信军去掉上游堵水流的沙袋，河水淹没楚军，龙且被杀。曾国藩对此很表质疑，他认为，沙袋堵塞不了大河的水流，因为无法施工，而且下面会渗漏，旁边会横溢，除非是严格的堵河工程，否则根本堵不住河水。如果是小河流，堵住的可能性大一些，但又不可能对20万敌军形成杀伤力。然而，对于大河要筑拦河大坝当时却没有这个能力，"沙囊壅水，下可渗漏，旁可横溢，自非兴工严塞，断不能筑成大堰"。

所以曾国藩认为《史记》关于这次战役的记载"甚不可信"。他由此得出经验，君子读书，一定要好好考据古籍，同时要加以思考，"必慎思而明辨之"。

晚清时湖南是一个比较贫瘠的地方，社会风气浮夸不起来，思想也比较保守，民风淳朴，加上湖南人秉性吃苦耐劳和坚毅强悍，因此就使得湖南人讲究办事要讲道理，而且一定要见成果，不喜欢空谈，所以理学在湖南就特别受到推崇，并进而孕育出一批"经世派"文人。结果湖南文人中少状元（甚至会元都少见，光绪三十年谭延闿中会元，当时湖南已经有 260 年没有出过会元了），但却涌现了很多既会读书又能领兵的儒将。湖南的学风与江浙的学风和影响都不同，乱世中出了许多人才。尤其是曾国藩从他的理学家朋友倭仁身上学到了一个好习惯，即天天写日记激励自己。

1—2. 太平天国兴起后，朝廷已无大臣可应对

道光三十年（1850 年）正月十四日，道光皇帝去世，正月二十六日咸丰即帝位，表明咸丰时代开始了，但那一年仍称道光三十年。这年十二月，即道光三十年十二月，太平天国风暴就掀起了。十二月十日，洪秀全在广西桂平金田村起事，建号"太平天国"。

广东花县人洪秀全，原名洪火秀，曾读过私塾，教过乡馆，但多次科举不成功，因此养成了很急躁的性格。道光十六年（1836 年），洪秀全赴广州参加乡试，又不中，但在途中遇到一个穿长袍蓄浓须的新传教士，并送给他一本宣传上帝的宗教性小册子《劝世良言》，不过他当时并未很在意这本书。

1837 年在第三次应试落榜以后，洪秀全得了一场重病。在神智昏迷之际，幻觉中看到有一个老妇人，也就是"天母"，为他清洗身体，并对他说："我儿，你在凡界把身体弄脏了，让我给你到河中洗涤，然后再去见你的父亲。"随后他被带到"天庭"，在那里，一个"头戴高边帽，身穿黑龙袍，满口金须，拖到腹上。相貌十分魁梧，身体很高大，坐装极严肃，衣袍很是端正，两手覆盖在膝上"的可敬长者，给了他一把斩妖宝剑和一方斩妖玺，并告诉洪秀全并非凡夫俗子，乃是他的儿子。

昏迷中他记得又有几次拜访了"天庭"，并见到了一个自称是他兄长的中年男子，此人便教他如何斩杀妖魔，他还看见孔夫子如何在向那位长者忏悔罪孽，因为他没有在自己的经书中清楚地解释真理，而且被这位长者鞭挞甚多。这种昏迷状态断断续续了40多天，不死不活，没有人能治好他的病。

45天后，当他最终从昏迷中醒过来，他完全变成了另外一个人，看上去身材高大了些，性情也变得温和了，他肯定梦中遇到的那位金须长者，一定就是他在广州大街上遇到的那位传教士，因此他相信自己确实是到了"天庭"。后来，他重新认真阅读了当年在广州所得到的那本圣书，他确信了：他六年前在"天庭"见到的那位长者就是天父，即上帝；那位年岁比他大的中年人就是天兄，而他就是天父的次子下凡，而且从此以后，他"坐装衣袍要整齐，头要轩昂，身要挺直，手要覆在膝上，脚要八字排开"。同时按照梦中长者的指示，将自己改名为洪秀全，并对家人说，他乃是"太平天子"。

此时他的堂弟洪仁玕和同学冯云山都对他所说的深信不疑。他们于道光二十三年（1843年），创立了"拜上帝会"，广泛宣传"上帝"，洪秀全说自己是"天父次子、天兄亲弟、天父天兄所派下凡之天王真圣主"来救助受苦受难的普天下老百姓，并由此发展会众。但是，洪秀全所创的"拜上帝会"并不是基督教。

在洪秀全得力的伙伴冯云山的努力下，形势发展十分迅速，很快就有上万人参加，其中不乏优秀分子，一些有组织才干的人物，如杨秀清、萧朝贵、韦昌辉、石达开等都参加了进来，有的甚至是全族人都参加进来，如韦昌辉家"颇有田产""每年可收入稻谷六万斤"，入会后，"不惜家产，恭膺帝命，同扶真主"。

终于，他们成立起了组织，洪秀全作为公认的"上帝"次子被推举为领袖，而冯云山就是"上帝"的第三子，杨秀清是第四子，萧朝贵为第五子。这时，洪秀全在教徒心目中已经成了一个真正的"神"，教徒们对他顶礼膜拜，眼中充满了敬畏和虔诚，他的每一句无心说的话或某一个下意识的动作都被认作是有意义的。他只要点一下头，这些虔诚的教徒们就会毫无保留地献出自己的财产甚至女儿。

在 1849—1850 年广西发生了大饥荒，首先是广西天地会的会众在"劫富济贫"的旗号下开始行动。起义的天地会先后攻占明江、荔浦等地，并逼近桂林。此时，在广西很多非当地的客家人就纷纷加入"拜上帝会"以求免受本地人欺侮，而大量穷人的加入则是想逃脱土匪与酷吏的迫害，他们天真地认为，"拜上帝会"由于信奉洋教便可不受官府的干扰。到了 1850 年春，洪秀全已经拥有一万多信徒。

这一年，在广西的客家人与本地人，又一次发生了激烈的"土客械斗"，当地官府准备捉拿"乱源"洪秀全与冯云山。洪秀全顺势号召所有信徒都变卖家产，集中起来准备共同采取自卫行动。于是，他选定桂平县金田村为大本营，要求会众都变卖自己的家产到金田村集中，人来了以后就将所有私家财产都交给"圣库"，并由"圣库"统一安排吃住，这种财物共享的做法当时很得穷人们的赞同。

实际上洪秀全等核心成员已经做好了起事的准备，道光二十九年，洪秀全已经有起事的想法，他当年写了一首诗：

近世烟风大不同，知天有意启英雄；

古来事业由人做，黑雾收残一鉴中。

他还特别欣赏草根出身的帝王朱元璋与刘邦，赞他们是"明主敲诗曾咏菊，汉皇置酒尚歌风"，表示要以他们为榜样。

道光三十年十二月十日（1851 年 1 月 11 日）洪秀全 37 岁生日那一天，"拜上帝会"正式在广西桂平县金田村宣布起事，以庆祝洪秀全的寿诞。

洪秀全被宣布为新成立的"太平天国"的"天王"，"太平"两字取自中国典籍，"天国"则出自"圣经"，所以"太平天国"加在一起，就是指在地上的太平之天国。因此后来的史家们说，光靠拜上帝教，"还不足以催生出军队"，使太平天国从一场宗教运动最终得以转变成武装起义，"乃是从外地移来广西的客家人与当地人发生的土客械斗"。对于客家人来说，加入拜上帝教，主要在于其教义与组织能帮助他们团结一致，共同应对外在威胁。而且，在起事之前，洪秀全就发出带有恐吓性质的"团方令"，其中说："道光三十年，我将遣大灾降世，凡信仰坚定不移者将得救，其不信者将有瘟疫，过了八月以后，有田无人耕，有屋无人住。"这就又使大批要躲避"大灾"的人们来归。

发动起事后，洪秀全立即发布文告，许诺参加起事者功成之后将是大功臣，并获得世袭罔替的封赏。"凡一概同打江山功勋等臣，大则封丞相、检点、指挥、将军、侍卫，至小亦军帅职。累代世袭，龙袍角带在天朝，……威风无比……享福无疆。"又发布《天情道理书》以教育干部。"试问尔等，当凡情在家时，或农，或工，或商贾，营谋衣食，朝夕不遑，手足胝胼，辛苦备当，熟如我们今日顶天扶主，立志勤王，各受天恩、主恩及东王列王鸿恩。升及荣光，出则服御显扬，侍从罗列，乃马者有人，打扇者有人，前呼后拥，威风排场，可谓盖世。"

起义的太平军不同于清军剃发，而是留着长发，因此被清朝廷称为"长毛贼""长毛"或"发匪"。洪秀全起事不久，1851 年先后夺武宣、拔象州，9 月 25 日攻占重要城市永安，并在此停留近半年，积累了足够用三四个月的粮草，并将队伍扩充到 37000 多人，同时封杨秀清为东王、萧朝贵为西王、冯云山为南王、韦昌辉为北王、石达开为翼王，初步建立了太平天国的政权体制，渐成气候。

但是，农民的性质不改，攻下永安城以后，一万多人拥进了城，感觉自然和在金田乡不一样了。洪秀全首先想到的是关上城门，进行固守，一心一意要在这里做天王。于是在进城以后，洪秀全就命令将州衙改为天王府，大加修缮，墙上用杏黄旗裱糊，地上则满铺红毡。天王府各门分别悬挂"第一朝门""第二朝门""第三朝门"等牌子，门上都涂有皇帝专用的明黄色，画上龙虎图案。住进天王府以后，洪秀全先给自己选了 36 个"娘娘"，然后就给杨秀清等封王。

咸丰得知广西有乱以后，不敢怠慢，立即诏广西巡抚郑祖琛发兵平息，同时于咸丰十年九月十三日（1850 年 10 月 17 日）启用林则徐为钦差大臣，命其驰往广西，督办军务，却不料十月十九日（11 月 22 日）林则徐病死在广东潮州普宁县赴任途中。而郑祖琛则因进剿失败，被加以"养痈贻患"罪而流放新疆伊犁。皇帝又改派在籍的前两江总督李星沅为钦差大臣，由湘入桂办理广西军务，但此时太平军的势力已经迅速膨胀，李星沅发现太平军"实为群贼之首"，他立即将此情况上报朝廷，于是朝廷乃从广西、广东、云南、湖南、福建等地抽调一万多兵力进广西会剿。但太平军已经成势，咸丰十一年三月攻占武宣，洪秀全在此正式登基做了天王。结果李星沅不但未能成功剿灭太平军，而且积劳成疾也于五月病死军中。

这样一来，咸丰皇帝就决定由朝廷直接派大臣进剿，于是派大学士、军机大臣赛尚阿为钦差大臣，并随调各地总兵万余兵力，拨银数百万两，命他速往广西，平定太平军。在为钦差大臣送行时，咸丰帝特将清初名将遏必隆所佩的"神锋握胜刀"赐给他为他壮行。然而，赛尚阿的出征并没有使局势得到明显好转，因为太平军的实力已经远远超出了他们的想象。

赛尚阿在谈到太平军时深有感触，他报告朝廷说："粤西股匪虽多，本以金田会匪最为顽狡……此股会匪与其他游匪迥不相同，死党累千盈万，团结甚坚。……一经入会从逆，辄皆憨不畏死……所有军前临阵生擒及地方拿获奸细，加以刑拷，毫不知所惊惧及哀求免死情状，奉其天父天兄邪谬之说，至死不移。"

宗教作为一种精神资源，成本极低而且效用极大，可以在短时间内激发出一个群体的极大狂热。在广西境内起义的太平军，就是具有对宗教的虔诚信仰，他们坚信他们的事业是正义的，他们的事业是上帝的事业。太平军的思想政治工作"万事皆由天父安排，尔等皆要练得正正真真，不怕妖魔一面飞一面变，都难逃天父手内过。务要放胆战斗，自有天父看顾，天父自然大显全能。尔想再永安时尚蒙天父救出，此时还怕妖魔何事"。

所以在宗教力量的驱动下，太平天国运动初期那些来自广西的太平军都士气高涨，豪情满怀。

赛尚阿率清军精锐之师，集中全力想要将太平军歼灭在永安。但是，围攻永安的清军并不出力，咸丰二年（1852 年）4 月 5 日，太平军从永安成功突破清军的严密包围，直驱桂林。

后来发现桂林难破，于是 5 月 19 日从桂林撤围，此时在湖南起事的天地会失败以后，余部都投奔太平军而来，并建议他们进攻湖南。实际主持军务的杨秀清同意了这一主张，于是太平军乃北上转攻全州，6 月 3 日攻克全州。随后就进入湖南，太平军一出省，形势就陡然变得严重了。

虽然太平军在进入湖南的首战——蓑衣渡会战中，遭到巨大损失，然而还是突围东进到郴州。在郴州整编以后，兵力已达 5 万余人，于是就经攸县北上进攻长沙。但进攻长沙的西王萧朝贵部兵力太弱，只有1500 多人，因此攻长沙近三个月不克，而且萧朝贵战死，他战殁后太平军主力才赶到长沙。此时清军已从四面八方赶到长沙城下，企图全歼太平军于长沙城外。于是，太平军接受翼王石达开的建议，舍长沙，西渡湘江，进益阳，征得民船数千艘，浩浩荡荡从洞庭湖穿越湖南，进入湖北。

1—3. 丁忧在籍墨经从戎，举办团练组建湘军

咸丰二年三月，在广西金田村起义的太平军由广西进入湖南，但由于进攻长沙近三月不克，乃收集民船经洞庭湖北上进攻武汉。此时，咸丰二年六月，在京城已经待了十四年的曾国藩被任命为江西乡试正考官。正在赴任途中，七月二十五日在安徽太和县内得到讣告，得知母亲江太夫人已经于六月十二日病世，于是他立即赶回老家奔丧并丁忧守制在家，此时太平军已横扫湖南（但弃长沙）并已攻陷岳阳和汉阳。

如何应付太平军就成了当时朝廷最紧迫的问题，在广西和湖南围堵进剿太平军的失败都说明需要另觅一套道路。这时，工部左侍郎吕贤基提出了应当由各地进行坚壁清野并训练本地的团练自守以减太平军之势，他认为："广西贼匪之扰在内地，与外寇异；平外寇责在将帅，平内寇责在巡抚。""各村各乡自为团练，令众人共举绅士之公正有谋略者为首，择险要之地共结为寨。其平原旷野零星散户则并入寨中；凡州县交界及邻省交界之处皆结险寨以为固守，守之而耕种在其外。贼至，则入寨自保而乘间出击；贼退，则各寨截杀而不穷追。"在坚壁清野的形势下，流寇由于得不到支持，也就是不能掠粮、劫财，最终也就不能成势。

于是咸丰皇帝决定在太平军已经入境或可能入境的省份开办团练，并由朝廷派出大臣督办此事。十一月，湖南巡抚张亮基接到皇帝的上谕，称："前任丁忧侍郎曾国藩籍隶湖南，闻其在籍，其于湖南地方人情，自必熟悉。着该抚传旨令其帮同办理本省团练乡民，搜查土匪诸事务，伊必尽力不负委任。"丁忧在家的曾国藩于咸丰三年一月正式接到皇帝

下旨命他在籍办理湘省团练。其实那一年清朝廷共分四批任命了团练大臣45人，这些人或是已退休在家修养的前任官员，或是在家为已故父母丁忧守制的在籍官员。

当时曾国藩并不想中止丁忧而出来办团练，并因此写了一份给皇帝的奏折想要请湖南巡抚张亮基代呈。但奏折还没有送出，张亮基又派专人送信来告知，武汉三镇已经失守，两湖人心惶恐，因此恳请他出山办团练。而且此时朝中另一大臣和好友郭嵩焘正到他家吊唁，对曾国藩说："公素具澄清天下之志，今不乘时而出，拘于古礼，何益于君父？且墨经从戎（即服丧期间从军），古之制也。"曾国藩的父亲也说，为了保护家乡父老兄弟的安全，他应当责无旁贷地出来办团练。当时，官员在服丧期间仍须办公者称为"夺情"，一般官员万不得已都不愿意惹上有"夺情"之名。

经劝说后，曾国藩没有将奏折发出，并且于1853年1月25日启行，四天后到达长沙，立即与张亮基协商办理湖南团练的问题。他说："不欲复执守制不出之初心，能尽一分力，必须拼命效此一分，成败利钝，付之不问。"即咸丰二年十二月十七日（1853年1月25日），曾国藩拜别母亲以后，以在籍侍郎出任"帮办湖南团练大臣"。

他在进抵长沙的途中，遇到了罗泽南、王鑫（王珍）等带领的奉巡抚张亮基令支援省城的一支湘勇队伍，共1080人。于是，已身为团练大臣的曾国藩就接管了他们，并将这支部队组成一个大团，分为三个营，罗泽南统帅中营，王鑫统帅左营，邹寿璋统帅右营，后成为湘军骨干。

曾国藩到长沙以后，就以这三营湘勇为基础，逐步扩张，将防守长沙的"新宁勇""南勇""浏勇""宝勇"等团练合并，迅速组建成了一支正规军的雏形，这就是湘军陆师的前身，那时候还没有正式名称，就叫"湘勇"，由曾国藩掌统帅大权。

咸丰三年七月（1853年8月），已定都天京后再度西征的太平军围攻南昌。虽然当时湘军还未正式成军，曾国藩还是命罗泽南、李续宾等带湘勇组成援赣部队出援江西，王鑫部留守长沙。

到达江西的湘勇立即与太平军在南昌城下猛烈开战，刑部右侍郎黄赞汤在城楼目睹了罗泽南、李续宾的指挥才略和湘勇血战场面。南昌解围后，黄赞汤在庆功宴会上提出，这支湘勇部队可分成中、右两营，罗泽南统领的营队叫"玉宇中营"，李续宾统领的叫"右营"，可申请官饷供给。"两营称为湘军，湘军名始此。"留守长沙的王鑫部队称之为"左营"，而这支部队在王鑫的带领下，战无不胜。太平军惊呼"出队莫逢王老虎"，后来成为赫赫有名的"老湘营"或"老湘军"。

团练本是训练本地的乡勇民兵，协助官兵维持本地的治安，但曾国藩却别出心裁，将"团"和"练"分开来讲。按照他的讲法，"团"本质上只是保甲民兵，但好处在："团则齐心合力，以一族之父兄治一族之子弟，以一方之良民，办一方之匪徒。"由各乡某些家族出壮丁互相守望相助，他们可以警守各卡，能直接投入战斗或能助威者就成为团勇，但并非常设的民众武装；而"练"则必须是装备精良、制器械、造旗帜、训练严格，能够"扎硬寨、打死仗"的正规铁军，也就是说，招募各方精锐并日事训练，然后可以直接服从调动守卡打仗的就是练勇，这是常设的专业武装。

可见，一个书生出身的曾国藩，在奉命接受办团勇以后，就已经在心中萌发出要练出一支军队的想法。这就是曾国藩与众不同之处：高瞻远瞩、雄才大略。

所以曾国藩要练的就是练勇。他认识到，结团只可能自保，而练勇则可以出队，一旦集队就可以成军。所以，曾国藩此时就是白手起家，"赤地立军，别开生面"，决心通过办团练要练出一支完全不同于绿营兵的部队。在具体运作上，他虚心接受深通用兵韬略的湖南同乡罗泽南的建议，沿用戚继光练兵之法，严格军队内部组织与纪律，为了保证所练军队的素质，首先从兵员与选拔领军首领的素质开始。

曾国藩募兵只选诚实笃厚的乡农，不用市井油滑之徒。若某将领的领兵能力被认为可任统领，则许他自招募若干营，营官由统领挑选。作战营以 500 人为准，营分四哨，哨官由营官挑选。哨辖八队，每队 10 余人，队长由哨官挑选。

在这种制度下，兵勇由队长挑选，队长由哨官挑选，哨官由营官挑选，营官由统领挑选。从而就实现了兵由将招，彼此之间都有着同乡同里或相同的家族关系，所以军队能团结一致，欣于接受其指挥官的领导权威，临阵人人争先，绝不后退。

他对于领军将领提出的要求是："带勇之人，第一要公明勤，第二要不怕死，第三不汲汲名利，第四要耐受辛苦。不公不明，则诸勇必不悦服，不勤则营务细巨，皆废弛不治，故第一要务在此。不怕死则临阵当先，士卒乃可效命，故次之。为名利而出者，保举稍迟则怨，稍不如意则骂，与同辈争薪水，与士卒争毫厘，故又次之。身体羸弱者，过劳则病，精神乏短者，久用则散，故又次之。四者似过于求备……大抵有忠义血性者则四者相从以俱至，无忠义血性者，则貌似四者，终不可待。"对于领军将领，他要有服务于军队的忠义之心。

其次，为保证军队的素质，成制以后就要定出严格的营规。

曾国藩定下的军队营规：一是重纪律；二是培养士兵的良好人格；三是严格训练；四是熟练掌握军事技术。不过他也说："我组建湘军，这是玩命，如果没有三倍四倍的军饷，就不足以激励这些人，把他们从乡村当中，从大山当中吸引过来。"所以当时湘军的军饷报酬很高，比当时的八旗兵、绿营兵的饷银高一倍还多。普通士兵最低 4.2 两月薪，一年有 50 两银子的收入，大抵相当于当时一个知县的薪资水平。而且都是曾国藩自行设法支付他们的工资，所以他们叫"勇"而不称由朝廷支付军饷的"兵"。

按照这种军规训练出的部队，言忠勇则慷慨赴战，视死如归，冲锋陷阵，绝不后退，具有英武的军风浩气，绝非松弛的绿营兵或松散的太平军可比。言勤俭，则士兵于战斗之余暇尚利用时间种菜喂猪，一方面减轻军队负担，另一方面则不脱乡间农民本色。言朴诚，则军队不讲究衣着和饮食，简衣俭食，讲究实际而不事虚文。

再次，曾国藩不但严格部队纪律，还要求将士是有信仰的。

一般的名将都是把军队训练成一支善战之师，精兵之旅，而曾国藩却将自己部队的士兵不但训练成一个个善战的勇士，而且要把他们培养成一批堂堂正正的人，这就是其他将领所做不到的事。在曾国藩的感召下，一大批有文化甚至有科举功名的儒生，都参加了湘军，并且后来都成为晚清赫赫有名统帅一方的督抚和战将，其中最有名的人物有曾国藩系统的胡林翼、李鸿章、罗泽南、曾国荃、彭玉麟、李续宾、李续宜、杨载福、刘松山、刘锦棠等人。仅就"湘军"这个名称来说，则还包括在此之前的非曾国藩系的江忠源、刘长佑以及自己统帅实为湘军而称楚军的左宗棠等。

湖南农村老百姓都十分乐于参加曾国藩的部队，参军时皆喜形于色，后来湘军战功遍天下，要求参军者更多，常常是要招一千人则有万人来应招，要招万人则有数万人来应招。有些没有被招上名册，也自愿随军来做个候补者，同样也冲锋陷阵，即令战死疆场也无所怨言，这就是湘军之勇。

最后，既然是要训练出一支军队，就必须有相当的规模与相应的兵种以及自己的特色。

到咸丰四年初，他在衡阳基地已编练成陆军十三营 6500 人，水师十营 5000 人，加上辅助兵勇，总数已达 17000 人，开始人称"湘勇"，后来就发展成名副其实的"湘军"。这种书生为将统率乡农的独特体制，形成兵随将转，也是兵归将有，一改自北宋以来"兵无常帅，帅无常兵"的军事准则，从此形成了合法的地方武装势力甚至是私家武装。

湘军吃苦耐劳，骁勇善战，出师后就逐步取代绿营兵成为清军主力。经过不断的扩充，到咸丰九年湘军集团的兵力就已经达到 14 万人，鼎盛时兵力达 40 万人（包括楚军），而军中如云的战将也以三湘子弟为多，所以人道：无湘不成军。

1—4. 绿营湘军有何差异，前者是兵后者为勇

绿营兵是清朝入关后改编明朝降卒与招募汉人而成的地方军，驻扎在关内，也就是在关外不设绿营，它是清初由摄政王多尔衮所创。满洲入主中原以后，多尔衮考虑八旗兵太少，不足以控制全国，因而就组建和使用了一支使用绿旗而非黄、白、蓝、红旗的军队，故名绿营或绿旗兵。康熙十九年（1680 年）发布上谕，若有汉族叛乱则只用汉兵清剿，所以长期以来清朝作战皆用绿营兵。

除少数配合驻防京师的八旗拱卫京师以外，绿营兵绝大部分都驻扎在各地，维护地方安全。在京绿营兵统一由八旗步军统领，地方上的绿

营兵由地方长官统领，因此绿营兵在地方上的最高军事长官就是总督和巡抚，没有设总督之省则是巡抚。也就是平时由文官辖兵，具体操练和征战则由提督和总兵负责，战时另派专任将军统辖调用。

绿营兵又分陆营和水师两个兵种，各有马兵、步兵、守兵三个等级。绿营兵总人数一般保持在60万人左右。绿营兵的驻军组织有标、协、营、汛四级。总兵以上的官员率领的绿营兵叫标兵，有督标（总督统辖）、巡标（巡抚统辖）、提标（提督统辖）、镇标（总兵统辖）、军标（指定将军统辖）、河标（河道总督统辖）和漕标（漕运总督管辖）。后三标与前一标（督标）相并列。标是绿营的主力建制，标下是协，由副将统领。协下是营，由参将、游击、都司、守备分别统领。营下为汛，由千总、把总分别统领。总督除管督标各营外，还可以管本区内巡标、提标、镇标诸标，而巡抚没有管辖提标、镇标诸标权。

绿营兵在其建制中以营为基本作战单元，即各标均以营为基本单位。营的统领是参将、游击、都司和守备，官职地位与文官州县官相当。绿营兵多为步兵，常用武器有刀、枪、矛、箭，还有鸟枪、铳枪和抬枪，也有少量大炮，但士兵待遇却比八旗兵差很多。

绿营兵始于顺治时期，名为60多万，但总有缺额六七万。而且后来由于养尊处优，逐渐丧失了实际战斗力，所以在同治和光绪时期又不断有所裁减，但绿营兵却与清朝相始终。

当时绿营兵的弊端已经十分明显：兵额不足，也就是实际兵员与在册兵员不符，官员"吃空饷"；疏于训练，军纪不振，无战斗力；克扣军饷，使得士兵与盗匪勾结；世袭兵员不足时，就从城镇流民中招兵，军纪因此就更加混乱。而且绿营兵在作战时都是临时从各地抽调而成军，再委派一名将军领兵，互不熟悉，因此难以团结，胜则争功，败则诿过，不能形成集体战斗力。

其实，绿营兵（各省由汉人组建的常备军）主要实行余丁制。所谓"余丁"，就是在军队中将未成年的穷孩子养起来，他们平时打杂，也出操。当守兵不够时，从余丁中选拔，步兵不够时，从守兵中选拔，骑兵则出自步兵，是清朝最好的兵种。在长期无战事情况下，余丁制导致绿营兵数代"吃官粮"，战场上"兵不识将，将不识兵；胜者争功，败不相救"

已是一种常态。

一般所说的湘军是指咸丰朝时由曾国藩通过办团练招募乡勇而创建成的团练武装，平定了太平天国与捻军后，未被裁减者后来成为清朝一些督抚治下的正规军，整体湘军后来在甲午战争中为日军摧毁。

湘军实行募兵制，在选将、招募、教育、编制、训练、武器、饷源上与绿营兵不同。

首先，湘军选将、募勇要将有治军之材，不怕苦、不怕死，不汲汲于名利。士兵要朴实，并有家族担保。将士之间实行家长制：兵为将有，士兵服从营官，营官服从将领。将领服从曾国藩。所以组建时就是一支私家武装，纪律严格，而不像绿营兵，是国家的建制军队。

湘军初建时陆师辖13营，每营500人。下设4哨，1哨有1—8队，每队10人。一个陆师共有5000余人。水师10营，每营开始440人，船21艘，后来增加到500人，船30艘。1营30哨，也就是1哨1船，水师共有5000人。马军1营250人，分5哨，每哨5棚，在组建湘军时，水陆师指挥员加上战斗员，再加上水手、丁役等，全军共17000人。十年后攻打天京时曾国藩直辖总兵力则已经达到14万人。

湘军最初使用的武器由冷兵器和热兵器两部分组成。冷兵器是普通刀矛、耙叉、长刀、矛、腰刀、弓箭、藤牌等；热兵器也是来自民间的火罐、火箭喷筒、鸟枪、三眼铳（号炮）等。湘勇以营为战斗单位，每营约500人，外加相当于工兵和辎重的长夫180人。全营设劈山炮2队、抬枪8队、小枪9队、刀矛19队，战斗兵力共计38队，远强于绿营兵。咸丰四年（1854），曾国藩通过广东当局向国外购买了6000尊"真正洋装"火炮，主要武装水师，他坚持大炮不到绝不出师，由此开启了中国军队兵器武装的变革。

湘军的前身"湘勇"，其创始人朱孙贻、王鑫、罗泽南、李续宾等都是书生出身，曾国藩组建湘军时，不拘一格，网罗人才，招募了一批与他同样笃信程朱理学的湖湘学子作为湘军骨干，形成了以理学治军，书生领兵的独特特征。

湘军用儒家思想教育，严格训练，虽酷暑寒冬不松懈。弁勇要求能跳上丈高之屋，跨过丈宽之沟，火球能掷20丈之遥。通过在军中制定并进行《爱民歌》《解散歌》和《莫逃走》等军歌的训练，军纪十分严格，军队有信仰，这就是以理学治军的成就。

湘军军饷自酬，实行高薪饷，比绿营多一倍有余。兵饷名义上是自筹，实际上主要方法之一是靠捐输，湘军组建之初，曾国藩就采用劝捐的办法。如湘军出境时，曾国藩请求咸丰帝发给他空白执照四千张，内有捐官职虚衔执照、捐监生执照各一半，派专人在湖南（湘军根据地）、江西（湘军进攻的目标）、四川（湘军饷源之一）等省募捐。大规模展开地方士绅们认捐，就是一方面要实现筹饷目的，另一方面就是让那些缺乏社会地位的士绅们取得各类绅士（官衔、监生）资格后，然后就可以在本地办团并加入湘军。

他的主意是"以绅辅官，以民杀贼，庶可佐兵力之不足"，这样所到之处就能获得支持。后来又采用给地方增加科举考试录取名额来换取地方的军饷支持；咸丰三年刑部侍郎雷以诚在江北大营创立了厘金局，但曾国藩没有地方实权，只能继续采用劝捐和盐饷维持，直至咸丰八年曾国藩奉诏再度出山以后，在他的坚持下，他才有权开设几个厘金局筹饷。咸丰十年曾国藩出任两江总督有了地方实权后，就大设局、卡，广征厘金（对货物征收通关钱），自咸丰八年至同治三年所筹军饷基本上来自厘金局，这是筹饷的第二种方法；当然湘军筹饷的另一个重要办法是靠各省督抚支援，尤其是湖南、湖北和江西。

曾国藩组建团练之初，长沙城内同时驻扎着两种部队：绿营与团练，"兵"与"勇"时生摩擦（士兵们因赌钱常起冲突），提督鲍起豹等人又从中挑拨，双方越来越形同水火，以至发生械斗。曾国藩只得委曲求全，他"痛恨军营习气，武弁自守备以上，无一人不丧尽天良"。

咸丰三年六月，曾国藩与绿营彻底决裂，他一怒出走衡阳，到那里去建立自己的训练基地。曾国藩在衡阳巧妙地"改弦更张"，完成了"别树一帜"自组湘军的转变，也是他兵制改革路上具有战略意义的一步。咸丰三年（1853 年）九月，曾国藩在衡阳不但整顿了陆师，而且开始筹建水师。曾国藩硬是凭着坚定的决心，一步步顽强地施行自己的计划：先是购买钓钩之类的民船进行改造；后奏请到一笔 4 万两的饷银设立制造总厂，自造战船；然后花重金从广东购置大批洋炮，第二年最终建立起一支拥有大小战船 361 艘、大小火炮 4700 门、在技术与装备上大大超过太平军的内河水师，共 10 营 5000 人，统领是彭玉麟与杨载福。实现了他与太平军作战时可进行水陆联合的战略意图，再也不担心太平军具有水师的优势了。

但是曾国藩知道与绿营兵和满族军政人物的矛盾不宜激化，而应当消解，于是他正式出兵征讨太平军以后，就保举绿营兵中的满人色钦额和塔齐布升任湘军大将，二人都是满人又都是绿营出身的军官。后来出境作战，总是上奏章，夸赞塔齐布的忠勇和战功，说他们"二人亲如兄弟，合如胶漆"。塔齐布在九江病死后，又特别尊崇多隆阿，曾一度推他作统帅，指挥湘军大举进攻安徽陈玉成军。曾国藩力求取得满族上下的信任，减少猜疑，以便能放手领导湘军作战。

总之，与绿营比，湘军有很多方面不同：绿营归兵部指挥，实行世袭兵制；湘军不归兵部，听从曾国藩一人，实行招募制，士兵选择严，质量好，训练艰苦；绿营吃国家粮，武器由国家提供，但装备落后，湘军的薪饷自筹，武器先进，刀矛与火器并重，水师装备洋炮；绿营腐朽，没有战斗力；湘军蛮横，敢拼；绿营饷薄额少，湘军饷厚额多。以普通士兵的薪金作一比较：绿营京师巡捕三营，马兵月给银 2 两。而湘军勇丁每月饷银 4.2 两。但是，无论如何绿营是朝廷自己的兵，湘军不是朝廷的兵而是私家兵，因此，即令绿营兵再不能战，朝廷还是首先要考虑使用它，然而绿营兵却越来越腐朽，观湘军则越战越强大。

1—5. 自练成军兵为将有，自身安全当为首要

作为自练湘军，不同于统帅朝廷的绿营兵，曾国藩当然知道应当如何保卫自己这支武装力量。

首先，他不会将湘军交给别人指挥。另外，既是自己指挥，曾国藩也不打无准备之战。

由于在长沙受绿营兵的排挤，曾国藩已经来到衡阳训练湘军，未练成时并不出战。然而在太平军北伐、西征一波又一波的猛烈攻势下，清廷朝野上下一日三惊，惶惶不可终日，他们没有耐心等待湘军练好以后才出师，迫切要求曾国藩率军出征，以解燃眉之急。但曾国藩不为所动，断然拒绝。

他说编练湘军事关东征大局，"不得顾友朋之私谊，即君父谕旨所指示，亦有时虽不敢尽逆也"。果然，他是这么说，也是这么做的。当时安徽是太平天国西征军重点进攻的对象，而此时老湘军名将江忠源恰好新任安徽巡抚，手头缺兵少将，情况万分危急，便向他求救，但曾国藩并未完全遂他所愿，仅派其弟江忠濬和罗泽南带勇 1000 名赴援，湘军主力则仍按兵不动。在回复江忠源的信中，曾国藩是这么解释的："添勇六千之说，昨因令弟达川带勇一千进省，即令其先将此勇赶紧赴皖，以备阁下爪牙之需。其余五千须俟船炮办齐，水陆并进，乃可有济……国藩思此次由楚省召勇东下，一以为四省合防之计，一以助阁下澄清之用，必须选百练之卒，备精坚之械。舟师则船炮并富，陆路则将卒并愤，作三年不归之想，为百战艰难之行，岂可儿戏成军，仓猝一出！人尽乌合，器名苦窳，船不满二百，炮不满五百，如大海簸豆，黑子著面，纵能迅达皖省，究竟于事何补？是以鄙人愚见，总须备战舰二百号，又辅以民船载货者七八百，大小炮千余位，水勇四千，陆勇六千，夹江而下，明年成行，与麾下相遇于九江小孤之间，方始略成气候。"这就是"兵为将有"，不随便听朝廷摆布。

信中，曾国藩阐明了他编练湘军的目的和所赋予的使命，坦陈其对湘军"简练慎出"的原因，充分展示了他的深谋远虑和非凡见识。如果说拒绝江忠源还不能令人信服的话，那么曾国藩对咸丰帝的两次抗旨不遵，则表明了他顾全湘军大局的坚定立场和决心。

第一次是 1853 年 10 月 20 日，西征太平军逼近武昌，而武昌兵力薄弱，咸丰帝令曾国藩派兵救援。紧接着又于 11 月 3 日和 5 日两次下旨命曾国藩亲自带兵前往增援，但由于湘军刚开赴衡阳，阵容不整，训练也欠系统，所以曾国藩消极待命，迟迟不肯出兵。后干脆以太平军已经撤出武汉，武昌围解而不再从命。

第二次是 1853 年 12 月 12 日，咸丰帝以"六百里加紧谕令"的形式，催促曾国藩迅速带兵救援安徽，结果曾国藩"以船炮未齐，不能草率成行覆奏"，气得咸丰帝大骂他不知好歹、自以为是，并发狠说：既然你想自担重任，朕成全你，不过"言既出诸汝口，必须尽如所言办与朕看"！曾国藩见真把咸丰帝惹急了，也不敢怠慢，赶忙奏明不能出兵的原因，请求咸丰帝谅解。

由此可见，大敌当前，面对来自内外的巨大压力，曾国藩依然能够不受干扰，保持难得的冷静和清醒，充分认识到战争的残酷性和艰巨性，非常理性和认真地"为艰难百战之行"，这就是理学家的"实事求是"行事原则，这为湘军的最终功成奠定了良好的基础。

总之，通过血缘、地缘和人缘，并且采用"兵员自募，权归主将"的建军原则，曾国藩得以组建一支能征善战的私家湘军，一改旧式军队"将与将不相习，兵与兵不相知，胜则相妒，败不相救"的恶习，真正的是兵为将有。一旦某领军将领战死，所统部队就会面临解散，由新将领进行挑选兵勇进行重组，未被选中的就会被遣散回家。士兵们为了免于被遣散，打仗时都十分勇敢，为保护其主将的安全万死不辞，这样的军队能不骁勇善战吗？

自然，作为统帅的曾国藩，十分珍惜与谨慎使用这支武装。不过，它总是要上战场的，那么，上战场与太平军正面作战以后，湘军的具体表现会如何呢？

1—6. 练兵衡阳首败靖港，师出湖南鏖战长江

湘军刚成立时，形势对湘军并不利。

太平军于咸丰三年二月十一日（1853 年 3 月 20 日）攻克南京，并宣布在南京建都，改南京为天京。四月一日（5 月 8 日），派天官副丞相林凤祥、地官正丞相李开芳、春官正丞相吉文元等领兵组成北伐军，从扬州进军北伐，指向北京和天津。四月十二日（5 月 19 日），又派春官正丞相胡以晃、夏官副丞相赖汉英等领兵组成西征军，溯长江而上进行西征，要再夺能保卫天京安全的两湖重地。

西征的太平军一路凯歌，呈摧枯拉朽之势，连克和州、芜湖、池州，并于五月初四攻占安庆，进入江西，且于八月二十七日攻占九江。随即分兵两路，分别进攻皖北与湖北。咸丰三年九月十三日，进入湖北的太平军石祥桢和韦志俊部大败清军于田家镇，九月十八日（10 月 20 日）再占汉口和汉阳，但由于觉得自己兵力较单薄，于是又退出汉口

而占据黄州一带。咸丰四年正月，在皖北战场上取胜的太平军也进入湖北，并与湖北太平军合兵于正月十五日在黄州大败清军，湖广总督吴文镕因兵败投水自尽。正月十九日，太平军第三次攻克汉口和汉阳，湖北按察使唐树义也败死。此时湖北清兵已溃，朝廷只能指望曾国藩所练的湘勇了。

然后太平军渡过长江，并且分兵两路：一路进攻防卫坚固的残存的武昌城；另一路由石祥桢和林绍璋率领南下湖南，并且也是一路势如破竹，连克岳州、湘阴、靖港、宁乡，使得长沙大震。于是咸丰四年二月，曾国藩率领湘军正式自衡阳出发迎击太平军。

咸丰四年三月初十，太平军先败曾国藩的前部王鑫于岳州后，乘胜南下，曾国藩首次以自己所练的湘军水陆师迎战太平军于长沙北面的靖港，但出师不利，当时尚无实际作战经验的湘军在首战中水陆皆败，三月二十五日，太平军便得以占领靖港。

不过当时曾国藩的水师还没有完全被歼，因此太平军的水师也不能直接南下长沙，但一支太平军的陆军部队在林绍璋的率领下，越过宁乡并于三月二十九日（1854 年 4 月 25 日）占领湘潭，并且就地集船以成水师，大有迂回和包围长沙之势。

面对此严重形势，曾国藩与刚刚入幕湖南巡抚骆秉章的左宗棠商定，首先要集中湘军水陆两方的主要兵力，一举收复湘潭，击败太平军的陆军，然后再对付靖港的太平军水师。于是曾国藩命猛将塔齐布率陆军、彭玉麟率水师向驻守在湘潭的太平军发动了猛烈的进攻。

四月初，当塔齐布与林绍璋在湘潭会战时，也许是由于求功心切，在湘军发动对湘潭攻势的同时，曾国藩却带领战船 40 艘、兵丁 800 人北取靖港。由于太平军早已做好准备，加之湘军水师战船太顺风不能回转，"炮高船低，不能命中"结果于四月初二（4 月 28 日）再次遭到惨败。不但士兵夺命奔逃，军官们也随之溃败，弃船上岸，"或自将战船焚毁，恐以资贼，或竟被逆贼掠取"。曾国藩后来虽派陆军来援，但仍阻挡不住湘军的溃逃。湘军"争浮桥，桥以门扉、床板，人多桥坏，死者百余人"。曾国藩亲自执剑督战，甚至立令旗于岸上，大呼"过旗者斩"，但是士兵却从旗旁绕过而作鸟兽散。此次战斗，"陆路之勇与贼战半时之久，即行奔溃；而水师之勇见陆路既溃，亦纷纷上岸奔窜。大小战船有自行焚烧者，有被贼抢去者，有尚扎陷河者；水勇竟至溃散一半；船炮亦失去三分之一"。从一出师到靖港之败，短短的两个月内曾国藩就已经损失了一半大船。面对难以收拾的局面与各方对他作为一介书生领兵的嘲笑，羞愧之下曾国藩曾几次跳水自杀，幸被幕僚李元度安置在他身边的章寿麟救起，但狼狈不堪。左宗棠自长沙城缒城而下来到他的营中说，现在不是死的时候。

好在 3 天后，四月初五（1854 年 5 月 2 日），南路湘军发动的湘潭战役获得全胜，全歼了林绍璋的太平军，靖港的太平军闻讯也赶紧撤走。

捷报传到京城，咸丰皇帝好久没有听到打胜仗的消息了，龙颜大悦，传谕嘉奖，这才平息了各方责难之声。当时是这样上报湘潭之战的："水勇开放大炮，专意射火焚船。是时北风甚劲，顺风纵火，遇船即着，自卯至未，烧贼船六七百只。长发（广西老兄弟）、短发（后加入的各省新兄弟），逐浪漂流，红巾、黄巾（太平军服装）随波上下，岸赭水温，同归浩劫。水战火攻，未有痛快如此者。"

靖港、湘潭战后，太平军随即退回岳州，湘潭战役之后曾国藩决定立即整顿军队。当时各部战力参差不齐，根据两战的具体表现，在战斗中临危不乱坚持作战的彭玉麟、塔齐布、杨载福等精良之部，都加以补充，壮大其力量，以鼓舞斗志；而对于消极怯战者，则撤销番号，遣散残兵，即使对其弟弟曾国荃也不例外。

对于他对部队进行裁减，很多人不理解，都要求他增加兵力，曾国藩回答说："我们水陆将士一万多人，不能说少，而与太平军对阵时一触即溃。岳州之败，水师只有杨载福一营对抗太平军。湘潭大战，也只有陆军塔齐布、水师杨载福两营表现出色，由此可知，兵贵精而不在多。所以，诸葛亮兵败祁山，考虑的就是裁减军队，检查自己的失误，不是没有道理的。古人用兵，首先申明赏功罚罪。现在天下大乱，贤人君子都隐居在山野之中，我以正义之声倡导大家与我共赴国难。你们起初跟着我，确实不是想获得高官厚禄，所以我就没有用军法来约束你们，而这正是这次失败的根源，因此一定要整肃军队。"

经过实际战斗的洗礼与整顿后，湘军焕然一新。湖南官府、社会上以及在湘的绿营兵都对这支军队刮目相视，原来为难湘军的湖南提督鲍起豹被免职，代之以塔齐布。

曾国藩在重整水陆军时，裁去溃勇 5000，补进罗泽南军营。罗营军官全是罗泽南的门生，包括王鑫的老湘军，战斗力很强。陆军有塔、罗，水军有彭、杨，湘军进一步加强了。

湘军在湘潭战役中的获胜具有重要意义，就湘军来说，这一战击败了太平军西征主力，证明它已经是一支具有强大战斗力的武装力量，不可小觑了；就太平军来说，其西征从此转入防守，也就是说，湘军已经取得了主动。湖南的形势稳定了，太平军想消灭湘军并席卷两湖以巩固其西线的战略计划也就落空了。

不过咸丰四年六月初二西征太平军却也第二次攻克了武昌，因此控制了武汉三镇。

湘军初步成军以后就面临当时湖广的清军绿营兵官兵在太平军打击下已溃不成军。湘军在湖南取得胜利后，由于咸丰四年二月汉口失陷，于是在朝廷不断催促下，曾国藩正式受命出兵进攻太平军。

在收复靖港后，咸丰四年四月，湘军正式向湖北出击，派水陆两师两万余人进军湖北。形势也一片大好。咸丰四年七月（1854 年 8 月）湘军攻陷岳州，八月（10 月）攻陷武昌、汉阳，特别是咸丰四年八月二十三日（1854 年 10 月 14 日），湘军一举攻克湖北最重要的战略要地武昌，捷报至京，咸丰帝闻之龙颜大悦。

曾国藩在湘潭击败太平军，并迫使太平军退出湖南以后，咸丰皇帝当时还只是觉得这支练勇有一定的战斗力，没想到它出湖南以后竟然能一举攻克武昌，这就不是一般的战役胜利了，因此禁不住高兴地对军机大臣们说："不意曾国藩一书生，乃能建此奇功。"当即就要赏他二品顶戴，任命曾国藩为署理（暂代理）湖北巡抚。不料，当时的首席军机大臣祁隽藻向皇帝进言："本朝家法，无专用汉人督师者。曾国藩以侍郎在籍，犹匹夫耳。匹夫居闾里，一呼，蹶起从之者万余人，若再授以疆圻，复总师干，威权太重，恐非国家福也。"这使咸丰帝想起其先祖遗训，也就是警惕汉人，他听后默然变色良久，随即改赏曾国藩一个兵部侍郎的虚衔。但曾国藩"不问收获，但问耕耘"。咸丰帝收回了任命曾国藩为署理湖北巡抚的成命，改赏他为"兵部侍郎"衔后，随即就令其整师东下，且此后的六七年间，朝廷再也没有授予曾国藩任何总督或巡抚实名大权。而且，皇帝还在曾国藩辞谢署理湖北巡抚的奏折上批道："朕料汝必辞，又念及整师东下，署抚空有其名，故已降旨令汝毋庸署湖北巡抚，赏给兵部侍郎衔。汝此奏虽不尽属固执，然官衔竟不书署抚，好名之心尚小，违旨之罪甚大，着严行申饬。"

可怜当时曾国藩还正处于丁忧期间，唯恐"外得罪于名教，内见讥于宗族"，照例上呈辞谢奏疏。不想奏疏未到，申斥诏谕又到，立功非但未得赏赐，反又遭到严厉的申斥，曾国藩心里不是滋味。

咸丰四年十一月中旬，在扫平湖北境内以后，湘军已到达九江城外，太平军此时知道真正遇到善战的对手了，这支军队与朝廷的绿营兵完全不同。咸丰四年十二月（1855年1月）湘军进围九江，完成了第一步作战计划。此时太平军西征军也统一由石达开指挥。

1—7.攻战攻心瓦解敌人，军歌三首严肃军纪

当时在理顺理与气的基础上，曾国藩就认识到为了保证湘军军事活动的成功进行，不但要有一支数量上、装备上和训练上都可观的战斗力强大的队伍，而且要做思想教育工作，即通过必要的宣传活动，一方面提高自己军队的战斗力，另一方面瓦解敌人的战斗力，使自己的军队通过从懂道理到提高士气与战斗力。

为此，曾国藩亲自为湘军写了一首有名的《爱民歌》，以规范军队纪律：

三军个个仔细听，行军要先爱百姓。贼匪害了百姓们，全靠官兵来救人。

百姓被贼吃了苦，要靠官兵来做主。第一扎营不偷懒，莫走人家取门板。

莫拆民房搬砖石，莫踹禾苗坏田产。莫打民间鸡和鸭，莫借民间锅和碗。

莫派民夫来挖壕，莫到民间去打馆。筑墙莫拦街前路，砍柴莫砍坟

上树。

挑水莫挑有鱼塘，凡事都要让一步。第二行路要端详，夜夜总要支营帐。

莫进城市占铺店，莫向乡间借村庄。人有小事莫喧哗，人不躲路莫挤他。

无钱莫扯道边菜，无钱莫喝便宜茶。更有一句紧要书，切莫掳人当长夫。

一人被掳挑担去，一家号哭不安居。娘哭子来眼也肿，妻哭夫来泪也枯。

从中地保又讹钱，分派各团并各部。有夫派夫无派钱，牵了骡马又牵猪。

鸡飞狗走都吓倒，塘里吓死好多鱼。第三号令要严明，兵勇不许乱出营。

走出营来就学坏，总是百姓来受害。或走大家讹钱文，或走小家调妇人。

邀些地痞做伙计，买些烧酒醉如泥。逢着百姓就要打，遇着店家就发气。

可怜百姓打出血，吃了大亏不敢说。生怕老将不自在，还要出钱去赔罪。

要得百姓稍安静，先要兵勇听号令。陆军不许乱出营，水军不许岸上行。

在家皆是做良民，出来当兵也是人。官兵贼匪本不同，官兵是人贼是禽。

第四保护农家舍，我军荡荡扫蟊贼。官兵不抢贼匪抢，官兵不淫贼匪淫。

若是官兵也淫抢，便同贼匪一条心。官兵与贼不分明，到处传出丑声名。

百姓听得就心酸，上司听得皱眉尖。上司不肯发粮饷，百姓不肯卖米盐。

爱民之军处处喜，扰民之军处处嫌。我的军士跟我早，多年在外名声好。

如今百姓更穷困，愿我士兵听教训。军士与民共一家，千万不可欺负他。

别处纷纷多扰动，我军所在桃源洞。日日熟唱爱民歌，天合地合又人合。

自古以来，从没有哪一支军队将行军纪律规定得如此全面细致，以扬军气，可见曾国藩建军心思之缜密。同时，为了瓦解敌气，曾国藩也因此写了一首同样有名的《解散歌》：

莫打鼓来莫敲锣，听我唱个解散歌。如今贼多有缘故，大半都是掳进去。

掳了良民当长毛，个个心中都想逃。官兵若杀胁从人，可怜冤枉无处伸。

良民一朝被贼掳，吃尽千辛和万苦。初掳进去就挑担，板子打的皮肉烂。

又要煮饭又挑柴，上无衣服下无鞋。看看头发一寸长，就要逼他上战场。

初上战场眼哭肿，又羞又恨又懵懂。向前就怕官兵砍，退后又怕长毛斩。

一年两载发更长，从此不敢回家乡。一封家信无处寄，背地落泪思爷娘。

被掳太久家太贫，儿子饿死妻嫁人。半夜偷逃想回家，层层贼卡有盘查。

又怕官军盘得紧，跪求饶命也不准。还怕团勇来讹钱，抢去衣服并盘缠。

种种苦情说不完，说起阎王也心酸。我今到处贴告示，凡是胁从皆免死。

第一不杀老和少，登时释放给护照。第二不杀老长发，一尺二尺皆打发。

第三不杀面刺字，劝他用药洗几次。第四不杀打过仗，丢了兵器便释放。

第五不杀做伪官，被掳受职也可宽。第六不杀旧官兵，被贼围捉有原情。

第七不杀贼探子，本是愚民被驱使。第八不杀捆送人，也防乡团捆难民。

人人不杀都壮胆，各各逃生寻去向。贼要聚来我要散，贼要掳来我要放。

每人给张免死牌，保你千妥又万当。往年在家犯过罪，从今再不算前账。

不许县官问陈案，不许仇人告旧状。一家骨肉再团圆，九重皇恩真浩荡。

一言善告州和县，再告兵勇和团练。如遇胁从难民归，莫抢钱粮莫犯罪。

国内战争牵涉三个方面：我军、敌军和老百姓。对于我军要强调军纪，对于敌军要加以瓦解，对老百姓则要振兴民气。所以曾国藩又写了一首《莫逃走》的安民歌安抚老百姓：

众人谣言虽满口，我境切莫乱逃走。我境僻处万山中，四方大路皆不通。

我走天下一大半，唯有此处可避乱。走尽九州并四海，唯有此处最自在。

别处纷纷多扰动，此处却是桃源洞。若嫌此地不安静，别处更难逃性命。

只怕你们太胆小，但闻谣言便慌了。一人仓忙四山逃，全家大小叫嗷嗷。

男子纵然逃得脱，妇女难免受煎熬。壮丁纵然逃得脱，老幼难免哭嚎啕。

文契纵然带得走，钱财不能带分毫。衣服纵然带着走，猪牛难带一根毛。

走出门来无屋住，躲在山中北风号。夜无被铺床板凳；日无锅甑切菜刀。

受尽辛苦破尽财，其实贼匪并未来。只因谣言自惊慌，惹起土匪吵一场。

茶陵道州遭土匪，皆因谣言无端走。其余各县逃走人，多因谣言吓断魂。

我境大家要保全，切记不可听谣言。任凭谣言风浪起，我们稳坐钓鱼船。

一家安稳不吃惊，十家太平不躲兵。一人当事不害怕，百人心中有把柄。

本乡本土总不离，立定主意不改离。地方公事齐心办，大家吃碗安乐饭。

曾国藩命令大军所到之处，四面张贴，晓喻全社会，取得了十分良好的效果，后来李鸿章创建淮军进达上海以后，也是在全城满贴，使得上海人民对淮军产生了巨大的信任感。

1—8. 用兵之道全在士气，作战之要谨慎协调

其实当时在人数上太平军远多于湘军，为什么湘军最后能取胜呢？

士气是重要因素。曾国藩曾指出："凡军最忌暮气。当道（光）咸（丰）之交，官军皆暮气，而贼军皆朝气。及同治初元，贼军皆暮气，而官军皆朝气。得失之林，皆在如是。"受曾国藩从各方面教育、训练与灌输信念的湘军因为具有高昂的士气因此保证了胜利。他说："大约用兵无他技巧，长存有余不尽之气而已。"

他指出，历史上不乏气盈则胜，气虚则败的战例。"孙仲谋之攻合肥，受创于张辽；诸葛武侯之攻陈仓，受创于郝昭，皆初气过锐，渐就衰竭之故。""用兵之道，最忌势穷力弱四字。力则指将士之精力言之；势则指大局大计，及粮饷之接续，人才之继否言之。"所以，"孤单无助，粮饷不继，奔走疲惫"等，都是瓦解士气的因素，也是用兵的大忌，而这都贯彻了理学家理念求实的原则。

曾国藩尤其强调军队内部要团结，从而才能具有凝聚力，这是作战之要。他总结说："湘军之所以无敌者，全赖彼此相顾，彼此相救。虽平日积怨深仇，临阵乃彼此照顾。虽上午口角参商，下午仍彼此救援。"

他知道，内讧分裂，危害尤甚。"祸机之发，莫烈于猜疑，此古今之通病。败国、亡家、丧身，皆猜疑之所致。凡两军相处，统将有一分龃龉，则营哨必有三分，兵夫必有六七分。故欲求和衷共济，自统将先办一副平恕之心始。同打仗，不可讥人之退缩；同行路，不可疑人之骚扰，处处严于治己而薄于责人，则唇舌自省矣。敬以持恭，恕以待人，敬则小心翼翼，事无巨细，皆不敢忽；恕则凡事留余地以处人，功不独居，过不推诿，常常记此二字。"

曾国藩是一位战略家，遵循理学实事求是原则，对很多用兵的细节也考虑甚周。例如，他教导部下："师行所到之处，必须多问多思，思之于己，问之于人，皆好谋之实迹也。昔王璞山（指创建老湘军被誉为王老虎的名将王鑫）带兵，有名将风。每与敌遇，将接战之前一夕，传各营官齐集，与之畅论敌情地势，袖中出地图十余张，每人分给一张，命诸将各抒己见：如何进兵，如何分支，某营埋伏，某营并不接战，待战毕专派追剿。诸将一一说毕，璞山乃将自己主意说出，每人发一传单，即议定之主意也。次日战罢，有与初议不合者，虽有功亦必加罚。其平日无事，每三日必传各营官熟论战守之法。"

"一曰扎营宜深沟高垒。虽仅一宿，亦须为坚不可拔之计，但使能守我营垒，安如泰山，纵不能进攻，亦无损于大局；一曰哨探严明。离敌既近，时时作敌来扑营之想。敌来之路，应敌之路，埋伏之路，胜仗追击之路，一一探明，切勿孟浪；一曰痛除暮气。未经战阵之兵每好言战，带兵者亦然。若稍有阅历，但觉我军多暇隙，无一可恃，不轻言战矣。"

所以，谨慎用兵至为紧要。

1—9. 九江城下求胜心切，兵败湖口受困南昌

太平天国在南京建都以后，1853 年 5 月 19 日再度派兵西征，并要夺取江西省城南昌。

但经过 93 天的围困，未能攻下南昌，于是太平军于 1853 年 9 月 24 日撤南昌城围，结束了旷日持久的攻城战，28 日回师湖口，于 29 日攻占九江。

虽然太平军撤围南昌，但是九江等重地已被太平军占领。面对太平

军对南昌虎视眈眈之势，江西巡抚陈启迈曾上奏："太平军在九江西门外筑城安炮，并在龙开河停泊2000艘船。另有太平军船进至吴城镇（位于新建县），迫使官军兵勇退守上游。有300~400艘太平军船只驶入建昌县山下渡，威胁南昌。"

1854年10月下旬，湘军在攻克武昌以后，曾国藩奉命援救江西，这是湘军历史上第一次离开两湖作战。《湖南省志》中记载"湘军到江西九江、湖口一带，后防尽空"。1854年11月下旬，湘军水陆大军就与太平军在鄂东缠斗，湘军夺下了湖北长江上的要塞半壁山及田家镇后，东征兵锋就直指九江。九江位于长江中游，上抵武汉，下达安庆，是江西的北大门。无论是湘军东征，还是太平军西征，九江都是必过的一道坎，此时太平军主将石达开来到九江前线，接过了西征太平军的指挥权，所以当时双方将领都将主攻目标锁定在九江。

1855年1月，湘军到达九江城下并开始攻城。湘军陆营统领塔齐布，每天率军仰攻城墙，手下军士伤亡不断，他本人也因为频频独身陷阵，被石头砸伤。塔齐布由最初长沙绿营的一个小小都司，成为湘军中独当一面的大将，成名久矣。但这次，他碰到了一生中的劲敌——太平军将领林启容。湘军攻九江城也是久攻不下，哪怕是曾国藩亲自指挥，麾下塔齐布、罗泽南、彭玉麟、杨岳斌等将领，合力攻打九江各门，但仍徒劳无功。

曾国藩此时已经知道石达开的厉害之处：正当湘军为攻下湖北田家镇、半壁山而欢欣鼓舞时，太平军西线军事就已由石达开统一指挥，派遣燕王秦日纲率领陈玉成、韦俊等将领在九江上游江北的武穴、黄梅等地布兵坚守。塔齐布、罗泽南的陆营与他们整整纠缠了一个月，才把太平军势力挤出湖北。太平军丝毫不敢轻视，一个月内又将九江、湖口的防御布置严密。等到塔齐布等率军渡江，"九江已屹然坚城，难以遽下矣"。

没有湘军陆营辅助，水师统领杨岳斌、彭玉麟也不敢骤然深入九江、湖口等地。此前在湖北境内半壁山一役，湘军水师打败了太平军水师，声威大振。行伍出身的杨岳斌因战功升任常德营副将，加总兵衔。而祖籍衡阳的书生彭玉麟以知府记名。水师统领杨、彭二人的关系，正如同陆营统领塔齐布、罗泽南一样，因为出身不同，难以协调。塔齐布、杨岳斌一开始都认为，罗、彭一介书生，无法带兵打仗。这样的成见，在湘军东征进程中，逐渐化解。

彭玉麟确有儒将风范，他作战闲暇时喜画梅花，所作"老干繁枝，鳞鳞万玉，其劲挺处似童钰"，被称为"兵梅"。这与他的临阵沉稳、胆气过人分不开。湘军水师作战时，军士们曾想方设法躲避枪弹，有的是在船上撑起渔网、牛皮和藤牌，有的是把竹条编成细鳞一样的席子，把棉絮、人发覆盖在上面。但这些都不行，太平军的铅弹"一穿即过"。

彭玉麟要求水师，"以血肉之躯，植立船头，可避则避之，不可避者听之"，他作战时以身作则，甘冒炮火，率船队冲锋。待接近太平军后，对方的远程炮火失去优势，湘军士气倍增。水师的这一战法，后来被陆营效仿。然而，即便湘军以如此凶猛的攻势逼进，但太平军守将林启容仍不为所动，太平军仗着九江城墙异常坚固，用重火器往城下狂轰，湘军损失惨重。

当咸丰四年十一月中旬，湘军已经到达九江城下时，由于在湖北一路皆捷，所以湘军上下都洋洋得意。此时左宗棠却很冷静，他看出了湘军的轻敌思想很危险，于是他写信给王珍："东征大局为天下所仰望，自克复岳州以后，直捣浔阳，节节得手，军威大振，然将士之气渐骄，主帅之谋渐乱，第尝贻书戒之，而不我察也。"

果然，曾国藩的部队多日攻不下九江，眼见湘军攻势渐钝，这是兵家大忌。1855年1月中旬，曾国藩决定"舍坚攻瑕"，仅留塔齐布围九江，大队人马转攻九江下游的梅家洲和湖口。

当时太平军已经派翼王石达开来江西指挥军事，他立即发现了湘军的弱点："将士皆骄，甫攻九江，即围湖口，兼击澎泽……兵分势单，易生鳞隙。"于是他利用湘军骄傲，求胜心切的弱点，指挥太平军"夜夜以陆师千余、火箭、火球、大呼惊营。"使湘军高度紧张，从而情绪烦躁，急不可耐，只想求战。

湖口位于江西九江市下游约20公里，鄱阳湖与长江的交汇处。湖口县城双钟镇，夹在鄱阳湖东岸的上、下石钟山之间，与九江梅家洲隔湖相望，是鄱阳湖入长江的咽喉要道，被称为"江湖锁钥"。因地理位置险要，湖口自古为百战之地。三国时周瑜曾于鄱阳湖练兵破曹，元末朱元璋、陈友谅也曾大战于江湖之间。从 1855 年开始，湘军就与太平军围绕九江、湖口等据点，僵持了近 3 年，其间历经多次大小阵仗，湘军、太平军各有胜负。湖口之战展开前，石达开此前就已占先手，太平军在毗邻九江城的梅家洲上，早就修筑了木城，城上架设火炮，周边埋了木桩、竹签和地雷。还用俘获的战船，装上砂石，沉在鄱阳湖口，堵塞长江水路。

湘军求战心切，石达开将计就计，命太平军频频扰敌。十多天之后，湘军人困马乏，粮草短缺，军心开始浮躁。1 月 29 日，太平军 40 艘运粮船过九江，湘军水师以一百余艘舢板追击，一直赶到鄱阳湖口，顺势冲破了太平军在湖口的防线。但运粮船在进入鄱阳湖后不知所终，太平军随即将湖口防线的缺口重新堵上，湘军水师的舢板船队后路已断，大船被孤立于长江上。

湘军水师的厉害之处在于编制严谨，沿袭了湘军陆营"兵归将有，上下相维"的传统。同时掌握了"逆风逆水""逆风顺水"的作战规律，以适合江湖作战的长龙、快蟹、舢板大小三种战船搭配编队。长龙、快蟹行驶缓慢，但载有重火炮，小舢板灵活机动，既可拱卫大船，又能在重火力的掩护下攻击敌船。反观太平军水师，营制机构庞大，人员臃肿，难以灵活调配，且所用船只多为沿途征用的民船、商船，火炮性能也不如湘军。

如今湘军水师被一分为二。湘军水师从来都是依靠快蟹、长龙和舢板等几种大小不等的船只相互配合作战，现在快蟹、长龙被隔在江面，舢板小船被锁在内湖，占有优势的太平军由被动开始变为主动。首先，太平军以轻便战船先后袭击了湖口、九江江面的快蟹、长龙，火烧湘军水营，焚其船只近 200 艘。紧接着，太平军又从长江和江北两路西上，全线反击，在一个多月时间里，第三次攻克武昌，重新控制了从九江到武汉的数百里江面，占领了沿岸的大片土地。曾国藩水师的优势很快便丧失了。内湖的舢板船队被太平军压制，外江水师失去了机动作战能力，屡屡遭袭，战力锐减。尤其是 1855 年 2 月 11 日，太平军对九江江面上的湘军水师发动袭击，曾国藩的指挥船也被太平军俘虏，公文、书籍，以及皇帝御赐的黄马褂等赏赐物都被夺去。曾国藩气得又一次投水自尽，战船被焚烧百余艘。《曾国藩年谱》中记载，"（曾国藩）愤极赴水两次，皆左右援救以出"，又想骑马冲向太平军，以死相搏。东征以来，曾国藩把帅营扎在水师，却在靖港、湖口两度遇险。使他觉得在陆地上指挥较稳妥，此后帅营就不跟随水师。但围攻九江的湘军陆师主将塔齐布，却因长期攻不下九江，于 1855 年 8 月（咸丰五年七月）忧急而死。

九江江面上的湘军水师由于受到袭击蒙受很大损失后，迅速退回到湖北进行修补。九江江面肃清以后，1855 年 2 月，太平军便展开陆地攻势，先是由陈玉成在咸丰五年初领兵西进湖北，第四次攻克汉阳，第三次攻占武昌；另外，石达开又在江西展开攻势，首先攻克赣北重镇德安，并乘胜于咸丰六年二月攻破驻在樟树镇的湘军大营。湘军溃兵只得纷涌入南昌城；此时曾国藩也只好进入南昌城收拾残局。到咸丰六年三月（1856 年 4 月），石达开指挥西征太平军占领了江西 13 府中的 8 府 46 县。曾国藩哀叹说："自鄂渚以南，达于梅岭，贼踪绵亘数百里，众号数十万。"

为了挽救江西的危局，曾国藩急调在武昌城外攻坚的罗泽南回救。罗泽南为迅速攻破武昌城以回救江西受困湘军，加紧攻城，却于咸丰六年三月八日被太平军击伤致死。这样，曾国藩所依靠的湘军陆师最得力的将领塔齐布和罗泽南，不到两年时间相继亡故，使其处境愈加艰难。曾国藩困守南昌，与外界中断联系，连送家书都不得不用隐语蜡丸，化装潜行。即便如此，送信人往往还是被太平军识破，被捕杀者达百人以上。

但在曾国藩和南昌本地武装力量的抵抗下，南昌最终未被攻破，成为全省唯一未被太平军攻克的大城市，但是也还因为此时天京形势吃紧，东王杨秀清调江西太平军回解清军江南大营对天京之围，所以太平军停止了对南昌的围攻，回师天京攻破围困天京的江南大营。

在战场上被太平军打败而退守南昌后，曾国藩同样也不被本地人客气对待。江西官员虽然没有刁难他，但是也没有积极配合曾国藩的工作。曾国藩就曾用"多方掣肘，动以不肯给饷"的理由，参奏江西巡抚陈启迈，说他总是威胁自己，稍不如意，就不给拨发军饷。

《湖南省志》这样记载："曾（国藩）从此困守江西，两年中无所进展。"但曾国藩在困守南昌的两年时间中，却也为南昌城防做出了不小的贡献。《江西省志》中记载，"吏部侍郎、湘军首领曾国藩至南昌，与江西巡抚陈启迈商议，以湘军水师和江西水师为基础，组建一支新水军。"

1—10. 嫡系湘军看曾国荃，攻城掠地皖西大战

湘军的组成十分复杂。

李鸿章是在曾国藩进入江西以后投奔曾国藩，而且是在曾国藩1861年9月5日攻克安庆以后，受曾国藩的支持和委托，组建淮军进入上海的；左宗棠是在1860年9月祁门战役时，自组5000名楚军来参加保卫祁门大营的战斗，然后被曾国藩举荐领军进攻浙江。

所以，李鸿章与左宗棠的发迹与成功都与湘军有关，但他们毕竟不是曾国藩的嫡系湘军。

所谓曾国藩的嫡系湘军就是指随同曾国藩湖南起兵，一直打到南京的队伍，在这支队伍也涌现了很多杰出的将帅并随后成为朝廷的封疆大吏。其中，步兵最重要的代表人物是曾国荃及其所率领的"吉字营"，水师则是彭玉麟和杨岳斌。

曾国荃（1824—1890年）是曾国藩的四弟，但在大族同辈中排老九。他比曾国藩小13岁，生于道光四年（1824年）。16岁时，跟着他的父亲到京师，就学于曾国藩，很得其兄的嘉许，他赞曾国荃才俊胜出于兄弟几人之上。道光二十二年（1842年），曾国荃离开京师回原籍。曾国荃生性十分高傲，史书记载："少年奇气，倜傥不群。"1847年曾国荃以府试第一人入县学，不久举优贡。咸丰二年（1852年）取优贡生。

曾国荃早年随兄曾国藩筹建湘军，清咸丰六年起独领一军。在对太平军作战中，他所领的部队称吉字营，为曾国藩的嫡系部队。

1856年春，曾国藩率领的湘军在江西湖口惨败后，被太平军围困在南昌周围的狭小地区，处境十分险恶。因靖港兵败而未能随军入赣的曾国荃为了救援其兄，立即募集湘勇4000人，援救江西，连克安福等地，进围吉安。太平军凭险死守，等待援兵，攻城非常困难。曾国荃等采取挖壕筑垒的战略，实行长围久困之策终于破城，从而南昌解围在即。以后攻安庆，陷天京，曾国荃都是以挖壕围城取胜，对于铁桶般的坚城，他就用成堆的铁桶炸药炸开，因此有"曾铁桶"的外号。攻破吉安后，

1857 年 10 月曾国荃就从陆路进攻解除了太平军对南昌长达两年之围。

在水面上，1857 年 10 月 26 日，在血战两昼夜后，彭玉麟指挥湘军内湖水师突破太平军防线，从悬崖处攀援而上，强攻石钟山。交战双方"炮震肉飞，血瀑石壁"。湘军最终攻下石钟山，外江、内湖水师也在长江会合，报了两年前湘军在湖口惨败的一箭之仇。

1857 年 10 月曾国荃解南昌之围并成为江西湘军陆师主力以后，据曾国藩的女儿曾纪芬讲，曾国荃每次攻克一个大城市，或者打了胜仗，总要请假回家一次，置田盖房，大约也是衣锦还乡、炫耀武功的意思，但曾国藩在军中十几年，权倾朝野，却从来没有为自己营建过屋宅。这可以说是兄弟二人的不同之处。攻下吉安后，曾国荃当然也回老家买田建宅了。

1858 年太平天国发生内讧的天京事变后，太平天国翼王石达开负气率部离开天京的指挥体系出走，给太平天国内部带来了沉重打击。洪秀全为扭转危局，采取了一系列措施，起用了陈玉成、李秀成、林绍璋等一批青年将领。

首先陈玉成率部攻克庐州，后又与李秀成配合在乌衣渡大败清军，接着乘胜追击，直下浦口，攻破清军的江北大营，解了天京之围。1858 年又在战略要地三河镇之战中全歼湘军精锐之师 6000 余人，湘军大将李续宾、曾国华（曾国藩之弟）都战死该役。正当曾国藩因湘军悍将罗泽南和李续宾都相继阵亡而痛苦不堪，且湘军精锐之师多已调往湖北的时候，曾国荃率领他的湘军，攻破了吉安城并解南昌之围。曾国藩从吉安之役中，看到了四弟曾国荃倔强不屈的性格和带兵打仗的才能，认定他是可以担当大任的人物。

自此以后，曾国藩就把曾国荃率领的吉字营湘勇看作是自己的嫡系部队，处处予以照顾。曾国荃果然不负兄长的厚望，作战勇猛，攻无不克。他手下的将士也大多是亡命之徒，每攻下一城，曾国荃就命令放假三日，任凭兵勇烧、杀、抢、掠、奸、淫，可以说是无恶不作。因此这支湘勇在攻城时，都能奋不顾身，铤而走险，这个特点在后来围困安庆、攻陷天京时表现得尤为明显。

曾国荃解南昌之围后，策应由鄂进入江西的胡林翼所率李续宾部，于 1858 年 5 月用炸药轰塌城墙，攻克九江（自 1855 年 1 月起延续三年），太平军收缩兵力固守安庆。

1858 年 5 月，当时的形势是，曾国藩以前派回支援湖北的湘军在攻克武昌平定湖北以后，沿江东下，进攻九江，罗泽南的得意弟子李续宾领军 8000 人驻扎在九江城东；杨载福东下的水师和彭玉麟率领从鄱阳湖突围而出的水师，共 400 余艘战船巡弋在长江之上；江宁将军都兴阿的骑兵和鲍超的步兵驻扎在小池口，再加上曾国荃从湖南带来的兵，总兵力已经达到数万人。当曾国藩从南昌来到前线，看到如此整齐而强大的军容时，他心中当然是十分高兴的，在平定湖北并攻克九江和控制长江江面以后，曾国藩知道，他已经逐步掌握战争的主动权了，也就是现在他已经可以实施进攻的战略了。接着，1858 年 5 月 19 日，李续宾就攻克了九江。

1860 年 5 月曾国荃开始围攻安庆，开始长达一年多惨烈的安庆争夺战，并于 1861 年 9 月 5 日攻陷。

1—11. 长江中游关键之战，围攻安庆杀人如麻

咸丰十年（1860 年）五月，曾国荃率军进驻安庆以北的集贤关，开始了对安庆的进攻。安庆位于长江中游，溯江而上则能据汉口、武昌，顺水而下，则南京门户洞开，军事地理位置极为重要。在湘军准备攻取安庆时，该城已被太平军占领达 9 年之久。

1860 年 6 月，安庆攻坚战拉开序幕，曾国荃率湘军 8000 人进逼安庆。首先是围而不攻，在城西、城北开挖长壕两道，造成包围之势，断其军粮。城内太平军屡次出城攻击湘军，但湘军都坚守壕垒，不轻易越壕迎战，故屡屡挫伤太平军的锐气。

太平军陈玉成率部全力前来救援，但也始终无法突破湘军的阵地。一时间，交战双方全力以赴，安庆的争夺成了关系着太平天国和清王朝之间军力消长的

曾国荃

决战。驻在长江南岸距安庆几十里远东流镇的曾国藩，都可清晰地听到交战的火炮轰鸣声，可见战斗的激烈。在这关键时刻，太平军首领陈玉成犯了一个大错，1860年5月19日他率数千太平军赴桐城会合林绍璋，商讨下一步行动，却留8000人守集贤关和菱湖两岸各垒，留4000人守赤岗岭四垒，这样就使一万余人的部队陷于孤军分散作战且没有主帅的境地。5月20日，湘军将领鲍超开始猛攻集贤关外太平军四垒，太平军守将刘琳骁勇善战，战斗打得十分激烈。6月8日，赤岗岭四垒也被湘军团团围住，太平军已是山穷水尽。鲍超派人劝降，有三垒太平军被迫投降。刘琳率数百人突围，被湘军穷追，一直追到溪河边，太平军已无力战斗，大部分被生擒。

这是一场空前惨烈的战斗，整整打了20天，陈玉成的精锐4000余人全军覆没，赤岗岭投降的太平军和随刘琳突围被俘的战士，全部被湘军斩杀，刘琳本人也被肢解。

1860年7月7—8日，曾国荃和湘军水师互相配合，将陈玉成留在集贤关内和菱湖两岸的十八垒全部攻破，太平军又有8000官兵全部被杀。

这段时间，战争的激烈、残酷，超过了湘军以往参加的任何战斗，一月内，仅在集贤关内外，太平军死亡一万多人。湘军除在战场上杀戮外，又把投降和被俘的太平军集体屠杀，屠戮之惨状，连性格极为蛮狠、凶残的曾国荃手脚都感到瘫软，表示战后他要回家做乡农了。

此时，安庆与外界的联系已经断绝，只有一些外国商人将粮食偷运过去卖给太平军，曾国荃就派兵士守在航道上，当外国商人的运粮船开来时，就以高于太平军的价格将粮食收买，安庆城内的太平军就完全断粮了。1861年9月5日，曾国荃又用地道填埋炸药轰倒安庆北门城墙，湘军蜂拥而入，城内太平军由于饥饿，已拿不动刀枪，无力抵抗，主将叶芸来等16000余官兵投降。

咸丰十一年（1861年）湘军占领安庆后，曾国荃忧心忡忡，询问麾下猛将朱洪章："悍贼太多，如何处分才可杜绝后患？"朱洪章胸有成竹，应声而答："惟有斩尽杀绝，才能高枕无忧！"曾国荃说："降匪扎堆，稍有风吹草动，就会哗变，我军动手，很难做到神不知鬼不觉。"朱洪章立刻献计："派人缓开营门，谎称发放遣散费，每次唤进十名逆匪，半天即可砍完。"曾国荃心知此计可行，就轻描淡写地说："大开杀戒，我于心不忍，这个差事就交给你办了。"事后，曾国荃写信给大哥，说自己杀人太多，自觉罪孽深重，懊悔不已。曾国藩当即回信呵责道："既谋诛灭，断无以多杀为悔之理！"此前，曾国藩已叮嘱过四弟："克城以多杀为妥，不可假仁慈而误大事。"曾国荃在安庆杀人太多，尸骸堆积成山，由于处置不当，结果引发了一场瘟疫，不少湘军士兵染病身亡。

起先，曾国藩也对于杀人如麻深感不安，但他很快就找到了心理解脱的途径。咸丰十年（1860年）六月初十，他写信给曾国荃，道是："吾辈不幸生当乱世，又不幸而带兵，日以杀人为事，可为寒心，唯时时存一爱民之念，庶几留心田以饭子孙也。"他以为捍卫名教而杀人，为忠君爱民而杀人，这就使他拥有了足敷所用的道德勇气。曾国荃在安庆屠杀降兵降将，犹如砍菜切瓜，消息传出，天下哗然，因此他遭到了舆论的严厉谴责。湘军水师统领彭玉麟致书湘军大帅曾国藩，建议他大义灭亲，杀曾国荃，以息神人之共愤。

安庆之战，曾国荃又为湘军立了一大功。安庆的陷落，为进攻天京准备了极为有利的条件。清廷以曾国荃"智勇兼施"赏加布政使衔，并赏穿黄马褂。从1854年10月14日曾国藩攻克武昌，到1861年9月5日曾国荃攻克安庆，湘军在鄂赣长江中游整整缠斗了七年。

同治元年（1862年）曾国荃被授与浙江按察使、江苏布政使，而曾国藩加太子少保衔。

1—12. 湘军十将围战太平，攻破金陵血洗天京

安庆失守以后，太平军并未因此崩溃。

此时，天王洪秀全据守天京，忠王李秀成正进攻苏州、上海一带，侍王李世贤已攻陷浙江杭州，辅王杨辅清驻扎在宁国，康王汪海洋率军正窥视江西，英王陈玉成驻守庐州，捻军首领苗沛霖出入在颍州和寿州之间，与陈玉成相呼应，想要谋取山东、河南一带，而且各路太平军声势浩大，都号称几十万大军。

曾国藩便与曾国荃商量下一步的进攻策略。曾国荃说：此时若派遣

大军直接进攻金陵，太平军必将竭尽全力来保护其巢穴，那么苏州和杭州等地便唾手可得了。曾国藩很同意他的见解，于是就制订了直接进攻天京的计划。

同治元年，曾国藩被授予协办大学士，朝廷命令他统率各军，向太平军发动全面进攻。

此时，在湘军方面：进攻金陵的任务交给了曾国荃，浙江方面的军务由左宗棠负责，李鸿章征战苏州和上海，杨载福和彭玉麟负责肃清长江下游太平军；在长江以北，多隆阿进军庐州，李续宜增援颍州；在长江以南，鲍超主攻宁国，曾贞干兵出徽州。他们的军事行动统一由曾国藩指挥，真是湘军十将，大战太平，声势大振，蔚为壮观。

1862年春，曾国藩开始部署进攻天京。主攻的任务交给了弟弟曾国荃。曾国荃率军急进，连下无为、巢县、含山、和州、太平府、东梁山、金柱关、芜湖、江宁镇、大胜关等地，直逼天京城，1862年5月31日在天京城南门外的雨花台扎下营寨，使军队处于孤立突出的险境。曾国藩替他担心不已，写信劝他暂时后退，以求稳妥之策。但是曾国荃却认为："舍老巢勿攻，浪战无益，逼城足以致敌。虽危，事有可为。"丝毫没有退兵的念头。

曾国藩准备派具有洋枪洋炮的李鸿章部前去援助，也遭到他的拒绝。他开始在天京城外深挖壕沟，广筑防御工事，并结合水师，全力出击，并以3万军队苦战45天，击退了李秀成组织的号称20万的太平军十三个王的救援之师。

曾国藩见他打了胜仗，又赶快劝其趁好即收，暂时撤兵天京，以保全功业，缓兵一阵以后再攻。此时，已觉胜券在握的曾国荃力排众议云："贼（指太平军）以全力突围是其故技，向公（向荣）、和公（和春）正以退致挫，今若蹈其覆辙，贼且长驱西上，何芜湖之能保？况贼乌合无纪律，岂可见其众而自怯？"他还谢绝了洋人白齐文指挥下的"常胜军"的支援。是时江南流行瘟疫，曾国荃军中也开始蔓延，湘军元气大伤。但仍能坚持，1863年他连战连捷，几年夺下了天京城外所有的战略据点。

这确实都是在极为艰难困苦的条件下取得的战绩。

但是此时在军中却疫病流行，攻城湘军将士死亡甚多，简直是尸积如山，有的军营几乎已空。曾国藩认识是自己无德，不能担当主帅的重任，因此请朝廷派大臣到军中来分担重任。同治皇帝下诏慰勉，称：天灾流行，这当然不是你一个人的过错，天意显示朝廷的决策有不当，我们君臣更应当尽心尽力，消除灾祸，为民请命。而且满朝内外大臣之中，以才智、气量而论，没有人能超过你的。时势艰难，此时此刻，你切不可稍有松懈。

曾国藩读了诏书，感激涕零。

安庆失守后，陈玉成受到革职处分，坐守庐州，1862 年 5 月放弃庐州北走寿州，被地主团练头子苗沛霖诱捕送往清军胜保大营，6 月 4 日在河南延津遇害，年仅 26 岁。陈玉成的牺牲和庐州的失陷，使太平军在皖北的防务瓦解。太平天国只能依靠李秀成等新开辟的苏浙根据地支撑危局。

湘军攻陷安庆后，曾国藩即设大营于此。同治元年正月初一（1862 年 1 月 30 日），清廷授曾国藩为协办大学士，仍统辖苏、赣、皖、浙四省军事。曾国藩立即筹划以东征金陵为主要目标的全盘军事行动。具体部署是：曾国荃部自安庆沿长江北岸直趋金陵；曾贞干部由池州攻芜湖；彭玉麟等率湘军水师沿江而下，配合两岸陆师行动并负运输接济之责；鲍超部由赣入皖，攻宁国府；左宗棠部攻浙江；李鸿章部淮军攻上海周围的太平军，尔后西进。

1862 年 3 月，曾国荃部离开安庆东下，拉开进攻天京的序幕。各地太平军在敌人的全面进攻下节节败退。5 月，湘军攻占当涂、芜湖、板桥、秣陵关、大胜关、三汊河等地。

5 月 30 日，彭玉麟率水师已进迫金陵护城河口，曾国荃部直逼雨花台，曾贞干也率军赶到，天京已经处在湘军直接威胁之下。

湘军如此迅速进抵天京城下，大出洪秀全意料。洪秀全于是一日三诏催促李秀成从上海前线回援，李秀成只得停止进军攻上海，退回苏州，派一部分兵力赶回天京加强防务，自己则仍留苏州。

1862 年 7 月，天京外围形势更加严重。7 月 11 日，西南屏障宁国府被湘军攻破。杨辅清、洪仁玕从皖南回援天京，夜袭湘军，也被湘军击退。8 月 6 日，洪秀全严诏催逼李秀成赶快回援。9 月 14 日，李秀成由苏州出发，督率 13 王，领兵 10 余万，号称 20 万，在东坝会齐，回援天京。

10 月 13 日，天京外围的攻守战开始。李秀成率军与天京城内守军配合，对湘军发起猛攻。湘军坚壁固守。11 月 3 日，太平军集中力量攻湘军东路，轰塌曾国荃雨花台营附近的湘军营墙两处。湘军拼命抵抗，太平军往返冲杀五六次，终不得入。太平军又用地道向敌进攻，湘军以挖对挖，每挖通一处地道，或熏以毒烟，或灌以秽水，或以木桩堵洞口，使太平军的地道连连失效。

11 月 26 日，李秀成、李世贤围攻雨花台曾国荃军营月余不下，只得下令撤围。李世贤率部退秣陵关，李秀成率部入天京。至此，经历两个多月的十三王回援天京的作战完全失败，号称 20 万的太平军居然在 45 天的战斗中，没有击溃 3 万人左右的湘军曾国荃部。

天京解围战失败后，李秀成被"严责革爵"。不久，洪秀全又责令他领兵渡江，西袭湖北，企图调动天京围敌。1862 年 12 月，第一批太平军数万人从天京下关渡江，占含山、巢县、和州。1863 年 2 月底，李秀成率第二批部队渡江，并于 3 月占浦口，4 月占江浦。

但太平军进入皖北后，受到湘军节节抵御，屡攻不克。进至六安后，正值青黄不接，粮食奇缺，加之敌人防堵甚严，李秀成遂放弃原定进军计划，于 5 月 19 日撤六安之围，折往寿州，随即东返。这时，围困天京的湘军已增至 3 万余人，并于 6 月 13 日占领了聚宝门外各石垒。洪秀全又急令李秀成速回天京。6 月 20 日，李秀成率部由九洑洲南渡抵京。

南渡过程中被湘军炮火打死和因饥饿而死者甚众，渡至南岸进入天京城内的太平军不到 1.5 万人。6 月 25 日，湘军又攻陷江浦、浦口，30 日陷九洑洲，太平军又损失 2 万余人。至此，长江北岸完全为清军占领。太平军实力则进一步削弱，天京解围的希望也更加渺茫。

与此同时，苏浙战场也在淮军、英国洋枪队、左宗棠部湘军的进攻下趋于瓦解。湘军于 1863 年 6 月底攻破九洑洲，控制了长江北岸后，鲍超部南渡，扎营神策门（今中央门）外沿江一带。9 月，曾国荃部攻占天京城东南的上方桥和城西南的江东桥，11 月上旬又连续攻占了城东南的上方门、高桥门、双桥门、七桥瓮以及秣陵关、中和桥，太平军在紫金山西南的要点全部失守。

11 月 25 日，曾国荃进扎城东孝陵卫。这时，湘军已攻陷天京外围的所有城镇要点，天京城只有太平门、神策门尚与外界相通。外援已断绝。李秀成于 12 月 21 日向洪秀全建议，鉴于湘军壕深垒固，围困甚严，天京又内无粮草，外援难至，不如弃城渡江别走以图江北，但遭到洪秀全拒绝。这样，太平天国的最后一线希望也就丧失了。

1864 年 2 月 28 日，湘军攻占了紫金山巅的天堡城。3 月 2 日，曾国荃部进驻太平门和神策门外，完成对天京的合围。

曾国荃部合围金陵之后，曾于 3 月 14 日用云梯攻城，但未得逞。4 月开始，在朝阳、神策、金川门外挖掘地道十余处，准备轰塌城墙，太平军一面组织力量从城内对挖，进行破坏，一面构筑月城，以便城墙轰塌后继续组织对抗。

1864 年 6 月 1 日，天王洪秀全病逝（一说自杀），终年 51 岁。

此后，天京人心愈加不稳。幼天王洪天贵福即位，一切军政事务统归忠王李秀成执掌。

7 月 3 日，湘军攻占天京城外最后一个据点地保城（即龙脖子），从而能够居高临下，监视城内动静。湘军在龙脖子山麓修筑炮台数十座，对城内日夜轰击，压制太平军的炮火，掩护挖掘地道。同时，在龙脖子山麓与城墙间大量填塞芦苇、蒿草，上覆沙土，高与城齐，为攻城铺平道路。半个月后，湘军攻城准备基本完成。

李秀成见湘军攻城在即，于 7 月 18 日深夜，选派千余人伪装湘军，冲出城去，企图破坏太平门附近的地道，结果被湘军识破，只得退回城内。7 月 19 日晨，湘军担任主攻任务的部队齐集太平门外。

7 月 19 日午后，曾国荃的心腹李臣典点燃埋在天京城墙下面的三万斤火药，一时间"但闻地中隐隐若雷声，约一点钟之久。忽闻霹雳砰訇，如天崩地坼之声。墙垣二十余丈随烟直上……"天京城破，湘军从城垣坍塌缺口蜂拥进入城内，随即与太平军展开巷战。

太平军在巷战中顽强还击，虽给敌人以重大杀伤，但没能挡住湘军的攻势。与此同时，湘军水师各营会同陆师夺取了水西、旱西两门，傍晚前后，天京全城各门均为湘军夺占。

　　李秀成于 19 日晨自太平门败退后，即回到天王府，独带幼天王，由数千文武护送，奔向旱西门，企图由此突围出城，结果为湘军陈湜部所阻，只得转上清凉山。后折回太平门，22 日夜，伪装湘军由缺口冲出，向孝陵卫方向突围。不久，李秀成就与幼天王失散，便分道奔逃。李秀成在方山附近被俘。城内守军与入城湘军继续展开巷战，但因长期被困，饿得体力不支，大部战死，一部自焚，10 余万人没有一个投降的。

　　同治三年六月十六日（1864 年 7 月 19 日）湘军攻破天京，史载：“分段搜杀，三日之间，毙贼共十余万人，秦淮河尸首如麻”“三日夜火光不息”。曾国藩也不得不承认太平军的勇敢，他说：“李开芳守冯官屯、林启容守九江、叶芸来守安庆，皆坚韧不屈，此次金陵城破，十余万贼无一降者，至聚众自焚而不悔，实为古今罕见之剧寇。”湘军入城后，在曾国荃纵容下，在城内纵兵屠杀，到处挖掘窖藏，掠夺财宝，尤其是洗劫天王宫和各王府。湘军所为，令人发指。城破后，忠王李秀成被俘，但幼天王被接走了。

　　湘军入城后当然首先要捉拿洪秀全，然而湘军将整个天京城翻了个底朝天，也不见洪秀全的踪影。7 月 30 日，湘军总兵熊登武得到一个太平军黄姓宫女告密，这才知道洪秀全已死有两个月了。在她的指引下，曾国荃派人从天王府的大殿内挖出了洪秀全的尸体。

　　一直到死，洪秀全都保持着他固有的神秘感。临死前，他命人用十几层厚布，在死后将自己裹得严严实实。湘军掘开墓穴，将洪秀全浑身的厚布全部扯烂，扛到城南雨花台给曾国藩当面验看。

　　曾国藩和洪秀全，两个苦苦搏杀了 10 年的对手，一直都只是相互耳闻，却从未谋面，想不到今天会以如此奇特的方式见面。曾国藩在日记中这样记述这位老对手：“胡须微白可数，头秃无发，左臂股左膀尚有肉，遍身用黄缎绣龙袍包裹。”刚刚验毕洪秀全的尸首，本来晴空万里的南京城，突然狂风骤起，暴雨袭来，约半时方歇。

　　8 月 1 日，曾国藩断然下达了最严厉的惩处方式：“戮尸，举烈火而焚之！”洪秀全的尸体再次被拖了出来，被刀斧剁得粉碎。即使这样，还不罢休，曾国藩又命人把肉泥拌进火药，装入炮弹，然后接连发射出去——就是死了，也要让洪秀全灰飞烟灭，阴魂无归。

　　攻破天京以后的大肆掠夺，使曾国荃所得金银细软、稀世珍宝盈筐满箱，不计其数，其贪婪残暴之名于是遍闻天下。民间流传曾国荃的吉字营湘军掳掠的金银如海、财货如山，一时间，长江上成百上千艘舟船，满载这些财宝驶向湖南，据说往老家运东西的船队在湘江上走了一个月。在城市被洗劫一空后，为了销赃隐罪，他还纵兵放火烧房，使天京城顿成一片火海，破坏极为严重。接着又斩杀被俘的太平天国忠王李秀成、福王洪仁达（洪秀全二哥），并大肆杀戮无抵抗能力的太平军。

曾国藩和曾国荃当然大报攻破天京大量杀灭太平军之功，但对财物却说"伪宫、贼馆，一炬成灰""并无所谓贼库者""然克复老巢而全无货财，实出微臣意计之外，亦为从来罕闻之事"。

攻下天京后，曾国藩加太子太傅衔，位列三公之首，封一等毅勇侯，赏双眼花翎。

攻下天京后，曾国荃被清廷赏加太子少保衔，封一等威毅伯。但曾国荃并没有青云直上，反倒受到官绅的非议和清廷的追究。一是因为当时朝廷财政困难，都指望夺取太平天国的国库来救济，而他却报告洪秀全圣库已经没有金银，拒缴所掠财物；二是他谎报洪秀全之子洪天贵福已死，其实正是他的疏忽，才使他们得以脱身。

曾国藩当然要比其弟深思熟虑得多，也更谙熟为臣之道。他急忙以曾国荃病情严重为由，请求将其弟开缺回籍。曾国荃开缺回籍后，心绪不佳，不久就真得了一场大病，直到1866年才奉清廷之谕，起任湖北巡抚。8月奉命帮办军务，与捻军作战，成为捻军最危险的敌人，次年5月由于与湖广总督官文关系紧张而复称病退职。光绪元年（1875年）授陕西巡抚并迁河东河道总督，翌年调山西巡抚。

在任山西巡抚期间，正值华北大旱，灾情很重，他为救灾做了相当大的努力而受称赞。

1881年升陕甘总督，旋乞病开缺。1882年5月调署两广总督。

1884年2月署礼部尚书。8月授两江总督兼南洋通商大臣。中法战争起，受命督南洋水师赴援闽、台，但敷衍搪塞，11月被革职留任。翌年开复。整顿海防，增添兵船、水雷等新式武器。可谓防边有策，助战有功，使沿江军民六年相安无事，撑起东南半壁河山。

光绪十五年（1889年），加太子太保衔。1890年在南京病卒于任上，前后六年两任两江总督（1884—1887 年，1888—1890 年）。终年 66 岁，谥"忠襄"。但由于他在平定太平天国过程中杀戮过重，所以历史上对他的正面评价不多。

1—13. 又用又疑不敢授权，素位而行颇具苦恼

曾国藩对太平军的十年征战中，虽也曾经历严重的挫折，但最终于1864 年攻破南京，太平天国因此覆灭，为稳定清朝政权立下了旷世奇功，并由此开始了二十多年的同治中兴。

咸丰帝在命曾国藩帮湖南巡抚办理本省团练事务时，仅授之以"钦命帮办团防查匪事务前任礼部右侍郎"关防，后又多次更换，以致曾国藩"前后所奉援鄂、援皖，筹备船炮，肃清江面诸谕，皆系接奉廷寄（指由朝廷军机大臣拟定而由兵部发给领军将领的命令），未经明奉谕旨（皇帝圣旨），外间时有讥议……关防之更换太多，往往疑为伪造"。湘潭之役后，曾国藩在上请奖叙湘潭之胜的立功将士的同时，自己则另备一道奏折，痛陈错误，自劾请罪。奏折称："臣奉命会剿，尚未出境，即有此挫，皆由臣调度乖方所致。深负鸿慈委任，惭憾忧郁，莫可名言。谨据实直陈，请旨将臣交部治罪，以昭大戒，不胜悚惶之至。"

不料咸丰帝并不领他的情，如此答复他："汝罪固大，总须听朕处分，岂有自定一责问之罪？殊觉可笑！想汝是时心操如悬旌，漫无定见也！"最后竟然革去他原来的侍郎职位，责令曾国藩戴罪剿匪。而且，朝廷在

曾国藩庆宴图（曾、李并坐上席）

一些小事上也对之不依不饶。曾国藩曾于咸丰四年二月奏请敕将原任湖北巡抚杨健入乡贤祠，不料此事又惹怒了清庭，曾国藩因此又被议革职，改为降二级调用。曾国藩为朝廷拼死拼活，结果因为这一件小事竟然受到如此严厉的处罚，其心又怎不痛？所以，朝廷刚开始时对曾国藩是不怎么信任或者说是不放心的，也就是对这样一呼就能起兵的汉臣，是不敢授以军政实权的。

其实，曾国藩在筹建湘军初期时真可谓筚路蓝缕，惨淡经营，经受了常人所不能忍受的困难。由于清廷不敢给之以大权、实权，曾国藩"虽居兵部堂官之位，而事权反不如提镇"。

地方官僚和绿营兵趁机对他进行刁难和排挤，致使曾国藩"办理军务，处处与地方官相交涉"。在筹建训练湘军初期，绿营兵长沙副将清德与提督鲍起豹便联合起来向湘军挑衅，对之进行了百般刁难。曾国藩虽说是奉咸丰帝之命来帮办团练的，但是地方上的官员多将曾国藩视为客官，并不重视他。"文武僚属，大率视臣为客，视本管上司为主。宾主既已歧视，呼应断难灵通。"四处碰壁的曾国藩"事事被人欺侮，故人得而玩易之也"，他的兵勇动辄被人毒骂痛打，遭受侮辱。其次，在筹饷一事上曾国藩也可谓费尽了周折。他在奏折中抱怨说："饷之巨者，丁漕关税，而职在军旅，不敢越俎以代谋；饷之细者劝捐抽厘，而身为客官，州县既不肯奉行，百姓亦终难见信"；"筹饷之事……州县故为阻挠"；"臣系帮办团练之人，各处之兵勇既不能受调遣，外省之饷项亦恐不愿供应。"也就是曾国藩几年征战都是"素位而行"，朝廷没有实际授予督抚官职，因此，"武不能补千总外委之实，文不能辖府厅州县之官""无土无才，无位无民，凡有筹饷之方，动多掣肘之虑"。也就是不能筹饷、不能干预民事、不能接见官员、不能联络绅士，虽然曾国藩自己说：不问收获，但问耕耘。但这种无实际行政大权却也使他实际上十分苦恼，气恼之下便要求卸职回家继续丁忧守制，皇帝当然不准。

于是当咸丰七年正月，他的父亲也在湖南湘乡老家病故了，此时正在南昌督军的曾国藩接到此信息后，立即报请丁忧，而且不待奏准，拜疏即行。皇帝没有办法，虽不准他在家守制丁忧，但还是给他三个月假回家治丧，并要求他三个月后立即返回江西督办军务，但曾国藩不肯回任，称："以臣细察今日局势，非位任巡抚，有察吏治权者，绝不能以治军。纵能治军，绝不能兼及筹饷。臣处客寄虚悬之位，又无圆通变济之才，恐终不免于贻误大局。"实际上就是表示没有督抚之职就难以赴任，而咸丰帝顺水推舟，也就一直让他在家里待着，一直到咸丰八年五月，也就是在家中几乎待了一年半的时间。

此时，胡林翼在平定湖北后，大军东下，派李续宾包围九江，占领湖口，湘军被包围在鄱阳湖中的水师便得以与外江的水师会合，同时，杨载福又率领湘军水师接连攻克望江、东流，并越过安庆，收复铜陵泥汊，与江南的清军接上了头，湘军水师因此声名大振。

胡林翼因为现在自己所指挥的这支军队，原本是曾国藩所创建的，而杨载福与彭玉麟的水师更是曾国藩的嫡系，于是就请求朝廷起用曾国藩来指挥这支势头正盛的湘军，而且由于太平天国翼王石达开自安庆南下江西后进攻浙江，浙江军务又紧急了，皇帝不得不再降谕旨，几乎是求他出山督办江西和浙江军务："现当浙省军务吃紧之时，谅能仰体朕意，毋负委任。"

在这种情况下，曾国藩在得到可以自己开设厘金局以筹饷的允许后，就遵从谕旨出山赴浙江督办军务了。此时虽然他居家已经有一年半了，但是出来时还是未授督抚之职。

为什么皇帝不再允许曾国藩在籍丁忧终制呢？一方面因为朝廷发现实际上当时在原有领军将领中几乎已经无人可用了，另一方面到咸丰八年时，江西和安徽前线的领军将领实际上已都是曾国藩的部属，如前面所说的胡林翼围攻九江的部队和两支强大的水师，若无曾国藩权威的统率，就难以实现同心协力的态势。

曾国藩到达江西后，驻扎在建昌，朝廷又命他增援福建，曾国藩认为福建不是太平军的主要进攻方向，危害不大，而江西景德镇则地处要冲。于是他便派兵遣将，增援赣北以图景德镇，于是曾国荃便追击太平军至浮梁，收复了赣北诸城。

此时石达开又从浙江、福建撤军，随即进入湖南并围攻宝庆，很有入川之势。朝廷当然担心四川有危险，胡林翼也考虑到湖北依赖川盐，而曾国藩长期打仗却没有地盘，于是他就与湖广总督官文一起，奏请朝廷批准曾国藩领兵入川设防并授他四川总督的实职。

战场形势不久就发生了重大变化，石达开攻宝庆数月未破，便退往广西，因此他可能入川的危险暂时就消除了。曾国藩没有入川，自然也就没有得到四川总督的任命。但太平军后起之秀陈玉成在攻占庐州和寿州之后，必将威胁湖北和湖南，于是咸丰九年，胡林翼便请示朝廷，希望联合曾国藩收复安徽。获准后，清军便分四路，每路一万多人，开始进攻安徽。

曾国藩由宿松、石牌计划攻取安庆；多隆阿、鲍超出太湖，进攻桐城；胡林翼自英山出发攻舒城，李续宜出商城和固始攻六安。不久，多隆阿等就大破太平军于小池口，收复太湖，潜山，并攻取桐城，而曾国荃已率领部队包围安庆。

但情况很快又有发生了变化，安庆还没有被攻下，而咸丰十年闰三月（1860年4月末），忠王李秀成领太平军再破清军江南大营，绿营兵全盘崩溃，统率江南大营的清军钦差大臣和春逃到无锡后自缢身亡，江南提督张国梁溺亡，两江总督何桂清弃苏州出逃后被严办。

此时在东南，朝廷就丧失了自己掌握的可以对付太平军的最后一点资本，这样在南京四面除了湘军外，清廷实际上已无其他可用之兵。当时有人问胡林翼，此时谁可以担当平定太平军的重任，胡林翼回答说：朝廷如果将平定江南的大任交给曾国藩，天下就可以平安了。

所以当时江南军中已是众望所归，也就是必须要由曾国藩出来担任进讨太平军的主帅不可了，因此朝廷也就必须授他督抚的实职与实权了。

可见，曾国藩之所以由一名离职文官而担当领兵的大任，又最终于咸丰十年四月被皇帝特任为钦差大臣、两江总督、辖管苏、浙、皖、赣四省的军财大权，完全是由于当时的情势迫使朝廷非把四省的军财大权给他才行。

本来，清军建立江南大营（向荣自广西率绿营兵尾随太平军到南京，驻兵孝陵卫，号江南大营）是有目的的，其首任统帅向荣死后，即用旗人和春为统帅。照咸丰帝的想法，先利用满洲统帅与汉人曾国藩对立，又利用绿营兵与湘勇对立，再利用湘军在外围拖住并战胜太平军主力，而满洲统帅就能轻而易举取得克复南京的首功，这样就可以保持满洲统治者的威信，这个安排不能不说确实很美妙。

但现在江南大营溃散了，咸丰皇帝的计划失败了，曾国藩取得两江总督的实位，表示湘军势力大进了一步。不过，虽然曾国藩被授予署理两江总督，咸丰皇帝并命他带兵亲往援救江苏，"保全东南大局"。但是曾国藩并未应命赴援，他认为安庆城围一撤，全局败坏，不可收拾，所以坚决不离开安徽。当时清朝廷的形势确是异常危急，江浙迫于李秀成，鄂豫皖困于陈玉成和捻军张洛行，江西又为李世贤、黄文金所攻入，这种局面，迫使曾国藩也不得不压抑一下想由曾系湘军独占战功的思想。于是他保荐左宗棠帮办军务，当自己的助手（实际是胡林翼保荐，咸丰帝重用左，分曾军权），后来并保荐他单独领兵去平定浙江；保荐沈葆桢守江西；保荐李鸿章创淮军去镇守上海。他对李鸿章特别重视，说"该员具劲气内敛，才大心细"，挑选长江水师打仗得力的将弁，交李鸿章使用，从此出现了左系湘军和李系淮军。

咸丰十年四月（1860年6月）曾国藩先加兵部尚书衔，四月十九日（6月8日）署理两江总督，六月二十四日（8月10日）实授两江总督并任钦差大臣，督办江南苏、皖、浙、赣四省军务与财务，曾国藩就不再是"素位而行"，他获得了当时地方官吏中最大的军政实权。因为浙江本不属于两江总督管辖范围，现在将浙江也划归他管辖，可见当时他手中权势之重。为什么说四省的财务也归他管辖呢？本来各省的财务由各省布政使主管，而布政使也是直接由朝廷任命并不从属于地方督署。但现在是对太平军作战时期，一切都得为军事服务，否则总督就会以"贻误军情"向朝廷参他，这样一来，各省的布政使也就只好听命于两江总督了，因此就逐步造成了晚晴时期的"外重内轻"的政治格局，也就是政权实际上慢慢转移到各地汉人的总督、巡抚手中了。

自咸丰四年（1854年）曾国藩率湘军出省与太平军作战以来，五六年间朝廷一直不授予他地方督抚实权（无此权就不能在各省筹饷），致使他觉得"年年依人"，很不得志。当时朝廷不光通过皇权从外部挤压限制湘军，而且即使湘军打了胜仗，领赏时朝廷也将满人塔齐布的名字放在曾国藩前面；打了败仗，曾国藩去则要作检讨、受处分。而且还从内部分解他，例如他的朋友胡林翼，被朝廷授了湖北巡抚衔，他的老部下李续宾、李孟群都分别授予了浙江布政使和安徽巡抚（两人后来都死于与陈玉成作战）的实衔，而曾国藩还在挂着兵部侍郎的虚衔。现在朝廷已经不得不向他这位湘军汉族领军人物低头了，当然就完全满足了曾国藩的夙愿，不再像以前"不如意事常八九，可与人言无二三"了。

尤其是咸丰十一年十月初二（1861年11月2日），咸丰死后慈禧太后与恭亲王奕䜣合谋发动宫廷政变并取得政权后，就更进一步需要依靠并重用那些在外征战的汉族重臣以巩固新的朝廷，于是他们不断被擢升为地方督抚，对曾国藩更是"推心置腹，依以挽救东南大局"。攻破南京时，拥兵数十万的清军主帅曾国藩已实授两江总督，奉朝廷令节制苏、浙、皖、赣四省的军、财大权，因此就有前面王闿运的那句意味深长的问话："东南半壁无主，涤帅岂无意乎？"

1—14. 飞鸟已尽良弓当藏，为人谨慎裁减湘军

攻破天京后，拥兵数十万的曾国藩已经被授一等毅勇侯，且世袭罔替，但他深知太平天国灭亡以后，朝廷对他就很不放心了，借口曾国荃1864年7月19日破南京时，洗劫全城和天王宫中财宝，并火焚天王宫以及未能抓住幼天王，已经明显表示出对他的不满，因此他很警惕。曾国藩曾说："处大位掌大权而兼享大名，自古曾有几人能善其末路者。总须设法将权位二字推让少许，减去几成，则晚节可以渐渐收场耳。"即历史上功威震主者从没有好下场，他当然很明白且警惕。对于终生遵行"诚意、正心、修身、齐家、治国、平天下"，笃信此信念又具有深厚儒家道德思想的曾国藩来言，他绝对不会走身败名裂之路。

他看到自己已经控制了江、浙、皖、赣四省，而且"长江三千里，几无一船不张鄙人的旗帜"，他非但不感到自豪，而且因此而心悸失眠，叹道："权太重，位太高，虚望太隆，悚惶之至。"在外人看来，曾国藩当时"权力之大，几若王权"，"是中国真正最有权威和最具实力的人"。

所以破南京后他立即通过"裁军、停饷、遣返"等措施，解散已被朝廷视作已具有巨大现实威胁的湘军，即自释兵权。他在奏折中以"湘

军作战年久，暮气已深"为由，主动奏请将湘军裁遣归里，明白表示他无意挟兵权以自重。

因为被围绝望，太平天国天王洪秀全于 1864 年 6 月 1 日在天京自杀身亡，儿子即位为幼天王，1864 年 7 月 22 日夜，死守天京的太平天国忠王李秀成，抵挡不住已攻进天京的清军的猛烈攻击，舍命保护着幼天王从天京倒塌的城墙缺口中冲出。乱军之中又被冲散，只身一人逃到天京城东南面的荒山上。第二天天明，被在山上砍柴的村民认出。因李秀成随身带着许多珍宝，村民要他分一些作为不去举报的报酬，李秀成不肯，于是，他与村民之间发生了争执；虎落平阳被犬欺，两个小百姓居然把他拿下，解送清营请赏。

28 日，曾国藩从安庆来到金陵，审问后，令李秀成书写供词。李秀成在囚笼里写下三万多字的《李秀成自述》。1864 年 8 月 7 日，李秀成在天京被杀。曾国藩为什么如此匆忙杀掉李秀成，这一直是一个谜。也许在他看来，这个太平天国忠王异常狡猾，并且在太平天国中享有很高的威望，只有速杀，才会让余党彻底断了东山再起的念头。

当然，这只是想法之一。最大的可能性在于，曾国藩审问李秀成之时，李秀成极可能力劝曾国藩起兵造反恢复汉室，并且承诺召集十数万旧部帮助曾国藩。在李秀成的自述书中，也极可能有相关内容，后来被曾国藩删除了。这一点，可以说是最让曾国藩忌讳的。李秀成如果被解押到京，审讯中话题必然会涉及这方面，李秀成也很可能说出某些客观上对曾氏兄弟不利的话，这当然会让曾国藩很被动。另外，还让曾国藩忌惮的一点是，天京破后太平军数十万余部势力还在，若李秀成在押送至京的途中有三长两短，虎走归山，必定酿成大祸。

总而言之，如果起解李秀成去京城，一切将无法控制，有百害而无一利，还是在金陵将他迅速处死为上。当然，另一种可能是，李秀成在与曾国藩谈话时，请求速将他在金陵处死，以免折磨，而到了京城，肯定会遭受百般折磨，最后还得"凌迟而死"。以曾国藩的为人来说，他是具有如此器量的。可以佐证这一猜测的是，李秀成在见了曾国藩一面之后，意识到自己的死可以掌握在曾国藩之手，于是他带着伤残的身体，几乎是用每天七千字的速度在写自述。

1864 年 8 月 7 日，李秀成上午刚刚完成自述，晚上就被带到法场上处死。据赵烈文后来记述道，李秀成在临死之前一直说"中堂厚德，铭刻不忘，今世已误，来生图报"云云，似乎对曾国藩感恩戴德。死之前，李秀成谈笑风生，虽然他的文化程度不高，还是写了十首半文半白的绝命诗。曾国藩下令："免凌迟。其首传示各省，而棺殓其躯，亦幸矣。"

从李秀成得以被免凌迟这一点看，曾国藩已经相当不易了，按照朝廷的惯例，对这些造反的头目，要献俘送京城而且要千刀万剐处死。曾国藩在金陵处死李秀成，至少让李秀成免除了肉体上的折磨和痛苦。

1864 年 8 月 7 日，李秀成在天京被杀。后来的野史记载：曾国藩亲自审讯李秀成的第二天，也就是 1864 年 7 月 29 日晚，曾国藩曾经与曾国荃有一次长谈。对于其弟曾国荃，曾国藩一直是抱有感激之情的。这位不凡的弟弟自从咸丰六年组建吉字营跟随曾国藩打仗之后，攻城拔寨，战无不克。有一次左宗棠问曾国藩，对于曾国荃，他这个做兄长的，有什么看法，曾国藩的回答是：杀人如麻，挥金如土。在曾国藩看来，曾国荃算是一个军事奇才，但在治理国家以及人情世故方面，缺少智慧，显得相当不成熟。现在，裁减湘军，首先要争取的，就是曾国荃的支持。

野史曾记述兄弟二人的谈话——两人见面后，曾国荃看出了兄长的心事，干脆开诚布公地说："东南半壁无主，涤公岂无意乎？"这实际上就是很明白地问曾国藩，敢不敢造反？曾国藩把脸一沉，说，这种掉脑袋的话，你也敢说，真是糊涂啊！曾国荃似有不服，辩解说，两江总督是你，闽浙总督是左宗棠，四川总督是罗炳常，江苏巡抚是李鸿章，还有三个现任总督、五个现任巡抚全是湘军之人。大哥手里握着二十多万湘军精兵，如果

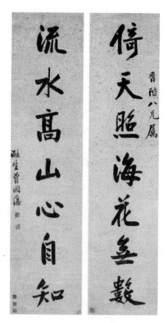

曾国藩手书对联

需要，可把现在被捕的李秀成说动，让他振臂一呼，收纳十万太平天国降兵跟随你造反。这样，手上就有三十多万精锐之师。有这些兵马，即可攻破京师，恢复汉家江山，成为一代帝王。大哥，舍你其谁啊！

据称，此前的一天夜晚，就有湘军的高级将领约有三十余人联齐集大厅，企图重演一场"赵匡胤黄袍加身"的故事。听了曾国荃的话，曾国藩摇了摇头，缓缓地说，你这是只知其一而不知其二！在湘军中，有很多人可以共患难，但不能共享富贵。左宗棠一代枭雄，做师爷时便不甘居人下，如今同我平起平坐，他能甘心在我面前俯首称臣？我敢肯定，如若起事，第一个起兵讨伐我的人就是左宗棠；再说李鸿章，我若一帆风顺，李鸿章永远是我的学生；如若不顺，李鸿章必然反戈一击。李鸿章多么聪明啊，名利心极强，他当然不会轻易丢掉现有的权力和地位。并且，你看看现在这支湘军吧，这么多年的仗打下来，精锐早已打光了，那些优秀的人早已牺牲，部队已呈老态，哪里还能再打仗呢？再说李秀成，他不投降可以振臂一呼，从者云集；一旦他投降了，就是一只走狗，谁还听他的！这一席话把曾国荃说得哑口无言。

为什么曾国藩的部属当时会有要给曾国藩黄袍加身的想法呢？

曾国藩可以说具有亦文亦武的身份，他既是两江总督又是钦差大臣，具有统辖苏、皖、浙、赣四省军务与财政大权，所有四省的巡抚、提督的文武以下各官，均受其节制。不但如此，现在这些省的巡抚都是湘军系统的人物，这些巡抚又都兼任主管本省各镇绿营兵总兵的提督，并加兼理粮饷衔。这样，巡抚变成了总督的下属，各省的布政使、按察使、提督都成了督抚的属员。所以，此时节制苏、皖、浙、赣四省的两江总督曾国藩就具有无可比拟的军、政、财、人权，这就使他的下属们自然产生了要给他黄袍加身的想法。

不仅如此，曾国藩到了金陵之后，他的很多心腹，包括彭玉麟、赵烈文等人，以及著名的研究"帝王之学"的学者王闿运等，都先后来探曾国藩的底（据称曾国荃那句劝曾国藩造反的话，实际上是王闿运说的）。他们一开始说话时都很隐晦，有的借机发发牢骚，抱怨朝廷奖励不公，有的替曾国藩抱屈，因为咸丰帝临死之时有遗言，许诺"克复金陵者王"。可等到曾氏兄弟攻克了金陵，慈禧太后和同治皇帝只悭吝地给了曾国藩一个"一等毅勇侯","王"与"侯",相差十万八千里啊！对于部下与幕僚们的试探，曾国藩丝毫不动声色，他什么也没有表示，后来，为了避免越来越多的麻烦，曾国藩干脆亲笔写下了一副集句对联："倚天照海花无数，流水高山心自知"（上句出自苏轼，下句出自王安石），挂在金陵住地的中堂上，表明自己心胸坦荡宽广，君子胸怀日月可鉴，绝无任何不轨之意。这样，所有来曾府试探风向的人，从这副对联中，就已经明白曾国藩的心迹了。实际上对曾国藩来说，他不是没有考虑，而是考虑得已经非常彻底了。"狡兔死，走狗烹；飞鸟尽，良弓藏；敌国破，谋臣亡。"历史常以惊人的相似重复上演过去的一幕幕悲喜剧，达到事业顶峰的曾国藩同样不得不面临中国往朝历史上曾经出现多次的权臣得势与最后的困局。

摆在他面前的道路无非三条：一是进——起兵反叛清朝，问鼎中原；二是观——保持实力，维持现状；三是退——裁撤湘军，自剪羽翼，以明心志。何去何从，这与曾国藩的个人修养有很大关系。对于曾国藩来说，他显然不想继续打仗，多年的战争已让他彻底厌倦，更何况自己的身体和精力每况愈下，继续争权夺利，对于他来说，已没有太大的兴趣。曾国藩自咸丰七年正月那一次不告而辞回乡之后，人生的态度已亲近黄老哲学，几乎没有攀登顶峰的野心。水满则溢，月满则缺，曾国藩深得其中三昧。因此，曾国藩宁愿自己的福分和运气不要太好，所以，他把自己住的地方，命名为"求缺斋"，也是这个意思。他认为人生最好的境界是："平生最好'花未全开月未圆'七字，以为惜福之道，保泰之法莫精于此。"所以曾国藩越来越想退隐归田、颐养天年，在往后的岁月中，尽情地享受生活。

如果造反，未必就一定有必胜的把握。曾国藩清楚地知道周围的形势，湘军只是清廷进攻金陵的一个先锋，螳螂捕蝉，黄雀在后，在他的身前左右，现在还有大量其他兵马驻防：在金陵的西部，湖广总督官文守武昌，据长江上游；在东部，江宁将军富明阿、冯子材守扬州、镇江，据长江下游；在北面，僧格林沁亲王屯兵皖、鄂边境，虎视金陵。这些人马，都跟曾国藩的湘军毫无关联，一方面，他们可以说是来支援湘军的，另一方面，也可以说是来防备湘军的。更何况李鸿章的淮军和左宗棠的楚军肯定都不会支持他，在这样的情况下，自己竭力冒险去做这样的事，不是很愚蠢吗？

既然没有前进的路，身心疲惫的曾国藩就不得不寻求退路了。曾国藩知道，在这种情形下，只有迅速表明自己的态度，才能安全度过危险。那段时间，曾国藩无论是在公开场合，还是在私下的日记中；无论是在给朝廷及同僚友朋的奏章和信函里，还是在给兄弟儿子的家书中，都用不同的语言和口气表达一个共同的意思：胜利得力于别人，自己无功可居。并且，一向行动迟重的曾国藩此次却变得行动迅猛异常——一是他拒绝向朝廷献俘，即交出李秀成，而且还未请示朝廷就立即果断地杀了李秀成，明显地是要断任何人有对他想利用李秀成的猜疑；二是给朝廷上了一本《粗筹善后事宜折》。在奏折中，曾国藩对朝廷有两点建言：一是在两江范围内，全面恢复科举；二是请求裁减湘军。很快，朝廷同意了曾国藩的意见。曾国藩立即大告两江：当年十月，将在两江地区恢复科举，进行甲子科乡试。

曾国藩还压下了两江总督衙门、江宁布政司、江宁知府等官衙的兴建计划，而将经费用在两项建设上：一是重修满城；二是恢复江南贡院。修复满城，完全是出于政治原因，所谓修复满城就是建筑南京旗兵营房，请北京闲散旗兵南来驻防，发给全饷；同时强力裁撤湘勇（不发欠饷或名义上发欠饷），一部分交曾国荃押解回籍，曾国藩是想以这样的姿态，消除朝廷对于自己拥兵自重的怀疑，曾国藩就是要让朝廷知道，自己身为一名地方汉族大员，对于清朝天子，是极度尊重的。

至于恢复科举，倒是出自曾国藩的真心。作为一个曾经的读书人，曾国藩一直想为天下的学子做点什么，而且，恢复江南贡院，明显地可以笼络江南士子的心，起到稳定局势的作用。事情果然如曾国藩所料，科举的恢复，使得社会一下子变得有序起来，两江一带的年轻后生因为有了出路，又开始专心求学，变得安分守己了。

在裁减湘军方面，曾国藩可谓是计划周密——曾国藩向朝廷建议，经过这么多年的战争，湘军已"无昔日之生气"，奏请裁汰遣散，想马上裁三四万人。没等朝廷答复，曾国藩就擅自做主，在没有经曾国荃同意的情况下，以曾国荃有病为由，上奏朝廷，请朝廷不要安排曾国荃担任浙江巡抚，让他回老家养病。曾国藩担心的是，毫无城府的曾国荃因为沉不住气而坏事，并且，曾国荃因为攻破南京之后的大肆屠杀，以及太平天国银库大量金银失踪事件，得罪了不少人，若不暂时避一避，很可能首先遭殃的就是他。

曾国藩的请求正中朝廷下怀，朝廷很快同意了曾国藩的意见，并且，在上谕中很是慰问了曾国荃一番，并授他以伯爵。慈禧还特意让钦差送来一支六两的大人参，以示龙恩。

直到此时，曾国荃才知晓了事情的前因后果。曾国荃当然很不高兴，以为兄长有意排斥自己。不久，在湘军将领秦淮河的一次聚会上，曾国荃借着酒兴，大发牢骚，曾国藩一时下不了台。曾国藩强忍住了，对此没有理会。

的确，遣军易，裁将难。而且他必须首先要将其弟、战功赫赫也受封伯爵的曾国荃裁遣回乡，他当然知道在十年征战中九死一生、浑身是伤的弟弟心中何等不满和气愤。不久，曾国荃的生日到了，曾国藩派心腹幕僚赵烈文带礼物前去祝寿，并特意为曾国荃写了七绝诗十二首，在给弟弟贺寿的诗中如实表述了自己的感情，曾国荃感动得泪流满面（后来曾国荃还是出任官职，如两江总督），这个性格刚烈无比的汉子，终于明白了家兄的一片苦心。如：

> 河山策命冠时髦，鲁卫同封异数叨；
>
> 刮骨箭瘢天鉴否，可怜叔子独贤劳。

也就是说我们两人都是应世而生，共同被封为侯爵与伯爵必遭人嫉妒，需要急流勇退。

从另一方面来看，这次攻破南京，曾国荃抢得宝物金银最多，湘军老将如多隆阿、杨载福、彭玉麟、鲍超等心怀嫉妒，借不同意擅杀李秀成为由，纷纷向曾国藩告退，曾系湘军几乎闹到争赃火并的局面。与曾不和的左宗棠、沈葆桢又向朝廷攻击曾国藩兄弟吞没财宝，清政府本想从审问中查究出金银所在，但在曾国藩提供裁撤湘军三四万人的交换条件下，又看到南方各将领为争夺财物，形势已很紧张，为怕兵变也就追认曾国藩拒绝献俘，而且擅杀李秀成为"合法"，把危机和缓下去。曾国荃给李鸿章信里说："李秀成擒获后，弟遍刺以锥，流血如注，随即传置槛车（囚笼）中。"曾国荃对李秀成下此毒手，不是简单为了泄愤，更不是强迫他投降，而是逼供南京藏金的地窖。李鸿章给友人信说："沅翁（曾国荃）百战艰苦而得此地，乃至妇孺怨诅，当局固无如何。后贤难竟厥施（指后来的地方官难以完成恢复的工作），似需百年方冀复旧也。"湘军烧杀抢掠的残酷由此可见了。所以曾国藩擅杀李秀成，大裁湘军，令曾国荃称病归家（托辞回家治疗），一方面是为了表明心迹，使自己免受猜疑；另一方面也是为了掩护湘军免受追究。

8月15日，曾国荃来到了曾国藩的驻地，兄弟俩又进行了一次推心置腹的长谈。这一回，曾国藩将自己的担心和苦闷向曾国荃和盘托出，粗心的曾国荃恍然大悟，他一下子明白了事态的危险，也明白了家兄的一片苦心。曾国藩告诫曾国荃，现在只剩下急流勇退一条路了，要想保全自己，只有退一步海阔天空；即使是退，还要退得有序，千万不可因乱生变。曾国藩又赠曾国荃诗一首，既表达了自己真实的想法，也是告诫各位湘军弟兄：世间的事不是想象的那样简单，即：

> 左列钟铭右谤书，人间随处有乘除；
>
> 低头一拜释怀怨，万事浮云过太虚。

那一晚曾国藩兄弟俩彻夜长谈，一直到次日清晨曾国荃才离开。这一番长谈，涉及官场人事凶险，曾国荃如冷水淋头一样清醒过来。他明确向曾国藩表示，自己很快就回家养病。

曾国藩最终采取的策略，连保存实力的意图也没有，大刀阔斧地自翦羽翼。以他的本意，原想将湘军全部裁撤掉，后经人劝谏提醒，才保留了约两万嫡系精英（包括老湘军王鑫的旧部刘松山部），一则北方捻军正盛，湘军还有可用之处；二则只有以实力作后盾，才能真正保住自己的利益与地位不受侵犯、身家性命免遭伤害。这样，两万五千多名湘军回家了。因为湘军大队人马的解散，东南局势变得平稳起来。不仅是曾国藩，很多人都为此松了一口气。

不过让曾国藩稍感宽慰的是，曾国藩的心腹部队、庞大的湘军水师保留住了——原先的湘军水师改编为长江水师，纳入了朝廷的正式编制，这一点，对于湘军很多弟兄，算是有了一个交代。值得庆幸的还有淮军的保留。以李鸿章处世的圆滑和机智，倒是可以成就一番事业的。淮军也算是曾国藩的部队，因为是曾国藩命令李鸿章一手组建的。把淮军留下来，是一件好事。有淮军在，自己就会很安全。况且，现在战事还没有真正平息，在北方，捻军异常活跃，淮军打仗剽悍、装备好，对北方也比较熟悉，去担当围剿任务更为适宜。至于其他方面，除曾氏兄弟的直辖湘军被裁撤之外，左宗棠部湘军也由六万余人裁去四万多，其余江西、湖南等地的湘军也大部遣散。

遣散子弟湘军削解兵权后，曾国藩不要求辞职，表明愿意继续留任两江总督为朝廷服务，不轻言去留。这更使朝廷放心，因为他若真辞职归乡，免不了会被已遣返回乡的故旧包围并挟持，以他当时的威望，随时可以一呼而起，八方响应，又会给朝廷带来巨大的麻烦。历朝拥有重兵之人，要么问鼎皇权王位，要么被人打败击溃甚至被杀，像曾国藩这样主动裁减、自行解散，而自己又得以善终并留名后世，自古以来确实是很少见的。而这正是他作为一位理学家，考虑问题总是能够从现实出发并理性思考，从而在政治风云中，总能使自己立于不败之地。

1—15. 湘军平定太平天国，整个过程简略回顾

回顾湘军平定太平天国的全过程。

道光三十年十二月十日，1851 年 1 月 11 日，洪秀全在广西金田村宣布建立太平天国。

咸丰二年三月，1852 年 4 月 5 日，太平军从永安突围北上。

咸丰二年四月，1852 年 5 月，江忠源以团练楚勇击败进入湖南的太平军于蓑衣渡。

咸丰二年十月，1852 年 11 月，太平军攻长沙三月不克，渡湘江西去，趋洞庭湖。

咸丰二年十一月初一，1852 年 12 月 13 日，太平军占领岳州。

咸丰二年十二月初四，1853 年 1 月 14 日，太平军攻占武昌。

咸丰二年十二月十八日，1853 年 1 月 28 日，曾国藩领旨出山担任"帮办湖南团练大臣"，开始办团练。

咸丰三年二月十一日，1853 年 3 月 20 日，太平军攻克江宁，随即宣布太平天国在此建都，并改江宁为天京。

咸丰三年四月十二日，1853 年 5 月 19 日，太平军开始溯长江西征。

咸丰三年六月，1853 年 7 月，曾国藩开始在衡阳编练湘军，包括陆师与水师。

咸丰三年十二月，1854 年 1 月，早期湘军名将江忠源在安徽庐州与太平军作战时阵亡。

咸丰四年三月初八，1854 年 4 月 5 日，左宗棠入湖南巡抚骆秉章幕府。

咸丰四年三月初十，1854 年 4 月 7 日，西征太平军击败湘军王鑫部于岳州。

咸丰四年三月二十五日，1854 年 4 月 22 日，曾国藩首次迎战太平军，并兵败靖港。

咸丰四年三月二十九日，1854 年 4 月 26 日，太平军占领湘潭。

咸丰四年四月初二，1854 年 4 月 28 日，曾国藩再败靖港。

咸丰四年四月初五，1854 年 5 月 2 日，湘军取得湘潭大捷。

咸丰四年四月，1854 年 5 月，在取得湘潭大捷以后，湘军正式兵进湖北攻击太平军。

咸丰四年八月二十三日，1854 年 10 月 14 日，湘军攻克武昌。

咸丰四年十一月，1854 年 12 月，湘军进抵九江城下，但九江难攻。

咸丰四年十二月底，1855 年 1 月 29 日，湘军水师兵败湖口，水师被太平军分割为鄱阳湖内与长江水面两部分，而且长江水面水师在遭到重挫以后迅速退回湖北休整。

咸丰五年二月，1855 年 3 月，太平军第三次攻占武昌。

咸丰五年七月，1855 年 8 月，湘军名将塔齐布因难以攻克九江，忧急而死。

咸丰六年三月，1856 年 4 月，太平军翼王石达开横扫江西，占 8 府 46 县。曾国藩被困南昌，三月八日，湘军名将罗泽南在武昌前线阵亡，同时曾国荃在湖南组建"吉字营"湘军进军江西解救曾国藩。

咸丰六年八月，1856 年 9 月，天京太平天国发生内讧，东王杨秀清被北王韦昌辉所杀。

咸丰六年十一月，1856 年 12 月，胡林翼收复武昌，并肃清了太平军在湖北的存在。

咸丰七年正月，1857 年 2 月，由于石达开已离开江西回天京调解太平天国内讧，曾国藩便得以离开南昌回湖南老家为母亲去世丁忧。

咸丰七年五月，1857 年 6 月，石达开离开天京出走安庆。

咸丰七年九月，1857 年 10 月 25 日，被分隔的湘军水师在长江会师。

咸丰七年十二月，1858 年 1 月，清军绿营兵在天京城外重建江南大营。

咸丰八年二月，1858 年 3 月，石达开领兵离开安庆以后，南下江西随即进入浙江，形势危急，朝廷呼吁曾国藩复出。

咸丰八年四月，1858 年 5 月 19 日，湘军李续宾部攻克九江。

咸丰八年四月，1858 年 5 月，由于已经攻克九江，因此湘军下一个攻击目标必然是安庆，为了阻止太平军可能从皖北支援安庆，湖广总督官文与湖北巡抚胡林翼一方面决定进攻皖北，另一方面，为了全盘策划进攻安庆之战，胡林翼一再请求朝廷要安排曾国藩复出。

咸丰八年五月，1858 年 6 月，曾国藩复出，全盘统筹进攻安庆之战。

咸丰八年十月，1858 年 11 月 18 日，在皖北与太平军作战的湘军李续宾部精锐湘军 6000 人，被太平军陈玉成与李秀成联军全歼于三河镇，湘军大将李续宾战死。

咸丰九年二月，1859 年 3 月，太平军石达开部自江西进入湖南，进攻宝庆被左宗棠所挫败，然后进入广西。

咸丰九年十二月，1860 年 1 月，湘军多隆阿和鲍超与太平军陈玉成部激战于皖西太湖，陈玉成败走。

咸丰九年四月，1860 年 5 月，曾国荃兵围安庆。

咸丰九年五月，1860 年 6 月，陈玉成领兵来解安庆之围，在集贤关和赤岗岭大败。

咸丰十年闰三月，1860 年 5 月 6 日，李秀成二破清军江南大营。

咸丰十年六月，1860 年 8 月，曾国藩实授两江总督兼钦差大臣，兼统苏、皖、浙、赣四省军务与财务。

咸丰十年八月，1860 年 9 月，为策应陈玉成在长江北解安庆之围的作战，李秀成在长江南岸猛攻曾国藩在江南的祁门大营，经鲍超与左宗棠的苦战，祁门大营得以保全。

咸丰十一年四月一日，1861 年 5 月 10 日，曾国藩移大营于东流。

咸丰十一年八月一日，1861 年 9 月 5 日，曾国荃攻克安庆。

咸丰十一年八月二十六日，1861 年 9 月 30 日，胡林翼病逝。

咸丰十一年九月，1861 年 10 月，号称 70 万太平军从江西进入浙江，开始实施李秀成制订的经略苏浙的战略计划，太平军于 12 月 29 日攻陷杭州，浙江巡抚王有龄自杀。

咸丰十一年十二月，1862 年 1 月 7 日，在江苏的太平军开始进攻上海。

咸丰十一年十二月二十四日，1862 年 1 月 23 日，左宗棠被任命为浙江巡抚，领兵由江西进入浙江。

同治元年三月初七，1862 年 4 月 5 日，曾国藩授命李鸿章组建的淮军到达上海。

同治元年四月，1962 年 5 月，多隆阿攻庐州，陈玉成走寿州，被苗沛霖诱捕，6 月 4 日被清军胜保所杀害。

同治元年五月，1862 年 6 月，3000 名李鸿章的淮军与 10 万太平军大战于虹桥，太平军战败。

同治元年五月，1862 年 6 月，曾国荃兵临天京城下。

同治元年十月，1862 年 11 月，李秀成率十三王领 20 万太平军欲解天京之围失败。

同治二年三月，1863 年 4 月，石达开兵败大渡河，6 月 27 日在成都受审后被杀害。

同治三年六月十六日，1864 年 7 月 19 日，湘军攻破天京，太平天国覆亡，此前，6 月 1 日，洪秀全已经在天京城内自杀身亡，而 8 月 7 日，李秀成被处死。

太平军余部在天京陷落以后不久也逐步被消灭，同治四年十二月二十四日，最后一支太平军偕王谭体元部进入广东后被消灭。

1—16. 大清台柱殒命曹州，两江总督奉旨剿捻

清廷依靠湘、淮军之力镇压太平天国刚结束，北方的捻军势力又起，来势凶猛，横扫鲁、豫、皖、陕、甘、鄂、晋以及直隶等八省，除了没有建都，其势头完全不亚于太平军，而且飘忽不定，席卷而来，旋风而去。当年曾国藩在南方平定太平天国时，清廷在北方的军事和防卫都交由十分剽悍的蒙古亲王僧格林沁负责，此时朝廷还能掌握的另一支旗人兵马是湖广总督官文。但是他们两人对捻军并无良策，于是朝廷不得不再用湘军，1864 年 11 月（同治三年十月），也就是攻克南京仅几个月以后，就命令曾国藩带兵到皖鄂交界处督剿捻军。曾国藩深知朝廷原是想在攻捻战争中造就满蒙将帅的威望，对抗湘军将帅，现在自己若再去立功，将更招朝廷猜忌，名利不保。所以他一方面继续裁减湘军；另一方面推荐后起的淮军并湘军的一部分，归僧格林沁、官文调遣，并且保证调去的各军服从命令。这正合朝廷的愿望，于是令曾国藩仍回两江总督就任。

但僧格林沁十分憎恶湘淮军，说他们都不能作战，嗾使安徽地主武装首领苗沛霖杀湘军挑衅，又令部将陈国瑞与湘军互斗，奏劾湘军争功。湘淮军方面，曾系湘军只服从曾氏兄弟（国藩、国荃），左系湘军只服从左宗棠一人，淮军只服从李氏兄弟（鸿章、鹤章）。曾国藩虽然地位高，但指挥淮军仍需通过李氏兄弟，左、李互不相统，更不能统曾系湘军。所以要僧格林沁、官文统率湘淮军，结果是引起汉满两系间显著分裂，得不到任何实际的好处。

同治四年（1865 年）四月，紧跟捻军穷追猛打从而疲惫不堪的僧格林沁在追击途中中了捻军诱兵埋伏，亡于山东曹县。朝野震惊，而另一领兵的满人将领湖广总督官文实际上是兵微将寡，毫无可依赖之处，在这种情况下，朝廷就不得不再次起用曾国藩揽全局来进剿捻军了。

当时慈禧太后对于捻军的了解并不多，想不到它竟如此厉害。军机大臣文祥向她说："捻匪起源于山东游民。捻本是安徽一带的方言，是聚众成股的意思。咸丰三年，洪杨长毛攻陷安庆、江宁，皖省震动，捻匪也趁势而起于宿州、亳州、寿州、蒙城等地，并随即横行于皖、豫、苏、

鲁数省，到处掠夺，官军不能制。咸丰五年，捻匪已演变成军，形成黄、红、白、黑、蓝五旗。咸丰六年正月，捻军各旗在涡阳县雉河寨会盟，公推黄旗旗主张乐行为盟主，正式确立五色和五色镶边旗军制，以此结束了各自为战的分散状态，并开始了统一的行动、出境作战的计划并与洪杨长毛相呼应。咸丰十年八月，皇帝北狩热河，捻匪趁机侵入山东，大掠济宁。同治二年，僧格林沁亲王率大军攻陷雉河寨，将张乐行俘虏斩首。江宁克复后，西北长毛匪首遵王赖文光，率残部与数千零散捻匪，重新组合，并将捻匪着力组成了一支精悍的骑兵队伍，流窜中原地带。"

另一军机大臣沈桂芬也对她说："捻匪现已拥轻骑数万人，出没于鲁、豫、皖、鄂各州县，来往飘忽，如疾风暴雨不可捉摸。官军疲于奔命。僧王勇悍有余，但韬略不足。今年春，僧王率轻骑，追缴捻匪匪首赖文光，一昼夜奔驰三百里，到了山东曹州高楼寨。四月二十五日，中捻首诡计，被围困后大败。力战不敌，落马被俘，被杀身亡。"

针对慈禧太后的不安和汉族军机大臣的顾忌不敢言，首席军机大臣恭亲王奕䜣坦率地对慈禧太后说，此时朝廷自己已经无可用之兵可剿捻，要剿捻就必须再度起用曾国藩的湘军了，虽然它已经裁减了一部分，但精华尚在。

慈禧太后不得不接受这个建议。

同治四年五月三日，现任两江总督的曾国藩于是就被任命为剿灭捻军的钦差大臣，督办剿捻事务和直隶、山东和河南三省军务，由于要上前线督军，他就荐自己的学生和亲信李鸿章署理两江总督。

曾国藩总结僧格林沁失败的教训，针对捻军的流动作战、行踪不定的特点，决定采取重点设防、坚壁清野、划河圈围的战略。

重点设防是"以有定之兵，制无定之贼"的战术，以徐州为中心，在临淮、周口、徐州、济宁等地驻防重兵，进行堵截。同时采用软硬兼施、分化瓦解的策略，企图分片孤立捻军。划河围圈是以水师炮船封锁黄河，防止捻军北上，利用黄河、运河、淮河、沙河、贾鲁河等河流的自然地形，挖壕筑墙，进行设防，企图将捻军逼进河南平原地区以歼灭之。在战略上虽举措有当，但实际效果并不理想。

当时，曾国藩剿捻在战略上以静制动，在战术上用"四镇六游"战术，具体打法则是拦截与追剿相结合，以图一举歼灭捻军。

所谓"四镇六游"，就是以江苏徐州为大本营，以河南周口、安徽临淮、山东济宁为行营，各驻重兵防守，一省有急，三省支援；划鲁、豫、皖、苏相关十三个府州为战区，并增设六路"游击之师"跟踪追击。在此基础上，又实行河防之策，防守运河、黄河和豫东的沙河、贾鲁河，企图将捻军围制在一定范围内，同时予以坚壁清野，以利围歼。

为打破曾国藩的围堵政策，同治五年八月（1866年9月），山东赖文光部捻军与山西张宗禹部捻军竟然在河南许昌高调会师，并决定正式分组东西两捻。随即东捻一举突破曾国藩布置的沙河及贾鲁河防线，再度进入山东，而且在九月，一路无挡地示威山东后，又自山东回师，再破清军河防，重新入河南，其势如入无人之境。

这使曾国藩煞费苦心经营两年的合围河防剿捻计划以完全失败告终，舆论一片哗然，指责曾国藩"糜饷两年，匪势益张"，朝廷也对他表示不满。曾国藩乃感权位不可久留，尤其是难对谗言非论，于是乃称病请假卸任。朝廷顺水推舟，在同治五年十一月改授李鸿章为剿捻事务的钦差大臣，统领湘淮各军剿捻。

曾国藩重返两江总督。此后两三年间，清廷顾虑到他虽然已经离开了剿捻之责，但担当剿捻的各路领军将领还都是他的学生或部下，所以为了对曾国藩进行安抚，先后授他体仁阁大学士、武英殿大学士等头衔，并于同治七年（1868年）七月调任直隶总督（马新贻接任两江总督）。这年十二月到次年二月，他在北京受到慈禧太后与同治皇帝的多次接见，并在新春国宴上列汉官之首，与满人大学士倭仁东西相对，享受了清廷的最高荣誉。

1—17. 主政直隶天津教案，草率处理终惹民怒

在任直隶总督时曾国藩已经右眼失明而且肝病日重，头晕眼花，因此想请假休息一段时间，但朝廷却未准假而让他去天津处理教案纠纷。

同治九年（1870年）在天津爆发的教案是后来民间反洋教运动

大规模兴起的前兆。在教案发生前，社会上就已经纷纷传说教会的种种罪行，稀奇古怪的传说越来越多，当然也就越传越广。同治九年五月，天津法国天主教育婴堂所收养的婴儿不明不白地死亡达三四十人，而且老百姓中也有多起儿童失踪的案件。于是谣言四起，说是天主堂的神父和修女们经常派人用蒙汗药拐了孩子去挖眼剖心，而天主堂坟地的婴儿尸体又有不少暴露在野外被野狗刨出来吃了，"胸腹皆烂，腑脏外漏"。百姓见了，更是群情激昂说这正是洋人挖眼剖心的证据。

6月18日，一个名叫武兰珍的拐犯被群众当堂抓住并由民间组织进行"审讯"。经审讯，武兰珍供出，是受教民、天主堂华人司事王三指使，迷药也是王三所授，拐一人可得洋银5元。教民王三本是一个开药铺的商人，但经常依仗教会势力，欺压良善，早已引起公愤。

在这种情况下，驻天津的三口通商大臣崇厚与天津道周家勋共同拜会了法国领事丰大业，要求调查法国天主堂并提讯教民王三与武兰珍对质。

6月21日，丰大业答应了这个要求，将王三交出与武兰珍对质，结果证明教堂并无挖眼剖心之事。哪知当衙役送王三回教堂时，一出署门百姓就蜂拥而上，怒骂王三并用砖石砸他。王三回到教堂后向神父哭诉，神父就转告丰大业。于是丰大业两次派人要崇厚派兵镇压，但是崇厚只是派了两个人去劝说百姓，并不肯抓人。丰大业怒不可遏，不但鞭打来通报的兵弁，而且自己也赶往三口通商大臣衙署找崇厚算账，他脚踢衙署大门，进来以后又打砸家具，还接连两次向崇厚开枪，幸被推开没有伤人。但枪声传出以后，更引起群情沸腾，一时人们哄传中法两国已开战，于是大街上便鸣锣聚众，百姓都涌向通商大臣衙门"帮打"。崇厚怕出事，劝丰大业待群众散去后再回领事馆。但丰大业不听劝告，狂吼自己不怕中国老百姓，并气势汹汹冲出门外，人们见丰大业出来还主动让道，当时并无伤害他之意。不料丰大业走到浮桥时遇到天津知县刘杰，丰大业却不问青红皂白，就向刘杰开枪，虽然没有打中刘杰，却打伤了刘杰的跟丁。这立即激起了在场的群众不可压抑的义愤，丰大业当即被群众当场打死，紧接着群众又放火烧了教堂以及很多处外国人的房屋，在纷乱中杀死外国神父 2 名、修女 10 名，然后又去了法国领事馆杀死 2 人。同一天又杀死 2 名法国商人和 3 名俄国人，另外还杀死信教的中国教民 30 多人。总共杀死外国人 20 人，烧毁教堂 6 座，这就是天津教案。被杀的外国人中多数为法国人，事件发生后，不但天津人心浮动，而且也影响京畿附近地区及外省。清朝当局及驻华的各外交使团都为之震动，除了法国公使为此向清政府提出抗议与威胁外，英、美、俄、意等国也联合向清廷提出抗议，并声言要派军舰来。

朝廷立即派驻在保定的直隶总督曾国藩接手此案。

1870 年 7 月 2 日，也就是同治九年六月初四，在去天津之前，由于知道此去天津处理教案很不好办，于是曾国藩在保定的直隶总督衙门，写了一份遗嘱，说：他将去天津"查办殴毙洋人焚毁教堂一案"，他断定这是因为"外国人性情凶悍，津民习气浮嚣……恐致激起大变"，并表示"余此行反复筹思，殊无良策"，但自从咸丰三年他组建湘军以来，他就誓死效命疆场，所以虽然"今已老年病躯，危难之际，断不肯吝于一死，以自负于吾初心"。

对于处理天津教案，曾国藩首先定下的原则是不与主要当事国法国启战端，并先对英国、美国和俄国所受的财产与人员损失进行赔偿，然后再单独与法国谈。当时朝廷对于处理天津教案意见分为两派，分歧在于：对于天津教案发生的原因与定性。一派认为是愚民无知，遽开边衅，曲在天津民众，刁风不可长；另一派则认为衅端是洋人所开，津民出于义愤致成巨案。天津百姓只知畏官而不知惧洋，只知效忠国家而不惜以身犯洋，此正是处理夷务之一转机，与刁民闹事全然不同。

对参与反洋教斗争的群众的处理意见。前者认为杀人偿命天经地义，只有这样才能安抚洋人人心而消弭祸端；后者认为应当安抚百姓，以激起忠义奋发之心。民心不可失，否则无以制夷人；对天津地方官的处理意见。前者认为地方官有失于防范，致酿巨祸不严惩不能平洋人之气；后者认为天津地方官不可更换以此维系民心。

这也是三十年后中国又发生义和团排外事件时，朝廷也出现的两派不同看法。

曾国藩当时对天津教案的处理持第一种意见。

同治九年六月初十，即 7 月 8 日，曾国藩到达天津，就立即发布《谕天津士民》，对天津人民多方指责，警告不得再挑起事端。这首先就引起天津士绅们的不满，随后曾国藩又释放了犯法教民与涉案的拐犯。六月二十三日，他向朝廷呈上《查明天津教案大概情形折》，曾国藩认为教堂并没有在中国干什么坏事，他没有抓住丰大业首先开枪是造成天津教案的直接导火线这一点，就在 7 月下旬设局发审，而且"严立限期，昼夜追求""以命抵命"，也就是曾国藩荒谬地先定下要杀多少人以抵命，然后再查案，结果"先后两次，共得正法之人二十人，军徒各犯二十五人"，所以审理结果是要杀已经先定下的数目 20 人，充军 25 人，天津知府和知县被革职流放黑龙江。

7 月 17 日，法国驻华公使罗素亚到达天津，与曾国藩会晤。对于厚葬死者、重修教堂、追究地方官责任等方面，他都没有异议。但他强调，在确认凶手方面，该案有其特殊性，"常例群殴毙命，以最后下手伤重者当其重罪。此案则当时群忿齐发，聚若云屯，去如鸟散，断不能判其孰先孰后，孰致命，孰不致命。"

他还没有说出他的想法，谁知曾国藩竟然提出了"一命抵一命"的荒诞主张！

曾国藩认为："在中国戕官毙命尚当按名拟抵，况伤害外国多命，几开边衅，刁风不可长。"

这种处理结果不但在天津引起公愤，口诛笔伐，并使全国舆论都为之哗然，声讨曾国藩的舆论浪潮顿时在全国掀起，连他的老家湖南都把他骂得一无是处。

一个湖南人写了一副对联挖苦他：

> 杀贼功高，百战余生真福将；
>
> 和戎罪大，早死三年是完人。

但江苏巡抚丁日昌却很理解曾国藩避免发生战事的苦衷，他在给朝廷的奏折中为曾国藩辩护，他称："自古以来，局外人总是不体谅局中办事人员的苦衷和困难，议论纷纷，一唱百和，迷惑皇上，阻扰大计。一旦事件双方决裂，形势恶化，国家受患无穷，而局外之人不遭灾祸，反而得到一个清白正直的好名声，我非常痛恨这种人。"

若干年以后，曾国藩的儿子曾纪泽已经是一位出色的外交家，在曾纪泽出使欧洲之前，于 1877 年和 1878 年两次被慈禧太后召见。慈禧太后对于曾纪泽的出访非常重视，亲自问一些具体的问题，比如如何走、何时到，外国的外交体制如何等。

同时，慈禧太后还问到了曾纪泽对"教案"的看法。其间两人对答如下：

慈禧说："办洋务甚不容易。闻福建又有焚毁教堂房屋之案，将来必又闹事。"

曾纪泽说："办洋务，难处在外国人不讲理，中国人不明事势。中国臣民当恨洋人，不消说了，但须徐图自强，乃能有济，断非毁一教堂，杀一洋人，便算报仇雪耻。现在中国人多不明此理，所以有云南马嘉理一事（指 1875 年初，云南中缅边境突然发生英国外交官马嘉理在与当地居民冲突中被杀的'马嘉理案'），致太后、皇上宵旰勤劳。"

慈禧说："可不是吗。我们此仇何能一日忘记，但是要慢慢自强起来。你方才的话说得明白，断非杀一人、烧一屋就算报了仇的。"曾纪泽回答是这样。

慈禧又说："这些人明白这理的少。你替国家办这等事，将来这些人必有骂你的时候，你却要任劳任怨。"曾纪泽回答说："臣从前读书，读到'事君能致其身'一语，以为人臣忠则尽命，是到了极处了。近观近来时势，见得中外交涉事件，有时须看得性命尚在第二层，竟须拼得将声名看得不要紧，方能替国家保全大局。即如前天津一案，臣的父亲先臣曾国藩，在保定动身，正是卧病之时，即写了遗嘱，吩咐家里人，安排将性命不要了。及至到了天津，又见事务重大，非一死所能了事，于是委曲求全，以保和局。其时京城士大夫骂者颇多，臣父亲引咎自责，寄朋友信，常写'外惭清议，内疚神明'八字，正是拼却名声，以顾大局。其实当时事势，舍曾国藩之所办，更无办法。"

也就是曾国藩怕洋人再开战，火烧圆明园的事件再上演，于是自己以声名败裂的代价，为大清国扛下一个"软弱、媚外、有失国体"的污名；

他曾经准备牺牲性命，结果却牺牲了他更看重的名声。他在"内疚神明，外惭清议"中度过生命中的最后两年。

容闳曾说，曾国藩是"旧教育之特产人物"。他的文化背景和理学修养，让他对朝廷与洋人大体上都遵循孔子的"忠信笃敬"。在外交上，他手持一本《万国公法》，"推诚"于西洋人，以至于听到李鸿章打算用"痞子腔"对付洋人时，他长久地凝视着面前的接班人。

慈禧说："曾国藩真是公忠体国之人。"在此，曾纪泽为父亲争得了最高执政者的正当评价，同时也恰当地表达了自己所受的父亲之教育对自己的影响。

慈禧又问："你在外多年，很懂洋务否？"

曾纪泽说："臣的父亲在两江总督任内时，兼署南洋通商大臣，在直隶总督任内时，虽未兼北洋通商大臣，却于末了儿办过天津教堂一案。臣随侍父亲在任，闻见一二，不能全知。"再一次表示了自己是理解自己父亲，而且深受父亲的教导影响。

再回到同治九年，即1870年，那时由于处理天津教案引起了巨大的舆论指责，无奈之下，朝廷再次让李鸿章接替曾国藩任直隶总督。同治九年七月，两江总督马新贻遇刺身亡，外传与湘军有关，朝廷乃命曾国藩再回任两江总督以查明马新贻被刺案。所以李鸿章是前后三次接任曾国藩的职，分别是两江总督、清剿捻军钦差大臣和直隶总督。

1—18. 湖湘名帅受人赞许，胸怀广博举贤用才

曾国藩于是回任两江总督。

被誉为"晚清第一名臣"的曾国藩于同治十一年二月初四日（1872年3月12日），在其儿子曾纪泽的陪同下在总督府花园中散步，突感不适，扶至书房，端坐桌前，三刻钟以后，逝世于总督府书斋中，年62岁，谥文正。这是朝廷最高的谥号。

朝廷当然极为惋惜曾国藩去世，为此颁发上谕："其生平政绩事实宣付国史馆。"

《清史稿》这样评他："国藩事功本于学问，善以礼运。公诚之心，

湖南长沙岳麓区坪塘曾国藩墓

尤足格众。其行军治政，务求踏实。凡规划天下事，久无不验，世皆称之，至谓汉之诸葛亮、唐之裴度、明之王守仁，殆无遗过，何其盛欤！国藩又尝取古今圣哲三十三人，画像赞记，以为师资，其平生志学大端，具见于此。至功成名立，汲汲以荐人才为己任，疆臣良帅，几遍海内。以人事君，皆能不负所知。呜呼！中兴以来，一人而已！"

萧一山在其首著《曾国藩传》中指出："曾国藩之出治湘军，挽回垂危之清室命运，保存传统之中国文化，此其经世学之本质乎？曰：是殆不然。其壮年之志，怀民抱物之量，修内圣外王之学，无忝父母所生，不愧天地完人。"

史家认为，清朝在道光末、咸丰初之际就已经呈崩溃决裂之象，幸亏有曾、胡、李、左这几位明白国家生死存亡道理的旷世贤才出来支撑大局，才可以在清皇朝已处于国家大乱之时力挽狂澜于既倒。

那么，为什么能造就出曾国藩这样的人物呢？除了乱世出英雄这种历史环境与机遇（曾国藩本人就特别相信运气，而他一生也确实运气好）以外，人们都认为关键就是正统儒家思想，即"修身、齐家、治国、平天下"的思想与理念以及"实事求是"的行事原则，贯彻了曾国藩的一生。

儒家的忠君报国正统伦理思想和修身齐家的为人道德标准，是曾国藩一生精神上的中心支柱和信仰与行事标准。他终生谨守臣节，忠于王事，虽已具有"平天下"的能力，却不追求个人的江山霸业，而是效法诸葛亮为国事"死而后已"。

他熟读历史，所以能从历史人物与历史风云变幻的记录中领悟将帅名臣成功之道，深信"君子之道，莫大于以忠诚为天下倡"。

为人谨慎不贪恋权位，深信"花未全开月未圆"，求诚追拙，是人生保泰之法。

一生所最遵循的一个原则就是：无论对人或对事，都必须待之以诚。奉行八本信念：

读古书以训诂为本，作诗文以声调为本，养亲以得欢心为本，养生以少恼怒为本；立身以不妄语为本，治家以不晏起为本，居官以不要钱为本，行军以不扰民为本。

曾国藩能以其道德和精神的力量感召他人并与他们群策群力，并以其"实事求是"的行事原则教导部属，从而造就了他作为三军统帅的极高威信；他的榜样同时影响了朋辈与部属，使他们都以忠君忠国及认真负责、尽职自律，因此就能带领出平定太平天国的赫赫湘军；而且他胸怀宽广，能识人、容人、让功，并能按其人的真实能力，实事求是地推荐人才并使用人才，如胡林翼、李鸿章和左宗棠都是由于他知人善用且极力向朝廷推荐而能成就为一代名帅的。

再举几个他识人善用的例子。

咸丰十年闰三月，清军江南大营被太平军再度攻破，形势危急，朝廷连下八道圣旨命曾国藩发兵救援，并实授他两江总督重用湘军。曾国藩当时将湘军大营设在苏、皖、浙、赣四省交界的安徽祁门县。可是作为曾国藩重要幕僚的李鸿章大不以为然，认为此处地形如锅底，像是绝地，大营在此危险至极。曾国藩当然不是不懂用兵之道，但主要从两江总督作为的需要着想，此时他必须掌握苏、皖、浙、赣四省的军务大事，所以他要加强对四省的控制。李鸿章见自己的意见不被采纳，气得负气出走。但李鸿章虽然离开了湘军，然而还是多次写信给曾国藩请他慎重考虑，同时也请胡林翼劝说曾国藩从祁门移营。果然李世贤太平军自后就不断进攻祁门大营，虽经左宗棠和鲍超力战多次击退清军，但祁门大营仍是险情不断。后来曾国藩的弟弟曾国荃从前线写信给曾国藩，哀求请大哥移营。看到祁门大营现实的危险，曾国藩深切感觉到李鸿章确是诚心诚意为他着想。于是咸丰十一年春天，曾国藩终于将两江总督衙门从祁门山区搬到长江边的东流，并于同年十一月正式受命节制四省军财重务，赏太子少保。而郭嵩焘劝李鸿章，"试念今日之天下，舍曾公谁可因依者？""终须赖之以立功名"，于是李鸿章也坦然归来，曾、李二人和好如初。

由于十分欣赏李鸿章的战略眼光及左宗棠的用兵才干，已授予荐才权力的曾国藩就推荐"才可大用"的李鸿章得以组建淮军并任江苏巡抚。

同时又推荐左宗棠领兵入浙并任浙江巡抚。

据统计，在曾国藩的部属中，后有26人官至督抚，而其中同时与曾国藩为督抚者竟有14人，可见曾国藩是何等慧眼识才、诚心用才和慷慨荐才，充分显示一代名帅的大度胸怀。

胡林翼、李鸿章、左宗棠、罗泽南、王鑫、曾国荃、李续宾、李续宜、杨岳斌、彭玉麟、杨载福、李元度等名将，都是来自曾国藩的名下并经曾国藩极力推荐而获重用的。

曾国藩的重要幕僚薛福臣曾这样评述曾国藩用人之道："自昔多事之秋，无不以贤才之众寡，判功效之广狭，曾国藩知人之鉴，超佚千古，或邂逅于风尘之中，一见以为伟器；或物色于形迹之表，确然许为异才。平日持议，常谓天下至大，事变至殷，绝非一手一足之所能维持。故其振拔幽滞，宏奖人杰，荐臣尤属不遗余力。尝闻曾国藩目送江忠源曰：'此人必名立天下，然当以节烈称。'后乃转疏保荐，以应求贤之诏。胡林翼以臬司统兵，即奏其才胜己十倍，二人皆不次擢用，卓著忠勤。曾国藩经营军事，亦赖其助。其在籍办团之始，若塔齐布、罗泽南、李续宾、李续宜、王鑫、杨岳斌、彭玉麟，或聘自诸生，或拔自陇苗，或招自营伍，均以至诚相与，俾获各尽所长。内而幕僚，外而台局，均极一时之选。其余将士部下，或立功既久而浸至大显，或以血战成名，临敌死馁者，尤未易以悉数。最后遣刘松山一军入关，经曾国藩拔之于列将之中，谓可独当一面，卒能扬威秦陇，功勋卓然。曾国藩又谓，人才以培养而出，器识以历练而成。故其取人，凡于兵事、饷事、吏事、文事，有一长者，无不优加奖励，量才录用。将吏来谒，无不立时接见，殷勤训诲。或有难办之事，难言之隐，鲜不博访周知，代为筹划。别后则驰书告诫，有师弟督课之风，有父兄期望之意。非常之士与自好之徒，是以皆乐为之用。"

所以，曾国藩既能发现人才、爱惜人才，更会使用人才和推荐人才，因此人都服其用。

曾国藩认为君子有三乐："读书声出金石，飘飘意远，一乐也；宏奖人才，诱人日进，二乐也；勤劳而后憩息，三乐也。"第二乐就是讲要发现人才并激励和使用人才，他认为："山不能为大匠而生奇木，天亦不能为贤主而生异人。"也就是人才需要被识别和考察，然后通过给予机会加以培养和造就，但凡有志者都应鼓励其成就大事并因此给他提供机会。

曾国藩湘军的 211 个文职官员中，翰林和进士各有 24 人，举人 33 人，秀才 23 人，而太平天国军中连一个秀才都没有，太平军岂能不败？

曾国藩确与很多人有过矛盾，例如与左宗棠和沈葆桢（江西巡抚）都发生过矛盾，但在大问题上，他们又都能抛弃个人成见从全局着想。如左宗棠后来从事平定陕甘和收复新疆之大举时，曾国藩就尽力为左宗棠筹集军饷，而且派出湘军中最杰出的将领刘松山、刘锦棠率领湘军的王牌"老湘军"出征，为左宗棠平定陕甘和收复新疆立下了大功。

曾国藩曾问一位来自左宗棠军门的吕庭芷："你对左宗棠怎么看，且平心论之。"

吕说："他处事之精详，律身之艰苦，体国之公忠，窃谓左公之所为，今日朝廷无两矣。"

曾国藩听后击案而起，慨然说道："诚然，此时西陲之任，倘左君一旦舍去，无论我不能为之继，即起胡文忠公于九泉，恐亦不能为之继也。君谓朝廷无两，我以为天下第一耳。"可见曾国藩胸怀之宽广。

1—19. 威名远震谋国元勋，立柱擎天旷世奇才

得知曾国藩去世后，作为他的学生与几十年的战友，李鸿章内心极

为悲痛，他在写给他的弟弟李鹤章的家书中说：曾涤生师自九江劳师，旋回南昌，遂以病入膏肓，扁陀束手，而于二月初四寿终。予谥文正。呜呼，吾师讲义理学，宗尚考据，治古文辞，谋国之忠，知人之明，昭如日月。生平公牍私函，无一欺饰语。行军治政，务求踏实。或筹议稍迂，成功转奇。发端至难，取效甚远。凡规划天下事，鲜不效者。竟以天不愿遣，黯然长逝。中流失柱，滔滔如何。兄等后学，隐鹄昌依。提之携之，端在元老。一朝仙去，不复归来。为公为私，肝肠寸裂。兄本拟以文哭之，无如一字落墨，泪寄千行，不得成句读。而为之搁作者再。日来心绪稍宁，作联以哭之云：

　　　　师事近三十年，薪尽火传，筑室忝为门生长；

　　　　威名震九万里，安内攘外，旷世难逢天下才。

左宗棠送的挽联是：

　　　　谋国之忠，知人之明，自愧不如元辅；

　　　　同心若金，攻错若石，相期无负平生。

曾国藩的密友郭嵩焘送的挽联是：

论交谊在师友之间，兼亲与长，论事功在宋唐之上，兼德与言，朝野同悲我为最；

考初出以夺情为疑，实赞其行，考战绩以水师为最，实主其议，艰难未预负公多。

梁启超评价曾国藩说："岂惟现在，盖有史以来不一二睹之大人也已；岂惟我国，抑全世界不一二睹之大人也已。"

一百五十年来除怀有"驱除满清鞑虏"的人谩骂曾国藩是"满清走狗"外，其他人都十分赞佩这位为国家贡献了一生、个人品德高尚、学问过人并能使国势中兴和使人民免于灾难、华夏文化免于沦亡的人物，且被誉为：立德立功立言三不朽，为师为将为相一完人。

《左传》曰："太上有立德，其次有立功，其次有立言，虽久不废，此之谓三不朽。"

所以能立德、立功、立言是中国士大夫的最高人生理想，而真正能达到此成就的在历史上却是寥若辰星，曾国藩就是其中的一颗耀眼的明星。

他平定太平天国，拯救大清于大厦将倾之时，同时挽救了中国的千年文化，结束了国家面临分裂的局面；1870 年曾国藩 60 寿辰，同治帝亲题"勋高柱石"四字，送到两江总督府；他匡救时弊，整肃军政之风，推动洋务，是大清得以实现"同治中兴"的灵魂与台柱；他克己唯严，正派为人，著述千万言，为后世留下了极其宝贵的精神财富。

他曾写了一首自称的《打油诗》：

每日清晨一柱香，谢天谢地谢三光；所求处处田禾熟，但愿人人寿命长。

国有贤臣安社稷，家无逆子恼爹娘；四方平静干戈息，我若怀贫又何妨。

虽然他说是一首随意写来的打油诗，但也足以显示他的胸怀。而对于家庭，曾国藩书写过父亲所作的一副联语："有子孙，有田园，家风半耕半读，但以箕裘承祖泽；无官守，无言责，世事不闻不问，且将艰巨付儿曹。"以教育子孙，所以曾国藩一家后辈很少有做官的。

曾国藩的父亲星冈公传下治家八字诀："书蔬鱼猪早扫考宝"，即读书、种菜、养鱼、喂猪、早起、扫屋、祭祖、睦邻。曾国藩的老家富厚宅正厅取名"八本堂"，现有曾纪泽手迹："读书以训诂为本，诗文以声调为本，事亲以得欢心为本，养生以少恼怒为本，立身以不妄语为本，居家以不晏起为本，居官以不要钱为本，行军以不扰民为本。"

曾国藩说过，"家中要得兴旺，全靠出贤子弟"，"子弟之贤否，六分本于天生，四分由于家教"。还说："银钱、田产最易长骄气逸气，我家中断不可积钱，不可买田，尔兄弟努力读书，绝不怕没饭吃。"

他平时着土布衣，仅有的一件天青缎马褂礼服要逢重大活动才穿，穿了 30 年。每顿只吃一个菜，"绝不多摄"。族人花七千串钱（一串一千文，约合 5000 两银）修缮富厚堂，被他痛斥一顿，并说"新宅一次不踏其门"。

也就是他用其一生真正做到了世人公认的"三不朽"，从而也就理所当然地也被人赞颂为"一完人"。

综观曾国藩的一生：平定太平天国，不但挽救了大清皇朝，也使中国免遭全国性经济与文化的毁灭性灾难；开启了兵源自募，军饷自筹，兵为将有，兵随将转的今后军阀成军之路；开启了以一介书生名儒成功领兵，并以儒家的理学思想成功教育将士的领军方式；除了他本人，还造就了一批后继人物，且都在中国近代史上留下了不可磨灭的史迹。

自从湘军登上历史舞台，从此就使湖南在中国近代史中有突出的表现，而且也影响了中国近现代后来涌现的许多重要的湖南人物。曾国藩处于清皇朝由盛世转向没落和衰败的过渡阶段，也是中国内忧外患接踵而来的动荡年代，但由于曾国藩、左宗棠、胡林翼、彭玉麟这四位湖湘名帅的成就，使清朝随即就出现了二十年的"同治中兴"，所以人们赞誉"中兴将相十九湖湘"。在这二十年间，整个湘军系统中官至总督者15人，官至巡抚者14人。

与曾国藩同时期的、中国最早留学美国的学者容闳在他的回忆录《西学东渐记》一书中是这样评述曾国藩的："曾文正为中国历史上最著名人物，同辈莫不奉为泰山北斗。太平军起事后，不久就蔓延数省。曾文正乃于湖南召练团勇，更有数湘人佐之。湘人素勇敢，能耐劳苦，实为良好军人资格，以故文正得练成极有纪律之军队。佐曾之数湘人，后亦皆著名一时。平定此大乱，为事良不易。文正所以能指挥若定，全境肃清者，良以其才识道德，均有不可及者。当时七八省政权，皆在掌握。凡设官任职，国课军需，悉听调度，几若全国听命于一人，顾虽如此，而从不滥用其无限之威权。财权在握，绝不闻其侵吞涓滴以自肥，或肥其亲族。身后萧条，家人之清贫如故也。总文正一生之政绩，实无一污点。其正直廉洁忠诚诸德，皆足为后人模范。故其身虽逝，而名足千古。其才大而谦，气宏而凝，可称完全之君子。而为清代第一流人物，亦旧教育中之特产人物。"

近代著名学者蒋廷黻评价曾国藩说："曾国藩是我国旧文化的代表人物，甚至于理想人物。……平心而论，曾国藩要救清朝是很自然的，可原谅的。第一，中国的旧礼教既是他的立场，而且士大夫阶级也是他的凭依，他不能不忠君。第二，他想满清经过此大患难以后，必能有相当觉悟。事实上同治初年的北京，因为有恭亲王和文祥二人主政，似乎气象一新，颇能有为。所以嘉、道、咸三代虽是多难的时代，同治年间的清朝确有中兴的气象。第三，他怕满清的灭亡要引起长期的内乱。他是深知中国历史的，我国几千年来，每次改朝换代，总要经过长期的割据和内乱，然后天下得以统一和太平。在闭关自守、无外人干涉的时代，内乱虽给人民无穷的痛苦，尚不至于亡国。到了19世纪，有帝国主义者虎视眈眈，长期的内乱就能引起亡国之祸，曾国藩之所以要维持满清，最大的理由在此。……湘军初起的时候，精神纪律均好，战斗力也高。后来人数多了，事业大了，湘军就退化了。收复南京以后，他自己就承认湘军暮气很深，所以他遣散了很多军队，足证这种治军的旧方法是有毛病的。此外湘军还充满了宗族观念与家乡观念，兵士只知道有直接上级长官，不知道有最高统帅，更不知道有国家。所以湘军是私有化军队的开始。湘军的精神以后传给了李鸿章所部的淮军，而淮军以后又传给了袁世凯的北洋军。我们知道民国以来的北洋军阀，利用私人军队割据地方，阻碍统一。追究其祸根，我们不能不归咎于湘军，于此也可以看出旧法练军的毛病。"

　　就清廷来说，利用了这支练团自保、练勇出队、集队而成军的属于曾国藩的私家军队以及后来属于李鸿章的私家淮军，是平定了太平天国和捻军，但从此军队也不由朝廷所掌控了，并导致不出50年的清皇朝覆亡，所以有史家说，清朝廷之造就与使用湘淮军实际上是"饮鸩止渴"。其实还不但如此，民国后的东北军、西北军、晋军、桂系、川军、滇军、粤军等都割据一方，林林总总，自行为政，因为它们实际上都是私家军队。

　　曾国藩平定了太平天国拯救了大清，并为随后的同治中兴奠定了基础，因而若干年来一直被誉为中兴第一名臣，从大清皇朝看来，这当然是毫无疑问的。那么又应当如何看待太平天国呢？

　　现代著名学者冯友兰先生这样回答这个问题："中国维新时代的主题是向西方学习，进步的人们都向西方学习，但不能倒过来说，凡向西方学习的都是进步的人们。这要具体地分析，要看他要学习的是什么。中国要向西方学习西方的长处，并不是西方的缺点。洪秀全和太平天国所要学习和搬到中国来的是西方中世纪的神权政治，那正是西方的缺点。西方的现代化正是在与这个缺点的斗争中而生长出来的。中国所需要的是西方的近代化，并不是西方中世纪的神权政治。洪秀全和太平天国如果统一了全国，那就要使中国倒退几个世纪。这个评价把洪秀全和太平天国贬低了，其结果就是把他的对立面曾国藩抬高了。曾国藩是不是把中国推向前进是可以讨论的，但他确实阻止了中国的倒退，这就是一大贡献。"

须知，若干年后发生的辛亥革命与太平天国毫无关系，更不是太平天国的继承。容闳估计太平天国运动这场劫难至少造成约 2500 万人丧生。也有人估计 1850 年的中国人口大约有 4.1 亿人，经过太平天国、捻军及回族等起事后，到 1873 年人口下降至大约只有 3.5 亿人了，这就是经历了巨大的民族劫难的后果。

冯友兰继续指出："洪秀全和太平天国在南京以西方的基督教为教义，以神权政治为动力，以太平军的武装力量为支持，三位一体，力量雄厚。曾国藩以宋明道学为理论，以清朝政权为靠山，以湘军的武装力量为支持，与太平天国的三位一体势均力敌。曾国藩与太平天国的斗争，是中西两种文化（但其中西方的文化是已经落后并被淘汰了的文化）、两种宗教的斗争，即有西方宗教斗争中的'圣战'的意义。这是曾国藩和太平天国斗争的历史意义。曾国藩认识到，在这个斗争中要保护的是中国的传统文化，特别是其中的纲常名教。从这一点说曾国藩是守旧的，他反对中国进步。笼统地说是这个样子，但分析起来看，守旧和进步是相对而言的。纲常名教对于神权政治来说还是进步的。"

须知，过去不管是中国皇帝或是外国皇帝，他们从来都不是社会的思想领袖，而只是掌握控制国家的权力。即使在中国罢黜百家、独尊儒术的时候，对孔孟之道的解释权也是掌握在历朝的硕学大儒手中，而不是在皇帝手中。另外，在几千年的历史中，中国人的宗教意识历来就不强，儒家思想不是宗教教义，它是已逝的先哲圣人留给后人的宝贵精神财富，教导人们如何做人和提高自己的修养，所以它是"人道"，而非"神道"；宗教则是"神道"，它要求信徒们按永存的"天主"的教谕行事。

现在，在洪秀全所创立的太平天国中，自称"天王"的洪秀全自己就是天的化身，他不但垄断了统治权，而且也垄断了跟随他的人的一切信仰，也就是人神合一，他要求臣民将肉体和灵魂都交给他，忠于这个天王就成了其信徒们舍生忘死的人生目标，所以这个太平天国是中国历史上从未出现过的政教合一的政权。对于不接受这种观念的人，尤其是千年以来一直是受儒家正统思想陶冶的知识分子，当然首先就会起来反对它，所以在这个历史时刻，中国出现了以曾国藩为代表的一批文人，毅然领兵去与太平天国作殊死的斗争，就是必然的。

晋人在评价汉初人物时，曾感慨地说："常恨随、陆无武，绛、灌无文。"也就是可惜随何、陆贾这样的文士不能打仗；周勃、灌婴这些武将不能写文章。但是清末的曾国藩、左宗棠、李鸿章、胡林翼等人，却都是在同一时期涌现、文武双全、能扭转国家命运的、历史上少见的将帅大材。

太平天国作为一个存在了十多年的政权，成败兴亡都有因。当然，对太平天国也有肯定的意见，如有学者说："太平天国作为中国近代史上空前的农民革命，沉重地打击了帝国主义和封建主义的统治，有力推进了中国人民争取民族独立、人民解放的进程。这一历史的功勋，不是几个文人的口水就能湮灭的。"

问题是，只是如此泛泛而论说几句口号式的大话并不足以服人，太平天国的历史确实不能凭"几个文人的口水人所能湮灭"，而是要摆事实讲道理来分析的。

1—20. 说曾国藩治军理念，一代湘军青史留名

总的来说，曾国藩真正的本事并不在于率领湘军打仗，曾国藩对此颇有自知之明，他说过："鄙人乃教练之材，非战阵之材也。""行军本非吾所长，兵贵奇而余太平，兵贵诈而余太直。""未尝自以为知兵，其所自负独在教练。"而且由曾国藩亲自指挥的战役，几乎是每战必败。

所以曾国藩并非是一个出色的将军，人们所乐道的是曾国藩空前成功的、独一无二的治理湘军的理念，使得他能在那样严峻的历史环境下，带领出一支可以击败太平军和捻军，使绿营兵无法可比的名扬历史的湘军。曾国藩的治军理念可以归结如下。

一、曾国藩作为统帅对国家的忠诚，即对朝廷的忠诚这种儒家最重要的道德信念，始终不移：起兵时是忠君，征战过程中未获重用也还是忠君，攻克南京功成名就以后仍然是忠君；只有绝对忠于朝廷的统帅才

能带领出一支为朝廷可以信赖使用的军队。传统中国的立国精神是三纲，三纲其实也是维持社会运转的基石，也是士大夫的信念。但是曾国藩的一代却遇到了新问题，就是李鸿章常说的"数千年未有之变局"，要应对这一变局，中国人自己必须作出改变。曾国藩正是开始作出改变的代表，那就是从传统的三纲逐渐过渡到追求国家的富强。再往后，为了追求国家的富强，可以放弃三纲甚至君主专制而追求君主立宪。这是儒家和中国知识分子极为深刻的变化，这是从曾国藩或他那一代士大夫开始的。

二、以制度建军，首先采用募兵制，由于募兵制较高的待遇不愁招不到兵。理学家重讲道理，在成军后就在军中规定了各项严格的制度与军纪，如爱民歌，尤其强调领军将领对命令的绝对执行，所有将领必须遵守，如有违背，即令是亲信也要被参，如李元度被参。

三、兵随将转，兵归将有，所以就有"吉字营"、"霆军"、彭玉麟水师、杨载福水师等多支骄兵，只要将军所领的兵打了胜仗，则"根生干、干生枝、枝生叶，一气形成并共通"的这支军队就人人都可以受到奖赏；反之，若该军一败再败或者领军将军战死，则该部队就将解散。所以，士兵必须努力作战以保护长官并求胜，跟着长官、保护长官并求胜就是一切，也就是湘军士兵们将当兵的道德观与利益观紧紧结合，因此才能造就湘军的勇敢赴战，而不用长官在后面逼着冲锋。所以说创建湘军，曾氏的功夫不在用兵，他的厉害处是治军，以理学修身，以讲学治军，以书生领山农，都是子弟和乡亲，耕读合一，耕战合一，把书院开在兵营里，战士都唱《爱民歌》，练成将随着帅，兵随着将，带出了"圣人子弟兵"。

这些私募军队还有一个特点，就是只听一个长官的号令，而每个营官又只听命于一个统帅。长江上，到处飘扬着湘军水师那面"帅"字旗。从曾国藩的湘军到李鸿章的淮军，再到袁世凯的北洋新军，都表现出"将在营在，将死营散"的特征。

四、忠孝仁义是程朱理学最讲究的个人修养，曾国藩除要求领军将领都具有这样的修养以外，又把这种理念移植到军中。"忠孝"就是为将领者要有广阔的胸怀，以国家为重，敬军队如父母。他说："富贵功名皆人世浮荣，惟胸次浩大是真正受用。"他本人在平定太平天国的过程中就极其慷慨地支援胡林翼、推荐使用李鸿章和左宗棠。"仁义"就是要求全军要有共同信仰：呼吸相顾、痛痒相关、赴汤同行、蹈火同往，胜则举杯共庆以让功，败则拼死以相救。开阔的胸怀不仅局限于自己，在湘军中，曾国藩也特别注重士兵间的相互宽容和理解。如果统将之间有一分矛盾，营官、哨官之间就会有三分矛盾，而士卒之间就会有六七分矛盾。这样的团队，必然就要解体了。所以军队要有忠孝仁义共同的价值观，要和衷共济，这也应该先从领军将领有一颗平和宽容的心开始，相互包容和理解，相互支持和信任。

他对最早的湘军将士说：大刀长矛，好比四书五经。清末学者王闿运在《湘军志》中记述过"诸生讨训山农"的景象。杨国强教授认为，如果说聚集在洪秀全理想下的农民显示出小农精神世界的一半，那么曾国藩与诸儒生用卫道意识唤醒的，是小农精神世界的另一半。这场战争，是农民与农民的交战。

五、文人领兵。为了使军队真正能懂得"忠义血性"，兵士也懂得从军价值，领军将领必须有相当的文化修养。程朱理学强调讲道理，所以曾国藩就从讲价值、讲文化、讲道理来教育全军，领军将领首先要懂，曾国藩从此开启了文人治兵之道，不但他自己是文人，且胡林翼、李鸿章、左宗棠、罗泽南、王鑫、李续宾、曾国荃、彭玉麟等都是文人。作为一名理学家，他以身作则，并以保卫纲常名教为号召，争取到大批优秀读书人支持和参加对太平军的战争，文人领兵就能理解曾国藩的理念便身体力行，保证了湘军具有较绿营兵无可比拟的战斗力。这完全打破了清朝廷原来的做法：可以让文人在平时任督抚以管兵，但当用兵打仗时则派武将领兵。湘军的成功表明，文人不但能治兵，也能领兵作战。

胡林翼行军必讲《论语》；在奔赴战场的路上，曾国藩坐在轿子里读杜甫、韩愈的诗文；左宗棠的"出山十余年，跃马横弋，心扬心粗，恐善源日涸，得暇即亲六籍"。罗泽南是湘军中最有名的儒将，他认为一个人修养和学识的高低与战争的成败不可分离，上马杀贼的勇气与修身治己的训练是相得益彰的。因此罗泽南的军队中，读书的风气特别浓厚，曾国藩称其："矫矫学徒，相从征讨，朝出鏖战，暮归讲道。"在讲道的过程中，罗泽南培养出了李续宾、李续宜、王鑫等一批湘军悍将，这些人都是以书生起家，打起仗来异常勇敢，加之又是同乡族人居多，罗泽南在这些人中的领袖地位显而易见，他的部众也乐于与其共生死。湘军在作战的同时，还研讨学问，讲经论道，无疑有助于增强部队的凝聚力，大大提高了军队的素质。军队将领视维护中国传统的伦理道德为己任，其作战能力远胜于绿营兵，这与罗泽南等人的功劳是分不开的。

曾国藩军中实行文人领兵，但同时又有一个特点，就是这些被任命为领兵大将的文人，都不是什么大知识分子，王闿运在《湘军志》中指出，曾国藩所用的领兵文人大多是"生监"，所谓生监就是未能中举人的秀才，用一句时髦话来说，就是"边缘知识分子"，这类人不但多，并且有一个共同特点，即渴望能有机会出人头地，而曾国藩给他们也提供了可贵的机会。

须知，太平天国的领袖人物，洪秀全、洪仁玕、冯云山等，也都是读过四书五经，但未能考上举人的秀才。社会上有一大批这样的人物，他们自负有经天治国之能，却无出头的机会，于是他们被迫承受现实与理想巨大落差的痛苦，然而由于他们有相当的教育水平与一定的动员与号召能力，所以在任何社会中，这类边缘知识分子人数过多，必然是社会一个重要不稳定因素。

六、实事求是是程朱理学的基本原则。曾国藩在建军、领军并从事作战时就特别注意这个原则，例如没有把握时就不急忙从湖南出兵、坚决要夺回武昌、四面出兵围攻安庆、断然推荐李鸿章组建淮军、派左宗棠救援浙江、先取南京上游再顺江而下攻南京、坚持让曾国荃单独取得攻破天京的战果、果断地及时处决李秀成、功成后又遣散湘军，这都是针对战局或时局的实际情况所采取的实事求是的正确决策。

他尤其认识到，与太平军作战不完全是一个军事问题，更重要的是要打赢"道德价值之争"，也就是若不能从意识形态上反击洪秀全的拜上帝教，则激励三军并彻底剿灭太平军是不可能的。所以他在出师之前，就发布了那道有名的《讨粤匪檄》，抓住了太平军毁坏中国传统文化这一事实，号召读书人都来参加平定太平天国的战争。

曾国藩很清楚，绿营和乡勇都不是太平军的对手。他采用了明朝戚继光发明的兵制，组建了一支体制外的新军，并为其注入捍卫传统、驱逐异端的使命。他在著名的《讨粤匪檄》中，指出太平军烧毁孔庙、焚烧四书五经，是对几千年中国礼义人伦的颠覆。梁启超说过：洪秀全之所以失败，是因为完全背离中国文化，不得人心。华东师范大学历史系教授杨国强说："在太平军的主张之下，不仅儒学存活不了，佛学、道教也存活不了，中国人的精神世界被踏为平地，教中国人怎么活？"

七、用个人魅力感化人。要讨论曾国藩为何能吸引众多文人贤士来参军，还要引用李鸿章的一段奏折："论功则推以让人，任劳则引为己责；盛德所感，始而部曲化之，继而同僚谅之，终则各省从而慕效之。所以转移风气者在此，所以宏济艰难者亦在此。"一个做上司的，有了好处总是让给自己的下属，有了责任总是自己担起来。这样的领导，时间长了，做下属的怎么会不感动呢？曾国藩的时代，已经不是道德的盛世了，争功诿过、投机取巧已经成为社会的普遍风气，但曾国藩就是通过自己的行为，从影响周边的人开始，一步步地转移了这种习气。这就是他能够吸引一大批人为他所用并最终成就自己事业的根本原因。曾国藩曾说过八个字："功不独居，过不推诿。"有了功劳不要一个人独占，有了过错不要推诿给别人。在给曾国荃的信中他还说："功不必自己出，名不必自己成。"对于领导者来说，成就了下属，就是成就了组织，成就了事业，最终也就是成就了自己。曾国藩上述所讲所释放出来的就是这样一种足以打动人心的影响力。这样的胸怀和这样的行动，也正是曾国藩身为领导者的人格魅力之所在，也就是保证湘军向心力的重要因素。

八、在利益方面激励三军。在利益方面，曾国藩在钱、权、名三方面都充分发挥了其对将士的激励作用。湘军的高军饷极大地调动了当地农民加入湘军的热情，在利益方面对将士们的满足又极大地提高了湘军的战斗力。例如在个人发展方面，在传统的科举考试晋升制度之外，曾国藩领导下的湘军更为那些无法走通科举之路的人们打开了另一条晋升之路。只要你有能力，能打仗、能做事，在湘军就可以迅速得到晋升，湘军由此而涌现出了一大批影响那个时代的优秀人才，其中很多人被提拔到封疆大吏之位，左宗棠以待罪之身加入曾国藩部三年就升闽浙总督。加入湘军改变了许多人的命运，可以共享湘军发展所带来的机会，这是最大的激励因素。而且曾国藩还向朝廷要了几千张捐监生的执照，这就可以吸引大批在科举考试中不如意的书生，使他们有了功名，就可以来参加湘军，并通过立战功谋求更大的功名。

九、凡涉及名声与人共享。在给鲍超的信中曾国藩也曾说："凡利之所在，当与人共分之；名之所在，当与人共享之。"凡涉及利益，一定要注意与人共分；凡涉及名声，一定要注意与人共享。这样的人才能成就大事。所以曾国藩特别注意为自己的下属请功并亲自推荐，让朝廷很快就知道他们的成就与能力，从而为他们仕途的上升提供了保证，李鸿章、左宗棠等得以获得重用都是由于他的推荐，因此这就保证了所有湘军将领都一心跟随曾国藩，从不变心。如湘军大将、安徽巡抚李孟群与太平军陈玉成作战中，兵败被俘宁死不投降而被杀。

十、屡败屡战，信心不移。曾国藩的湘军与太平军缠斗了十年，而且太平军始终在兵力人数上超过他，所以在与太平军的作战中，在具体战役中，曾国藩经常遇到挫败，如靖港之败、湖口之败、三河之败，但曾国藩从不因失败而灰心丧气并一蹶不振。相反，却是屡败屡战，挺过一切困难，最终取得胜利，统帅的顽强因此造就了一支一往无前的军队。

曾国藩以保卫孔孟道统出山，但在他以后的政治活动中，却又不自觉地削弱了或改变了孔孟只重书本和讲伦理的道统。湘军成军，将多儒生。曾国藩用以号召的，却又是以太平天国摧毁孔孟道统，破坏纲常，所以儒学之士要奋起保卫自己的信仰。

既然如此，对西方外来的东西也就应该在排斥之列。但是曾国藩打败太平天国以后所做的种种事情却与他的初衷大不相同甚至背道而驰，也就是他虽然保卫孔孟道德，但更加注意经世，也就是讲究实际的应用、有效的应用、实事求是的应用。

所以他提倡创办新式企业，也就是他敏锐地接受了原本为士大夫斥之为"奇技淫巧"的西洋技艺；他派学生到美国学习，创办翻译馆，就是看到孔孟和中国传统知识不完善以及其不足，需要向"蛮夷"学习。咸丰十年岁末，曾国藩在一道奏折中说"将来师夷智以造船制炮，尤可期永远之利"。次年，他附和奕䜣向洋人买船炮、用来剿洗太平军之议。"不怕柴狗子，只怕洋鬼子"，他在家书中的心里话道出了真正的威胁不是太平军，而是西方列强。

这些举措，自然打破了只认可孔孟道统的意识。尽管曾国藩自己可能没有完全意识到这样的问题，但是客观上他从经世之学来接受、继承和运用孔孟道统就必然会产生这样的思想、认识与行动。所以，曾国藩实际上是倡导洋务运动的先驱，他于咸丰十年十一月初八（1860年12月19日）向朝廷上呈《遵旨复奏借俄兵助剿发逆并代运南漕折》中明确提出，不可借外兵，但"将来师夷智以造炮制船，尤可期永远之利"，后来又建安庆军械所；又委派容闳到国外购买机器以制造大炮；又支持李鸿章在上海办江南机器制造总局；又与李鸿章合奏派留学生出国。

所以曾国藩同时也是中国兴洋务运动的先驱，是以"实事求是"的行事原则来处理和对待时势。湘军攻陷安庆第二年，曾国藩就开办了中国近代第一家军工厂——安庆内军械所，"制造洋枪洋炮，广储军实"。

稍后，毕业于耶鲁大学、精通西学的幕僚容闳奉命出洋采办机器，从美国购得百余种机器，位于上海虹口的"江南制造总局"渐渐有了规模。很快，曾国藩又在城南高昌庙购地70多亩，建造了汽炉厂、机器厂、熟铁厂、洋枪楼、铸铜铁厂、火箭厂等，江南制造总局迅速成为中国最大规模的近代化工业基地。

1868年8月，江南制造总局造出了中国第一艘真正意义上的现代化火轮，船体长18.5丈，顺水时速120华里。曾国藩以"恬吉"为之命名，向慈禧汇报说，"恬吉"号"坚致灵便，可以远涉重洋"，"中国自强之道，或基于此"。

"师夷智"从议论转化为实践，曾国藩是最早的领袖和开创者。

仿造洋器的过程让人看到"夷智"的精妙并不仅仅在于器物，于是又有了送幼童"赴泰西各国书院学习军政、船政、步算、制造诸书"的举措，这些洋务经验奠定了他采纳容闳教育计划的思想基础。但在清朝这样一个依祖法旧例办事的王朝，一桩没有先例的大事要获得通过，相当艰难。1872年2月27日，他第5次就"派遣留学生一事"上奏朝廷，获得了恩准。14天后，他离世了。

两次鸦片战争，西方列强以坚船利炮打开了封闭的中国，这使晚清时中国面临重大的挑战：是否融入以及如何融入现代化的潮流之中？在当时，这尚以"远忧"的面目出现。

但与此挑战相伴随的，则是对清廷来说更具生死性质的太平天国起事这一"近虑"，这一延续了14年的战争，虽然清庭最终未被推翻，但在扑灭太平军的过程中，中央与地方、满族与汉族的权力关系已发生重大改变。

纵观中国历史，皇权高度垄断与集中，至清朝达到顶峰。这一朝，不仅没有所谓"相权"，甚至最高权力机构"军机处"，也只是皇帝的秘书班子而已。一人而集天下之权，在清一朝，满人给真正创造出来了。任何制度达到高峰，自必下坠，然后再造。面对席卷中国16个省的太平军和捻军，清朝的"国家军队"已无力抗击，节节败退。然后，作为一种替代，练乡勇聚集以成军，最后以曾国藩的湘军为首完成了平定太平军和捻军之乱的重任。

虽然曾国藩攻克武汉之时，当时的军机大臣祁寯藻曾力谏咸丰皇帝不能实授他以兵权，因此使得曾国藩获权时间一再后延。的确，对于地方军事势力的崛起，从"中央"的角度与利益观察，很难说祁氏的担忧没有道理。

只是，时势造英雄，人算不如天算，在平定太平天国的进程中，曾国藩领导的湘军不断建功立业，朝廷不授权已无可为继。由此，就形成一个中国军队结构性问题：兵为将有。也就是后来的中国军阀横行，其源头实出于此。

总之，曾国藩当然是儒家人物，但绝不是一个迂腐和保守的儒家守旧派，他被人称为理学派的人物，也是晚清"经世派"文人的代表，是一个不死读书，学用结合，而且强调讲道理，追求实事求是，并在明白道理后就能适应时代潮流并站在时代潮流前列，尤其是能引导或改变时代潮流发展的历史性人物。更特别可贵的是：未出土时先有节，便凌云去也无心。一面是信奉儒家理学并且身体力行的文士，一面是指挥几十万大军平定江山的统帅，就是这位兼圣贤与统帅的曾国藩，开启了近代中国一种全新的成军、领军与治军的模式。

著名历史学家杨国强教授说："晚清最后50年，曾国藩和李鸿章是前后相连地面对内忧外患，是士大夫中自觉的首当其冲者。曾国藩试图以人格超越事功，而李鸿章因事功而湮没了人格……他们在几十年强毅力行之后，都是带着一腔不甘心的悲哀离开这个世界的。这种悲哀超越了一己之私，成为中国近代历史的一部分。"

第二章
湖湘名帅：
立旷世奇功左宗棠骄兵锐旅下天山

　　湖湘惊世多名将，锐旅骄兵下天山；铁马金戈踏瀚海，杨柳春风沐玉关。

　　万里东去大江奔，道是湘水余波长；远漠西征凝边气，唯见左公帅麾扬。

2—1. 塞防海防左李相争，各执所见皆有道理

　　清末，在中国的西边，新疆大部分地区已被中亚入侵的阿古柏势力侵占；东边沿海又面临日本的骚扰与侵犯，而清朝廷财力又捉襟见肘，此时对于国防来言，到底是应当注重东边（海防），还是注重西边（塞防），就成了两位大臣李鸿章与左宗棠争论的焦点。

　　直隶总督李鸿章认为："西敌虽强，尚在数万里以外，日本则近在广阔，伺我虚实，诚为中国永远之大患。新疆不复，于肢体元气无伤；海疆不防，则腹心之大患愈棘。""新疆乃化外之地，茫茫沙漠，赤地千里，土地瘠薄，人烟稀少。乾隆年间平定新疆，倾全国之力，徒然收数千里旷地，增加千百万开支，实在得不偿失。依臣看，新疆不复，与肢体之元气无伤，劳兵费饷收回伊犁，更是不如不收回为好。"在当时国家财力不能兼顾东西两方时，他不主张向西用兵，而主张将新疆等地搞成类似酋长领地、土司领地甚至是接受清王朝册封的藩属国一类的管辖模式。这样既可以

挫败外国势力（主要是英、俄），而且又不必劳师远征。他说："近日财用极紧，人所共知。欲图振作，必统天下全局通盘合筹而后定计。新疆各城自乾隆年间始归版图，无论开辟之难，即无事时尚需兵费三百余万，徒收数千里之旷地，而增数百年之漏卮……而论中国目前力量，实不及专顾西北，师老财疲，尤虑生他变。曾国藩曾有暂弃关外（玉门关外），专清关内之议，殆老成谋国之见。今虽命将出征，兵力饷力万不能逮。可否密谕西路各统帅，但严守现有边界，且屯且耕，不必急图进取；一面招抚伊犁、乌鲁木齐、喀什噶尔等回酋，准其自为部落，如云贵粤蜀之苗瑶土司，越南、朝鲜之略奉正朔可矣。"

但陕甘总督左宗棠（字季高，湖南湘阴人，1812—1885 年）则主张"东则海防，西则塞防，二者并重"，新疆西域之地绝不能丢，必须置于朝廷直控之下。他也不同意李鸿章的"新疆贫瘠论"，他认为："天山南北两路粮产丰富，瓜果累累，牛羊遍野，牧马成群。煤、铁、金、银、玉石藏量极为丰富。所谓千里荒漠，实为聚宝之盆。"而且他从战略意义上考虑："我朝定鼎燕都，蒙部环卫北方，百数十年无烽燧之警……新疆不固，则蒙部不安，非特陕、甘、山西各边时虞侵轶，防不胜防，即直北关山，亦将无晏眠之日。而况今之与昔，事势攸殊。俄人拓境日广，由西向东万余里，与我北境相连，仅中段有蒙部为之遮阂。徙薪宜远，曲突宜先，尤不可不豫为绸缪者也。"面对举棋不定的清廷，左宗棠慷慨陈词，把收复新疆提到保障国家安全的高度，坚决主张打击沙俄气焰。

针对李鸿章所忧虑的日本进犯所带来的危险，左宗棠于 1875 年 4 月 12 日和 1877 年 7 月 26 日两次上奏，奏折大意是："重新疆者，所以保蒙古；保蒙古者，所以卫京师。西北臂指相连，形势完整，自无隙可乘。""若此时即拟停兵节饷，自撤藩篱，则我退寸，而寇进尺"，因此陕甘和蒙古都必然受到威胁，所以主张"宜以全力注重西征，俄人不能逞志于西北，则各国必不能构衅于东南。"而且此时东缓西急，若朝廷财力不足以支持他领兵入疆平叛，一方面可以由江南各省及海关支援，另一方面他可自筹军饷，即向上海的外国银行借款，而由江南各省用关税或其他税收偿还，且拟一旦进军收复边陲，立即屯田戍边，以解军饷。而且从历史

目光远大的陕甘总督左宗棠

上看，乾隆皇帝勘定西域，满朝文武以花费钱财过多质疑，乾隆皇帝不为所动，开新疆，立军府，终竟其功，多年无烽燧之警。今天受惠于前人伟举，同样要站得高一些，替子孙后代想得远一些、周全一些。

当时的满族军机大臣文祥也是一位很有远见的大臣，他支持左宗棠，文祥说："明代边外皆敌国，故可画关自守。今则内外蒙古皆臣仆。倘西寇数年不剿，养成强大，无论坏关而入陕甘，内地皆震，即驶入北路，蒙古诸部落皆将叩关内徙，则京师之肩背坏，彼时海防益急，两面受敌，何以御之？"

1875 年 5 月 3 日，清政府发出六百里加急谕旨，以左宗棠奏折所见甚是，着以钦差大臣督办新疆军务，授予筹兵筹饷指挥军队的全权。由于左宗棠的意见被朝廷采纳，1876 年他便以 65 岁高龄率湘军子弟兵出玉门关慷慨西征，完全收复新疆，在中国历史上立下了旷世奇功。不过李鸿章的预言"日本将成为中国的心腹大患"这一警告，却也完全正确。

朝廷之所以采取左宗棠的意见与清朝廷的心理有关。从 17 世纪末到 18 世纪中叶，清廷先后在黑龙江左岸、大戈壁以西、西藏、青海与俄国以及准噶尔汗国交战，即是为了确保北方一体化防线的稳固。左宗棠所言"图新疆为保蒙古，保蒙古以卫京师"，恰恰是道出了朝廷的心声：作为一个以游牧民族入主中原的少数民族皇朝，满清对于首都北京和辽东"龙兴之地"（这是一旦丧失政权后满人的退守地）及其地理屏障蒙古的安危都极为看重，康熙年间之所以不惜代价进行准噶尔战争，着眼点便在于确保满人的战略后院。

当时上海的《申报》发表了一篇评论，批评左宗棠的高利借外债，说他是剜肉补疮、饮鸩止渴，左宗棠非常难受。他曾经给朋友写信说，他们指责我跟洋人借钱，我可以承认这是我的罪过，而且可以说这是无耻的事情。但无耻归无耻，钱还得借。不借怎么办？最后清朝政府批准左宗棠借了 500 万两的外债，同时又要求海关划拨 200 万两，朝廷的财政解决300万两,给左宗棠凑足了1000万两的军费,筹饷的问题算完成了。

为保荐左宗棠,军机大臣潘祖荫曾经说了一句很有名的话:"国家不可一日无湖南,湖南不可一日无左宗棠。"(后来左宗棠将无价国宝青铜大盂鼎送给了他)。民国历史学家缪凤林更是这样评说左宗棠:自唐太宗以来,左宗棠是对保卫国家主权领土功劳最大的人。

也有史家评曰:清朝咸丰、同治时期的几大湖湘中兴名臣,曾、左、胡并称。若将曾、左、胡三人略作比较,曾国藩无疑是最成功的领袖,他的德行、器识和学问,在三人中应居第一。"天下巡抚"胡林翼才具恢闳气魄远大,可惜过早病逝。

至于左宗棠,则人称之有霸材,假如生当乱世,必能图王称霸,自成一番事业。而他之所以崛起,亦正因为清朝末年纷至沓来的各种变乱,使清政府穷于应付,不得不破除资格,用人唯才,所以才能使他以一个不第进士(后蒙圣恩钦赐同进士出身)的举人身份,由巡抚、总督而一直做到入赞军机,封侯赐爵为止。也正是因为他具有图王定霸的非凡才略,所以才能在清朝末年内忧外患相互奸迫的情形之下,力排一切困难,举西北数百万平方里已失的领土还之于中国版图,博得"自唐太宗以来,对国家主权领土功劳最大的人"这样至高无上的美誉。

左宗棠一生的三大功绩是:在平定太平天国中平定浙江、随后是平定西捻、最后是收复新疆。其中,平浙的功绩仅限一隅,平捻亦不过是全部平捻战史中略占一部而已,两者都算不上是丰功伟绩,而收复新疆却是旷世奇功。人称在曾、左、胡三人之中,左宗棠的军事才能实应居第一。

2—2. 科举失意才气惊人,湘江夜谈叹为天才

左宗棠,字季高,湖南湘阴县人,生于清仁宗嘉庆十七年(1812年)。父亲是农村的一位教书先生,家境并不优越,但是父母仍然要求儿子读书。左宗棠兄弟三人,他排行最小,大哥于嘉庆二十四年中秀才,而二哥早在嘉庆二十一年就通过了县里的童子试。左宗棠本人从5岁起随哥哥读书,9岁开始学习写八股文,15岁应童子试,第二年又顺利通过府试,但是

他的母亲却在这一年去世了，他必须回家丁忧守制二十七个月。在丁忧期间，当官者必须解职回家守制，应试者则不能参加考试，所以左宗棠在这段时间内就不能参加院试以取得应试举人的资格。到了道光十年，左宗棠 19 岁时，守制期满，他应当可以准备参加考试了。可是命运又一次捉弄了他，他的父亲又去世了，于是他只得再一次为父亲丁忧守制。

到了道光十二年，左宗棠为父亲守制期满，他已经 21 岁了。而道光十二年正是三年一届的湖南乡试考举人之年，但由于左宗棠此前没有参加过省里的院试，未能取得参加乡试的资格，然而时间又来不及了，错过当年就要再等三年。于是他不得不采取"捐监"的办法，用钱捐一个监生以获得参加乡试的资格。这样那一年他才得以与二哥一起参加湖南乡试，结果二哥果然不凡，中了这一年湖南乡试的第一名解元。本来左宗棠的考卷已经被淘汰，被列入"欠通顺"的遗卷，中举人无望了，但是那一年是道光皇帝五十大寿，他特别下了一道谕旨，即各省的乡试正考官一定要将被淘汰的卷子再浏览一遍，以避免人才或有遗落。果然在这次二审考卷中，主考官徐法绩从五千余份弥封考卷中再挑出六份，左宗棠的试卷被重新选中并名列首位，因此他就中了那一年湖南乡试的第十八名举人。形势看来不错，继续努力去京师应会试中贡生点进士很有希望。

但是左宗棠一生在科举上并不得意，他以监生中举人时年岁就不小，而后三次赴京参加会试都不中，官路被堵死。尤其是道光十五年（1835 年），左宗棠第一次北上参加会试时，本已考中，但临揭榜时，考官却发现湖南省多出了一个名额，为了考虑各省间的平衡，便取消了左宗棠的进士资格。后来又考了两次，都名落孙山，心灰意冷，从此就不再考了。

在一次赴京赶考途经洞庭湖时，他在船上感慨地对洞庭君说：

迢遥旅途三千，我原过客；

管统重湖八百，君亦书生。

可见他虽不得意，但满怀抱负。而且由于会试屡试不中，因此他就对八股文不感兴趣了，而特别热心学习经世实用之学，尤其是热心阅读地理方面的书籍，如学习《读史方舆纪要》《天下郡国利病书》《水道提纲》等重要的兵政地理与政治地理方面的名著，这些书所包含的实际地理和治世的知识使他大开眼界，也极大地丰富了他的知识蕴藏，这就为后来他成为名满中国的"幕府"打下了坚实的、其他读书人无可比拟的知识基础。当时，辽宁布政使贺长龄丁忧在长沙，一见左宗棠以后就推为国士，听说左宗棠无钱买书，就将自己家中所有的藏书都借给他阅读，并对左宗棠说："天下方有乏才之感，幸勿苟且小就，自限其成。"这句话对左宗棠影响很大，后来他宁愿归隐山林，也不愿意随便混个小官做。于是在 24 岁那年，他写了一副励志的对联挂在结婚的洞房中：

> 身无半亩，心忧天下；
>
> 读破万卷，神交古人。

由于未能通过会试，他只得到各处讲学，道光十七年他应湖南巡抚吴荣光之邀，出任湖南省醴陵县渌江书院山长并在此讲学，正好当时的两江总督陶澍参加江西阅兵以后回湖南老家省亲。醴陵县的知县请他为陶总督下榻的馆舍写一副对联，左宗棠毫不犹豫，一挥而就：

> 春殿语从容，廿载家乡印心石在；
>
> 大江流日夜，八州子弟翘首公归。

其中所说的"印心石"就是陶澍在家中所建的一座堂屋，且蒙道光皇帝御赐匾额，题曰："印心石屋"，所以左宗棠此联同时衬托着陶澍眷念先人与道光皇帝垂爱臣下，而且又表达了故乡人对陶澍的敬仰和欢迎之情，也道出陶澍一生最为得意的一段经历，十分恰当。因此陶澍极为欣赏此联，走进公馆，迎面是一幅山水画，上有两句小诗：一县好山为公立，两度绿水俟君清。意思是醴陵县那傲然屹立的山峰和绕城而过的蜿蜒渌水，皆是仰载陶公一腔凛然正气而生。

小小醴陵，居然有我的知己！这位 60 多岁的封疆大吏，当即提出要见见这位诗文作者。

他随即亲自来拜访并与左宗棠促膝长谈。对于左宗棠渊博的经世和军事知识以及对时势不凡的见解，陶澍不禁惊之为天下奇才。须知官威赫赫的两江总督陶澍是国家一品大员，竟然在一个小县城里折服于一个举人，这是多么的不寻常！

当时左宗棠说明年还要到京城去考一次。陶澍便对他说，不管明年考试成绩如何，无论如何请他回来时折到南京，以便再次请教。

第二年的北京春闱，左宗棠第三次落榜，灰心丧气的左宗棠便绕道江宁拜访陶澍。这位两江总督不但不小看他，而且决定让自己6岁的儿子娶左宗棠5岁的长女为妇，即与左宗棠结为儿女亲家，左宗棠以自己是一界布衣，不敢承允，但陶澍断然说"君他日功名，必在老夫之上"，并随即请左宗棠到湖南安化陶澍老家居住，以教育他尚未成年的未来女婿。

左宗棠于道光十八年去北京第三次参加会试，结果仍然落第，从此他就不再参加功名考试了，次年，两江总督陶澍逝世，于是左宗棠不负亲家生前所托，移居陶澍老家，精心培育自己的未来女婿并料理家事，这一住就是八年，而且是认真读书和教书。

须知，陶澍不但有左宗棠这样一个亲家，而且他还有一个出名的女婿，那就是赫赫有名的胡林翼。首先是从陶澍那里知道左宗棠极具才气，是一个将来会前途无量的奇才人物，而且又与左宗棠有着这种关系，因此胡林翼就极力向一些实权大官推荐左宗棠，例如咸丰二年他在贵州任职时就给当时的湖广总督写了一封推荐信说："湘阴孝廉左君宗棠，有异才。林翼曾荐于林文忠（林则徐），因文忠引疾，故未果行。文忠至湖上时，召至舟中，谈论竟夕，称为不凡之材。"

这是指，道光二十九年（1849年），云贵总督林则徐因体弱多病，奏请开缺回乡，八月二十六日（10月12日），接旨卸任，然后在长子的陪同下，随运夫人的灵柩，离开昆明返回家乡福州，过了贵州以后，到湖南便从沅水转水路，雇船沿沅水而下，经洞庭而达长沙。此时，林则徐派专人去左宗棠家请他来长沙一晤。

十一月二十一日（1850年1月3日），两人终于在长沙码头停泊的湘江舟中见面了。左宗棠也是早慕林则徐之名，"心神依倚，惘惘欲随"。林则徐的重大事件均为左宗棠所知。左宗棠曾说："仆之心如日在公左右也，忽而悲，忽而喜，尝自笑耳。"足见他对林则徐的仰慕。得到邀请的消息，他急匆匆地从家里赶往林则徐的船边（可见得左宗棠对于当任的官员是傲慢的，但是对于他真正仰慕的人才是谦恭的），不想情绪激动，一脚踏空，跌入水中。林则徐大笑曰："莫非这就是你的见面礼？"左宗棠听到这句话，顿时为之释然。

晤谈之后，林则徐"一见倾倒，诧为绝世奇才"。

当时，左宗棠一到，先呈上名帖，林则徐立即辞退所有其他官员，独召左一人入见，只有他的两个儿子随侍在旁。主客畅谈，上下古今，包罗万象。双方对治理国家的根本方针，特别是对西北的军务政务，见解不谋而合，越说越投机，竟然谈了整整一夜。此次谈话，其他的东西不太为人所知，但是，第二天清晨告别之际，林则徐将自己在新疆整理的宝贵资料（第一次鸦片战争之后，迫于英国的压力，曾在鸦片战争中坚决抗击英军入侵的林则徐被朝廷打发到新疆），包括新疆的地理观测数据、战守计划以及俄国边境的政治、军事动态等，全部交付给左宗棠，就像当年他离开东南去新疆戍边时把所有有关西洋的资料托付给魏源，嘱托他研究西洋地理一样。他对中国的新疆之担忧，致使他把重要的使命再次托付给值得信赖的人。并且对左宗棠说："吾老矣，空有御俄之志，终无成就之日。数年来留心人才，欲将此重任托付。东南洋夷，能御者或有人；而西定新疆，舍君莫属。以吾数年心血，献给足下，或许将来治疆用的着。"临别时，林则徐再一次举手拍着左宗棠的肩头语重心长地说："将来完成我的大志，唯有靠你了！"说完又意味深长地对他说："苟利国家生死以，岂因祸福避趋之！"左宗棠当即慨然应允。

道光三十年十月十九日（1850年1月22日），在奉命前往广西督师剿灭刚刚兴起的太平军时，林则徐在赴任途中病逝于广东普宁县城。

闻讯后左宗棠悲痛不已，于是写了一副挽联以寄哀思：

附公者不皆君子，间公者必是小人。忧国如家，二百余年遗直在；

庙堂倚之为长城，草野望之若时雨。出师未捷，八千里路大星颓。

其中"小人"指在第一次鸦片战争中，指责、打击和陷害林则徐的投降派穆彰阿等，"遗直"是谓该人的为人品格有古人遗风，"八千里路"指林则徐一生转战北国江南。

这是一副很著名的挽联，后来就镌刻在福州西湖林文忠公祠堂，永示纪念。

咸丰二年五月，朝廷任命云南巡抚张亮基接替骆秉章为湖南巡抚，骆秉章奉调入京。鉴于当时面临太平军的入境，湖南形势十分紧张，张亮基深知责任重大，因此急需寻觅能干的人才充任幕僚，协助处理军政事务。

于是，当张亮基还在赴长沙的途中，胡林翼就写信给他向他推荐左宗棠，信中说："前举衡湘之士七人，闻其有才，未曾面晤，必可罗而致之，量才驱策。内有左子季高，则深知其才品超冠等伦。曾三次荐呈夹袋中，未蒙招致。此人廉介刚方，秉性良实，忠肝义胆，与时俗廻异。其胸罗古今地图兵法，本朝典章，切实讲究，精通时务。访问之余，定蒙赏鉴。"

张亮基本是林则徐的学生，已经知道左宗棠之名。当他来湖南任巡抚时，正值太平军围攻长沙，军情紧急，国事如麻，在此非常时刻必须有非常之人来匡扶救正，而左宗棠正是此时他所需要的人物，因此他曾三次派专人到湘阴白水洞去礼聘在那里隐居的左宗棠。

但是一方面由于对官场积弊十分厌恶，而且对张亮基本人缺乏了解，另一方面对形势也还有待观察，因此左宗棠并没有接受张亮基的聘请。

为了说明张亮基的诚心与他的为人，胡林翼再次写信给左宗棠劝他出山，该信写得非常诚恳："张中丞两次派专人备礼走请先生一阻于兵，一计已登览。昨得中丞八月廿三日自乔口舟次信，言'思君如饥渴'。中丞肝胆血性，一时无两。林文忠公荐于宣宗皇帝，以是大用。先生最敬服林文忠，中丞固文忠一流人物也。去年冬，曾以大名荐与程制军（湖广总督程燏采），而不能告之先生，固知志有不屑也。林翼非欲浑公于非地，惟桑梓之祸见之甚明，忍而不言，非林翼所以居心。设先生屈己以救楚人，所补尤大，所失尤小。区区愚诚，未蒙深察，且加诮让，并入山从此日深，异哉！张中丞不世奇人，虚心延访，处宾师之位运帷幄之谋，又何嫌焉。"

此时，其他好友，如郭嵩焘、江忠源等，也纷纷劝他出山辅佐大局，于是左宗棠便决定出山了，他自己说："以己所不能遮望之人，而出己之所谓能者辅翼而匡救之。"

咸丰二年八月十九日（1852 年 10 月 2 日），左宗棠到达长沙，而张亮基也是在同一天抵达长沙城外。八月二十四日，张亮基正式进入长沙。

随即，左宗棠便与张亮基在长沙城内进行了会晤，交谈之后，张亮基大喜，随即"一以兵事任之"，也就是将长沙防务都委托给左宗棠了，可见对他的信任与重用。

这样一来，仅有举人身份的左宗棠，终于经胡林翼的推荐和张亮基的诚心延聘，成为了张亮基幕府中的一员。明清两代设置总督和巡抚原本都是临时性质的中央派出官员，因此督抚衙门都只有一些办理文书的书吏，并无佐官。督抚成制后，督抚们因工作的需要，自己就设立幕府，聘请幕僚，但都是属于私人顾问，而不是政府官员。

左宗棠与张亮基相见之后，也发现他是一个办事果断、极有主意的人，因此也乐意为之效劳。入幕府以后，他积极协助张亮基协防长沙。长沙对太平军的攻防战历时近三个月（82天），由于有左宗棠精心布置的防卫，终于未被太平军攻破。后来太平军见长沙久攻不破，且西王萧朝贵也战死，乃于十月十九日弃长沙转西向益阳，并征得民船数千只而下武昌。

经长沙一战以后，左宗棠声名大起，朝廷赏他七品顶戴以知县记名，并赏加六品同知衔，这时他已经40岁了。

太平军入湖北后，湖广总督徐广缙因畏战而被朝廷逮捕，而张亮基因保卫长沙有功，因此谕旨命张亮基接任湖广总督，左宗棠当然随往，湖南巡抚仍由骆秉章接任。

张亮基携左宗棠进入湖北后，于咸丰三年六月在黄州田家镇布防，并随即操练人马。八月，左宗棠以武昌3000名软弱兵勇，设伏团风镇，一举击溃由河南进入湖北的太平军，取得了被称为"奇捷"的胜利。

但是不久，张亮基却因为得罪了满族权贵胜保而被降任山东巡抚。在他去山东赴任前，张亮基又特意写信给胡林翼说，自己从抵湘之日直到交卸湖广督篆赴山东为止，军政各务"全恃季翁为我部署。此君天下才也。办土匪、歼粤寇，以战则克，以守则固，进贤进能激励兵将，以残破之两湖而渐有生气。仆何能为，皆季翁之力。吾兄为我请其出山，则此功当与吾兄共之。"可见，张亮基就是将左宗棠视作自己身边的诸葛亮，他赴山东时当然坚邀左宗棠同往，但左宗棠不愿离开自己所依托的三湘士绅，也就是在湖南已经建立起的十分牢固的人脉关系，而孤身去鲁，所以托辞"经手家务，不能远行"，咸丰三年九月左宗棠回到了老家。

2—3. 辅骆秉章言听计从，湖南幕僚天下闻名

当时已回任湖南巡抚的骆秉章听说大名鼎鼎的左宗棠又回到湖南老

家，立即亲自与布政使和按察使联名，派专人携带钱信入山邀请左宗棠再度出山，情谊与礼节不可谓不重。但是左宗棠当时对于太平军势力迅速扩大的前景还摸不准，也就是对形势还有些顾虑，于是决定暂且观察，所以又婉拒了骆秉章的邀请。

形势确实发展得很快。咸丰三年二月十一日（1853 年 3 月 20 日）太平军攻克江宁，并宣布在江宁建都，改江宁为天京。四月十二日（5 月 19 日），太平军又溯长江西上开始西征，于咸丰四年正月自安徽进入湖北，湖广总督吴文镕兵败黄州后投水自杀，四月十九日攻占汉口，渡江以后分兵两路，一路于六月初二日再克武昌，另一路则南下进攻湖南，连克岳州、湘阴、宁乡、靖港，长沙大震。

此时，已经初步练就了湘军的曾国藩和湖南巡抚骆秉章又一再邀请左宗棠出山，在这样紧迫的形势下，已经不能推托，于是咸丰四年三月初八（1854 年 4 月 5 日），左宗棠再次接受礼聘，进入骆秉章幕府。不过据说骆秉章为请左宗棠也玩了一个小把戏，关于左宗棠第二次出山，颇有些戏剧性的传说。《纪左恪靖》载："及骆文忠公秉章为湘抚屡聘，坚辞不就。文忠知陶公子为公爱婿，乃束约入府，馆于后圃。而使人扬言于外，谓抚军勒使公子捐资钜万，以助军饷，否则将加侵辱矣。公闻大骇，急赴抚署，投刺请谒。文忠倒履迎之，直入后圃，则公子在焉，栋宇辉煌，供张极盛，如礼上宾。公知文忠将为此以饵己也，感其诚意，允佐戎。文忠大喜。向公子道歉，以仪仗归第。"人谓所记皆实。

骆秉章自咸丰三年三月再任湖南巡抚到咸丰十年九月升任四川总督，第二次任湖南巡抚共计七年半（两次抚湘达十年），左宗棠为骆定下了"内定湖南，外援五省"的基本战略，深为骆秉章所赞许。所谓"内定湖南，外援五省"就是指内平湖南各地的匪乱，对外则从兵力、财力和物力上积极无私地支持湖北、江西、广东、贵州、广西五省对太平军作战的需要。骆秉章对他的建议言听计从，"凡事皆仰成于左宗棠"，向其下属说他们凡需请示巡抚的事情，可直接去向左宗棠请示，"公可亦可，公否亦否"，可见对左宗棠信任之深。但左觉得经历了"八年戎幕坐啸，未克亲履行间，实为阙事"。所以，骆秉章因治湘成绩卓然后得以升任四川总督，实际上主要是左宗棠的功劳。

据说，当时湖南全省"文武官绅非得左欢心者不能得意，而得左欢心者无不得意"。"骆秉章委事左宗棠，湖南诸将伺宗棠喜怒为轻重。"而且当时人们都甚至称左宗棠为"左都御史"，因为骆秉章在北京曾任右都副御史，也就是说左宗棠的权力实际大过骆秉章。

那么，左宗棠辅佐骆秉章最突出的成绩是什么呢？主要还是贯彻了"内定湖南，外援五省"的战略方针，保证了湖南的安宁，并因此可以支援其他各省对太平军的作战。具体来说，左宗棠为东征的湘军做了四件事：补充兵员、接济军饷、巩固后方、参与作战。

前三项很容易理解，但身处湖南的左宗棠怎么会与曾国藩的湘军"参与作战"呢？

咸丰六年二月（1856年3月），当时曾国藩在江西战场上对太平军翼王石达开作战遭遇重大失利，水军一部分被困在鄱阳湖内，另一部分受到太平军严重打击以后退回到武汉修补，而曾国藩本人则率少量的湘军被困在南昌城内，湘军主力大将罗泽南此时战死在武昌，湖北湘军难以回师救曾国藩，形势对曾国藩确实是十分危急。要想救曾国藩唯有湖南出兵。

为解救曾国藩，左宗棠极有远见地向骆秉章说："贼不得志西北（指太平军北伐军失败），欲且逞于东南，江西一有蹉跎，则江、浙、闽、广皆为贼有，而湖南亦危，东南大局不可回矣。以时局论，固无有急于援江西者。"

骆秉章是一个十分识大局的疆臣，他完全同意并接受了左宗棠的援赣计划，该计划是湖南将兵分三路同时进入江西，解救陷入被困的曾国藩：南路由鄱县、茶陵攻吉安（后来就由曾国藩的弟弟曾国荃担任这一路主攻），中路由浏阳、醴陵攻袁州，北路由平江攻义宁（修水），取瑞州。重兵进击，以迅速打开局面。

于是骆秉章一方面命刘长佑率5000名老湘军，由萧启江领一部分出浏阳，另一部分由刘长佑亲自率领出醴陵，另外由曾国荃自募4000人，组成"吉字营"，直接进攻吉安。于是援赣的三路湘军兵马就由湖南出发了。

咸丰六年正月二十三日（1856年2月28日），援赣军从长沙出发，四月，萧启江部攻占万载，十月底，刘长佑部攻陷袁州，接着曾国荃部也攻破吉安并解南昌之围。

咸丰六年四月，为解天京之围，太平军东归进攻江南大营，减轻了对南昌的压力。咸丰七年正月（1857年2月），刘长佑出新余，萧启江占上高，曾国荃也进抵樟树，随即，太平军对南昌长达两年之围遂解。

湖南巡抚骆秉章在1857年对朝廷的一道奏折中说，湖南"环境数千里，无一处无贼；且贼之起于邻省者亦求湖南援剿，且邻省多无会剿之兵。自咸丰二年至今四载，湖南除剿办本省贼匪外，剿湖北之贼，剿广西之贼，剿广东之贼，剿贵州、江西之贼。各省但有贼入湖南从无兵勇追击进入湖南者……但有湖南出境援剿各省之事，从无各省兵勇出境援剿湖南之事"。即令形势如此严峻，但到咸丰七年（1857年），湖南全境已宣告"肃清"，随后又派蒋益沣和刘长佑等善战湘军一万多人进入广西。

第二件发生在湖南的左宗棠与太平军直接作战的事缘起于咸丰七年（1857年5月），当时太平天国发生了严重的内讧。翼王石达开因受天王洪秀全的猜忌，自己领兵从天京出走到达安庆，四个月后，10月领兵下江西，沿鄱阳湖和赣江南下。咸丰八年二月（1858年3月），石达开经江西上饶入浙江，七月，石达开又从浙江进入福建然后又折回江西。咸丰九年二月（1859年3月），石达开由赣南分两路进入湖南，连下郴州、桂阳、嘉禾，并北攻祁阳，进而要围攻衡阳，一时湖南全省震动。

骆秉章但知惊呼："恐衡、永、郴、桂一带将无完土也。"然而左宗棠却沉着应对，虽然他曾承认，石达开是他平日最怕的太平军将领，但是左宗棠并不因此而胆怯。他立即飞檄各郡县，命所有在湘将领都要积极募勇抗击，并竭力组建军队，于是在一个月内他居然调集了4万多人，此时他一方面命令各部设隘据守，另一方面命令布政使刘长佑统率刘坤一、江忠义部立即在祁阳布防，以保卫衡阳不能有失。曾国藩与胡林翼也都派出部队来支援，在左宗棠的统一指挥下，石达开终于不敢攻衡阳而西取宝庆（邵阳），但在左宗棠严密防守之下，石达开两个月也未能攻下宝庆，被迫出走广西和贵州，最后成为一支偏师而无关大局了。

在湖南抗击石达开的胜利其意义十分重大。当时朝中有人赞誉左宗棠说："不世之功，成于数月……设使他人处此，将有溃败决裂不可收拾者矣。"

假如没有左宗棠这次成功的阻截，"则粤、楚、江、杨被打成一片……

而长江之险贼已全有之，则南北裂而中原不可问，天下大势去矣"。

这当然是湘军的功劳，所以湘军至少有这样几个部分：

首先是由江忠源带出来并转战江西和安徽等省的"老湘军"；

当然最主要的是由曾国藩由湖南以及胡林翼由湖北带出来征战太平天国的主力湘军；

留守在湖南并随时支援曾国藩作战的蒋益沣、刘长佑、刘坤一、刘蓉等统率的湘军；

后来由左宗棠自己带出去的湘军，不过他将其称为"楚军"。

总之，在左宗棠辅佐骆秉章期间，做到了：

湖南相对稳定，成为了湘军的兵员与军饷的主要基地；

湖南做到了左宗棠所定的方针"内清四境，外援五省"，使湖南在财政上和军事上真正成为了对太平军作战的可靠后方。例如，从财政上来说，湖南每年给江西、湖北、贵州、广东等省以巨额接济，每年数量都在200万两以上，仅在咸丰六年（1856年），湖南接济江西一省的军饷就达291万余两；从军事上来说，咸丰六七年间，江西是对太平军的主要战场，但曾国藩只能支持赣北的战事，于是湖南就派刘长佑、萧启江、王珍等部从赣西和西南分别进入江西配合曾国藩作战；

尤其是直接出兵援救了被困南昌的曾国藩，后来又粉碎了石达开重占湖南的企图以后，太平军的失败就不可避免了。

陈三立在总结这段历史时说："论中兴之功，首推湘军；湘军之兴，推曾、胡、左；然曾、胡、左得以率湘军一意讨贼，无复后顾之忧者，则以湖南完善可以有为也。"

其实骆秉章也不是一个无所作为的官，骆秉章是近代以来，外省籍人主政湖南时间最长的一位封疆大吏，骆秉章积十年之功经营湖南，力撑曾国藩组建"湘军"，促使湖南的政治地位和士人名望得到了空前的提升；当太平军首次从广西进入湖南后，他作为一名已奉命离任但尚未办理交接离任的湖南巡抚就极有远见地预先修整长沙城墙，使得太平军后来三个月攻不下长沙，功绩甚伟；他抚湘时湖南政局相对稳定、百姓相对安宁。当时湖南政界就有时评："骆公治吾湘十年，而吏民安堵，群寇远遁，此湘楚福星也。"

虽然骆秉章远离京师，但朝廷有关国家大政方针的决策都经常要问计于他。与此同时，云南、贵州、陕西、甘肃等省的重要人事任命和政务安排，均会事先征求骆秉章的看法，当时政界有评：曾与骆"二公东西相望，天下倚之为重"，其政治地位同曾国藩旗鼓相当，可见两位政坛巨擘对当时的大清皇朝是何等的重要。

左宗棠也很现实地认识到骆秉章对他的支持，他在给友人的信中说："湖南以一方兼支五省，非中丞之知人善任则断不能，非官绅一力维持则此局早坏矣。"他又说："东南数省，以湖南为根本；湖南频年所以能支持至今者，亦以数书生不畏难，肯任事之故。"

也就是左宗棠明确地指出了两点：

第一，由于有张亮基和骆秉章这样知人善用的巡抚，给左宗棠等人以充分的信任，才能使左宗棠的满腹韬略得以发挥并得到真正的效果；

第二，湖南有一批以左宗棠为代表人物的杰出文人，他们互相配合、互相支持，才能使湖南出现那样好的形势，不但使本省稳定，而且能有力支持邻近五省。真正使湖南成为支撑大清皇朝东南半壁江山的中流砥柱。

2—4. 盛名之下易招非议，权势过重终遭打击

左宗棠辅佐骆秉章的成功，使得左宗棠声名鹊起，仕林人士赞他为"绝世奇才"，由此成为朝野瞩目的人物。于是很多高级官员（其中多有左宗棠并不认识的）便纷纷奏请朝廷起用左宗棠以挽救当时已经很艰难的时局。如与左"无一面之缘，一字之交"的浙江籍御史宗稷辰，于咸丰五年十二月具疏保荐左宗棠："所知湖南有左宗棠，通权达变，为疆吏所倚重，若使独当一面，必不下于林翼、（罗）泽南。"于是咸丰帝特谕骆秉章"加考送部引见"，但一方面骆秉章舍不得放他走，另一方面左宗棠也因为自己不是进士出身而耿耿于怀，而且"自度秉性刚直，不能与世合"，因此不愿应召进京，但咸丰皇帝已对他有较深印象。

咸丰六年七月和咸丰八年十二月，两位极为重要的大臣，湖北巡抚胡林翼和翰林院学士郭嵩焘都再次向咸丰帝推举年已47岁的左宗棠"奇

才难得，无不了之事。人品尤端正，所以人皆服也。"咸丰皇帝遂赏左宗棠四品卿衔（并无实职），并传语他不要过于计较科名。

他由于身居骆秉章的首席幕府，虽然为骆秉章所十分器重与信任，但是他的所作所为却触犯了官场上的一条大忌：秘书代政；而且由于他权势太重并为人刚直，因此又不可避免会得罪人。咸丰九年，左宗棠因为掌掴被革永州镇总兵樊燮，"时左宗棠以举人为湘抚骆秉章主奏稿，会劾永州总兵樊燮骄倨罢官。燮往见宗棠，语不逊，宗棠怒，批其颊。"这样，左宗棠就被他告到京师都察院和湖广总督官文处。

所谓樊燮案是什么案件呢？原来樊燮是湖南永州镇总兵，但在任内肆行贪污腐化，于是湖南巡抚骆秉章就要参劾他，奏折当然是左宗棠起草的，奏折名为《参劾永州镇樊燮违例乘舆、私设兵弁折》。原来清朝规定文官乘舆（坐轿），武官骑马，如遇紧急情况，文官可以骑马但武官绝不能乘舆，违者将重处。武将家中可以使用家丁，但不得以兵弁作为家丁使用，因为兵弁拿的是国家俸禄，只准为国效劳。但樊燮不仅违例乘坐肩舆、私用兵弁，而且还冒领军饷，挪用公款。在太平军横扫江南的时局背景下，身为二品武官的樊燮竟如此玩忽职守，所以骆秉章将他参了以后，咸丰皇帝就下旨将他革职，并交骆秉章严审究办。樊燮到长沙后谒见巡抚骆秉章，骆命他去见左师爷，但他面见左宗棠时，自认是二品官员，看不起左宗棠这样一个小小师爷，也就不向他请安，盛怒之下，左宗棠就打了他一耳光。

于是樊燮就不干了，我可以被朝廷治罪，但一个小小师爷无权掌掴我，因此就告到湖广总督、满人官文那里。

这样左宗棠终遭湖广总督官文和湖南布政使文格联手弹劾为"劣幕"而去职且被逮捕，官文和文格都想置他于死地，于是酿成了一桩惊天大案。幸得郭嵩焘、胡林翼、潘祖荫等大臣极力辩保，说他"名满天下"，当然"谤亦随之"，然而却是一个绝对可用的奇才；说左宗棠"赋性刚直，不能与世合"，而且若让官文等人将此案办到底，必将牵连胡林翼、骆秉章甚至曾国藩，在当时太平天国尚未平定的的实际情况下，清庭万不敢动这些湖南实力派人物。而且这时已身为湖北巡抚、军威显赫的胡林翼更是亲自写了一封信给官文，信中说："湖南左生季高，性气刚烈骄强，历年与鄂省交涉之事，其失礼处早在山海包容之中。涤帅所谓宰相之度量，亦深服中堂之德大，冠绝中外百僚也。来谕言湖南之案，其案外之左生，实系林翼私亲，自幼相处，其近年脾气不好，林翼无如之何。如此案有牵连左生之处，敬求中堂老兄格外垂念，免提左生之名。此系林翼一人之私情，并无道理可说，唯有烧香拜佛，一意诚求，必望老兄俯允而已。"面对堂堂湖北巡抚如此屈身以求的一封信，而且很多事情还必须依仗胡林翼的官文来说，他能拒绝吗？况且此时曾国藩也已经向朝廷奏请派左宗棠来军中襄赞军务。由于受到弹劾，虽没有被法办，但已不能再在湖南巡抚衙门办事了，左宗棠于咸丰九年十二月搬出了巡抚官署，离职前推举著名的湘乡士绅刘蓉接替自己。

他在给胡林翼的信中说："所可恨者，七年一缕心血颇有以自见，今被一老愚破坏，此身断无复留之理，而大局且随之败裂耳。""平生未受国家寸禄，而辄不揣其愚暗，慨然以身冒天下之嫌怨谤忌而独执其咎，宁不知以无权无位不幕不绅之人，处于有罪无功之地，必为世所不容哉？诚以世局如此，吾乡系东南安危，不敢不勉尽其心力所能到者，姑为图之。故频年苦说归田，迄未得怆然舍去耳。"

次年，咸丰十年（1860 年）正月，左宗棠自长沙出发去北京再次参加会试，但走到湖北襄阳时，接到胡林翼密函，说官文等人正张织罗网要陷害他，要他切莫进京。接到胡林翼的警告后，左宗棠就立即顺江而下去投靠曾国藩，他在给湘军将领李续宜的信中说："士固不可再辱，死于小人未若死于盗贼之快。将就涤老及麾下作一小营官，学战自效。战而胜，固稍伸讨贼之志；否则，策马冲锋，亦获其所。且八年戎幕生涯，未克亲履行间，实为阙事，亦正欲借此自励，少解白面之嘲。"

2—5. 因祸得福自组楚军，从此开始驰驱疆场

他先到曾国藩营中，表示请拨一支人马给他，自己愿意战死疆场，了此一生。以免"死于小人之手"。不过此时曾国藩已经知道咸丰皇帝有起用左宗棠的意思，于是还是要左宗棠任他的幕僚。咸丰十年四月

十三日，他与胡林翼又上折请求正式荐用左宗棠，说其人"刚明耐苦，晓畅军机……当此需才孔亟之际，或饬令办理湖南团访，或简用藩臬等官。"可见，曾国藩已经明确建议，对于左宗棠，或者全权授命他办理湖南团防，或者授予布政使、按察使之类的重要省级官位。五月初八，左宗棠接到朝廷谕令，左以四品京堂候补，在湖南自募湘军，组一支五千人的军队随曾国藩东征，先保曾军祁门大营后翼。此时左宗棠已48岁。

左宗棠于咸丰十年秋率领所募5000人的一支湘军队伍，自称楚军，转战于赣东、皖南之间，主要是保卫曾国藩的湘军祁门大营的右翼，并负责祁门大营补给线的安全。当时曾国藩将大营扎在祁门，是想东可出徽州，应援浙江；向东北则可以进窥宁国广德，直取江宁。祁门虽然地处皖南，其地却与赣东北的浮梁、乐平相比邻，由此通向饶州与南昌，不但路途甚近，而且正是赣东产米之地，后勤运输方便，乃是曾军补给线的生命线，太平军也特别注意到这一点。

为什么左宗棠明明招募的是湘军，却又自称楚军呢？而且曾国藩又不见怪呢？这是因为，在当时的形势下，无论是曾国藩或是左宗棠都已经认识到，由于湘军已经十分强大，原来朝廷在平定吴三桂等三藩之乱以后，就不允许汉人再掌重兵，现在看到曾国藩的湘军已如此雄厚，本来就已经心存戒备，所以左宗棠自领一军后，自称楚军，实际是缓解了朝廷对曾国藩湘军警惕的压力，所以曾国藩很理解左宗棠的用心良苦。

1860年秋，左宗棠到赣东不久就遭遇到皖南大战。太平军忠王李秀成与侍王李世贤，为了协助与配合英王陈玉成在江北发动的为解安庆之围的皖鄂边境大战，也在此时策动大军突入赣东、皖南，目的是要进攻曾国藩的祁门大营，与陈玉成南北呼应。左宗棠正好此时来到祁门大营，他立即领兵投入了战斗，与太平军大战于乐平和鄱阳等地，经过奋力的苦战，终于以5000湘军击破太平军侍王李世贤的10万大军，李世贤化妆逃脱，这一战不但确保了曾国藩大军的后路安全，也打破了太平军想一举拔掉湘军祁门大营的计划，功勋卓著。《中兴将帅别传左宗棠传》中记载此事时说："十年秋，公提五千人由江西转战而前，所向克捷。曾公进兵皖南，驻祁门。伪侍王李世贤、伪忠王李秀成纠数十万贼众围绕祁门西路，直趋浮梁景德镇，断祁门饷道。公出奇兵，与鲍提督（鲍超）

夹击，大破贼于洋塘，退入浙境。明年三月，公进军婺源。贼犯景德镇，陈总兵大富屯守，战殁，景德镇复失。公回军，大破贼于范家屯，八战八克，斩贼逾万，遂收浮梁、乐平、鄱阳、建德，曾军粮路乃畅通。曾公奏公叠破巨寇，振江皖全局，勋绩甚伟。擢三品京堂，补太常寺卿。"

可见左宗棠用兵如神，名不虚传，咸丰十年秋以五千人马在皖南抵挡住了太平军十万人的进攻，战功卓著，官升至三品。

2—6. 大战祁门首立战功，平定浙闽灭太平军

咸丰七年正月，曾国藩回家丁忧，在各方面的形势逼迫下，咸丰八年五月二次出山。

由于咸丰七年八月，石达开已经率军离开安庆南下江西，这时曾国藩就和胡林翼、左宗棠一起制定了夺取天京上游重镇安庆，然后从安徽、浙江、上海兵分三路夹击天京的战略意图。于是湘军主力全部集中赶往安庆，要攻取这座天京上游城市，以俯视天京，扼住太平天国的咽喉要道。

太平天国知道湘军会不惜一切力量夺安庆后，立即也制定对策，首先是在咸丰十年闰三月，太平军集全力第二次攻破江南大营，解了天京之围。在消除了后顾之忧以后，并随即东征苏州和常州取得胜利，然后制定了下一步用兵战略：即沿长江上取湖北，表明要去夺取武汉，这样湘军必然分兵来救，不但可解安庆之围，而且还可以发挥太平军最擅长的大军团大运动的优势，回师拦截与攻打围安庆的湘军。具体来说，1860 年 9 月下旬，洪秀全决定从江、浙战场调集兵力，分五路由大江南北并进，其部署为：英王陈玉成率军从长江北岸西进，经皖北入鄂东；忠王李秀成率军从长江南岸西进，经皖南、江西入鄂东南；辅王杨辅清、定南主将黄文金率军沿长江南岸趋赣北；侍王李世贤率军经皖南入赣东；右军主将刘官芳率军攻祁门曾国藩大营。五路中，陈玉成、李秀成为主力，取钳形攻势，预定于次年春会师武汉，以调动围攻安庆之敌。其他三路主要是牵制皖南和江西湘军，并伺机歼敌。

双方作战计划制订好了，下一步就是执行的问题，曾国藩的湘军对

命令言听计从，多隆阿、曾国荃、李续宜、鲍超等一批猛将带各营的兵马齐聚安庆四周，于咸丰十年四月（1860 年 5 月），也就是曾国藩受命署理两江总督以后，开始正式进攻安庆。湘军围城的围城，打援的打援，各就各位。

但太平军的执行力明显过于缓慢，陈玉成带军按计划出发了，1860年 11 月下旬，陈玉成联合捻军龚得树等部共约 10 万余人，沿江北进至桐城西南挂车河一带。时安庆外围湘鄂军不足 4 万人，陈玉成于 12 月上旬试图直接救援安庆，但为多隆阿、李续宜所阻。1861 年 1 月，陈玉成又分兵攻枞阳，欲打破敌合围，也未成功。于是 3 月初，陈玉成率部西进，入鄂东，3 月 22 日在黄州会见英国参赞巴夏礼，轻信其不要进攻武汉的"劝告"，也就是警告太平军不要进入武汉伤及西方列强的利益，于是就停止向武汉进军，转而进攻鄂北。4 月下旬，陈玉成鉴于安庆被围日紧，又不见李秀成部如期入鄂，遂率主力离鄂回皖。

李秀成对攻鄂确实不甚积极，他一拖再拖，等到陈玉成打到黄州后，听到安庆危急，又回军支援安庆的时候，李秀成才出发，而且他带的兵马战斗力也不强，虽号称十几万，但曾国藩在写给曾国荃的书信中说，只要几千人的部队就可以对付李秀成，当然他的几千兵是指湘军，而不是没什么战斗力的绿营部队（果然，后来左宗棠率领五千湘军精锐之师在祁门之战中就挫败了十余万太平军的进攻）。可见李秀成把他的精锐全部留在了后方，他带的兵可能全是临时招的，没什么战斗经验的新兵或老弱兵。李秀成部经皖南入浙江，迟至 1861 年 2 月中旬才全部西进江西，1860 年秋攻曾国藩祁门大营未果，1861 年 6 月上旬攻到鄂东南，至中旬，其前锋已迫近武汉。但得知陈玉成已回师东援安庆，便停止进军，7 月上旬率所部撤出湖北，折入赣西北。

李秀成一共有三次直接帮助解除安庆之围的机会，第一次是在江西，咸丰十年秋（1860 年秋）他进攻曾国藩祁门大营未能得手，于是向西打到九江，当时他只要下令围攻九江，就可以让湘军分兵来救，而此时保卫祁门大营的湘军猛将鲍超就在安庆和九江之间，曾国藩命他在原地待命，如果李秀成攻九江，就支援九江，如果李秀成不取九江，鲍超再奔安庆去围城打援。正如曾所料，李秀成不敢碰九江这个硬骨头，绕开九江，进入湖北，此时按曾国藩和胡林翼、左宗棠商量的战略，集中全力围攻安庆，所以湘军全集在安庆周围，湖北兵力空虚，李秀成就一直打到了武昌县，来到武汉城下。武昌城是湖广总督、湖北巡抚的办公地方，胡林翼听说武昌告急，自己急得都吐血了，他当然想带着所部李续宜回师武昌救援，因为他是湖北巡抚，对湖北有重大责任，可这时李秀成没有进攻武昌却又撤军了，因为攻取武昌并非他最终的真正目的，其真正目的是迫使曾国藩从安庆撤兵回援武昌，既然现在曾国藩断然不从安庆前线撤军，取得武昌孤城便失去了意义，因此他就从武昌城下撤军了；这时他如果去安庆协助陈玉成来打围城的湘军，也可能使安庆战争局势有转变。但是他也没到安庆去支援陈玉成保卫安庆，而是带领号称 70 万的军队离开江西避开湘军而直接转向了浙江。

这是为什么呢？原来太平天国自杨韦之乱，石达开自安庆出走后，洪秀全在军事方面封了四位主将，分别是前军主将陈玉成，后军主将李秀成，左军主将李世贤，右军主将韦俊。其实李世贤和韦俊也就是辅助性的，主要还是陈玉成和李秀成两人为擎天柱，但从排名顺序上看，陈玉成还是略重于李秀成。所谓前军主将就是以天京为中心点，向前必然是往北，不会向南，所以这位前军主将当时主要经略安徽的地盘，也就是陈玉成的势力范围在安徽一带。而后军主将李秀成，从地理上看主要是江浙一带，即不但保卫天京的重担直接归李秀成负责，而且最富庶的江南也都归李秀成管了，当时湘军还在安庆与陈玉成缠斗，江浙一带并无湘军，因此李秀成必须要控制江浙和上海，一方面取得财源，另一方面要保证天京不受江浙清军的威胁。因此，对于李秀成来说，拿自己的精锐在江西与强硬的湘军死拼不合乎自己的需要；拿自己的部队去占领并保卫远离天京的武昌也没有意义；拿自己的本钱为陈玉成解安庆之围也非可取之道，他最重要的部署应当是：拿下江浙与上海！所以，咸丰十一年八月，在江西未能击破湘军且湘军于该月初（1861 年 9 月 5 日）占领安庆以后，陈玉成率残军退守庐州，由于他在安徽的败局已定，因此打算往河南甚至河北发展，所以此时李秀成已无法配合江北的陈玉成部，而巩固天京东南后方的需要却已迫在眉睫，于是太平军忠王李秀成立即率领李世贤等部号称 70 万太平军自江西进入当时没有湘军的浙江，

10月27日占领萧山，11月1日占领绍兴，完成了对杭州的包围。在击溃清军从江苏派出的援军以后，12月29日攻陷杭州，浙江巡抚王有龄及杭州将军瑞昌等相继自杀，浙江布政使林福祥、总兵米兴朝等被俘。

在李秀成部进攻杭州的同时，太平军李世贤部也向浙东发展，并连占上虞、天台、奉化、台州等地，并与12月9日占领宁波，至此太平军已占领浙江大部，朝廷对浙江的控制已经危急或者说已经接近瓦解。但太平军的意图还不止于浙江，而在于要进攻上海。此前1861年3月，英军驻华海军司令曾与天京太平天国交涉，提出要求，即太平军不得进入上海，但天京当局仅同意以一年为限。1862年1月7日，即太平军攻陷杭州后的第八天，李秀成就督令太平军谭绍光等将领领兵向上海进军，与此同时，驻苏州的太平军也开始经嘉定进逼宝山等地，至1月20日，各路太平军前锋均已经到达上海，西路前锋抵达宝山县吴淞镇，东路前锋抵达南桥镇，基本上完成了对上海的包围。

至于说到陈玉成，1861年9月5日安庆失陷后，陈玉成率余部退守庐州，"请命自守"，并派扶王陈得才、遵王赖文光等带领一批部队远征豫陕，说是"广招兵马，早复皖省"。其实既然安庆已失，陈玉成就认定现在可以放弃长江，摆脱湘军，干脆向北方发展，也就是打算分兵扫北，"由汴梁直取燕京，共归一统"。但这时他的处境十分困难，外有湘军多隆阿部进逼，内有因安庆之失所蒙受的天王洪秀全对他的革职处分。

1862年5月，湘军劲旅多隆阿围攻庐州，陈玉成知道已无力一战，于是决定弃城北走，同已派出远征的西北军会合。正在此时，盘踞在寿州已暗投清军的苗沛霖诱劝陈玉成前往寿州，并许以帮助陈玉成攻取河南。陈玉成不听部下的再三劝阻，决意出走寿州，结果中计遭擒，被送往清帅胜保营中。陈玉成在敌人面前表现出坚贞不屈的英雄气概。据《被掳纪略》载：苗沛霖将英王陈玉成拉上来。英王上去后，左右叫跪。陈玉成大骂道"尔胜保小孩，在妖朝第一误国庸臣。本总裁在天朝是开国元勋，本总裁三洗湖北，九下江南，尔见仗即跑。在白云山踏尔二十五营，全军覆灭，尔带十余匹马抱头而窜，我叫饶你一条性命。我怎配跪你？好不自重的东西！"胜保想以荣华富贵来诱降，陈玉成喝道："大丈夫死则死耳，何饶舌也！"1862年6月4日，陈玉成慷慨就义于河南延津，时年 26 岁。

在太平天国起事的前期和中期，洪秀全在封王问题上是很谨慎的，最早的东、西、南、北、翼王的人选，都是太平天国元老级的人物，无可非议。到了 1859 年，天京事变以后，封洪仁玕为干王、陈玉成为英王、李秀成为忠王，也是因政治和军事的需要，人选也恰当。到了 1860 年年底，除了已出走的翼王，在位的只有干王、英王、忠王、侍王、辅王、章王六人，到了 1861 年年底，封王的将领也不过十几人，但到了 1863 年年初就开始滥封王爵了，数量已达 90 多人，其后的一年多时间里，被封为王的人竟达到 2700 多人，平均每天封王六七人，王位泛滥，互不服气，军心难齐，后果严重。

对于洪秀全滥封王位的愚蠢做法，对天国忠心耿耿但头脑清醒的洪仁玕、李秀成等人曾多次提出异议。洪仁玕还为此写出过专门文章讨论此事，他论述天国升迁制度要有严肃性。他批评许多将领只是一心想升官，一年之内获九次提升还不满足，一月内升三次还嫌少，等到举朝之中人人都封到翼、安、福这样的高爵位，还往哪里升，那时如何办？李秀成在最后的《自述》中说："主见失算，封出许多之王，言如箭发难收，又无法解。"成为了太平天国失败的重要原因之一。

再说到浙江的战事，面对清军失陷浙江的形势，经曾国藩推荐，咸丰十一年十二月二十四日（1862 年 1 月 23 日），朝廷就命左宗棠为浙江巡抚，领兵由江西入浙江，负责全浙江的事务，这样左宗棠终于成为封疆大吏了。

当时，浙江东、北、西部大多已为太平军占领，只有西部的衢州和北部的湖州尚在清军手中，因此由江西图浙必须由衢州入手先图金华。

但左宗棠并不急于攻取已被太平军夺取的城池，而是先制定平定浙江的战略。主要是两点：由于沦陷地区已经很大，而左宗棠兵力有限（后来增加到三万人），因此只能有效寻找战机，而不能节节攻击，尤其不能对某一城市进行强攻，那只会损耗自己远征之军；太平军善于长途奔袭迂回的战术，因此要特别注意自己进入浙江以后不能陷入太平军的大包围。

尤其是首先必须巩固自己的粮饷通道——徽州、婺源、景德镇等地。

正是基于这样的原则，左宗棠领兵进入浙江后就稳扎稳打，同时将广西的老湘军蒋益沣和好友刘典调来援浙。同治元年（1862年）正月，朝廷就要求左宗棠自衢州进击金华以图浙江，但左宗棠上奏说：不被敌军切断后路，避免为敌军所包围，这是行军作战的基本原则。若敌军从浙江出击，徽州和婺源空虚，就会使我军陷入粮尽援绝的地步。因此必须先确保婺源、上饶等地的安全。

在完成上述地区的安全保证以后，左宗棠就与太平军李世贤部激战于衢州附近，五月下旬，因天京形势危急，李世贤部逐步退出浙江。

同治元年五月，曾国荃率湘军水陆并进，直逼天京。于是在上海前线的李秀成和浙江前线的李世贤部太平军主力就都撤出战场，回师保卫天京。例如，李世贤就率领7万主力回救天京，在浙江的太平军也就只有几千人了。由于统帅离去，太平军士气低下，主动投降的不少，因此不到半年，左宗棠就攻陷金华、义乌、诸暨等地，特别是攻下了桐庐，直逼杭州，此时太平军在浙西的防御实际上已经全面崩溃。而在浙东，英国人与法国人出于保卫自己在宁波一带的利益，就派兵直接参与并配合了清军与太平军作战，并于同治二年正月占领了宁波、绍兴和萧山等地，也从东面逼近杭州。

十月和十一月，从南面与东面两线进攻的清军，与太平军在杭州的守军展开了激烈的杭州争夺战。此时，曾国荃的湘军已到天京城下，上海的李鸿章淮军已经占领苏州，并且已经南下浙江北部攻陷嘉兴。在救援无望的情况下，杭州太平军准备投降，但左宗棠怕有诈，于是太平军终于不得不弃城而走，同治三年二月二十五日（4月1日）左宗棠部攻占杭州。朝廷闻讯后，左宗棠加太子少保衔，赐穿黄马褂。

同治三年六月十六日（1864年7月19日），曾国荃攻破天京，太平天国幼天王和干王洪仁玕突围后先到安徽广德，然后进入浙江东部。七月十二日（8月13日）到达湖州，左宗棠随即派兵进击湖州，太平军失利后残部就逃往江西了，后来幼天王和洪仁玕都在江西被江西巡抚沈葆桢所捕杀。于是浙江境内对太平军的作战便告结束，这样，左宗棠因平定浙江为朝廷立下了"大功"。

本来，还在同治二年三月（1863年4月），左宗棠任浙江巡抚才一年多，朝廷就突然提升他为闽浙总督，仍兼浙江巡抚（新任巡抚曾国荃因在前线作战不到位），负责节制浙江、福建两省军务。杭州克复后，同治三年四月，左宗棠又被授予太子少保衔，赏穿黄马褂，授"赐同进士出身"，以消其心中遗憾。同治三年十月十一日，又被封为一等伯爵，赐名"恪靖"。左宗棠在几年之内（距左宗棠陷入樊燮案不过三年时间），以如此快的速度获得升迁，除了他的战功赫赫以外，另一个重要原因就是朝廷不愿意见到曾国藩一人独大，而希望通过分封左宗棠与李鸿章等人对曾国藩进行抑制。

同治三年九月，天京陷落以后的太平军余部侍王李世贤部和康王汪海洋部进入福建，闽中大震，于是同治四年春左宗棠领兵入闽，不久李世贤与汪海洋相继战死，最后一支太平军在偕王谭体元率领下进入广东，左宗棠随即领兵追击，同治四年十二月二十四日，谭体元被俘后被杀，至此，太平军全军覆没。

左宗棠赐双眼花翎。

国学大师钱穆曾说："由今看来，大家同情太平天国，认为是一场民族革命，但实际不尽然。至少他们太不懂政治，他们占了南京十多年，几乎没有丝毫制度上的建树。""他们国号太平天国，早可预示他们的失败。这样一个国名，便太违背了历史传统。就是因为在这一个集团里，太没有读书人。"

2—7. 认识落后兴办洋务，建船政局自造战舰

太平天国平定以后，闽浙总督左宗棠驻节福州，因为当时还要兼管台湾。

经历过平定太平天国的战争以及发生在这段时间内的英法联军攻入北京的战事，使得曾国藩、李鸿章和左宗棠等人，都认识到两点：

西洋各国的军事力量确实远强于中国，尤其是它们的武器装备，远非中国军队所比；

国内的动乱，即令是太平天国这样大规模的动乱，中国也可以自己将它平息下去，但对于外国的入侵，如英法联军攻陷京城，却是无法抵

御的，因此，今后对中国威胁的主要因素将是外国的入侵，"目前之患在内寇，长久之患在西人"。

而要今后能够抵御外国的入侵，他们这几位领军打仗的军事家，认为唯一的办法就是要让自己的军队也装备西洋的武器。

所以，当时最先了解外国的魏源（1794—1857年，湖南邵阳人，道光进士，受林则徐之托，将林则徐主持翻译的史地资料《四洲志》和历代史志增补为《海国图志》）在他的传世名著《海国图志》一书中所提出的主张："以夷攻夷""以夷款夷"和"师夷长技以制夷"，立刻就受到了曾、左、李等人的重视。

如左宗棠就认为，中国要由弱变强，不受外敌欺凌，必须改变妄自尊大的心理和故步自封的态度，承认西洋科学技术的先进性和自己的落后，目的是学其所长，为己所用，以求能克敌制胜。所以，他尤其推崇魏源所说"师夷长技以制夷"的主张。

于是曾、左、李都开始了从不同方面向西方学习先进技术的努力，也就是开启了中国洋务运动的前奏。曾国藩和李鸿章的起步是从制造西式枪械大炮、创建江南制造局开始，而左宗棠则是从造船开始。

左宗棠深刻地认识到，1840年和1860年两次鸦片战争，中国都是输在外国的海上用兵优势上，外国舰队所向披靡，所以可以屡犯沿海，只闯京津，因此中国必须制船造炮，组建自己的海军，以加强海防。

同治五年五月十五日（1866年6月27日），左宗棠向朝廷呈递了《拟购机器雇洋匠试造轮船先陈大概情形折》，他总结了两次鸦片战争，西方侵略者屡犯沿海的沉痛教训，指出："自海上用兵以来，泰西（中国自古称西方国家为泰西，主要指欧美各国）各国火轮兵船直达天津，藩篱竟成虚设。星驰飙举，无足与之。……愚臣以为欲防海之害而收其利，非整理水师不可；欲整理水师，非设局监造轮船不可，泰西巧而中国不必安于拙也，泰西有中国不能傲以无也。"他分析当时的形势，认为不但西洋各国"互相师法，制作日精"，就是中国旁边的岛国日本也在开始起步学习西洋，"不数年后，东洋轮船亦必有成"。面对这种形势，中国就必须迅速学习制造西洋船炮，组建西洋式的海军，绝不可滞留在现在这种落后状态，他形象地比喻说："彼此同以大海为利，彼有所挟，我独无之；譬犹渡河，人操舟而我结筏；譬犹骑兵，人骑骏马而我骑驴，可乎？"

同时，他又严厉地批判了只考虑租雇轮船的想法，他尖锐地指出："雇船买船不如造船。"他指出："中国自强之策，除修明政事，精炼兵勇外，必须仿造轮船，以夺彼族所恃。"

而且，左宗棠指出，自己造船就是要能完整地造出现代化的西洋轮船：

一、不能拿西洋现成的轮机等件来装配成船，而是要学会制造轮机，用自制的轮机造成轮船；

二、要系统掌握从制造轮机、配件到装配的全部造船技术，求其精、研其备，尽转外国技术之长为中国之长；

三、以造船技术为引领，全面学习西方的制海技术；

四、通过造船，不但要培养造船厂的技术力量，而且要培养一批能掌控现代轮船与现代海军的人才；

五、刚开始时，当然要聘请外国专家与熟练技工来开展工作，通过向他们的学习以及传授，逐步掌握技术，形成自己的技术队伍；

六、同时要开办船政学校，培养现代海军人才。

由于左宗棠关于自己造船的建议十分合理，于是同治五年十一月十七日（1866年12月23日），福州船政局正式宣布成立，从此中国近代第一个专业船舶制造厂就在福州马尾诞生了。

在此之前，也就是在左宗棠创办福建船政局以前，曾国藩已经于同治元年（1862年）在安庆建立军械所；

同治二年（1863年），李鸿章在苏州创办洋炮局；

同治四年（1865年），李鸿章在上海创办江南制造总局；

同治六年，三口通商大臣崇厚在天津创办机器制造局；

同治七年（1868年），李鸿章在南京创办江南机器局。

这样，连同左宗棠的福州船政局，在晚清时节，中国的兴洋务活动就逐步开展起来了，而左宗棠在这个过程中有重要的作用。

然而，在左宗棠的积极倡导和推动下，福州船政局于同治五年十一月十七日正式宣布成立，但就在此前五天，即十一月十二日，因奉调为陕甘总督，左宗棠离开福州。

在行前，左宗棠经过慎重考虑，建议任命江西巡抚沈葆桢接任闽浙总督和船政。

晚清时期朝廷中的顽固保守派的特点是，一旦国家处于较安定的环境，他们就又会自诩"天朝至上"，将外国的先进技术骂为"奇技淫巧"，予以排斥。所以到了同治十年间，平定太平天国后国家已经进入安定稳定期，这些顽固保守派又出来叫嚷要撤裁福州船政局，当然，李鸿章、左宗棠和沈葆桢都是坚决反对的。终于，同治十一年六月（1872 年 7 月），首领军机大臣、管理各国事务衙门首领大臣、恭亲王奕䜣作了最后的结论："臣等溯查同治五年六月，左宗棠首建设局造船之议，前两江督臣曾国藩、直隶督臣李鸿章等又以力图自强，非讲求机器、制造轮船不可。臣等意见亦复相同，是以先后议准，期于事之必成。朝廷行政用人，自强之要固自有在，然武备亦不可不讲，制于人而不思制人之法与御寇之方，尤非谋国之道。虽将来能否临敌制胜未敢预期，惟时际艰难，只有弃我之短，取彼之长，精益求精，以冀渐有进境，不可惑于浮言，浅尝辄止。"表示坚决支持李、左、沈等这些由原来经世派而后转变为洋务派的大臣。于是同治十一年左宗棠也上折说明他当年要办福州船政局的意图："臣于闽浙总督任内请易购雇为制造，实以西洋各国恃其船炮横行海上，恒以其所有傲我所无，不得不师其长以制之。"又说："自海上用兵以来，泰西诸邦以机器、轮船横行海上，英、法、俄、德又以船炮互相矜耀，日竞其鲸吞蚕食之谋，乘虚蹈暇，无所不至。此时而言自强之策，非师远人之长，还以治之不可。"

后来，福州船政局一直存在到 1907 年，也就是存续了 40 年，为国家造出了大量的舰船，装备了南洋水师与北洋水师，开创了中国制造远洋海轮之业，更培养了一大批中国现代的海军将领，在历史上有不可磨灭的贡献。

2—8. 深谋远虑胸怀远大，陕甘总督首先剿捻

太平天国覆灭以后，中国西北的形势就显得很严重了，主要是两个

方面：

新疆已被中亚阿古柏匪帮占领；

捻军会合太平军残部在中国北方崛起，并分为东西两支，东捻活跃于山东，并于 1865 年 6 月击毙了清军进剿的统帅蒙古亲王僧格林沁，西捻活跃于山西、陕西一带，这两支采用飘游作战方式的捻军势力都很强大。后经备有强大洋枪火力的李鸿章的淮军进剿，东捻形势危急，于是西捻便有可能进入河北，形成威胁北京以支援东捻之势。

由此可见当时西北的形势十分紧张。

为此，朝廷向左宗棠询问平定西北的策略。左宗棠上奏说，平定西北应分两步走：首先剿灭西捻，然后稳扎稳打分阶段收复新疆。

他指出，无论对捻还是对新疆用兵都不是大问题，只要有训练有素的精兵与善于统兵的将帅，军事上取胜是不会有什么大问题的，主要问题是，西北本是贫瘠之地，这些年来因捻乱，人民流离失所，物产凋零，本地居民食都不能自保，大军入境的军饷筹措将是最大的问题，且若下一步进兵平定新疆，粮食长途转运更是困难重重。且从内地购买军粮并向新疆转运军粮都需要很多钱，在朝廷财政无力负担的情况下，只有三个办法可以解决：由江南各省和海关承担军费；向外国银行和中国商界借款，由东南各省负责偿还；大军步步缓进，一路屯田解决军饷。总之应择机而动，顺势而为。

于是同治五年十一月（1866 年 12 月），他从闽浙总督调任陕甘总督，当时他 55 岁，同治六年正月正式赴陕就任，慷慨戍边，并从此开始了他辉煌的后半生事业。当他调任陕甘总督时，有为他担心的，也有幸灾乐祸等着看他失败的，但他毫不在意，他在给儿子的信中说："……吾概不介意。天下事总要人干，国家不可无陕甘，陕甘不可无总督。"

左宗棠历来做事讲究稳而且要有战略部署，所以这一次来西北处理西捻与边事，他也制定了基本原则。

首先是先剿西捻。太平天国失败后，北方捻军领袖梁王张宗禹、鲁王任化邦与太平军余部遵王赖文光便联合作战，同治三年十一月（1864年 12 月），他们在河南合在一起，决定"誓同生死，万苦不辞"，并且大力"易步为骑"，大大提高了行军的机动性。同治五年九月十五日（1866

年 10 月 23 日），捻军在河南许昌做出了一个重要的决定，即：由赖文光和任化邦率领一部坚持在中原地区作战，是为"东捻"，由张宗禹与张禹爵率领另一部入陕西，是为"西捻"，两支捻军形成"掎角之势"。

十月，西捻军由许昌北上，越秦岭，进入陕西后直扑华阴，刚刚升任陕西巡抚的刘蓉带着从四川赶来的疲惫不堪的 14000 名湘军前来迎战，结果十月十九日，被西捻军大败于陕西华州。接着，同治五年十二月八日（1867 年 1 月 23 日），西捻军以 6 万人在西安东灞桥打了一场漂亮的伏击战，一举消灭了刘蓉军的主力，两名重要湘军将领战死，西捻军随即包围了西安，使其"危于累卵"。

但此时，已经于十一月十二日离开福州前来接任陕甘总督的左宗棠却还在汉口，而且由于此时东捻军也正在与曾国荃、李鸿章激战于湖北，左宗棠一时无法动身。

朝廷急了，于是命两江总督火速增援陕西，曾国藩不敢怠慢，立即派出湘军猛将刘松山和刘锦棠率 17 营剽悍嫡系正牌老湘军由南京兼程北上，于该年旧历年关赶到西安，同治六年正月，西捻军与刘松山大战于西安郊外，西捻军失利，遂渡渭水北上，西安之危得解。

在西安形势危急时，朝廷曾连下三道催促左宗棠赶赴陕西应付危机的诏书，并于同治六年三月授左宗棠为钦差大臣，督办陕甘军务。同治六年六月，左宗棠率领亲兵到达西安。

左宗棠到后刘蓉便离任，他离任时诚恳地向左宗棠提出了几点关于经营陕甘的建议。

首先要解决粮饷运输的困难；先在陕西立定脚根，辟地屯田，然后再出兵西征新疆。

"办贼当以陕西为根本"，也就是一定要先定陕西；用兵须严阵以待，不要四面出击；平复陕甘，必先"肃清陇东，次捣河狄"，也就是先平黄河东岸陇东南地区，然后再平宁夏与青海；"广罗艰贞坚苦、仗义相从之侣，以资襄助"，也就是要广收人才。

刘蓉是一位出色的湖南谋士，而且是左宗棠的好友，他的特点是"优于谋略而短于专将"，也就是他不擅于直接带兵，但长于谋略策划。他这几条建议都被左宗棠后来所采用。

所以左宗棠对于具体在陕甘用兵，就很注意西北的特点，要确保稳扎稳打，保证自己的后路无忧。他奏曰："甘省回多于汉，兰州虽为省会，形势孤单，非驻重兵不能守。将来臣军入甘，应先分两大支，先扫后进。由东路廓清各路，分别剿抚，待大局截定，然后入驻省城，方合机局。是故进兵陕西，必先清关外之贼；进兵甘肃，必先清陕西之贼；驻兵兰州，必先清各路之贼。然后饷道常通，师行无梗，得以一意进剿，可免牵制之虞。"

西捻军于是开始在陕西与左宗棠作战，并且于同治六年十一月与控制绥德的武装会师，但此时西捻军首领梁王张宗禹接到东捻首领赖文光的紧急求援信，得知东捻在山东运河东岸陷入重围，为了实践"誓同生死、万苦不辞"的誓言，张宗禹决定再用"围魏救赵"之策，率西捻渡河而东，深入北京畿辅地区，力图将山东战场上主要的清军力量，都吸引到自己的身边，以解东捻之危。同治六年十一月初十，西捻和回军都撤出陕西绥德，十一月二十三日凌晨，张宗禹带领突击队首先趁黑夜在陕西宜川壶口冒险踏冰桥渡过黄河，击败了山西的清军，随即越太行山和王屋山从小路迅速进入冀南地区，然后沿河北中部连夜北上，极其神速地通过保定和易州，前锋直抵北京市郊的卢沟桥。

整个清朝廷和直隶、山西各省的军政部门立刻陷入一片混乱，山西巡抚、河南巡抚、直隶总督随即都被撤职，而左宗棠和李鸿章也都受到申斥。左宗棠连夜督军冒大雪率领刘松山的老湘军从山西穷追到河北，而李鸿章也在平定了东捻以后急忙率三万淮军从江淮北上。

虽然进军十分神速而且挽救东捻的意志也十分坚定，但张宗禹还是来晚了一步，其实西捻到达冀南和豫北时，东捻已经完全失败，东捻军首领任化邦和赖文光均已战死，但张宗禹没有得到确切消息，因此举兵北上，这就使自己成为一支冒进的孤军。到达卢沟桥以后，又接连几天大雾，被迫推迟进攻北京的军事行动，然而就在这两三天内，各路清军已汇集在北京地区。西捻一看自己有陷入被围的危险，于是立即折头南下。

左宗棠曾描述与捻军作战的困难："遇官军坚不可摧，则望风远遁，瞬息数十里；候官军追及，则又盘旋回折，亟肆以疲我。其欲东者，必先西趋；其欲北也，必先南下，多方以误我。贼马而我步，贼轻捷而我重赘；贼咨掠而驰，官军必待粮而走；贼之辎重少，官军之辎重多，故贼速而官军迟。尾追之战多，迎头之战少，盘旋之日多，相持之日少。"

于是西捻就用这种战术与李鸿章和左宗棠在河北作战，并且于同治七年四月初（1868 年 5 月）再次逼近天津，使得北京城内再次戒严，朝廷严令李鸿章和左宗棠务必在一个月内将捻军"全数歼除"。但是，到了闰四月末，捻军还是未能消灭。于是朝廷下旨处分李鸿章和左宗棠，"交部严加议处"，并派满员都兴阿为钦差大臣，统帅其他的军队，也就是削减李鸿章和左宗棠的兵权，正如左宗棠所说："捻军本可早灭，然此时数百里之内，大臣三、总督一、巡抚三、侍郎一、将军一，军非专令不从，何能为之？"

这是指当时军机大臣、大学士李鸿藻，以各路统兵大员事权不一，疏请特派恭亲王为大将军，坐镇京师，以固北路；左宗棠、李鸿章为参赞大臣，分扎保定、河间东西两路，各率所部兵勇相机剿办；陈国瑞为帮办军务，专统一军为游击之师；直隶总督官文专顾省城，筹备诸军饷需，以资接济；丁宝桢驻扎直、东交界，防贼东窜；李鹤年驻扎直、豫交界，防贼南窜；直、晋交界，由左宗棠等分拨劲旅扼要驻扎；并请敕令各该大臣和衷商办，互助协攻。奏入，朝廷遂命各路统兵大臣均归恭亲王节制。

此时李鸿章已经受处分被拔去双眼花翎、褫去黄马褂、革去骑都尉职、降二级留用，但李鸿章此时也顾不了这么多，他赶紧与左宗棠在德州进行了会晤，决定左宗棠在后面猛追西捻，使西捻不敢北上而被迫南下，李鸿章则在黄河与运河严阵以待，结果西捻在后有追兵前有堵截的情况下，难以渡河进入河南平原地区，只能在济南北面渡黄河进入到山东北部，这就面临与东捻同样的情况。于是李鸿章用同样的办法将西捻向海边逼，西捻军当然认识到李鸿章的企图，于是离开鲁东想渡过运河从鲁西南进入河南境内。当西捻军到达黄河、运河、徒骇河之间的三角地带时，适逢阴雨连绵，黄河与运河的水位猛涨，加之此三角地带河流纵横，地势低洼，变成了一片泽国，这就使西捻的骑兵马队寸步难行，同时各地地主豪绅又组织民团，封锁村寨，这就使西捻军的后勤补给出现了严重的问题，不但失去了机动性而且处境极为困难。张宗禹几度力图渡过运河，都被淮军的大炮火力所阻。同治七年六月末（1868年8月），张宗禹率部到达山东荏平境内，不料此时必须要渡过的徒骇河也是河水陡涨，渡不了河，而后面又遇到李鸿章军队的猛烈攻击，在狭长的河边上背水而战，结果西捻也全军覆没。同治七年六月二十八日，张宗禹率十余人突围，不知所踪。这样，西捻在李鸿章和左宗棠配合下也被剿灭了。

西捻军的覆没标志着从咸丰初年以来，十多年转战中国北方各省的捻军被消灭了，朝廷当然要论功行赏，于是左宗棠晋升太子太保衔。但左宗棠以自己追缴无功，请求朝廷收回成命，但朝廷未允。七月二十三日，他接到上谕，要他带领原部由山西渡河再入山西。八月初五（9月20日），左宗棠乘船到达天津，初十入京觐见两宫皇太后，两宫问他稳定陕甘大约需要多长时间，他谨慎地回答说："非五年不办。"同时他又强调陕甘之地贫瘠，筹饷艰难，因此朝廷必须在财力上予以支持，于是两宫皇太后就决定以后由各海关每年拨400万两银子支援陕甘的军事行动。

2—9. 肃清关陇心犹未已，老骥伏枥志在西域

同治十二年（1873年），61岁的左宗棠破例升任协办大学士，次年又晋升东阁大学士。为什么说是破例呢？因为清朝惯例是未入翰林院者不授大学士，而左宗棠仅是举人出身，不是进士，当然也就没有进过翰林院，所以他能被授予大学士就是因为在平定太平天国、平捻的几大战争中，战功显赫，所以才破格受此殊荣。

但是"老骥伏枥，志在千里"，左宗棠并不满足于肃清关陇，他的最终目标是要收复西域新疆。于是在光绪元年三月间（1875年5月），他以陕甘总督受命为督办新疆军务的钦差大臣，出兵讨伐已占据新疆的中亚入侵者阿古柏匪帮。

其实左宗棠在年轻的时候就很关注新疆问题，道光十三年（1833年），当时左宗棠才21岁，在参加完京师春闱会试以后，曾赋诗一首：

西域环兵不计年，当时立国重开边；橐驼万里输官稻，沙碛千秋此石田。

置省尚烦它日策，兴屯宁费度支钱；将军莫更纾愁眼，生计中原亦可怜。

新疆是在康熙、雍正、乾隆时代，经过战胜准噶尔部武装后，才正式收入中国版图的。

新疆古称西域，自古以来就与中国关系密切。汉武帝建元三年和元狩四年（公元前138年和公元前119年），西汉政府两次派张骞出使西域联合乌孙抗击匈奴。汉武帝太初四年（公元前101年），西汉政府在西域设置使者校尉，汉宣帝神爵三年（公元前59年）西汉政府又在乌垒（今新疆轮台东境）设立西域都护，并派郑吉担任首届都护。从此以后，历届中央皇朝都在这里设置某种官制，在一定程度上行使国家对地方的主权。随着中原局势的变化以及西域地方军事力量的崛起，西域与中原的关系也时有变化。早在康熙三十五年（1696年），康熙皇帝分兵三路进击西域噶尔丹部，深入漠北3000余里，终于在昭莫多大败噶尔丹，次年，康熙帝又追击噶尔丹至克鲁伦河，噶尔丹兵败身死。清朝最终消灭这支准噶尔部的军事实力，前后花了68年时间，直到乾隆二十四年（1759年），才最终平定了准噶尔部军事势力，清军入驻伊犁和南疆，设伊犁将军，最后统一新疆。

这是指乾隆二十年至二十四年（1755年至1759年），乾隆帝在维吾尔族等少数民族支持下，平定了大小和卓的叛乱，最后将西域改为新疆。

随后，清朝廷在新疆设立了一套特殊的管理模式，即军府制与伯克制并存。

乾隆二十七年（1762年）设立伊犁将军，成为总统新疆的最高军事长官，也兼管行政，管理巴尔喀什湖以东和以南的天山南北广大地区。在设置伊犁将军的同时，并在喀什噶尔设一名参赞大臣，受伊犁将军节制，统辖南疆地区，而在乌鲁木齐设都统一人，统辖吐鲁番和哈密等城。

在其余各大小城或设办事大臣，或设领队大臣。军府制的特点是只管军政不管民政，地方民政则由各地的新疆各民族头目自理，例如在维吾尔族较多的地区，就实行伯克制度，伯克是维吾尔族首领或头目的意思。伯克有官爵，最高三品，五品以上的伯克由皇帝任命，五品以下报军机处审批。所以当时在新疆，朝廷只管军事，地方行政大权实际掌握在地方民族头目手中，这就使朝廷完全脱离了民众。在乌鲁木齐一带汉回移民较多的地区，就设置了州县，并由甘肃省隶属。

清政府还在新疆边境设立大量卡伦哨所，定期派兵巡视。

清政府统一新疆以后，为了巩固清皇朝的统治，采取了一个最重要的措施就是移民屯田，首先是在哈密北部的巴里屯开始屯田，以解决进驻新疆的军粮供应问题，而且最早就是由进驻新疆的军队开始屯田，后来一共建立了二十三营的屯田兵。

乾隆二十九年（1764年），乾隆皇帝下令在居住于盛京（今沈阳）一带的锡伯族人中，征调锡伯族官兵1020人，携带在册家眷共3275人，迁移到新疆当时的军政中心伊犁地区屯垦戍边。这批锡伯族民众，在满族官员的带领下，经过一年零五个月的艰苦长途跋涉，最后到达伊犁地区进行屯田戍边。据说，当年乾隆皇帝曾亲口许下了"六十年回故乡"的诺言，但多少个六十年过去了，这些锡伯族的后裔却一直忠心地固守着自己的第二故乡新疆伊犁。

除锡伯族以外，清朝从乾隆二十七年（1762年）到乾隆四十五年（1780年），又先后从甘肃的肃州、安西、高台、敦煌、张掖等地向天山以北的乌鲁木齐、乌垒、奇台、昌吉以及伊犁等地移民约7600户，并就地屯田，其中就有不少八旗兵与绿营兵。这些人的来到，不但建立起居民点和社会，同时更重要的是，表明这些地方无可争议是属于中国的。

但是，虽然清朝已经十分重视在伊犁地区的屯田，但也只限于伊犁九城附近和塔城一带，而对于更辽远的巴尔喀什湖一带，只是名义上所有。所以当俄罗斯于同治元年（1862年）在北京与清廷谈判时，俄方坚持中俄西北的边界以中国常驻卡伦为界。"所有卡伦之外尽作为应给之地。"所谓"卡伦"就是清军在驻扎边界所常设的哨所。当时，清廷在巴尔喀什湖、斋桑湖、伊塞克湖等水草丰满之地，既没有常设的驻军，也没有移民屯田，因此在沙俄的武力威胁下和政治讹诈下，清政府被迫签订了丧权辱国的《中俄北京条约》和《中俄勘分西北界约记》，原来中国的西部边境国界线在巴尔喀什湖的北岸，但这个条约却规定是以巴尔喀什湖以东三百多公里的斋桑湖和它以南约四百多公里的伊塞克湖作为国界，这样一来，沙俄将中国西境的三个大湖——巴尔喀什湖、斋桑湖和伊塞克湖，连同周围广大地区共达 44 万多平方公里的土地占为己有。为什么会造成如此后果呢？除了清廷的软弱与无知以外，一个最现实的原因就是当时还没有来得及或者说还没有能力或未认识到要向那些地方移民屯田，不能形成对该地区的实际控制，所以移民并实现屯田是巩固国防与疆域非常重要的措施。

同治三年九月（1864 年），在沙俄的欺诈和武力威胁下，清朝又与它签订了关于划定中俄西部边界的《塔城议定书》，再次遭到沙俄对中国的领土和资源的掠夺。同时，沙俄挑动新疆南部一些地区实行地区割据，以求实现摆脱清朝的控制，例如该年 6 月，在南疆库车建立了热西丁政权，7 月在和田建立了帕夏政权，10 月在伊犁建立了苏丹政权，也就是新疆的大部分地区，尤其是南疆地区，已经实际上在摆脱中国的控制。另一方面，这些地方割据政权之间又不断进行战争，以求扩大自己的势力范围。关键就在于清廷的实力达不到新疆。

长期以来清政府借口新疆地位重要，情势特殊，并不在新疆设置地方行政机构，但派一些满人亲贵充当将军、办事大臣等职，对新疆进行军事统制。而这些满清权贵大多是一些平庸之辈，不知道如何治理地方和巩固边防。

同治年间陕甘两地动荡开始后，1864 年，新疆也开始大规模作乱，动乱迅速扩及天山南北，而且其头目都是少数民族的封建头目，他们以"排满、反满、卫教"的口号来蛊惑人心，实际上就是制造国家分裂。其结果是当时在新疆出现了五个互相不统属的封建割据政权，它们分别以库车、乌鲁木齐、和田、喀什噶尔、伊犁为中心，而且互相混战，使新疆陷入严重割据纷争的局面。

1864 年夏天，在喀什噶尔的头目金相印派人到紧邻的中亚浩罕王国（今乌兹别克斯坦共和国境内），乞求浩罕王阿里木将居住在浩罕的原南疆贵族、叛国分子张格尔之子布素鲁克遣返回新疆，以便进一步利用民族和宗教的名义，达到复辟"叶尔羌汗国"的目的。浩罕这个王国历史上曾经多次接纳中国新疆的反叛失败分子，然后在一定时候又将他们放回新疆继续作乱。所以这一次接到金相印的请求以后，浩罕国王立即派他的部将阿古柏募兵，扶持布素鲁克入侵南疆。

阿古柏由于其本人十分有才干，本来在浩罕王国对国王就是一个潜在的威胁，所以浩罕国王正好借此机会将他打发走，而阿古柏本人已经看到浩罕王国现在已经面临被沙俄帝国吞并的危险，因此也想另找一个发展的机会，所以他也十分积极地借此机会领兵入侵新疆。

阿古柏领兵来到喀什噶尔以后，名义上将布素鲁克扶上了台，然而一切实际权力都掌握在阿古柏手中。1865年秋，浩罕国本土遭到俄国军队攻击，7000余名浩罕国败军逃来喀什噶尔投奔阿古柏，阿古柏的实力因此大为增强。随即，阿古柏就四处用兵，先后攻占了英吉沙尔、疏勒、叶尔羌，并于1866年年底吞并了以和田为中心的另一个封建割据政权。1867年，阿古柏就开始向东进犯，攻占了阿克苏、库车等城市，又消灭了以库车为中心的神权割据政权。于是，阿古柏"尽有南路八城，回众称之曰帕夏，地及辟展（今鄯善），势力达到焉耆和库尔勒一带"。然后阿古柏就将布素鲁克谋杀，1867年，他悍然自己成立"哲地沙尔汗国"。在英国的支持下，1870年3月，阿古柏率部北上进行侵略，首先攻占吐鲁番。1871年，阿古柏又相继攻取乌鲁木齐、古牧地、木垒、玛纳斯、鄯善等地。消灭了北疆的几个割据政权，此时，阿古柏的势力就达到了顶点，控制了整个南疆和部分最重要的北疆地区，大约拥有6万人的武装。

1871年7月，俄罗斯军队趁清庭无力西顾，以"代为收复"的名义，也借机抢占了北疆伊犁。至此，新疆实际脱离了清廷控制。

此时，在新疆的清朝将军已经一败涂地。在这种形势下，清朝廷只得起用汉将名臣左宗棠取代满族亲贵将军来经略新疆了。

阿古柏占领新疆大部后，积极扩充实力。1870年，英国派遣使团到达喀什噶尔，为阿古柏提供军事教官和武器。1873年，英国再次派出300人组成的使团，携英国女王的亲笔信到达喀什噶尔，于1874年2月与阿古柏集团签订通商条约。

1875 年，英国仅从印度就给阿古柏运去连发枪 2.2 万支，山炮 8 门，炮弹 2000 发。

此外，1873 年，阿古柏还派外甥阿吉托拉出使土耳其，声明承认土尔其奥斯曼帝国为宗主国，土耳其国王则册封阿古柏为"艾米尔"（统治者）。1875 年，阿古柏又从土耳其购得新式步枪 1.2 万支，火炮 8 门。阿古柏虽在新疆苦心经营，但其政权基础仍然十分脆弱。

1873 年陕西乱军首领白彦虎率残部逃至新疆，投靠阿古柏，为虎作伥，阿古柏更加猖狂。阿古柏每侵占一地就大肆屠杀群众。侵占和田后就屠杀 5 万多人，侵占乌鲁木齐时，更有 20 多万人民死于其战刀之下。新疆地处在中亚东部，与中亚诸国和印度接壤，也是英、俄两国窥视和侵略的重要目标，两国都试图通过控制新疆来争霸中亚。1872 年与 1874 年，阿古柏先后与俄、英两国签订了条约，俄、英两国均承认阿古柏政权并给予他金钱和武器援助，阿古柏则向他们给予通商、设立领事馆和低关税的优惠。此时，英国对阿古柏的影响在日益加强，于是在 1871 年，俄国借口保护它的利益，直接出兵占领了新疆的伊犁地区。英国也不甘落后，1874 年英国通过与阿古柏签订合约，攫取了比俄国还多的侵略特权，如英国人可购买、出售或租用土地、房屋和货仓，以及领事裁判权。

1874 年 11 月，英国驻华公使威妥玛派参赞梅辉立到天津拜会直隶总督李鸿章，建议中国将伊犁让给俄国，把天山南麓交给阿古柏，以期缓和英俄的矛盾，这就是肢解中国领土的公然表示，企图要清朝廷承认英俄两国对新疆的瓜分，李鸿章当然不敢同意。

在平定关陇之后，当时还只是奉命"督办陕甘军务"的左宗棠就针对新疆的形势，向朝廷明确提出了几点对策。

俄国人占领伊犁是绝对不会自动让出的，必须准备以武力对付；朝廷现在部署在玉门关内外的兵力本身就不强且指挥混乱，解决新疆问题必须另组军队；河西走廊在历年兵乱中已经遭到严重损害，不可能作为进军新疆的基地，因此此刻不能贸然出兵，必须重新统筹；进军新疆最核心的问题是要消灭阿古柏势力，为此要先收复北疆而后南疆，形成威慑以后，再南下彻底消灭阿古柏势力，然后争取和平收回伊犁地区；收复新疆以后要全面兴屯以求巩固。

他同时还写信给当时正请假回湖南探亲的刘锦棠，要他一定招募几千湘军带到陕西来，以备对新疆用兵。

2—10. 奉命西征新疆平叛，旌旗招展兵出玉关

同治十二年九月，左宗棠完全平定陕甘以后，朝廷并没有立即任命他负责平定并收复新疆。

当时，朝廷已经看到新疆形势的危机，特别是觉察到俄国在1871年侵占伊犁以后，确实有意要攫取中国的新疆。于是首先命令身在乌里雅苏台的署伊犁将军荣全速赴伊犁，要求俄军撤出伊犁；同时命令逗留在甘肃高台的乌鲁木齐提督成禄，火速出关，会同驻扎在甘肃安西的哈密帮办大臣景廉，尽快收复乌鲁木齐；又命令陕甘总督左宗棠调兵接替成禄的防务。结果这些军事调动都毫无效果。于是同治十三年，朝廷又急调金顺和张曜两军出关，总计兵马有17000多人。七月，朝廷正式任命景廉为钦差大臣，督办新疆军务，金顺为帮办大臣，负责关外军务，当时，左宗棠只是被任命为督办关外粮饷转运，而以与他并不合作的户部侍郎袁保恒为帮办。

就在这个时候，朝廷上下开始了激烈的"海防"与"塞防"之争。这是因为1874年夏天，日本以1871年琉球朝贡人员漂流到台湾被台湾土著人杀害为借口，悍然出兵侵犯中国台湾，台湾人民奋起抵抗，清政府也派船政大臣沈葆桢率军赴台湾增援。但是最后还是被迫接受美、英、法等国站在袒护日本方面的所谓"调解"，不得不与日本签订了《台事专条》，结果是中国赔款白银50万两，并承认琉球是日本藩属国，日本才同意从台湾撤军。

此事极大地震动了中国，使中国深切感受到东南"海疆备虚"的严重威胁与加强海防的重要性，因此就有了那几年朝廷上下关于应当重东南海防还是应当重西北塞防之争，其中重海防的代表人物是直隶总督李鸿章，重塞防的代表人物是湖南巡抚王文韶。

于是光绪元年二月初三日（1875年3月10日），朝廷给陕甘总督左宗棠发了一封密谕，其中将李鸿章和王文韶的两种观点不点名地通报给

左宗棠，并具有倾向性地指出："刻下情形如可暂缓西征，节饷以备海防，原于财用不无裨益。唯中国不图规复乌鲁木齐，则俄人得寸进尺，西北两路已属堪虞。且关外一撤藩篱，难保'回匪'不复啸聚，肆扰近关一带。关外贼氛既炽，随欲闭关自守，势有未能。现在通筹全局，究应如何办理之处，着该大臣酌度相宜，妥筹具奏。"

左宗棠随即于光绪元年三月七日（1875年4月12日），呈上《复陈海防塞防及关外剿抚粮运情形折》，全面叙述他对当前国防问题的见解。

一、应该"东则海防，西则塞防，二者并重"，但这不是平均使用资源，而是要考虑轻重缓急。台湾事件刚了结，目前暂不会发生大事，而且西方各国图我主要是想谋取通商利益，不会要占我疆土；但西北边疆确是强敌压境，不但已经霸占了我大片国土，而且意图要占我新疆，事态并且正在不断恶化，此时若停兵撤饷，将巨额军饷用于海防，则新疆必失。

二、海防与塞防的军饷都可以用不同的方式通融解决，不会也不必互相占用，他举出了由东南各省支持以及向外国银行借款及自己开源节流，就可以解决西北用兵的军饷。

三、他着重指出，新疆是中国的西北屏障，战略地位十分重要。在中国历史上，周、秦、汉、唐国势之衰，都是从不能固守西北开始的，最后"并不能固其东南"。而现在沙俄"拓境日广"，我如停兵不进，结果只能是鼓励沙俄对中国领土侵占。他说："今若画地自守，不规复乌垣，则无总要可扼，即乌垣速复，驻守有地，而乌垣南至巴里坤、哈密，北之塔尔巴哈台各路，均应增置重兵，以为掎角之势；精选良将，兴办兵屯、民屯，招徕客、土著，以实边塞，然后兵渐停撤，而饷可议节矣……若此时即拟停兵节饷，自撤藩篱，则我退寸而寇进尺，不独陇右堪虞，即北路科布多、乌里雅苏台等处，恐亦未能晏然。是停兵解饷，于海防未必有益，于边塞则大有所妨，利害攸分，宜熟思审处者也。"

四、侵占伊犁以后，沙俄对中国新疆的威胁就已经不是议论中或是可能避免的事，沙俄下一步必然会侵入新疆腹地，所以，现在加强塞防以防止沙俄的进一步入侵，已经是刻不容缓。左宗棠尖锐地指出："此时乌鲁木齐未复，无要可扼，边军万无撤理。"而且即令能收回伊犁，今后也一定要加强中央对新疆的管控，而不能再恢复以前那种由土司和地方封建头目统治的模式，否则就难以抵御沙俄对中国领土的觊觎。

五、收复新疆必须"先北后南"，对叛乱头目以"剿"为主，而对广大维吾尔族和回族民众则应以"抚"为主；而且，对于粮饷，不但要注意筹措，更要注意长途的运输。只要做好了"剿抚兼施"和"粮运兼筹"，西征就有了胜利的保证，而对于我们自己，当然要选用精兵良将，则是有信心可以打败阿古柏叛匪与沙俄的。

当时左宗棠面对的形势是：

朝中有以李鸿章为首的一股强大势力要求"重海防"和"弃边防"；朝廷本身还犹豫不决。

对于边防，由于多年的传统，总是不愿意交给汉人，而只相信满族亲贵，所以现在指定负责新疆事务的将军们都是满人。当时，左宗棠只是被任命为督办关外粮饷转运，而以户部侍郎袁保恒为帮办。

左宗棠当然知道朝廷囿于传统，实有难言之隐，自己作为一名汉将，似乎应当是局外人，但是国家边疆形势如此严峻，不容得他作壁上观了。因此，他在奏折中说："臣本一介书生，辱蒙两朝殊恩，高位显爵，久为生平梦想所不到，岂思立功边域，觊望恩施。况臣年已六十有五，正苦日暮途长，及不自忖量，妄引边荒艰巨为己任，虽至愚极陋，亦不出此。"

左宗棠对边防形势的精辟分析和言之有理的论说，以及他为国家慷慨献身的精神，终于使朝廷认识到，新疆事务必须交给他才有希望，也才能使朝廷真正放心。

于是，光绪元年三月二十八日（1875年5月3日），朝廷发出"六百里加急"谕旨："左宗棠奏海防塞防实在情形并遵旨密陈各折片，所称关外应先规复乌鲁木齐，而南之巴、哈两城，北之塔城均应增置重兵以张掎角，若此时即拟停兵节饷。于海防未必有益，于边防大有所妨，所见甚是。"并任命"老成谋国，素著公史"的左宗棠"以钦差大臣督办新疆军务"，授予他军事、政治和筹运粮饷等方面的全部权力。四月二十六日（5月30日），朝廷又正式决定："命令左宗棠等加强西北防务，准备迅速进军新疆；分别任命李鸿章为北洋大臣，沈葆桢为南洋大臣，主持海防事宜；命令彭玉麟等办理江防。"

也就是朝廷决定：塞防、海防和江防都不放弃。

所以，光绪元年三月二十八日（1875 年 5 月 3 日），左宗棠才被朝廷任命为钦差大臣督办新疆军务。现在左宗棠受命经略新疆了，他将作出什么样的成绩呢？

宋仁宗康定年间（1040—1041 年），当时西夏扰边，战火燃起，韩琦和范仲淹先后受命，领兵御边。他们采取修固边城、精练士卒、招抚属羌、孤立西夏的办法，打击了敌人的嚣张气焰，于是百姓们感到欢心鼓舞，所以便有民谣唱道："军中有一韩（韩琦），西贼闻之心骨寒；军中有一范（范仲淹），西贼闻之惊破胆。"然而，当时韩、范的做法实际上只是一种有效防御的办法，左宗棠会仅仅满足于采取这样的办法吗？

左宗棠却是要积极进攻！对于如何通过进攻来收复新疆，在战略上左宗棠当然心中有数，但首先有几件具体事要落实：建立指挥机构；整顿军队，搬除障碍，筹集军费，转运粮食。

建立指挥机构：为指挥收复新疆的军事行动，钦差大臣左宗棠将指挥总部设在甘肃肃州（酒泉），请求朝廷派与左宗棠"同心素交"的刘典帮办陕甘军务，驻留兰州；又请委派与左宗棠关系很好的湖南人谭钟麟为山西巡抚；委派湘军骁将刘锦棠为前敌总指挥；任命金顺接替景廉为乌鲁木齐都统，他们都是左宗棠可以信赖的人。

整顿军队：原有的军队必须整顿才能用，要淘汰一批老弱病残和不宜上阵的将士。首先选将，选择了一直跟随他的楚勇和老湘军中刘锦棠、张曜、金云昌、徐占彪、易开俊、董福祥等能征惯战得力之将；其次采用精兵战略、淘汰冗杂，严明纪律、严格训练；最后配备新式武器，采购德国新式后膛大炮、开花小炮、快响枪、来福枪等装备；组成以刘锦棠所属湘军 25 营为主力，计 17000 人；张曜统帅的嵩武军 16 营；金顺统帅的原有清军 40 营；徐占彪所统帅的蜀军 7 营；后来又调集易开俊等部湘军 15 营；金运昌部皖军 10 营，总计兵力有 150 营左右，合计有七八万人，其中湘军是主力，约占全军三分之一。

搬除障碍：由于朝廷任命左宗棠为钦差大臣督办新疆军务，一些原有在新疆任职的满族亲贵将军们当然有所不满，所以很不配合，于是左宗棠上奏朝廷，将景廉、成禄、袁保恒等人统统调出了西北，也就是扫除了障碍，使左宗棠得以令行禁止。

筹集军费：通过由朝廷指令东南各省支持、海关拨款、向上海外国银行借高利贷、向本国商界借款以及朝廷户部拨款等多种渠道，在1874—1877年，左宗棠先后筹集到军饷4200万两，基本上保证了军事行动的需要。

转运军粮：为收复新疆，左宗棠用了近一年时间从事战前准备。为准备粮饷，经清政府同意从各省借调粮饷，从外地购粮，并针对进疆路途遥远，沿途广设粮运台站，官民结合、节节转运。功夫不负有心人，左宗棠的一系列准备工作为西征奠定了胜利基础。以筹集粮草为例。兵马未动，粮草先行。西域幅员辽阔，交通不便，军粮运输非常困难，正是因为这场战争将是"拼经济""拼后勤"的战争，左宗棠才要求精简部队，速战速决，而且对军粮运输非常关注。

他开辟了三条运输军粮的线路：一是从甘肃河西采购军粮，出嘉峪关，过玉门，运至新疆的哈密；二是由包头、归化经内蒙古草原运至新疆巴里坤或古城（今奇台）；三是从宁夏经内蒙古草原运至巴里坤。此外，左宗棠事先命西征军前锋部队驻军哈密并兴修水利、屯田积谷。但是哈密水渠年久失修，渗水严重，而且是砂土地，需用毡毯铺底。左宗棠得知消息后说："开屯之要，首在水利。毡条万具，既所必需，文到之日，即交宁夏、河湟各郡并力购造。"经过努力，屯田积粮成绩巨大，1876年一年就收获粮食5160余石，基本上可以解决该部半年军粮所需。

边塞战就是打交通、打补给。为准备进军新疆，左宗棠先在全国采购粮食，在大军出动前在进军新疆的关键转运驿站上储存足够粮食，运粮路程都长达几千里，以当时的运输条件可见多么艰难。而左宗棠的原则是，若粮草不济，绝不贸然进军，为西征他一共在路上储存了2480万斤粮食。

光绪二年三月（1876年4月），左宗棠在甘肃所做的西征准备工作基本完成，于是他下令各先头部队兵分三路陆续兵出玉门关，正式开始收复新疆的西征，他本人于三月十三日由兰州移节肃州（今酒泉），并在此驻节达四年之久。

左宗棠以"先迟后速，缓进急战"的八字方针，拉开了军事行动的帷幕。"缓进急战"的策略主要着眼于解决长距离作战条件下的后勤保障问题，"迟"为后勤，"速"为决战。他根据新疆的实际情况，制定了"先北后南"的战略部署，拟首先攻占北疆，收复乌鲁木齐这一全疆要津，作为日后进军南疆和向西收复伊犁的基地。

2—11. 指挥若定意志坚决，收回伊犁志在必得

万事俱备，只等开战。1876 年 4 月，左宗棠从甘肃省城兰州移驻肃州。时已入新疆的张曜部屯哈密，金顺部屯巴里坤、古城一带。左宗棠面对的是天山以北的俄军和南疆的阿古柏叛匪两个敌人，左把消灭阿古柏和收复伊犁作为战争出发点，但不直接先收复被俄军占领的伊犁，而是先在军事上讨伐阿古柏这个弱敌。首攻乌鲁木齐，避免一个拳头同时打两处，造成兵力分散。通过收复乌鲁木齐在政治上打击沙俄，为下一步收复伊犁扫清障碍。刘锦棠率征西主力西进时，左宗棠叮嘱其进兵要"缓进急战"，攻取方向要先北后南。"缓进"就是根据新疆路途遥远、地域广阔的特点，在每一战役开始前做好充分准备，不要急于求战。"急战"则是当作战条件成熟后就要行动坚定，速战速决，避免旷日持久地打消耗战。

阿古柏主力集中在南疆，其势力在乌鲁木齐相对较弱，且打下乌鲁木齐后能割断沙俄与阿古柏的联系。根据既定方针，左宗棠令刘锦棠率所部湘军分批出嘉峪关，经哈密前往巴里坤，会合金顺所部先取北路；命张曜部固守哈密，防敌由吐鲁番东犯。

1876 年 8 月刘锦棠以疑兵走大路，以重兵走小路急进，迅速攻占乌鲁木齐外围重要据点古牧地，逼迫守乌鲁木齐的马人得部只得弃城南逃，刘一举收复乌鲁木齐，随后攻破阿古柏在北疆的各个据点，北疆之战确立了西征军的战略主动。阿古柏得悉清军西进，即由阿克苏赶至托克逊部署防御：以白彦虎等率部分兵力防守乌鲁木齐等北疆要地，阻击清军；以一部兵力防守胜金台、辟展一线；主力 2 万余人分守达坂、吐鲁番、托克逊，成掎角之势。1876 年 8 月上旬，刘锦棠、金顺二部清军从阜康出发，采取声东击西的战法，避开供水困难的大道，走虽然敌人严密防

守但水源充足的小道，出敌意外地迫近乌鲁木齐北面重地古牧地。扫清敌外围据点后，用大炮轰塌城墙，17 日从缺口冲入城内，一举歼敌 5000 余人，并乘胜于 18 日收复乌鲁木齐。白彦虎、马人得等仓皇南逃。尔后，左宗棠命刘锦棠部驻守乌鲁木齐，防止阿古柏军北犯，并继续清剿山中残敌；命金顺挥军西进。昌吉、呼图壁及玛纳斯北城之敌闻风溃逃。9 月初，金顺部开始攻玛纳斯南城，月余不克。后刘锦棠、伊犁将军荣全先后增援，于 11 月 6 日占领该城。至此，天山北路为阿古柏军占领之地全部收复。这位"英锐果敏才气无双"的前敌总指挥湘军将领刘锦棠领 25 营精锐勇猛的湘军（西征总兵力 150 营），入疆后所向披靡，到光绪二年的九月间，已连克乌鲁木齐、昌吉、玛纳斯等重地，基本肃清了天山北路，由于天气转寒，于是中止了第一阶段的军事行动。时临冬季，大雪封山，刘锦棠等就地筹粮整军，以待来年进军南疆。在进军途中，军队一路种柳树。

杨昌浚有诗赞曰：

大将筹边尚未还，湖湘弟子满天山；
新栽杨柳三千里，引得春风渡玉关。

就在左宗棠大军收复乌鲁木齐以后，英国为保护他的走狗阿古柏，使其免于被歼灭，立即派其驻华公使威妥玛出面与清廷交涉，向清廷施加压力，要求请政府不要进军南疆，允许阿古柏在南疆称喀什噶尔王，作为清朝属国，但不纳贡。当时朝廷内也有很多大臣（包括李鸿章）都不赞成左宗棠继续进兵南疆，认为即令收复南疆也守不住，"将来势必旋得旋失，功不复过"。于是 1877 年 6 月 20 日，朝廷又将这些主张转告左宗棠，要他"统筹全局，直抒所见"。1877 年 7 月 26 日，左宗棠复奏朝廷，严正地指出："至战阵之事，权在主兵之人……亦无须英人代为过虑也。""将在外，军令有所不受"，他引用前朝的事：雍正后期，清政府连续六年在新疆用兵，讨伐叛乱的准噶尔部首领，当时的军事统帅岳钟琪曾就如何进军用兵等问题请示皇上。雍正严厉批评他说：朕在数千里外，怎么会知道当地具体情况，这都是你大将军因时因地酌情办理的事，朕怎么可能神机妙算给你下命令呢？

他在朝廷的奏折中，除再次向朝廷阐述新疆战略地位的重要性外，还特别强调指出两点：

一、中国进军南疆，消灭阿古柏匪帮，乃是"收复旧疆，兵以义动"；

二、天山南路富饶过于北路，解决新疆饷源困难的根本办法是迅速收复南疆。因此，对南疆"地不可弃，兵不可停"，"伊犁、南八城膏腴之地，弃而不收，但扼乌鲁木齐以东寒苦瘠薄之区，事何可久？"

朝廷见他意志坚决，而且已经取得了北路的巨大胜利，于是也断然同意左宗棠兵进南疆。而左宗棠进军南疆的决心当然毫不动摇，他指示前敌总指挥刘锦棠："阿古柏窃踞数城十余年，为我必讨之贼。"

第二年西征军乘胜追击！4月，左宗棠指挥清军几路并进：刘锦棠部自乌鲁木齐南下攻达坂；张曜部自哈密西进。刘锦棠部奇袭包围达坂，19日破城，毙俘敌3000余人。随即分兵一部助攻吐鲁番，主力直捣托克逊，迫守敌海古拉于4月下旬弃城西逃。与此同时，张曜、徐占彪二部清军连克辟展、胜金台等地，吐鲁番守敌白彦虎望风西窜，另一名守将率部投降。至此，南疆门户洞开。阿古柏见大势已去，颓然无法，5月下旬于库尔勒被部下下毒而死。次子海古拉携其父尸西遁，由白彦虎防守库尔勒等地。阿古柏长子伯克·胡里在库车杀其弟海古拉，后于喀什噶尔称王，企图在英俄庇护下负隅顽抗。

是年秋，已打开南疆大门的左宗棠决心尽复南疆，遂以刘锦棠部为"主战"之军，以张曜部为"且战且防"之军，相继长驱西进。南疆各族人民久受阿古柏的荼毒，纷纷拿起武器配合清军作战。10月，刘锦棠部以破竹之势，驰骋2000余里，收复喀喇沙尔、库车、阿克苏、乌什等南疆东四城。西四城叶尔羌、英吉沙尔、和阗、喀什噶尔之敌益形孤立，内部分崩离析，已降敌的前喀什噶尔守备何步云亦趁机反正。刘锦棠闻讯，立即挥军分路前进，于12月中下旬连克喀什噶尔、叶尔羌、英吉沙尔。白彦虎等率残部逃入俄境。1878年1月2日，清军攻克和阗。至此，整个新疆除沙俄侵占的伊犁地区外，全部收复。

在西征军穷追猛打下，叛首阿古柏兵败山倒被部下毒杀以后，其子率残部逃往俄国，前后仅两年多一点的时间，盘踞新疆达12年之久的阿古柏匪帮于1878年7月就全部被消灭，左宗棠真不愧是奇才也！然后左宗棠便在新疆开始大规模屯田以解军饷并巩固政权。

正是：

> 大漠遥望沙似雪，玉关回首月如钩；
>
> 旌旗傲展铁骑路，左公西征铸春秋。

几十年前就有一位写阿古柏传的外国作家包罗杰说："中国收复新疆，毫无疑问是一件近 50 年来在亚洲发生过的最值得注意的事件，同时这是一个多世纪以前乾隆出兵这个地区以来，一支由中国人领导的中国军队所曾取得的最光辉的成就。"

左宗棠收复新疆的基本战略被称作先北后南，缓进速战。所谓先北后南指的是先打北疆，后进入南方，为什么？因为当时北方是敌人的薄弱环节，敌人的主力在南方，所以左宗棠先打容易打的，然后集中力量往南打。缓进速战，就是打仗的时候不要忙，不要急，一定先要做好充分的准备，一旦准备完了以后，马上打击敌人。打起来就要快，不能慢腾腾。在这样一种战略思想的指导下，收复新疆的战斗进行得非常顺利。很快就收复了北疆乌鲁木齐，又通过达坂城之役，打开了通往南疆之路，最后顺利收复了南疆地区。南疆收复之后，所面对的一个更重要的问题就是收复伊犁，而收复伊犁面对的却是沙皇俄国。

2—12. 经略新疆深谋远虑，平定西陲思路清晰

然而，左宗棠的脚步并没有就此停止，他的心思转到了如何保证新疆的长治久安上面。在收复失地过程中，左宗棠就设立善后局，重建地方秩序，医治战争创伤，发展生产，恢复经济。各地善后局在安置难民、招民垦荒时，一方面招抚当地流散人员，给予土地耕种，另一方面从关内招募内地人民，收留清军中老弱士卒，鼓励地方军队中有妻室者解甲归田。

务农人员的增加和内地先进农业技术的传播，给新疆各地恢复和发展生产带来了活力。由于大规模发展生产，必须全面整治水利，左宗棠就始终把"兴修水利以除民患"，列入"最为切要之务"。于是新疆各地全面开始整修旧有渠道灌溉系统，清理淤毁河道，同时还兴建了不少

新的水利工程。荒地开垦为良田，戈壁变成了绿洲，使新疆各族人民逐步过上了安居乐业的太平生活。

这些举措为稳定局势、恢复经济发挥了重要作用。但这毕竟是临时性和局部性的成果。要在各地实施行政管理职能，建立有效的统治，就必须对新疆前景做出通盘筹划。正因为此，左宗棠才一再提出要在新疆建立行省制度的主张。他说："为划久安长治之策，纾朝廷西顾之忧，则设行省、改郡县，事有不容己。"

光绪十年（1884 年）十月，新疆正式建省，刘锦棠首任巡抚。

回顾左宗棠收复新疆的思路。

认识上：塞防与海防均不可放弃，海防是防国家东南面的安全，塞防则保国家西北面的安全，尤其是防卫京师来自北方的威胁；而按照当时的实际情况，新疆已经被阿古柏匪帮和俄国占领，加强塞防的紧迫性更优先于海防，新疆的领土主权与控制权绝对不能丢失。

部署上：目标已定，朝廷就要下定决心，但一定要稳扎稳打，一步一步地解决。

战略上：此时巩固塞防就是以收复新疆为最重要的战略部署与战略目标，具体就是要剿灭新疆叛匪并驱逐入侵的俄国势力，恢复中国对西部边陲的控制，从而稳蒙古、保京师。

目标上：彻底消灭已建政权的新疆阿古柏匪帮与入侵的俄国势力，不留后患。

步骤上：先平关陇，再定新疆；对新疆则是：先北后南，先收北疆，后复南疆；先平叛匪，后驱俄国。

准备上：兵马未动，粮草先行；四方筹饷，不惜借贷；粮草不备，绝不动兵。

兵力上：精兵良将，湘军为主，装备洋枪洋炮，提高战力。

用兵上：几路进军，虚虚实实，疑兵布阵，相互接应。

战术上：缓进急战，步步为营。沙漠千里，切忌冒进，因此准备不足就不忙于发动战役，但一旦发动某一战役，就力求速战速决。

战役上：先迟后速，就是对发动任何一次战役，一定要待后勤与兵力都准备充足后，宁可迟一点发动，但发动后就以速战速决的方式进行，任何战役都不能长拖和旷日持久。

决心上：老骥伏枥，志在千里，主帅抬棺出征，激励三军，新疆不复，誓不生还。

对俄上：收回伊犁，无可动摇，先谈后兵，实力后盾。

治理上：收复新疆，尤重善后；恢复秩序，加强边防；屯垦戍边，安抚流民；兴修水利，改善民生；团结各族，弥合分歧；设置行省，规范治理。

由此可见，左宗棠对于收复新疆不但决心足，而且部署恰当，战略正确、实施准确，因此就能建此旷世奇功。

左宗棠收复新疆在中国历史上有重要意义。

一、当时英、俄两国都妄图利用阿古柏匪帮以达到肢解我国领土新疆的罪恶目的，如果不摧垮阿古柏反动政权，对中国来说，后果将不堪设想，也就是新疆也将难免步中亚一些汗国的后尘，被沙俄所吞并。正如左宗棠所说："不及时归还旧城，其势必折入强邻，以后日蹙百里，何以为国！"

假如不是左宗棠对新疆用兵的胜利，今天的中国版图就将不知是什么样子，所以收复新疆是左宗棠一生最大、最重要、最光辉、最有意义的建树，也是他对国家、民族和历史最有意义的贡献，可谓功在百世，辉耀千秋。

二、左宗棠平定新疆，就使得新疆各族人民摆脱了外来侵略者的蹂躏，结束了多年的战乱，随后朝廷又决定新疆建省，开始出现相对安定的局面，也从此使新疆走上了正常发展的道路，所以平乱以后由于左宗棠采取了一系列有利于民生的政策与措施，新疆的社会与生产恢复得很快，以后再没有出现阿古柏匪帮那样的大规模叛乱了。

三、左宗棠收复新疆不但在当时有现实意义，而且这一历史性的胜利也确保了中国玉门关外没有沦为异域，所以当时左宗棠力排众议，坚决出兵新疆平叛收复新疆，其意义实际上远不止于新疆，实际上正是他的威武之师，阻断了当时英俄等国想从西北开始瓜分中国的企图。

因此，无论怎样评价左宗棠收复新疆的功劳，均不为过。

事实上，在当时，要承担收复新疆的重任，朝廷中除了左宗棠，可以说是无人愿为、无人敢为，更是无人能为，因为当时有四大困难。

一、阿古柏匪帮在新疆已成气候，在英国支持下已经立"国"，势力已经从南疆扩展大漠北疆；沙俄已经占领伊犁，朝廷出兵新疆不但要与阿古柏作战，而且还面临与英国和沙俄的正面冲突，其后果难以预料。

二、朝廷是在对国防问题犹豫不决的情况下，决定对新疆用兵的，而且是第一次将定边的重任交给汉臣，此时在朝廷上下内外，除了军机大臣文祥支持以外，几乎没有人看好左宗棠的用兵前景，而且在后援支持上还不断出难题。

三、当时对新疆用兵时，第一，面临朝廷财政困难，国力衰竭，筹饷十分困难；第二，万里转运军粮又困难重重；第三，大军出玉门关后就进入大漠地带，地理环境十分艰苦与不适应；第四，新疆是少数民族聚居的地方，对汉族军队不会很友好。因此，左宗棠是在天时、地利与人和都不占优势的情况下千里长途出兵，实际上是犯了兵家用兵的大忌。

四、进军新疆环境恶劣，生活条件艰苦，一般习惯于养尊处优的将军难以忍受。左宗棠出兵新疆时已是年近古稀（65岁），体弱多病，本不适合这样远出大漠的领军出征，然而他以抱病之身，日夜在军营帐篷中为用兵、筹饷、筹粮、转运、善后等工作日夜辛劳，这不是一个寻常老弱多病的人所能承担的。

这几个实际困难都能使左宗棠功败垂成，但是，左宗棠挺过来了，并且最后取得了辉煌的成果，可以毫不夸张地说，当时在整个大清朝廷，只有左宗棠才能完成这个壮举，所以曾国藩为夸左宗棠曾拍案而起，慨然说道："诚然，此时西陲之任，倘左君一旦舍去，无论我不能为之继，即起胡文忠公于九泉，恐亦不能为之继也。君谓朝廷无两，我以为天下第一耳。"

2—13. 稳国安边目光远大，坚决主张新疆建省

1877年5月，当左宗棠的大军已经攻克吐鲁番、达坂城、托克逊等地，

并准备进军南疆时，英国方面就向清朝廷施加压力，要求允许阿古柏投降，然后同意他在南疆建立一个几乎是独立的"国"，虽作为清朝的藩属但不纳贡，以此阻止清兵进军南疆收复南八城。

当时在朝廷内，李鸿章反对对南疆用兵，清朝廷也对进攻南疆信心不足，有所犹豫，于是责令左宗棠对新疆今后的处理提供一个全盘考虑的计划。

于是，光绪三年六月十六日（1877年7月26日），左宗棠便上奏了《遵旨统筹全局折》，他断然拒绝了英国所提的允许阿古柏匪帮投降并立"国"的阴谋，并正式提出在新疆建省。阿古柏匪帮见已无出路，就发生内讧，毒死了阿古柏。

光绪三年十一月二十九日（1878年1月2日），左宗棠西征军一举收复新疆南部，少部分阿古柏残余叛匪逃往国外，左宗棠在军事上的胜利当然可以坚定朝廷关于在新疆建省决心，但是当时朝廷还是没有最后做出决定，于是在光绪四年正月初四（1878年2月5日），再次询问左宗棠，若新疆改设行省郡县，原设的各类办事大臣与领队大臣将如何处理。于是左宗棠在接到该谕旨以后，于正月初六上疏，并再一次奏请在新疆建省。

一、"立国有疆，古今通议。规模存乎建置，而建置因乎形势。必合时与地通筹之，乃能权其轻重，而建置始得宜。"意思就是说，行政建制的设施必须考虑政治形势、时间与地理等诸因素，一旦成熟就宜改变。

二、然后他从国家全盘战略形势着眼，讲到要保卫新疆的重要意义，他在奏折中说："伊古以来，中国边患，西北恒剧于东南……是故重新疆者，所以保蒙古，保蒙古着，所以卫京师。西北臂指相联，形势完整，自无隙可乘。若新疆不固，则蒙都不安，匪持陕、甘、山西各边，时虞侵轶，防不胜防，即直北关山亦将无晏眠之日。"而且今日，"俄人拓境日广，由西而东万余里，与我北境相连"，隐患方长，所以未雨绸缪，应早作预防。

三、他认为，新疆建省目前已是国家形势的需要，"为新疆划长治久安之策，纾朝廷西顾之忧，则设行省，改郡县，事有不得已者。"

然而朝廷还是有些顾虑，于是光绪九年四月，由于新疆地广人稀，朝廷在一份上谕中就提出了一些问题："郡县之制本以民为本，倘置郡县，有无可治之民？除原有州县外，其他各城均改为州县，究竟合宜与否？不设行省，此外有无良法？"要左宗棠"求以可进可退之计"，而且要求左宗棠，就"将何处应设省城，何处分设郡县，及官缺兵制，一切费用经费，要以章程具奏。"也就是朝廷要求左宗棠就新疆建省之事提出可以具体操作的实施方案。

于是左宗棠于十月二十二日（11 月 16 日），再上一道《覆陈新疆情形折》，具体说明了新疆可建省的条件已经具备。

一、平叛以后，新疆的社会和生产秩序已经基本恢复，建省条件已经具备。以北疆为例，户口伤亡最多，经过安缉难民，招来流亡，修治水利，资助农耕，农民基本上已被安置到各地垦种，报垦的约有 7000 农户，已达到战前的三分之一，而且具有不断增加的势头。如镇西厅耕地战前有 6 万余亩，现兵民报垦的已有 4 万余亩，吐鲁番的地赋也达到旧额的一半。而在战祸较轻而且物产丰富的南疆，由于刘锦棠等采取了兴修水利等正确政策，则恢复得更快，"以目前论之，亦非无可治之民"。而且原来掌握在伯克手中的地方行政权力均已回收，所以此时在新疆"开设行省，天时人事均有可乘之机，失今不图，未免可惜"。

二、新疆改建行省有利于西北边境的长治久安。可以改变过去军府制的与民众隔绝，而地方行政过去完全由少数民族头人伯克把持的局面，若能设置行省，则"头目等之权杀，官司之令行，民之真情易知，政事之修废易见，长治久安之道，实基于此"。

三、新疆建省有利于开发当地资源，节省政府开支。建省以后，地方官员就可以通过制定与实施一系列政策，鼓励开荒、发展畜牧、大兴商业、抽取厘金，从而可以做到利国富民，而且可以有意识发展地方文化工作，如教育与通婚，以克复语言不通等长期隔阂。

通过左宗棠的说服，朝廷于同年 12 月同意了左宗棠关于新疆建省的意见，但是说："刻下伊犁尚未收还，一切建制事宜尚难遽定。"

光绪六年四月十八日（1880 年 5 月 26 日），为了收复伊犁事，不惜准备与俄国一战的左宗棠，从肃州出发移节哈密，当天再次向朝廷发出

《覆陈新疆宜开设行省请先简督抚臣以专责折》，提出了新疆设行省置州县的具体方案："拟乌鲁木齐为新疆总督治所地，阿克苏为新疆巡抚治所。"天山南北两路，拟设五道、四府、五州、二十一县，同时为对原有满贵大臣有所退让，建议仍可保留军府以对外，但是当时朝廷仍未作最后决定。

但客观事实不能否认，原来在新疆的满族将军将新疆治理得一团糟，不但丢失了大量的土地，而且导致阿古柏匪帮的兴起，现在是左宗棠的湘军先平定了新疆，又是湖南人曾纪泽从俄国人手中收回了伊犁，这就迫使清朝廷不得不面对此形势作出比较现实的决定了。

为什么朝廷在新疆建省问题上总是有所犹豫呢？

一、虽然左宗棠力主新疆建省，但朝廷中还是有不少反对意见，例如李鸿章就一直持反对意见，他说："新疆改设行省，财力实有未逮。三面切近强邻，恐非寻常文吏所能制驭。左公老矣，贻累后人，未敢许为经国远谋"。他认为此事十分复杂，头绪难理，真是"穷天下之力，尤为虑莫殚莫究"。也就是他认为已经年老体衰的左宗棠一旦死去，就无人可以制驭新疆。其实李鸿章历来的想法就是，保住中原十八省和东北老祖宗地就可以了，新疆这种边缘地方丢了还算是卸掉了包袱；也就是他的国家领土观念远不如左宗棠。

二、清朝廷对新疆建省犹豫不决还因为是考虑到汉满两族在地方治理权上的冲突。

按照清朝制度，实行军府制的各边疆地区，将军、参赞、领队及办事大臣等官职，都是由满人亲贵担任，汉人不能涉足，而对于建立行省的地区，则负责官员是满汉兼用，而且事实上现在各省督抚都已经大部分是汉人，这是朝廷所不能不考虑的。

光绪六年七月，左宗棠被调到朝廷中枢任职，此时新疆建省的问题还未最后确定。

光绪七年九月，左宗棠调任两江总督。光绪八年（1882年），新任陕甘总督谭钟麟、新任督办新疆军务的湘军总统刘锦棠和两江总督左宗棠，又先后上奏朝廷，将新疆建省的问题从一般性的议论推进到讨论制订具体方案阶段。

这时的左宗棠，虽然身在遥远的东南，但仍心系新疆，光绪八年九月七日他又上了一道《新疆行省急宜议设防军难以遽裁折》，他在此折中综述了自己历年来关于新疆问题的治理思路和建议，认为现在不但新疆叛乱已平，而且还收复了伊犁，新疆各地已经气象一新，若能及时建省，则发展将大有希望。但是形势还是面对强邻环视，"他族逼处，故土新归，治内治外，事同革创，非规模早定，废坠无以自兴，非体统特尊，视听无从而隶。"他指出：

一、新疆是我固有的领土，建省以后，就加强了中央对地方的管辖，以杜绝外人的觊觎；

二、督抚可以就近处理中外交涉事宜，很多事情可以防患于未然；

三、防营未撤，将士用命，可以壮军威，凝边气，巩固新疆的边防；

四、可以及时筹划与处理与新疆少数民族的关系与事务，有利于实施教化；

五、设行省以后，政务治理规范化行事，大大有利于改善原来军府制下浑浊的吏治。

在左宗棠和刘锦棠等人的一再呼吁下，同时也看到在收复新疆后，新疆的局面确实与以前大不一样，形势在不断变好，于是于光绪十年九月三十日（1884年11月17日）颁布上谕，明确宣布建立新疆省。10月2日，宣布任命刘锦棠为新疆巡抚，魏光焘为新疆布政使，将省会设在乌鲁木齐，行政中心不再是伊犁，受陕甘总督节制。

新疆建省以后中国的西部边疆就得到大大的巩固，首先是遏制了沙俄对新疆入侵的野心并终止了其入侵的行动；彻底消除了外国势力想将新疆从中国分离出去的妄想；原有的伯克治理制度被推翻，大大推进了社会进步；便利了汉族从内地向新疆的移民，有力地促进了新疆经济的发展；左宗棠平定新疆以后，就一直鼓励不同民族的互相尊重、支持与融合，因此再没有出现阿古柏匪帮那样大规模的叛乱；政府加强了对新疆的关注，将政治、文化、经济各方面的发展都纳入了正轨，给以后新疆的发展和繁荣奠定了基础。

左宗棠逝世于光绪十一年七月二十七日（1885年9月5日），在生前见到了新疆建省，他是没有遗憾的。

2—14. 功成名就众望所归，奉诏回京进入军机

左宗棠平定陕甘，收复新疆，历时十四年（1866—1880 年），到了大功告成时，已经到了 68 岁的高龄。光绪六年七月，当他正准备与俄国一战的时候，从新疆奉召回京觐见（刘锦棠接替督办新疆军务），临走时，他指示刘锦棠："俄事非决战不可。连日通盘筹划，无论胜负如何，似非将其侵占康熙朝地段收回不可。"

光绪七年正月底，左宗棠到达北京，到京后的第三天，二月初一，旋任军机大臣，东阁大学士，主管兵部，总理衙门行走，封二等恪靖侯。这是继曾国藩以后，第二位汉臣在活着的时候封侯，不过曾国藩是一等毅勇侯，左宗棠是二等恪靖侯。由于当年乾隆皇帝有言："不得封异姓为王。"所以即令曾国藩平定了太平天国、左宗棠收复了新疆，建立了如此的旷世奇功，也还是不能封王。

据说左宗棠进京的第一天，他就领教了在京城当官的不容易。北京崇文门是清朝官吏、百姓进城时要缴纳税银的门关。凡是在地方任职期满后奉调回京得到升迁的高官，进城时都要在城门口缴纳一笔捐款，一些从优差肥缺回任的官员，其进城费甚至高达十万两银子，这几乎已经成为一种规矩。当左宗棠奉命进北京时，他被守城门官员要求缴纳 4 万两进城费，这相当于左宗棠两年的俸禄。性格耿直的左宗棠当然拒绝支付，他称自己是奉皇帝之命来到北京的，如果说向皇帝报到也需要钱，那就应当由朝廷支付，他表示自己一分钱也不会给。这样竟然相持了数日，左宗棠不能进北京，最终还是朝廷下令必须要左宗棠立即觐见，崇文门才未敢再为难他，他虽然没有支付任何进城费得以进了北京，但是也知道了北京吏治的腐败。

当时，很多人对左宗棠进入中枢甚抱希望，认为对他"委以军国之大柄，使之内修政事，外总兵权"，即可望"拯今日之急，守宗庙社稷"。慈禧太后也面告他说："尔向来办事认真，外国怕尔声威。"但是，生性耿直的左宗棠很不习惯京城的官场生活，他不善于交际也不懂官场的"潜规则"，也许人们崇拜他的成就，尊重他的才干，但对他本人并不热情，

更不喜欢他口无遮拦的表达方式。左宗棠一直认为"事有是非，人有邪正，政有利弊，谋有臧否，苟有所见不敢不言，言之亦不敢不尽也"。

左宗棠进京以后，也确实想有所作为，做了一些事，但是并不一切都如意。

他看不惯旗兵的萎靡不振，想训练旗兵，但因为旗兵是满清贵族的私家兵，自然不会让他来插手。

他想整修京畿附近的永定河，但直隶总督李鸿章不配合，他只好率所部亲兵2000多人亲自动手，才将永定河疏浚成功，"大流东去，官民相庆"。

他尤其主张继承林则徐的遗愿，在中国禁绝鸦片，为此他打算分两步走：首先提高鸦片的进口税，使其不得不高价以后再逐渐减少消费而最终禁绝。虽然英国驻华公使表示不同意，但是左宗棠还是强制给进口鸦片加税，张之洞赞之曰："此举奇横有趣……中国事向来失之弱懦，此却太横；但积弱之后，稍变局面，亦可令彼族夺气。"而且他在会见各国外交官时，"谈次有风凌""气摄威酋"。

左宗棠的那股在军中办事的直爽作风，很不适应用于朝廷的官场中，因此很多人就散布说，左宗棠"老病昏颓，不能胜此巨任"。尤其是当时主政的恭亲王与另一个军机大臣宝鋆以及直隶总督李鸿章对他的成见甚深，很多军机大事都实际上不让他与闻。

他为官的直爽使他经常得罪人，于是他不得不请假三个月养病。

三个月病假满了以后，左宗棠就请求告老还乡，朝廷当然挽留，考虑到他不适应在朝廷中枢为官，于是光绪七年九月六日（1881年10月28日）他被任命为两江总督兼南洋大臣。

朝中有的大臣却对此举提出异议，上折指出，左宗棠这次进京前后也不到八个月，其中还请假三个月，在这几个月中，这位被人们认为是"实系天下安危"的大臣之所以在朝中无所作为，实际上是因为他备受牵制，就如"骐骥之足与驽马并驾，又安望其一日千里耶？"

在两江总督任上，有一次当他巡视防务经过上海租界时，本来对清朝官员不屑一顾的租界当局急忙换升大清黄龙旗，并派洋兵执鞭清道，鸣炮十三响，恭谨有加。大街上当时挤满了人群，因为从未有过如此的场面。左宗棠带亲兵出巡时，当时有人告诉他："按照洋人租界章程，凡带刀持械者，必须先到租界工部局取得照会，方能通过。"左宗棠大怒道："上海本中国地，外人只租借尔。以我中国军人行中国地，何照会之有？"他命令护兵荷枪实弹，刀剑出鞘，昂然而行。租界当局非但不敢干涉，还命令巡捕沿途照料，并告诫说："左公乃中国名将，今以驰驱王事过此，慎勿犯其怒也。"

19世纪80年代，法国侵略者吞并越南南部后，继续进攻北越，并觊觎我国西南地区，甚至疯狂叫嚣"必须征服那个巨大的中华帝国"。面对侵略者的步步紧逼，时任两江总督兼南洋通商大臣的左宗棠清醒地认识到"窃谓和局可暂不可常，其不得已而出于战，乃意中必有之事"。基于这样的判断，他立即行动起来，巡视沿江炮台，校阅民间渔团，部署长江口防务，力主援越抗法。1884年（光绪十年），左宗棠在一份"时务说帖"中断言："迨全越为法所据，将来生聚、训练、纳税、征粮，吾华何能高枕而卧？若各国从而生心……鹰眼四集，圜向吾华，势将猬糠及米，何以待之？此固非决计议战不可也。"

光绪十年，中法战争爆发，他自请领兵抗法；五月回任军机大臣，荐曾国荃接任两江总督。1884年8月23日（光绪十年七月初三），法国不宣而战，其海军袭击了福建水师和马尾船厂，中法战争正式爆发。

左宗棠以72岁的高龄及衰病之躯，被任为钦差大臣、督办福建军务，并于12月14日进驻福州。七月十八日，又奉派以钦差大臣前往福州督办军务。当他领军进入福州时，由于当时正值在中法战争中，中国南洋水师兵败马尾，而法国陆军又正在进攻台湾，因此福州城内人心惶惶，所以当得知钦差大臣左宗棠领兵来到时，民心大振。

据史书记载："当其入城时，凛凛威风，前面但见旗帜飘扬，上大书'恪靖侯左'，中间则队伍排成两行，步伐整齐，后面一人骑高马，执长鞭，头戴双眼花翎，身穿黄绫马褂，堂堂相貌，主将左宫保是也。在此风声鹤唳之秋，一见宫保，无异天神降临。"

一抵前线，他立即布置防务，亲自巡视马江两岸，又派军乘渔船偷渡援台。并请移福建巡抚于台湾，迈出了台湾建省的过渡性一步。然而终因多年征战劳累成疾，到福州不久，未来得及施展经略东南的宏图，第二年，光绪十一年七月二十七日（1885 年 9 月 5 日），左宗棠病逝于福州皇华馆，享年 74 岁，谥文襄。去年他已经见到新疆建省，所以在这一点上他没有遗憾。左宗棠病临终口授遗折称："越事和战，中国强弱一大关键也。臣督师南下，迄未大伸挞伐，张我国威，怀恨平生，不能瞑目。"

在国家饱受欺凌、中华民族灾难深重的时代，左宗棠以其铮铮铁骨，报国豪情，"锋颖凛凛向敌"，这样一种宝贵的品格和精神永远为后人所景仰，正如有人在一首挽诗中所赞颂的："绝口不谈和议事，千秋独有左文襄！"

据《钦定大清会典》记载："辟地有德曰襄，甲胄有劳曰襄，因事有功曰襄。"而且规定武将大臣武功未成者不能谥"襄"，而左宗棠完全具备了上面三个要求且武功赫赫，因此受谥为"襄"是理所应当，此外左宗棠虽然不是翰林但被授予了大学士，因此也可受谥为"文"，因此"文襄"的谥号对左宗棠是十分恰当的。他生前共拥有二等恪靖侯、东阁大学士、太子太保、一等轻骑都尉、赏穿黄马褂、两江总督、南洋通商事务大臣七个头衔。

左宗棠逝世之日，正直台风侵袭福州，惊雷震撼，而"全城百姓，一闻宫保噩耗，无不扼腕深蹉，皆谓朝廷失一良将，吾闽亦失一长城"。

清廷发布"上谕"称："大学士左宗棠学问优长，经济宏远，秉性廉正，莅事忠诚，运筹帷幄，底定回疆。"着追赠太傅，加恩予谥"文襄"。他的"左文襄公"之名由此而得。

2—15. 多年至交曾左失和，一山二虎自难相容

如所周知，曾国藩晚年与左宗棠不和。

人们常说，性格决定命运，性格上的巨大差异使得曾左两人表面和善私下充满了矛盾的暗礁。曾国藩讲究个人修养，是个理学家，平时不用说，处处显得很温和。而左宗棠个性刚直果断，慷慨激昂，是非分明，嫉恶如仇。左喜欢快刀斩乱麻，曾喜欢慢工出细活，因此两人经常锣不对鼓，板不合腔。尤其是，左宗棠多次进京赶考却未及第，因此始终特

别敏感，稍被人怠慢或过分谦让，都可引起激烈的反应，而且言词辛辣，甚至狠毒。有一次曾国藩在给左宗棠的信札中，出于谦让，用了"右仰"这样的客套话，左宗棠很是不快，说道："他写了'右仰'，难道要我'左俯'不成！"

曾国藩是理学家，但不乏幽默感，他曾拿左宗棠的姓字调侃，抛出上联："季子才高，与人意见时相左。"将左宗棠的字（季高）和姓（左）都嵌入其中，寓庄于谐，既切事，又达意，略无雕琢，浑然天成。左宗棠哪受得了这一"恶补"？他很有点恼羞成怒，决意在气势上不逊对方，于是以其人之道还治其人之身，对出下联："藩臣辅国，问伊经济又何曾？"他也将曾国藩的名（国藩）和姓（曾）分嵌首尾。二语合璧，恰成一副绝对。曾公措词谑而不虐，左公用语负气较真，各有千秋，算是打成了平手。曾国藩与左宗棠构隙，其实不是在转战江南时，而是在攻破江宁后。

当时曾国藩听信众将所言，天京城破以后经历三天大火之劫，认定洪秀全之子幼天王洪天贵福已经死于乱军之中，江南战事即将结束。可是没过多久，太平军残部窜入湖州，左宗棠侦悉洪天贵福仍为军中在职领袖，于是密疏奏报朝廷。曾国藩听闻这一消息后，怀疑左宗棠别有居心，因此十分恼怒，上折加以驳斥，说左宗棠夸大其词，有故意邀功请赏之嫌，而且他围堵太平军残部不力，致使十万太平军从浙江逃逸；此时，闽浙总督左宗棠已不是居人门下的幕僚，又岂肯无辜受责？他具疏自辩，洋洋数千言，辞气激愤，指斥曾国藩欺君罔上。这样一反复，事情就闹大了。但清廷正在用人之际，也不好出面评判谁是谁非，干脆降谕旨两相调解，上谕说："朝廷于有功诸臣，不欲苛求细故"。曾、左二巨头因此公然反目，一些小人乐观其争，故而调和者少，挑拨者多，俨然形成两大水火不容的敌垒，矛盾越积越深，死结越打越牢。虽然太平军算是完了，但曾国藩、左宗棠之间的恩怨却还没完。

曾国藩晚年对人说："我平生最讲求的就是诚信二字，他居然骂我欺君，我还能不耿耿于怀！"然而个人之间尽管有成见，但在"公忠体国"这一点上，曾国藩仍然十分看好左宗棠。当年有人从西北边陲考察归来，与曾国藩谈及左宗棠治军施政，事事雷厉风行，卓见成效，曾国藩由衷佩服，击案赞叹道："诚然，此时西陲之任，倘左君一旦舍去，无论我不能为之继，即起胡文忠公于九泉，恐亦不能为之继也。君谓朝端无两，我以为天下第一耳。"曾国藩说这话，的确有过人的雅量和诚恳，不是故意摆出高姿态。

湖湘大学者王闿运于同治十年（1871 年）游历于江淮之间，其年九月路过清江浦，巧遇两江总督曾国藩的巡视船。久别重逢，宾主相见甚欢，一同看戏七出，其中居然有《王小二过年》。王闿运猜道："这出戏肯定是中堂点的。"曾国藩问他何以见得。

王闿运说："我记得当初（你）刚起兵时就点唱此戏。"

曾国藩闻言大笑。俗话说，"王小二过年，光景一年不如一年"。

曾国藩刚树立湘军大纛时，屡遭败绩，困窘不堪，年年难过年年过，当时十分感慨所以点了此戏；如今垂垂老矣，身体和心境逐年颓落，也是心有感触，所以现在点这出戏确有这层意思。趁着曾国藩神色欢愉，王闿运建议他与左宗棠摒弃前嫌宿怨，重修旧好，原本只是一场误会嘛，又何苦长期失和？曾国藩笑道："他如今高踞百尺楼头，我如何攀谈？"可见，当时曾国藩心气已平，芥蒂全消，可惜他们天各一方，无由相见。

慈禧太后是会耍手腕的人，她说曾国藩克复金陵，仅获封侯，而左在新疆建立功业所依靠的将领刘松山和湘军又是曾国藩所派遣的，于是只封左宗棠一等恪靖伯晋二等侯，以示稍亚于曾国藩。此举不异于在两人脆弱的关系上再砍上一刀。所以左宗棠在晚年，逢人便骂曾国藩，经常是喋喋不休。

曾国藩与左宗棠为一时瑜亮，惺惺相惜。左宗棠个性太强，对一切睥睨视之。他智勇双全，纵然心下敬重曾国藩，也不肯挂在口头。不错，在左宗棠眼中，一世之人皆可推倒，只有曾国藩能够与他相提并论。英雄的孤独，其极端形式表现为：对手死了，比朋友死了还可悲。因此曾国藩弃世后，左宗棠念及彼此早年的交谊，颇为伤感，他在家书中说："曾侯之丧，吾甚悲之，不但时局可虑，且交游情谊也难恝然也。已致赙四百金。"他还特制挽联一副，剖白心迹："谋国之忠，知人之明，自愧不如元辅；同心若金，攻错若石，相期毋负平生。"足见两人早年宝贵的交谊，虽然中途搁浅，却并未弃置和断绝。

回顾曾国藩和左宗棠之间的交谊始末，可见彼此地位高了，面子反而薄了，受了伤，那道"创口"就很难愈合。实际上无非争口闲气。曾国藩和左宗棠不可能不知道，各退一步海阔天空，可是他们都静等着对方先有所认错的表现，这一等就等成了千古遗憾。硬要等到其中一个死了，另一个再用挽联挽诗致敬志哀说好说歹，此时亮出高姿态或低姿态，明眼人看着，都已很难认同。曾国藩与左宗棠彼此失和成千古憾，所幸后死者念及旧情，有所补救，还不算抱恨终天，但是官位越高，人味越薄，却也是真实写照。

在这个问题上，人们更多认为是左宗棠气量过窄，因为他功成名就以后就一直对世人称"曾左"而不称"左曾"而耿耿于怀。

但是有一点他们两人是相同的，即都淡泊名利，曾国藩最欣赏"花未全开月未圆"，认为这是为人惜福之道，而左宗棠在任闽浙总督时就写信给他的大儿子说："我生平于仕宦一事最无系恋慕爱之意，从枯寂到显荣不过数年，可谓速化之至。绚烂之极正衰竭之征。唯当尽心尽力，上报国恩，下拯黎庶，做完我一生应做的事，为尔等留些许地步。"

左宗棠初当幕僚时，为抓住展示才能的时机，他经常为一件小事而与人大吵大闹；在当上巡抚，官及二品时，脾气却越来越小。"穷困潦倒之时，不被人欺；飞黄腾达之日，不被人嫉。"这句著名的话就是他说的。

1877 年，曾国藩的次子曾纪鸿因家人病重无钱治病，向左宗棠和他父亲共同的老部下、远在新疆的少年统帅刘锦棠借钱。刘锦棠和曾国藩是湘乡县同乡，他和其叔刘松山是曾国藩的嫡系。后来为了平定西北，曾国藩慷慨地把这种战斗力最强的老湘营拨给了左宗棠。曾国藩后人向刘锦棠借钱却不直接向左宗棠开口，还是显示出亲疏有别。

左知道此事后大为感慨，于是送给了曾家三百两银子，并且就此事在给儿子的信中说：

"吾与文正交谊，非同泛常。所争者国家公事，而彼此性情相与，固无丝毫芥蒂，岂以死生而异乎？以中兴元老之子，而不免饥困，可以见文正之清节足为后世法矣。"

2—16. 非常之际非常之人，非常之任非常之功

惊悉左宗棠病逝，在福州"全城百姓，一闻宫保噩耗，无不扼腕深叹，皆谓朝廷失一良将，吾闽亦失一长城"。"归丧之日，江浙关陇士民闻之，奔走悼痛，如失所亲。"

左宗棠没有遗憾的是生前见到了新疆建省，遗憾的是他未能见到台湾建省。1885 年中法战争后，作为军机大臣，他更是强烈要求为了加强国防，台湾必须建省，他在给朝廷的奏折中说：台湾孤驻，雄峙大洋，为七省门户，关系全局；台湾岛绵亘一千余里，其疆域之大，足够建省；台湾每年缴纳的物产关税，比广西和贵州还多，其经济实力也足以建省；台湾是一个具有巨大潜力的地方，只要"抚番"的政策实施恰当，将会成为海外一大都会；当然，最重要的是，一旦台湾建省，就可以大大加强中央对台湾的掌控，抵御外国的觊觎。

朝廷认真研究了左宗棠的奏折，终于于光绪十一年九月初五（1885 年 10 月 21 日）颁旨，决定台湾建省，并任命著名淮军将领刘铭传为台湾巡抚。可惜左宗棠未能看到这一天。

与李鸿章相比，左宗棠具有极强的国土观念，在他的眼里，中国国土一寸也不能丢。

著名中国近代史学家郭廷以说："一部清朝晚年历史，几乎都是吃败仗，割地赔款，丧权辱国的记载，读来令人气沮。唯有左宗棠的西北经略则是例外，确实值得我们兴奋。"

正是：

将军身处非常世，承担历史非常托；肩负靖边非常任，勇建收疆非常功。

成就人生非常业，无愧千秋非常名；长受史家非常尊，当是华夏非常人。

后人赞曰：

左侯崛起中兴日，帅统天骄动西征；万里车骑通绝域，三湘子弟尽功臣。

兵驰瀚海春风起，玉塞新城柳色新；边陲今日重需障，九原谁为后来人。

当左宗棠奉调入京进入军机以后，恭亲王当然要向他介绍北京的重要官员，其中第一批被介绍的官员中就有原湖广总督满人官文，当年左宗棠担任骆秉章的幕僚时，官文就很看不起他，称他为佐杂小吏，并因樊燮案要置他于死地。左宗棠这次见到官文，第一句话就说："你一定还记得我，我就是骆秉章大人府中的那位佐杂人员。"官文当即手足无措，赶紧走了。可见左宗棠心胸不够宽广，很是记仇，不过这是他个人的性格，无关他的历史功勋。

左宗棠功名卓著，其个人品质忠贞耿直，对工作殚精竭虑，绝不推诿。他清廉但从不抱怨贫困，他对将士热情诚挚，言而有信，他的部属因此对他都心悦诚服。董福祥原是降将，当他归顺左宗棠以后，就被委以重任，在平定新疆中立有大功，后来更是成为清军的名将。他尤其具有战略眼光，例如平定西北的思路与部署，以及后来关于新疆建省的主张，都是影响历史的举措。他善于行政与管理民众，每占领一个地区，都会招揽流民百姓，慰问安抚，使他们安居乐业，所以老百姓都纷纷来归，这才能使经历过惨痛的战乱与阿古柏匪帮洗劫以后，陕甘地区和新疆地区得以迅速恢复。许多人都认为左宗棠有霸王之材，但霸王之材并非仅限于军事，事实上能够有效治理民众才是真正遵循了王道，而左宗棠深明此理。

左宗棠初领兵之际，完全不顾家庭，一心一意只顾前方作战，于是胡林翼写信给有关人士说，左宗棠因作战难以顾家，请每年筹银360两接济他的家人；在平定新疆的过程中，夫人在家乡去世，他当然非常悲痛，但也从不言再娶，调到北京以后，皇太后特赐他一个小妾，以照料他的生活；他领兵以后，由于要节省军费，他自己所用的帐篷特别简陋狭小，曾国藩得知以后，便让人特意缝制了两顶大帐篷送给他。

左宗棠就是这样一个一心为国不为自己的人。"苟利国家生死以，岂因祸福避趋之。"当年林则徐在嘱托新疆大事时赠言与左公，左宗棠也时刻警醒自己，用这句话诠释着自己的人格，对外铁腕强势，对内改革图强，对上忠心耿耿，对下知人善任。

如今的"左公柳"在塞外引春风度玉门，人们诚感叹："古今多少事，都付笑谈中。"

解放战争中领兵解放新疆的王震将军曾说："解放初，我进军新疆的路线，就是当年左公西征走过的路线。在那条路上，我还看到当年种的'左公柳'。走那条路非常艰苦，可以想象，左公走那条路就更艰苦了。"

总之，曾国藩与左宗棠都是晚清挽救国家的重臣，左宗棠为国家平息内乱、收复新疆并经略新疆和呼吁注重台湾防务，对国家功不待言；而当年王闿运曾劝曾国藩在江南起事以取代清皇朝，曾国藩断然不允。除了曾国藩作为忠臣的操守外，更重要的是曾国藩担心在太平天国洪杨乱后，国内若再起刀兵内乱，恐西方列强势将趁此机会入侵中国，则华夏文化必将遭毁灭性的摧残，人民也将遭空前劫难，而国家也势必将四分五裂而近灭亡，故实不能为之也不耻为之，此即所谓国之忠臣与重臣当以国家黎民为重耳。

曾国藩与左宗棠，就是这样的国家忠臣与重臣，他们都具有忠于自己信念并且为人又极为认真的特点，所以他们不但非常明白自己身上的责任，并且也愿意、也敢于一生都殚精竭虑承担这种历史重任。

第三章

天下巡抚：
胡林翼三战定武昌佐曾国藩平天国

天下巡抚胡林翼，光照晚清史称奇；决战武昌非等闲，一举定鄂满盘棋。

年少风流寻常事，两江总督识爱婿；功比曾左气恢弘，英年早逝留叹息。

3—1. 少年纨绔中年激奋，才气过人不甘沦落

在晚清的湖湘名臣中，还有一位重要人物也是需要知道的，那就是胡林翼。

胡林翼，字润芝，清仁宗嘉庆十七年（1812 年）六月生，湖南益阳人。在湖南的中兴名臣曾左胡三人中，曾国藩嘉庆十六年生，左宗棠嘉庆十七年生。这三位清代咸丰、同治年间的中兴名臣，不但都是湖南人，且都生于嘉庆十六、十七年间，真是湖湘的山川灵气所钟。

胡家显贵，其父胡达源曾以嘉庆二十四年一甲第三名进士及第，直接入翰林院，授编修，后官至詹事府少詹事，为四品京堂。故胡林翼从小受重视，得到了较好的教育，并有不少奇遇。六岁时，他爷爷教他认字，读《论语》。八岁时，爷爷在益阳修志馆编修志书，他随侍在侧。刚好将赴任川东兵备道的陶澍顺路回老家益阳探亲，一见到胡林翼，就惊为伟器，曰"我已得一快婿"，遂订下娃娃亲，将自己

五岁的女儿许配给他。

十九岁时，胡林翼与陶澍之女琇姿（字静娟）在桃花江陶氏别墅完婚。婚后，他师事同里蔡用锡前辈。蔡用锡，嘉庆十八年（1813年）拔贡，晚授石门教谕，素谙兵略，曾因科场失意，游幕为生，"当世名卿大夫延至之恐后"。他教书"务为有用之学，不专重文艺，而于兵略、吏治尤所究心"。胡林翼"师事两年，涵濡渐渍，服膺终身"。

二十一岁时，胡林翼偕夫人送岳母贺夫人去南京陶澍两江总督任所。陶澍是促成嘉庆道光年间经世之学重新活跃的代表人物，办事干达，政声极佳。胡林翼留居两江总督节署一年，胡林翼亲见陶澍为政兴利除弊措施，深受熏染，"精神殊为一变"。

江南一行，胡林翼收获很大。《清史稿》说："林翼负才不羁，婿总督陶澍女，习闻绪论，有经世志。"从此，他"于书无所不读，然不为章句之学，笃嗜《史记》、《汉书》、《左氏传》、司马《通鉴》暨中外舆图地志，山川扼塞、兵政机要，探讨尤力"。

而在两江督署，胡林翼有机会见到一些督抚，遂通过他们的言谈举止来判断其人。他认为林则徐、卢坤等的心术德量与陶澍相同，并请陶澍密保林则徐、伊里布作为两江总督的继任人选，陶澍深以为然，很器重他这个年轻但见识不凡的女婿。因而，当胡林翼在南京纵情山水，并流连忘返于秦淮河畔、钓鱼巷中时，有人密告陶澍，不料陶澍却说："润芝之才，他日勤劳将十倍于我，后此将无暇行乐，此时姑纵之。"因为狎妓在清代士人甚至官员中非常普遍，例如当时的清流健将宝廷不仅狎妓，而且娶妓，闹出了很多笑话。胡林翼是官宦子弟，养尊处优，他放浪不羁，有些风流韵事也是可能的。这从胡林翼身边人的笔记中就有蛛迹可寻，如曾国藩的幕僚欧阳兆雄、朱孔彰说胡曾是"纨绔少年""常恣意声伎"；而胡的幕僚徐宗亮也说他"少年有公子才子之目，颇豪宕不羁"，并且他过惯优越生活，即使在艰苦的军营中，也"厌饫极精""无三日不小宴"，不能像曾国藩、左宗棠那样粗茶淡饭，蔬食自甘。

胡林翼好冶游的逸事在《花随人圣庵摭忆》中还有个记载，那是黄濬从朋友处听来的：相传胡林翼点翰林后，常与同乡善化人周寿昌出入花街柳巷间。一夕，方与周寿昌同就某娼家，坊卒掩至，周寿昌机警，避入厨房，易服而立，得免被执，而胡林翼等人被抓回去问讯，因为不敢吐露身份，所以颇受辱。及释归，就与周绝交，谓其临难相弃，不够朋友。其后，胡林翼治军招勇，就不喜用善化籍人。这个故事虽然无法证实，但是也不能断言它不可信。

本来胡林翼任京官时，还不甚检点，有些公子哥的做派，可是后来改官黔中后，却刻自砥砺，"励志政事，军兴而后益以名节厉世，颇似信国少保"。

为什么会有这么一个巨大的转变呢？因为他这个贵州地方官是通过捐纳而来的。原来胡林翼丁忧起复后，觉得在京候缺补官，上升的空间不大，而其学生也认为他才气过人，做地方官更能有所建树，所以就凑钱给他捐个知府。

由于其父亲胡达源是嘉庆二十四年一甲三名进士，也就是1819年的探花。身为翰林院侍讲的儿子，胡林翼少年时在京城长大，这种门第使胡林翼结交非凡，所谓来往皆鸿儒也不过这般——他的师友有军机大臣文庆和林则徐等。因此，胡林翼不仅幼年聪慧，在眼界上也要高于一般人，有一个例子是，他年少时即认为"今天下之乱不在盗贼，而在人心"。

道光十六年会试胡林翼连捷成进士。朝考入选第九名，道光十八年庶吉士散馆考试中列一等第八名，授职翰林院编修，而这一年曾国藩刚中进士，左宗棠则于道光十二年乡试中举以后，会试屡次失败，始终是一个落第举人。

道光十九年的翰（林）詹（士）大考中，胡林翼又考在二等，翌年三月，任会试同考官，六月任江南乡试副考官，应当说，仕途前景看好，当时是属于可不断接受外派任务的"红翰林"之列，就如曾国藩那样，七年时间就由从七品的翰林院检讨直升到从二品的内阁学士，因此他也有这个希望与可能。但在江南副考官任上他却出了点小毛病，回京以后奉旨降一级调用。原因就是在考试后，正考官文庆私自带人进闱阅卷被弹劾，由侍郎（二品）降为员外郎（从五品），而胡林翼被责失察也降一级使用，气得父亲一病不起。

不久又因父亲病故而丁忧，等丁忧期满回京时，见到他的一班同年，有的已经升得很高了，就是比他晚中进士的曾国藩，都已经任翰林院侍讲（从四品），远高于他的内阁中书（七品）。于是他对仕途有些心灰意冷。本来胡林翼在年轻时，由于是一个得意的宦家贵公子，因此生活豪奢、纵情声色，很有点纨绔之态，但经过丁忧回京后的官场失意，从此变得稳重了。

　　他当然心情忧郁，而且也认识到在京城他的发展将会很慢，此时他的一班学生认为，自己的胡老师以新进翰林不幸此次遭牵连，以后恐将一蹶不振，而胡老师才气过人，埋没实为可惜，假如能放外吏，必将有所建树，于是这群学生们凑了一万五千两银子为胡林翼捐了一个从四品的知府。学生们出钱为他捐官使胡林翼十分感慨，一方面使他认识到仕途艰难，另一方面也感受到人们对他的厚望，他不能辜负这种期望，因此今后一定要做一个好官。对于一个出身高贵且少年有些纨绔的胡林翼来说，正是这次人生路上受挫并迫使他捐官外放地方一事，改变了他的一生，并成就了一位名垂青史的晚清名臣。

　　根据当时捐例，捐纳为官可以自主择地，胡林翼完全可以选择一个发达的地方，挑个肥缺做官。但他是正途出身，曾官清要，捐纳为官已让他蒙羞，所以宁愿到边远之地，以区别于那些输金为吏者。在给弟弟的信中，他就直言不讳地说："天下官方，日趋于坏。输金为吏者，类皆择其地之善者，以为自肥计。黔，硗瘠之所，边僻之境也，为人所掉首而不顾者。然兄独有取于黔者，诚以黔之官吏尚能奉上以礼不以货，以礼则知自重，不以货则知恤民，而治理庶几可冀。"而对于友人的不解，他则解释说："某之出，资用皆他人助成之……某初为政此邦，贫瘠或可以保清白之风，而不致负良友厚意。"胡林翼上述这些话并非门面语，而是发自肺腑，真心诚意。

　　他自己毅然选定到地瘠民穷的贵州去任职。那时由于贫困落后，是没有人愿意到贵州去当官的，但胡林翼以为，贵州穷，官员都不收礼，而且自己的父亲也曾任贵州学政，他要学他的先人，到贫瘠之贵州去磨炼自己，因此他在拜别祖坟时说："誓不取官中一钱自肥，以贻前人羞。"可见，胡林翼就是有意要选贫瘠困穷又政多盘错的贵州来磨炼自己的意志。

鸦片战争发生在道光二十年到二十一年间，战争过后，朝廷要求各地官员切不可再生事，以免再生外祸。这样一来，各地方督抚就都以求地方安宁为主，或者说就是求稳，因此对于地方匪贼，多有所放纵，这样一来，像贵州这样的穷地方更是盗匪横行。

3—2. 穷乡瘠地磨炼毅力，赫赫政绩誉满贵州

胡林翼于道光二十七年（1847 年）至贵州，历署安顺、镇远、思南三府知府，继补黎平府知府，升贵东道，直到咸丰三年（1853 年）冬，奉旨带他训练的黔勇前往湖北，协助湖广总督吴文镕征讨太平军，前后在贵州七年，四任知府。

贵州是胡林翼事业开始的地方。《清实录》说"贵州所属各地方往往聚有匪徒"，"数百为群，聚散无定，抢劫拒捕"。胡林翼年轻时究心兵略，此时刚好派上用场。他深入民间，延访士绅；短衣草鞋，探访匪穴；训练民兵，捕治巨盗，摧毁盗群，遂以知兵名闻天下。

他之所以在贵州被调来调去，就在于自从到安顺，就开始剿灭地方匪祸，结果成效显著，不但没有引起社会混乱，而且获得民间一致赞誉，深得贵州巡抚的器重，以后哪里有匪乱，就调胡林翼去剿灭。而且只要胡林翼一去，立刻就能平定，对于捕盗安民及绥靖地方，贡献卓绝。其做法就是：遍访士绅，寄以耳目；自练民壮，有勇可用；严保甲、立乡团，贼难立足；亲身士卒，废寝忘食。由于他生擒多名匪首，就地正法，使他威名大振。

咸丰元年，爆发了太平天国起义，朝廷除了赶紧派兵清剿以外，并开创了有名的不经法律程序的"就地正法"制度，以便地方官员能放手镇压地方上的叛乱分子。《清史稿》中说："唯就地正法一项始自咸丰三年，时各省军兴，地方大吏，遇土匪窃发，往往先行正法，然后奏闻。嗣军务敉平，疆吏乐其便己，相沿不改。"也就是从此地方大吏就获得了前所未有的司法权，不必结案复核，更不必办理秋审，只要加上土匪马贼的罪名即可就地正法。所以曾国藩就曾提出，捕人"不必一一

报官"，杀人"不必拘守常例"。而且局势相对平定以后，"就地正法"也未能废除，这一权力甚至下到州、县一级，使死刑基本上失去控制。

由于剿匪有功，胡林翼声名大振，远在京城的皇帝都知道他的成绩，而相邻各省都意在请他去。正是：

> 为政不在言多，须息息从省身克己而出；
>
> 当官务持大体，思事事皆民生国计所关。

此时太平军已经从广西兴起，接着破湖南，进湖北，在江南掀起了大波，太平军势如破竹，进军湖南、湖北，清廷上下震动。于是，御史王发桂上疏推荐胡林翼，说他"捕盗锄奸，有胆有识，平日训练壮勇，仿戚继光成法而变通之。勇不满三百，锐健果敢，一可当十。搜剿匪徒于深山密箐中，与士卒同甘苦。所著《保甲团练条约》及《团练必要》诸篇，行之均有成效，历任督抚深为倚重。倘蒙圣恩逾格畀以重任，留于湖北带兵剿贼，可期得力"。而且湖广总督吴文镕就向朝廷指名要胡林翼到湖北来，经皇帝批准，咸丰三年十二月，胡林翼带六百名黔勇来到湖北，开始了他人生中最重要的也是最耀眼的历程——征讨太平军。

胡林翼遂提兵进入两湖战场，开始其"中兴名臣"的戎马生涯。就此而言，贵州不仅是胡林翼事业的起点，而且是其奠定一生功业的福地。

胡林翼这个人官做得越大，感觉责任越重，对自己要求就越严格。由于他未当大官之前曾有些放荡，而升任高官以后对自己却是越来越严格，这在官场中是十分罕见的。所以名臣郭嵩焘曾这样评价他："呜呼！此岂今之人哉？"也就是说，现在到哪里找这种人去！

3—3. 千里入鄂御太平军，形势剧变投归湘军

到了咸丰三年四月，太平天国在南京的形势已经巩固，于是太平军又分兵两路进行征战。一路由林凤祥、李开芳率领北伐直隶，另一路由胡以晃和赖汉英率领，再度沿长江向上游西进。北伐之师由于孤立

无援，在进抵天津城外为蒙古亲王僧格林沁所败，但西进之师则旗开得胜，在攻陷安庆、九江等城市后，锐不可当，在皖、鄂节节西进，十分顺利。咸丰三年十二月，安徽巡抚、早一辈的湘军名将江忠源战死庐州，接着桐城、舒城均被太平军攻陷，湖北东边门户洞开，形势十分危急。湖广总督吴文镕领兵迎战，但咸丰四年正月，吴总督兵败黄州并战殁，于是太平军尾随清军溃兵溯江而上，并再陷武汉，湖北布政使也兵败自杀，此时胡林翼赶到，挡住了太平军，才使得布政使的儿子得以扶父亲灵柩返乡。太平军接着又南向进窥湖南岳州和靖港，在那里打败了曾国藩初建的湘军并继续南下。幸好此时曾国藩已经练好的水军和陆军在湘潭打了一个胜仗，才遏制住了太平军再次进窥湖南的意图。

胡林翼最初是以贵州贵东道的官职奉旨率领黔勇，前往湖北归湖广总督吴文镕军前调遣，现在吴文镕已经战死。接着，咸丰四年二月曾国藩奉旨正式出兵湖北进剿，此时，曾国藩奏请朝廷，留请胡林翼于岳州攻太平军，于是胡林翼便成了曾国藩的部属，因此胡林翼就跟随东征的湘军进军湖北。咸丰四年九月，湘军再克武昌，胡林翼也由贵东道调升湖北按察使。十月，湘军又在武汉下游田家镇再败太平军，且湘军水师乘势进入江西直逼湖口和九江。此时被曾国藩誉为"胆识绝人，威望素著""才大心细，系军中不可少之将"的胡林翼奉曾国藩檄调，领兵两千由湖北咸宁东出到江西瑞昌支援。

咸丰四年十二月，曾国藩的水师被太平军分割成外江与鄱阳湖内湖两支，曾国藩本人大败于长江，同时太平军在年轻勇猛的英王陈玉成的率领下，气势汹汹地由皖西再度侵入湖北东部的黄梅、广济等地，当时的湖广总督杨霈一败再败，太平军直逼武汉。曾国藩急令已受挫的长江水师回救湖北，同时也是使水师进行修补。胡林翼因为自己是湖北按察使，自然守土有责，于是也自请回援武昌，而且此时他已由湖北按察使擢升为江苏布政使，由于回援湖北，又被复调为湖北布政使，是仅次于湖广总督杨霈和湖北巡抚陶恩培的湖北第三把手，而且从此离开曾国藩自立门户了。

胡林翼领兵回救湖北时，汉口和汉阳都已经失守，武昌危在旦夕。

武昌的守军有一万多人，但都是怯战怕死的绿营兵。咸丰五年二月，胡林翼正在武昌城外的沌口与太平军作战，汉阳的太平军忽然渡江来攻武昌，来攻的太平军不过两千人，而守武昌的万余清兵未作任何抵抗便弃城而逃，于是太平军便第三次占领武昌。这也使胡林翼清楚地看到，原有的清兵已不能再指望了，必须学习曾国藩自练军队，也正因为胡林翼下了这个决心，湖北局势便为改观。

太平军第三次攻陷武昌时，在城内的湖北巡抚陶恩培因兵败自刎而死，于是胡林翼便奉旨署理湖北巡抚，然后就开始了至关重要的、长达一年半的武昌争夺战。

3—4. 酣战太平争夺武昌，奠定大局功不可没

前两次武昌失而复得，是因为太平军占城以后并无久留之意，不久就撤走去攻掠其他城池，所以武昌失陷后不久未经大战便也收复了。但是现在形势发生了变化，因为自从曾国藩领湘军开始东征，太平军认识到已经遇到了真正的劲敌。湘军出征以后，不但声势不凡，而且其所采取的进攻态势也极为厉害，一克武汉，再围九江，水师则大举进长江和鄱阳湖，颇有一举置太平天国于死地的态势。太平军当然不能等闲视之，从兵家观点上看，武昌、九江与安庆，是捍卫南京的长江上游三大战略要地，一旦控制了此三处，就能直接顺江而下威胁南京的生存。自九江被围以后，太平军就觉得必须先攻下武昌，迫使湘军回救，方能解九江之围。现在武昌已陷，但曾国藩仍不撤九江之围，太平军于是觉得必须力守武昌以使自己占据有利形势，这样一来，胡林翼面临的第三次收复武昌之战就必然会很惨烈了。

为此胡林翼采取了一系列的措施。

一、他将勇猛善战的水师偏裨将鲍超拔置为一军之主将，除原有部属外，更令他往湖南增募新兵三千人，作为湖北的基本部队，自后鲍超就成了清军与太平军作战中锐不可当的名将。

二、商请曾国藩从南昌方面的湘军中抽调一支回援湖北。曾国藩深知武昌若不能收复，大局难有作为，所以虽然当时曾国藩本身

"天下巡抚"胡林翼

所处的形势也不是很好，他还是将湘军名将罗泽南所带的五千人调回湖北协助胡林翼。

三、罗泽南部湘军到达湖北以后，为了更好和更快地训练鄂军，胡林翼就将他们中的一部分酌量分配到湖北军中，也就是按湘军的建制和操典进行训练，不久后鄂军逐渐变强。

四、武昌城大而坚，围城之师苦于兵少，不能发挥围点打援的有效战法，于是他就借重湘军水师控制长江的水面交通，以求封锁武昌城内太平军的粮饷供给，同时又逐步歼灭武昌以东各地据守孤城的太平军，使武昌城内的太平军彻底陷入孤立，再逐渐加强对其攻击。

五、此时新任湖广总督是正白旗出身的满族将军官文，胡林翼与他培育了很好的私人关系，让他防守汉水以北，一方面加强长江南岸军的声势，另一方面维护长江水师的安全；胡林翼不但与湖广总督官文保持了良好的关系，而且与官文手下的一些重要的满人领军将领，如都兴阿、多隆阿、舒保等人都建立了良好的关系，所以他们都十分乐意听从胡林翼调遣。

六、整顿吏治，多方筹措粮饷，使境内一切作战军队均无粮饷之忧。

由于胡林翼的周密部署与苦心经营，不久之后湖北境内的清军形势便逐步稳定。到了咸丰五年十一月间，湖北南境的咸宁、蒲圻等太平军重要据点均已被湘军拔除，武昌以南便再无太平军。同月，太平军主将翼王石达开谋解武昌之围，自皖南领兵入江西内地，以谋牵制。十二月胡林翼和罗泽南亲自督军三路进攻武昌城，城内太平军亦出城接战，双方苦战旬日，太平军守军的锐气受挫，湘军虽然尚未能攻破武昌，但太平军亦再不敢出城接战。

咸丰六年三月，石达开横扫江西五十余城，南昌形势危急，曾国藩急需罗泽南回师相救，但此时武昌围城已功在垂成，断不能舍之而去。于是罗泽南不顾危险和伤亡惨重，竭力向武昌城发动进攻，但还是难以破城。三月，九江方面的太平军亦突破清军阻击，大举来援武昌，此时武昌城内太平军也出城接应，虽然两路太平军都被击退，但湘军一代名将罗泽南则在此战役中受重伤而亡，由李续宾代领其军。四月，湘军杨载福所统领的水师大破太平军水师于汉阳，太平军战船两百余艘尽被烧毁，长江江面上被肃清，坐守汉阳和武昌的太平军就再无援路。六月，石达开由江西回师南京，一举攻破南京城外由主将向荣统帅的清军江南大营（向荣原是广西提督，与广西巡抚不和，太平军在广西兴起以后，向荣并未尽力进剿，没有将刚起事的太平军消灭于广西，而是一路跟着，一直尾随到南京城东边的孝陵卫，并在那里建立了"江南大营"，切断了南京与苏常等地的联系。同时另一支清军琦善在江北扬州建立"江北大营"，卡住南京通往北方的要道，两个大营都是清朝的绿营军）。

在解南京之围后，石达开又挥师西进来解武昌之围，号称十万，但胡林翼和李续宾以宽壕高垒阻之于青山，适此时（咸丰六年八月）太平天国发生内乱，东王杨秀清被洪秀全与北王韦昌辉联手所杀，石达开闻讯回兵南京问罪，于是武昌清兵援绝。十月，胡林翼又募得陆军五千，水师十营，对武昌采取长围久困之策。1856 年 12 月，武昌被围日久，外援渐绝，粮食、弹药俱形匮乏，加之洪秀全将韦昌辉处死，武昌太平军主要守将韦俊深恐株连，已无心再守。19 日夜，乃洞开城门，七道并出，突围他走。汉阳太平军也同日撤出。胡林翼趁机占领武昌、汉阳，并以日行 800 华里的速度向朝廷奏捷。朝廷也以武昌克复，实授胡林翼湖北巡抚、赏戴头品顶戴。

武昌、汉阳相继收复后，胡林翼和李续宾部署各部，相继收复黄州、兴国、蕲州、广济等地，到咸丰六年十二月，湖北全境已无太平军，历时一年多的武昌争夺战以胡林翼的全胜而结束。在胡林翼的统帅下，湘军第三次收复武昌有重要意义：

一、从此曾国藩就没有后顾之忧，也就取得了战略的主动；

二、湖北从此以后就可以为东征的湘军提供可靠的兵力和后勤的支持，确保湘军成功；

三、太平军失去了向北和向西发展与撤退的可能，已被压于江浙一隅之地，丧失主动。

自三复武昌，太平军在湖北被肃清，于是清廷与太平天国的作战军事重心，就逐渐移至江西和安徽境内，而此时胡林翼也不遗余力地支持曾国藩顺长江东下展开的军事行动。

但是，武昌始终是太平军想要夺取的要地，此后也多次实施要再次夺取武昌的战略计划，因为太平军只要夺取了武昌，或者是以"围魏救赵"的目的来进攻武昌，都可以使沿江而下的湘军不敢贸然东下展开进攻天京。

3—5. 罗泽南者湘军之母，儒将领兵壮烈殉国

上面提到了罗泽南，这个湖南湘军名将是必须讲一讲的。

罗泽南，湖南湘乡人，生于嘉庆十二年十二月，从小聪明敏慧，四岁始识字，六岁入私塾，过目成诵。十一岁学作对联，所作颇有奇气。所居之地有一药房，其旁为染房，他撰联云"医活万家人命，染成五色文章"，闻者无不叹异，此联既写实又抒怀，不同凡响，因而脍炙人口。十九岁，应童子试不果，归家授徒，开始了长达28年的设馆教书生涯。他先后在同里、湘乡县城、长沙等地设馆。其教授内容与方法别具一格，不仅应科考，而且授之以"六艺"（礼、乐、射、御、书、数）和经世致用之学，既习文又习武，因此学子云集。他先后培养了王鑫、李续宾、李续宜、李杏春、蒋益沣、刘腾鸿、杨昌濬、康景晖、朱铁桥、罗信南、谢邦翰、曾国荃、曾国葆等高徒。后来这些学生大多成为湘军名将，成为中国历史上"书生领兵"的一大景观。

故曾国藩为其所作墓志铭中称："矫矫学徒，相从征讨，朝出鏖兵，暮归讲道。理学家门，下多将才，古来罕有也。"所以，有人称誉罗泽南为"湘中一代宗师"，诚非虚语。

道光九年（1829年），罗泽南二十三岁，读书双峰书院，从学同里桥南塘举人陈权先生，陈为名师张正笏第五子、举人张眉大的弟子。因此，可以说罗泽南是张正笏先生的三传弟子。

十年之后，三十三岁的罗泽南中长沙府第一名秀才，以冠军入湘乡县学。罗泽南虽然仕途坎坷，但其学问和品德是世所共仰的，故在咸丰元年（1851年），湘乡县令朱孙诒举他为孝廉方正以应朝廷之选，时论以其名实相符，当之无愧。

1853年罗泽南与儒学弟子曾国藩共同募兵成立湘军，罗泽南自领一军自1853年起至1856年命殒前，转战湖南、江西与湖北，当湘军出湖南进攻到达武汉城下时，他曾策划进攻谋略，计划八天内收复武汉，后果然如此，所以战功彪炳。因练兵时常对兵将讲述易经，故又有"儒将""湘军之母"称号。湘军最初称湘勇，湘勇又因罗泽南先在湘乡县倡办团练，号"湘乡勇"而得名。他朝执兵戈，暮讲道学，料事如神，第一次收复武汉只用了七日。他因功先后被授知县、同知、知府、道台、按察使、布政使，谥号"忠节"。后人誉为"儒门出将，书生知兵，较其功烈，近古未有也"。最后，罗泽南累官至浙江按察使。

罗泽南本是湘军最早的重要创始人之一，甚至被人誉之为"湘军之母"。但今天人们大多只知有曾国藩而不知有罗泽南，这是不公正的。

曾国藩在罗泽南的墓志铭中称"湘军之兴，威震海内，创之者罗忠节公泽南。"

曾国藩之弟子、平江李元度在《忠节公事略》中也说："楚勇始自江忠烈，湘勇则自罗忠节公始。"

著名学者钱基博先生（钱钟书之父）在其《近百年湖南学风》中称："时为之语曰：'无湘乡，不成军。'藉藉人口。而不知无泽南，则无湘军。"

诸如此类的评价，还有很多。这都说明，曾国藩的湘军实际是在罗泽南最先的湘勇的基础上建立起来的，也就是受罗泽南所练湘勇影响很大，而且湘军的招兵方式与营制也是罗泽南帮曾国藩制定的。

不仅如此，罗泽南用兵如神，知时识势，例如首攻武昌之策。他写信给曾国藩，纵论吴楚形势，又面见曾氏，慷慨陈词，剖析利病，规划进止，认为：欲取九江、湖口，当先图武昌；欲取武昌，当先定岳鄂之交。如若得手，即引军东下，以高屋建瓴之势，夺取九江，进而攻取南京。近代史学家认为，罗拟定的这一战略是湘军走向最后胜利的最重要步骤之一。

罗泽南

《清史稿》对他作了很高的评价。他的建议被曾国藩采纳，同治元年十月，曾国藩写信给其弟曾国荃，回忆这段往事，还深深佩服罗泽南用兵能识时务，能取远势。咸丰六年，曾国藩被困南昌，急需罗泽南回师援救，于是罗泽南迫切希望拿下武昌以回师江西，因求胜心切，亲临前线督战，不幸于咸丰六年三月在武昌城下中炮而死，湘军遂失一名将。为避免动摇军心，曾国藩曾将罗死之消息封锁，密不发丧，因为罗泽南在军中的影响太大了。

在平定太平天国的征战中，罗泽南自率湘勇转战湘、鄂、赣三省，大小两百余战，克城二十，并以勇略善战，道气深重被誉称"儒将"。

他阵亡后曾国藩送的挽联就说他是：雍容褒带，儒将风流。

他具体阵亡的过程是：咸丰六年（1856年）三月参与"第三次武汉争夺战"战斗时，击败守城太平军名将韦俊，当时罗泽南领军攻至武昌大东门，1000名太平军此时也出城门迎战，罗泽南与部队被冲散在武昌市郊野外迷路，于雾中被太平军少年兵拿鸟铳击中，左额被击破而倒卧血泊，经湘军发现时已奄奄一息，抬回洪山敌前指挥所，次日三月八日伤重不治，随后即身亡。据说，伤重抬回指挥部时仍有意识能言语，遗言"……乱极更需镇定，方为有用之学"，"所部湘军领导改予李续宾接"，终年五十岁。

3—6. 兵败三河折李续宾，湘军遇挫连折大将

收复武昌后，胡林翼就可以腾出手出来帮助曾国藩了。

首先是争夺九江。九江与湖口扼制蕲黄以南的长江水域，并且能封锁鄱阳湖水路的出口，曾国藩的湘军在这里与太平军对垒了好几年，始终没有大进展，湖北既定以后，胡林翼就立即出兵帮助曾国藩攻取九江。

咸丰七年，胡林翼分遣接替罗泽南的李续宾和都兴阿诸军，会同杨

载福所统帅的水师，由湖北的蕲黄、广济出境，先夺九江北岸的小池口要隘，随即攻取长江两岸的湖口、彭泽、东流等地，然后与曾国藩的湘军合力围攻九江。咸丰八年四月，李续宾以地雷轰破九江城墙，乃克九江，这样，太平军

长江水战

在长江中游之地仅剩安庆一地了。胡林翼因立功奉旨加太子少保衔。

于是清军就组织数路兵马进攻安庆。首先是杨载福的水师控制江面，将军都兴阿由宿松逼近安庆，李续宾部进攻桐城等地，与都兴阿部互为掎角。但此时胡林翼的母亲去世，于是他必须回家丁忧。

1856年9月，天京内讧，太平天国的革命形势开始急转直下。1857年5月，石达开受洪秀全猜忌，离京出走，9月下江西带走安庆数万精兵良将，更使太平军元气大伤，整个战争形势也随之急剧逆转。清军利用这一有利时机，重整旗鼓，于1858年1月重新建立江南大营，包围天京。

江西战场上，湘军由防御转为进攻，于1857年10月26日攻陷湖口和梅家洲。1858年5月19日，新任浙江布政使、湘军悍将李续宾率部终于攻克军事重镇九江，驻守该地区5年之久的太平军将领林启容以下1.7万名将士全部牺牲。李续宾在攻克九江后不久即率部渡江，回到湖北，准备乘胜东援正受陈玉成攻击的安徽战场。

1858年5月，湖广总督官文、湖北巡抚胡林翼看到湘军在江西战场上已经取得决定性胜利，九江、湖口、南昌均已得，便拟定东征计划，要把李续宾部湘军投入安徽战场，此时皖南战场交由曾国藩负责，而在皖南，若要有把握进攻安庆就必须先扫荡在安徽中北部十分得势的太平军，于是胡林翼所部湘军就出师经略皖北。

当时太平军在陈玉成、李秀成等率领下，在皖北战场屡挫清军，于8月23日占领庐州城。于是，官文便命令李续宾迅速进兵，攻克太湖，然后乘势扫清桐城、舒城一路，再疾趋庐州，企图收回庐州，并堵住太平

军西进之路。所以，当江浦和浦口有变（两名重要的太平军将领叛变投降清军），使陈玉成、李秀成部挥师东向，进攻江北大营时，江宁将军都兴阿和李续宾等即率兵勇万余人自湖北东犯安徽，9月22日克太湖，然后分兵为二，都兴阿率副都统多隆阿和总兵鲍超所部从西北面进逼安庆，李续宾所部湘军北指庐州（合肥）。

李续宾部于9月23日陷潜山，10月13日陷桐城，24日陷舒城，接着指向舒城东面25千米的三河镇，准备进犯庐州。

三河镇位于界河（今丰乐河）南岸，东濒巢湖，是庐州西南的重要屏障。该镇原无城垣，太平军占领后，新筑了城墙，外添砖垒9座，凭河设险，广屯米粮军火，接济庐州、天京，因而在军事上、经济上都居重要地位。当时太平军的守将是吴定规。10月24日，陈玉成在江苏六合接到湘军大举东犯安徽的报告，毅然决定回兵救援，并向洪秀全报告，要求调派李秀成部同往。

11月3日，李续宾率精兵六千进抵三河镇外围。11月7日，分兵三路向镇外9垒发起进攻，李续宾则亲率湘中军四营为各路后应。太平军依托砖垒顽强抵抗，大量杀伤敌人。湘军攻垒愈急，太平军伤亡很大，便放弃镇外9垒，退入镇内，坚守待援。

在湘军大举进攻三河镇外围的当天，陈玉成率大队赶到，驻扎在三河镇南金牛镇一带。11月14日，李秀成也率部赶到，驻于白石山。至此，集结在三河镇周围的太平军众达10余万人，和李续宾部湘军相比占绝对优势。

面对太平军援军的强大气势，李续宾的一些部将十分胆怯，建议退守桐城。但骄悍的李续宾一意孤行，认为军事有进无退，只有死战，并于11月15日深夜派兵7营分左、右、中三路偷袭金牛镇。16日黎明，当行至距三河镇7.5千米的樊家渡王家祠堂时，与陈玉成军遭遇。陈玉成抓住敌人冒险出击的有利时机，以少部兵力正面迎敌，吸引敌人，另以主力从湘军左侧抄其后路。正面迎敌之太平军且战且走，将敌人诱至设伏地域。当时，大雾迷漫，咫尺莫辨，鼓角相闻，敌我难分。陈玉成主力迅速击溃了左路湘军，并乘胜隔断中、右路之后路。湘军发现归路被断，仓皇后撤，在烟筒岗一带被太平军团团包围。

李续宾得知大队被围，急忙亲率四营前往救应，反复冲锋数十次，也未能突入重围。驻扎于白石山的李秀成部，闻金牛镇炮声不绝，立即赶往参战；驻守三河镇的吴定规也率部出镇合击湘军。李续宾见势不妙，逃回大营，并传令各部坚守待援。其实这时守垒的湘军有的已经逃散，有的被太平军阻截在外，因而有七个营垒被太平军迅速攻破。接着，李续宾的大营也被太平军包围。他督军往来冲突，终不得脱，当夜被太平军击毙（一说自杀）。之后，太平军继续围攻残敌，至18日，全部肃清。这一仗，太平军一举歼灭湘军精锐近6000人，是太平天国战争后期一次出色的歼灭战。

李续宾

三河镇大捷后，太平军乘胜南进，连克舒城、桐城，围困安庆的湘军也闻讯后撤。

湘军三河镇之败，主要是孤军深入，犯险冒进。李续宾仅率数千人自湖北东犯，入皖之后，连陷四城，处处分兵驻守，结果"兵以屡分而单，气以屡胜而骄"。进至三河镇后，仅剩6000人，当太平军大队赶到时，已无阻援之兵可派。加之李续宾刚愎自用，拒不接受部将关于退守桐城的建议，终于全军覆没。

对于湘军这次惨败，咸丰帝闻之"不觉陨涕"。曾国藩更是"哀恸慎膺，减食数日"。胡林翼则哀叹说："三河败后，军气已寒，非岁月之间所能复振。"又说："三河溃败之后，元气尽伤，四年纠合之精锐，覆于一旦，而且敢战之才，明达足智之士，亦凋丧殆尽。"可见此战的失败对清廷和湘军的打击是极为沉重的。

太平军之所以取得全歼李续宾部的胜利，主要由于决策正确果断，兵力集中，战术灵活，指挥无误。当湘军进抵舒城、三河时，陈玉成果断决定兼程回援，并奏调李秀成部同往，形成了兵力对比上的绝对优势。在对敌发起进攻时，太平军采取正面迎战与伏击、抄袭相结合的战法，各部之间又能密切协同，主动配合，迅速分割包围敌人，打得湘军前后左右不能相救，以速决的方式迅速达成战役目的。

通过三河镇大捷，当时太平军粉碎了湘军东犯的企图，保卫了皖中根据地，对鼓舞士气、稳定江北战局、保证天京安全和物资供应，都具有重大的战略意义。但是当时双方争夺的关键还在安庆。

3—7. 助曾国藩合围安庆，意志坚定保证胜利

湘军三河大败，全军覆没，湘军名将李续宾和曾国藩之弟曾国华皆战死。俱认为这次失败是因胡林翼丁忧在家，军无统帅所致，于是总督官文拜疏请求胡林翼终制返任。胡林翼哭别了母坟回到黄州，退回黄梅的清军闻之乃安。于是他再整顿队伍，日夜训练以谋大举。

咸丰九年，胡林翼与曾国藩商定兵发四路进攻安庆：曾国藩由九江循江而下为主力第一路；将军多隆阿与提督鲍超攻取潜山、太湖为第二路；胡林翼兵出湖北英山和霍山为第三路；李续宜出商城和固始为第四路。为此首先要攻太湖与潜山，该两地皆处于安徽省的西南隅。太平军由安徽进湖北，或胡林翼由湖北进窥安庆，这两处都是必争的战略要地。此前，多隆阿曾大败太平军于太湖之东，所以太平军就固守在太湖城内。当太湖城内驻守的太平军听说胡林翼制订四路进攻的计划以后，极其紧张，立即报请太平军江北主将陈玉成请求救援。陈玉成于是又统十万大军由江苏进入安徽，向庐江、桐城一带猛扑过去。其目的不仅是要解太湖之围，而且要趁机击破清军，以解除安庆所受到的威胁。此时，四路清军刚刚出师，安置未定，兵力没有集中，对于来势凶猛的太平军，看来难以抵挡。当时清军内部对于如何应付，颇多犹豫。而且太湖城尚在清军围困之中，如果撤围师而厚集诸军以迎战陈玉成，则多时以来围守太湖城之功归于白费；但如果不撤太湖之围，则将两面受敌，且会使太湖之敌与陈玉成会合，其势更不可当，曾国藩一时也难以定夺。

但是即令曾国藩并不很赞同，胡林翼还是坚决主张集中兵力迎击陈玉成，因为他对清军的威胁远大于太湖城内的守军，于是他将部署在太湖附近的鲍超、多隆阿等军合而为一，以多隆阿为统帅，合力迎击陈玉成。十二月，陈玉成大军经潜山而至太湖，正面与多隆阿大战六日，此

时清军已因人少陷入苦战。危难时机，胡林翼与曾国藩乃抽调各路援军又从背面攻击太平军，双方形成包围与反包围的态势，又血战将近十日，最后终于将陈玉成主力击溃。

由于这一战役的胜利，安徽方面的太平军就再没有力量可以阻止清军的全面推进，因而于咸丰十年九月清军乃围安庆。

1860年初，咸丰十年闰三月，由于江南大营重围天京，李秀成强请出京，以围魏救赵之计，领军连下安徽广德，浙江安吉、长兴等地，由宁国、广德直插浙西，并率1350名先锋奇袭并占领杭州；当太平军进攻杭州时，清军江南大营的督师钦差大臣和春急令总兵张玉良分兵前往救援。刚到杭州，李秀成已经全师取道湖州间道驰还，与杨辅清、李世贤、刘官芳等，迅速攻抵江南大营的后路。此时南京城内的太平军以及北路来援的陈玉成部都全力出兵对清军进行夹击。在东西夹攻之下，江南大营顿时崩溃，自1858年2月建立并围困南京数年的三百余营清绿营兵，全部瓦解，太平军于1860年5月6日再破江南大营。战局顿时逆转，和春自杀。太平军旋乘胜东下，攻占常州、无锡、苏州、嘉兴等府的绝大部分州县，建立苏福省，为太平天国开辟了新的重要基地。

两江总督何桂清也被撤职，因此，进攻太平军的主将就已不能再由满人担任，时清文宗咸丰皇帝准备任命胡林翼为两江总督以统辖江浙战事，但军机大臣肃顺进言："胡林翼在湖北措注尽善，未可挪动，不如用曾国藩督两江，则上下游俱得人矣。"皇帝同意了他的意见，于是曾国藩便得以署理两江总督。

江南大营再次被攻破而曾国藩承担起破太平军的主将责任以后指出，目前对太平军用兵，东边必须由上海进苏常，南边克池州和芜湖，西边则必须先克安庆与和州。于是，清军与太平军争夺安庆之战就在随后的一年多中激烈进行。

当时，曾国藩与胡林翼商定的部署是：曾国藩以万余兵力围安庆，而在外围，多隆阿也领兵万余围桐城并阻截清军援兵，李续宜也领兵万余驻青草喝为两地援军，鲍超领兵万余为游击，剿灭各地残存太平军，杨载福水师则在长江布防。此时，为救安庆，北路太平军陈玉成部猛攻清军多隆阿部和李续宜部未能得手，于是又转进湖北，陷德安、随州，武汉和襄阳都震动；而南路太平军李秀成部则由浙江进入江西，围抚州，陷吉安，直逼南昌和九江，随后也入湖北，更是进逼武昌。两路太平军的目的都是要迫使湘军分兵救援以解安庆之围。

在这样严重的形势下，曾国藩与胡林翼商定，绝不撤安庆之围，于是调集各路清军，对太平军且防且战，首先是长江南的李秀成部为图经略江浙先撤走浙江；而鲍超与多隆阿又勇猛无比，人称"多龙鲍虎"，在皖北多处大败太平军，终于使皖北太平军也被迫东撤，最后清军于咸丰十一年八月初（1861 年 9 月 5 日）攻克孤立无援的安庆，从此南京以西实际上就已无战事，只要多隆阿再占领庐州和鲍超占领宁国，湘军就可长驱直入东下南京了。

但也就在清军攻克安庆之际，咸丰十一年八月二十六日（1861 年 9 月 30 日），因积劳成疾，胡林翼病逝于军中，终年五十岁，可幸见到了湘军攻克安庆，死后谥文忠。

3—8. 忧心国事死而后已，气势恢宏英年早逝

胡林翼即令是身患重病，但还是忧心国事，文献《荩臣忧国》中记载："楚军围安庆，文忠前往视师，策马登龙山，瞻盼形势，喜曰：'此处俯视安庆，如在釜底，贼虽强，不足平也。'既复驰至江滨，忽见二洋船鼓轮西上，迅如奔马，疾如飘风。文忠变色不语，勒马回营，中途呕血，几至坠马。文忠前已得疾，至是益笃，不数月薨于军中。盖粤贼之必灭，文忠已有成算，及见洋人之势方炽，则膏肓之症，着手为难，虽欲不忧而不可得矣。"

都传说胡林翼之所以见外国轮船而忧心呕血，是由于当时上海方面的外国商人常以轮船运输军火和粮食，前往出售于被围困安庆城中的太平军。安庆城在长江边，清军将其三面围困，但久不能克，原因就在于临江的一面可以得到外国轮船的水上接济，因此清围城之军难以迅速致其于死地。胡林翼以前也听说了此事，但尚未亲自看到。这次亲眼看到了体积如此巨大的外国轮船竟然在长江上奔走如飞，远不是中国船和中国水师所能比，而且想到中国此时也没有克制它的方法，则将来之国患

将不在内部变乱而在外来侵略，联想到英法联军不久前之攻掠北京，这已是可以断言的事。所以，他不免忧心如焚，急得吐血，因此也就加深了他身上本已难治的顽疾，乃至终于不治。

终胡林翼一生，事迹与个人品德都光照四方，因此被誉为"天下巡抚"，这或者是夸他为"天下第一巡抚"，或者是感叹天下再难找到如此好的巡抚。苏东坡说过：古今之立大事者，不唯有超世之才，亦唯有坚韧不拔之志。胡林翼即如斯人也。

3—9. 为左宗棠七次推举，力排众议慧眼识才

胡林翼与左宗棠都是生于嘉庆十七年，左宗棠比胡林翼小四个月。胡林翼是湖南益阳人，左宗棠是湖南湘阴人，他们的父辈却是世交。

道光十三年（1833年）正月，胡林翼与左宗棠会面于京师，由于是湖南同乡，两人意气相投，相见如故，一见定交，从此定下了以后三十年生死之交。

其中最引人瞩目的是，胡林翼曾经一生七次向朝廷和封疆大吏推荐左宗棠，最后终于使左宗棠成就了他一生辉煌的事业。

道光十五年（1835年），胡林翼首次将左宗棠推荐给两江总督陶澍，称为奇才，这就有后来陶澍与左宗棠醴陵之谈，陶澍对左宗棠十分欣赏，两人并结为儿女亲家。

道光二十八年（1848年），胡林翼又将左宗棠推荐给云贵总督林则徐，但左宗棠因故未能去云南，后来林则徐卸任回福建途中，在长沙特意邀请左宗棠到舟中一叙，交谈竟夕，惊为天才，并预言今后整顿新疆事务者非他莫属。

咸丰二年初（1852年），胡林翼第三次又将左宗棠推荐给湖南巡抚程采，称他为"今日楚才第一人"，但因不久程就上调为湖广总督，左因此未能应招。

咸丰二年七月，胡林翼四荐左宗棠于湖南巡抚张亮基。经张亮基的诚恳邀请，左宗棠出任他的幕僚，并协助他守住了长沙危城，深受张亮基的器重。张亮基调任湖广总督后，左宗棠曾随同前往，后张亮基转任

山东巡抚，左宗棠又回到湖南。但张亮基对胡林翼说，非常感谢胡林翼向他推荐了左宗棠，张亮基认为自己在湖南取得的成就都应归功于左宗棠；左宗棠回湖南后不久就被骆秉章请回幕府。

咸丰六年（1856年）七月，胡林翼五荐左宗棠于咸丰皇帝，奏折中称左宗棠"才学过人，于参政机要，山川险要，尤所关心"，荐他为将帅之才，咸丰皇帝赏左宗棠四品卿衔。

咸丰十年（1860年）初，胡林翼六荐左宗棠。此时左宗棠正陷入因掌掴满人总兵樊燮而被诬为"劣幕"，处境十分危急。胡林翼立即多方运动为其开脱，首先是直言不讳告诉湖广总督官文，说左宗棠是自己的亲戚，但为人刚烈，希望官文手下留情。官文与胡林翼私人关系很不错，也就给了胡林翼这个面子，没有深究此案。同时，胡林翼又拦住了要北上京城听后处分的左宗棠，要他留在自己的军营中暂避，同时他又与郭嵩焘、曾国藩、骆秉章等人在北京运动各方，为左宗棠说好话，说他"名满天下，谤亦随之"，皇帝也就没有再深究。

有了这个基础并且由于江西对太平军作战形势告急，于是咸丰十年五月，胡林翼又第七次推荐左宗棠于咸丰皇帝，建议让他"速募勇六千人，以救江西、浙江、皖西之土"，于是咸丰皇帝便命左宗棠以四品京堂后补募兵六千襄办曾国藩军务。

左宗棠因此就一路顺风地走上了清皇朝中兴的历史舞台，书写了他光彩夺目的后半生，可见，左宗棠一生的成功在很大程度上是由于胡林翼的二十五年来多次诚心不已的推荐。

咸丰十一年（1861年）胡林翼逝世，左宗棠作《祭胡文忠公文》："交公幼年，哭公暮齿，自公云亡，无以为善。熟拯我穷，熟救我褊？我忧我诉，我直何告？我苦我怜，我死何吊？追维畴昔，历三十年，一言一笑，愈思愈妍。"悲伤之情，十分诚挚。

3—10. 目光远大胸怀全局，勘定大乱名在历史

作为晚清的中兴名臣，综观胡林翼的一生：

一、目光远大。他清楚地知道要挽救时局必须平定太平军，故自领

兵从贵州出来以后，就一生投身于这个事业，攻武昌、建鄂军、攻太湖、围安庆、助曾国藩，皆是从大局着想。

二、胸怀宽广。他不计较个人的名利，每次上报战绩，他都说是他人之功，尤其是说主要是湖广总督官文和曾国藩之功，然后说其他诸将之功，全军上下无不景仰。

三、调和人际。湖广总督官文是满人，胡林翼是湖北巡抚，都驻节武昌。本来同城督抚是极难相处的，而且还是满汉不同。但是由于胡林翼极为大度，对官文一些小有出格的事都不计较，而且累累向皇帝上报官文的"战功"，使得他与官文之间的关系十分融洽。本来总督管军事，巡抚管政务，但是由于两人关系好，因此官文干脆把很多进攻太平军的军事也交给胡林翼管，这就使得在平定太平天国的军事行动中，胡林翼得以大展宏才。

四、全局观念。胡林翼充分认识到，平定太平天国是一个事关全局的大事，所以他任湖北巡抚以后，就不顾某些人的反对，着力将湖北建成支援湘军和邻省的可靠基地，无论是在兵力上还是在财政上他都毫不犹豫，而且对于他所培养出来的一些得力战将，如鲍超等人，他都慷慨支援湘军使用。当时，两名水师主将彭玉麟和杨载福分领鄱阳湖和长江水军，但两人极不和，不愿见面也不愿讲话，此必将大大影响用兵，于是当时已贵为太子少保的胡林翼将他们二人请来，面对冷目相视无语的两位水师主将，胡林翼倒满三杯酒，然后自捧一杯，作为他们的上级主帅，跪而请曰："天下糜烂至此，实赖公等协力支撑。公等今自生隙，又何能佐治中兴之业耶？"自己不禁泪流满面。彭、杨二将急忙跪下，相继曰："吾辈负宫保矣，如再有参差，上无以对皇上，下无以对宫保。"从此二人相好无间。

彭玉麟和杨载福都是出自湖南的水师名将，彭玉麟后任两江总督，杨载福后任陕甘总督。胡林翼曾对曾国藩说："天下糜烂，恃吾辈二三人撑持。吾辈不低首求人才以自助，可乎？"

五、坚决支持曾国藩。湘军初起，领兵统帅的曾国藩的职位是"在籍侍郎"，或叫"前兵部侍郎"。就是这位"在籍侍郎"编练的湘军，远胜正规军，一战湘潭，再战岳阳，三战武汉，节节胜利，攻入江西。

但也正因如此，曾国藩就受到清廷权贵的猜忌，得不到咸丰皇帝的信任，他的职位也长期是尴尬的"在籍侍郎"。而这一身份给曾国藩领兵作战带来许多的麻烦。军队生存，最要紧的是粮饷，曾国藩不是督抚，没有地盘，筹饷成了湘军生存的极大问题。湖南、江西两省的地方官，合作时，曾国藩的日子便好过些；不合作时，湘军形同乞丐。尤其湘军与太平军在江西相持的一段时间里，曾国藩处境极为困难，办事非常艰苦，有时真是叫天不应，叫地不灵，他自己形容是"群疑众侮，积泪涨江"。1857 年 2 月（咸丰七年正月），曾国藩更是借父亲去世自己须按例丁忧，不待朝命便离开军营，负气居家一年半之久。就在曾国藩最为困难的日子里，胡林翼给了他最大的支持。胡林翼成为湘军另一位统帅，职位迅速提升，与曾国藩的赏识、提拔是分不开的。但是胡林翼于 1855 年升任湖北巡抚后，就职位级别，已可与仍是"在籍侍郎"的曾国藩平起平坐，而且胡林翼掌控湖北地盘，论实力，已在曾国藩之上。但胡林翼则处处时时维护湘军，维护曾国藩湘军最高统帅的地位。凡有大事，都与曾国藩商量，尊重曾国藩的意见，处处为曾国藩着想。曾国藩居家半年后，胡林翼就奏请清廷命曾国藩出来领兵，被清廷拒绝。

第二年，在太平军石达开大军进入浙江之机，胡林翼看到这是一个绝好的机会，便以自己无法分身为由，再次奏请命曾国藩出山调度。这一次，清廷准许曾国藩出来带兵，但职位还是那个尴尬的"在籍侍郎"。胡林翼又设计为曾国藩谋取四川总督职位，虽然未成，但其一片苦心，早被曾国藩感激在心。他曾经引雍正皇帝的话说："治天下之道唯用人，除此皆末节也。"咸丰十年四月，曾国藩终于被任命为两江总督。

对于曾国藩一手带起来的湘军将领，胡林翼也以诚相待，处处维护。古人所谓"滴水之恩，当以涌泉相报"，用在胡林翼对曾国藩上，可谓恰当。可以说，是胡林翼与曾国藩的精诚合作，成就了湘军，特别是帮助曾国藩和湘军渡过了最困难的阶段。

六、执政有方。曾、胡、左、李四人中，胡林翼死得最早，所以一般人只注意他平定太平天国一件事，实际上还有一件事，那就是胡林翼把一个长期动荡不安的、吏治民生都糟糕透顶的湖北治理得井井有条，充分显示了他的政治、行政才干。晚清数十年湖北有作为的官员，先有胡林翼，后有张之洞，其他人可说难以望其项背。

咸丰、同治之际，太平天国三进三出武汉，同时吏治腐败，盗贼蜂起。胡林翼接任湖北巡抚后，大力整顿，从罢免腐败和不称职的各级官员，到提出认真整理财政，处处显示了他的才干。经过三年的苦心经营，胡林翼把一个"天下第一破烂之鄂，变成天下第一富强之省"，湖北也成了湘军的可靠后方。

对于胡林翼治鄂的成就，当时人就给予很高评价。曾国藩在给左宗棠的信中又说，胡林翼"再造江、汉糜烂之区，变为富强，意量之远，魄力之大"，无人可比。及至胡林翼去世后曾国藩的《沥陈前湖北抚臣胡林翼忠勤勋绩摺》，更是详细数列胡林翼治理湖北的功劳。

可以说，湘军得湖北地盘，更得胡林翼治理湖北，真如虎添翼，尤其对前期湘军，必不可少。总之，无论是在贵州还是在湖北，胡林翼都是将他所治理的地方治理得形势日好，他知道在当时的用兵形势下，唯有通过：察吏、求才、练兵、筹饷这四个办法才能有所作为，由于他在湖北省"措注俱善"，连朝廷都认为湖北必须有胡林翼。

七、文人领兵。胡林翼是进士出身，是一位典型的文人，但是却在平定太平天国的军事行动中立有大功。首先，他创立了鄂军，这支军队后来与湘军共同作战中，战绩辉煌；其次，胡林翼亲自参加筹划和领导攻克武昌、平定湖北、攻破九江、进攻太湖、阻击英王、围攻安庆等一系列重要的军事活动，并都取得了胜利，因此也显示了他的军事才干，所以后世有"胡林翼治军语录"；他而且带出了罗泽南、李续宾、都兴阿、多隆阿、李续宜、杨载福、鲍超等一批赫赫有名的战将。王闿运曾经批评过曾国藩和左宗棠各自在用人上的缺点，但却没有批评胡林翼，因为胡林翼既求人才又培育人才而且还大胆使用人才和造就人才，他说：国之需才如鱼之需水，鸟之需林，人之需气，草木之需土，得之则生，不得则死，天下务当求才。他是一位绝顶超群的"经世派"文人。

八、坚毅果断。胡林翼在年轻时确有些纨绔气，有人将胡林翼在南京秦淮河歌榭灯船中流连忘返的事告诉了他的岳父，当时的两江总督陶澍，然而陶澍笑着说："润芝之才，他日为国勤劳，将十倍于我。后此当无暇行乐。此时姑纵之，以预偿其日后之劳也。"果然，当胡林翼感觉到在京城仕途不顺以后，就毅然走捐官之路，而且特意选贵州这样穷苦的地方去磨炼自己，一上任就雷厉风行地干出了自己的成绩；调到湖北以后，他认识到最重要的就是要治军与确保湖北不会再陷入太平军之手，因此他大力训练出一支善战的鄂军，而且咸丰九年太湖之役，面对太平军陈玉成的凶猛进攻，包括曾国藩在内的众将都临战犹豫，但胡林翼力排众议，坚决迎战，结果一举取得战场主动，可见其做事坚毅果断。

九、备受尊重。1860 年曾国藩升任两江总督，不久又有了钦差大臣的头衔，第二年，又破天荒节制江浙皖赣四省军务，官职、权势已远高过胡林翼，但曾国藩对胡林翼非常尊重。比如制订分路进攻太平天国的战略计划，就与胡林翼仔细商议，征求胡林翼的意见再作决定。曾国藩平日生活、做事给人的印象都很刻板，但与胡林翼通信却也常幽默一下。他把战略计划写给胡林翼征求意见时，称这是考科举的头场考卷，让胡林翼改正。说是"如大段不差，即请将细处核改。如大体全错，即请一笔涂抹，全行改正"。接到胡林翼赞成的回信后，曾国藩先将计划的奏折拜发，然后又写信给胡林翼说："头场拙稿，荷蒙佳批，今日即交卷拜摺矣。此后有骂我何不早赴苏境者，余即对以场稿经先生批定也。"意思是说，今后如有人指责我不早赴江苏，我便说胡林翼老兄也是这个意思。

曾国藩是一个自视甚高的统帅人物，但在曾国藩心中，对胡林翼却十分尊重与感激，深刻认识到胡林翼对湘军的重要性，他在许多场合，都表达过这种心情。比如 1858 年 8 月，胡林翼之母去世，按当时规矩，胡林翼需要"丁忧"，即离开湖北守孝。曾国藩非常担心，他在写给吉安前线的曾国荃的信中说："水陆数万人皆仗胡公以生以成，一旦失所依倚，关系甚重。"

十、虚怀大度。当胡林翼刚任湖北巡抚时，他与新上任的原荆州将军湖广总督官文之间的关系并不好。

官文是湖广总督，满族人，胡林翼是湖北巡抚，汉族人，两人都是在戡定洪杨之乱中成长起来的封疆大吏。湖广地处天下腹心，战略地位重要，能否稳住阵脚、平定匪乱，他们两人的表现至关重要。官文曾经三次亲自来拜访他，但他避而不见。他的一位幕僚严肃地对胡林翼说：

"公不欲削平巨寇耶！天下未有督抚不和而能办大事者。且总督为人易良坦中，从善如流，公若善与之交，必能左右之，是公不翅兼为总督也。合督抚之权以办贼，谁能御我？"胡林翼大悟，立即真诚去拜会总督官文，从此结为至交，互相支援，从不为难对方，而且大事互相商量，有些上报朝廷的事，巡抚不便说，总督就去说；有些人事安排，总督不便出面，巡抚就来办。督抚合作之态，无论朝廷还是地方都十分满意。就是这么两个人，却唱出了一曲有声有色的"将相和"，使长江中游一带，清朝势力逐步站稳脚跟，使太平军多次进犯终被平定起到至关重要作用。

对此，《清史稿》是这样说的："……武昌既复，林翼威望日起，官文自知不及，思假以为重，林翼益推诚相结纳，于是吏治、财政、军事悉听林翼主持，官文画诺而已。不数年，足食足兵，东南大局，隐然以湖北为之枢。" 这种团结，无疑来自于两人胸中的大局观。因此《清史稿》评价胡林翼之功时说："……然林翼非官文之虚己推诚，亦无以成大功。"这话十分中肯。

胡林翼虽有大才，如果不努力与官文搞好关系，想必也难得官文的配合。对此，曾传说过一则故事，事情虽小但很有意思。是说当初官文娶了个小妾，要过生日，官文准备大办寿宴。而依体制，属员为总督正室贺寿是应该的，为总督小妾贺寿则不合于礼。因此大家都观望。眼看着生日寿宴要砸，官文急得团团转，小妾更是寻死觅活。正在这时，胡林翼来了，不仅仪仗整齐，还备了厚礼。众官见此，纷纷出动，生日宴会其乐融融。官文感动不已。

这则故事不知真伪，但胡林翼的务实作风的确不假。他并不像清流腐儒那般假充道学，而是实心任事、讲求实效，例如上面这件小事就是因为他看到可以因此更完善他与官文的关系。官文与胡林翼这一对满汉督抚，就是在共同利益的驱使下，团结得近乎完美，一个庸碌平常与一个出类拔萃，搭配在一起却显现出相得益彰的效果。即令当时湖北省老百姓的负担比较重，但湖北省的吏治民生却蒸蒸日上，尤其是能坚决将太平军早日逐出湖北。

的确，这种团结不但于国家大有裨益，于他们个人也大有裨益。功成之后，朝廷表扬官文"推贤让能"，赏戴双眼花翎，赐封一等伯爵，世袭罔替。由于官文基本上对胡林翼言听计从，让胡在湖北放手大干，因此就为湘军崛起大大减少了阻力。

有学者认为，胡林翼与官文的关系，是湘军集团与清廷关系的缩影，由于胡林翼的努力，达成了双方的合作，正是由于双方的合作，才有了湘军对太平天国作战的胜利。后来，曾国藩之弟曾国荃任湖北巡抚，便无法忍受官文，以巡抚弹劾总督，官文虽然离湖北，转眼便署理直隶总督，而湘系集团却更遭猜忌，曾国荃1866年弹劾官文，自己1867年就"因病"去职。由此更可见胡林翼处理人事关系的能力。

本来，清朝为了防止藩镇割据，骄兵跋扈，在其所辖绿营兵中采取了一系列防范措施。

第一是以文制武，地方绿营的各级统兵官均归地方最高文官统辖或节制。

第二是确立了一套互相分权，相互牵制的体制。如总督有权节制巡抚、提督、总兵，而提督和部分巡抚也可节制总兵以下各级武官。遂分散和限制了总督的指挥权。又如总督、巡抚、提督都有调遣兵马的权力。但是，除了统辖为数不多的本标官兵外，都不直接统辖其他镇协营兵。重兵是由总兵管带，而总兵虽有管带兵马的职任，却无调遣兵马的权力。这都是为了防止兵权过于集中。

第三是实行兵皆土著，将则调补，兵籍和兵饷的发放统归兵部的制度。于是将不得私兵，兵不为将有，权力悉归中央，所以当时调和同城内的总督与巡抚的关系很重要也很微妙且处理需机智。

同时，在处理好与官文的关系的同时，胡林翼也极力调和湘军内部的关系。最重要的是左宗棠、李鸿章与曾国藩的关系。左宗棠才干超群，但性格恃才傲物，有时把曾国藩也不放在眼里。1857年曾国藩负气离军营，左宗棠严厉批评，曾国藩也很生气，两人一度不通音问，在胡林翼调节下才和好如初。1860年，李鸿章因为劝阻曾国藩弹劾兵败的李元度无效，负气离曾国藩幕府，胡林翼深知李鸿章才干，劝李鸿章说：你以后必定发达，但一定依附曾公才可以成事。又向曾国藩进言，李鸿章才干可用。曾国藩主动写信给李鸿章，李遂回到曾幕府。由此可见，对湘系来说，无论对内对外调整关系，胡林翼都是不可缺少的关键人物。

十一、善于用人。诚如胡林翼所说，他是有钱人，因为他善于理财。当他初任湖北巡抚时，正值武汉两次失陷、湖北大半沦落于太平军，可谓库储一空，百物荡然，然而胡林翼通过改漕章、通蜀盐、整税务等手段，很快就岁入四百多万两银子，在当时东南诸省中仅次于江苏和浙江。这些钱，主要用作湘军军饷。为此，曾国藩赞誉胡林翼说："以湖北瘠区养兵六万，月费至四十万之多，而商民不敝，吏治日懋，皆其精心默运之所致也。"

其实除养兵外，这些钱有的用来"分援邻省，规画江淮"，有的则作为备用之银，"为养士及资归来依之营官、哨官起见"。

后者尤值得一提，胡林翼对于属下将士十分爱护，经常予以资助。如对于"鄂中营官之有家在鄂省者"，每家支付年费不下三百六十两银子；重要将领都兴阿、多隆阿、舒保、李续宜、鲍超、余际昌等，所给月费超过千两；在同将领见面时也要给钱，如见都兴阿送一千两、见多隆阿送五百两都成了惯例。正因为他出手阔绰，用钱大方，使备用之银日渐其少，于是他致信其理财幕僚阎敬铭，以其抚署公费用于私交赠贿，以酌减备用之银的花费。胡林翼这种具饷必丰、养人以宽的笼络手段，不仅使部下死心塌地供他驱遣，而且也使很多客将愿意归附他。因此，曾国藩说"近世将才，湖北最多"，其中的塔齐布、罗泽南、李续宾、都兴阿、多隆阿、李续宜、杨载福、彭玉麟、鲍超等都是一时名将，战功赫赫。

例如，胡林翼重用从京师来的一名户部小官阎敬铭，让他帮助自己理财。阎敬铭这个人，号称"晚清第一理财能手"，而且他极有战略眼光。当时湖广总督官文虽然在大的方面与胡林翼合作得不错，但他的一些个人行为很为胡林翼所不容。"当官文之在湖北，事事听林翼所为，惟驭下不严，用财不节，林翼忧之。阎敬铭方佐治饷，一日林翼与言，恐误疆事。敬铭曰：'公误矣！本朝不轻以汉大臣专兵柄。今满、汉并用，而声绩炳著者多属汉人，此圣明大公善于御人之效。然湖北居天下要冲，朝廷宁肯不以亲信大臣临之？夫督抚相劾，无论未必胜，即胜，能保后来者必贤耶？且继者或厉清操，勤庶务，而不明远略，未必不颛己自是，岂甘事事让人？官文心无成见，兼隶旗籍，每有大事，正可借其言以伸所请。其失仅在私费奢豪，诚於事有济，岁糜十万金供之，未为失计。

至一二私人，可容，容之；不可，则以事劾去之。彼意气素平，必无忤也。'林翼大悟。"于是胡林翼对官文就再不计较这类小事。阎敬铭后来受到慈禧太后的赏识，官至户部尚书、协办大学士、军机大臣，是执掌大清皇朝财政的最高官员。当时他深感胡林翼的信任与重托，便全力辅佐胡林翼整顿吏治，严杜贪污中饱，查禁走私，广开厘捐，采用了各种有效手段，终于使湖北藩库积攒了一大笔银子，保证了长江各省剿灭太平军的军费之需。

十二、鞠躬尽瘁。胡林翼之死主要是忧劳过甚，如文献中说："林翼积劳六七年，忧思成痼，病势益增。""林翼积年戎帐，精力已颓。若再迟延一二年，英华销歇，即再鞭策，亦无能为也。"这还是咸丰八九年的情形，当时胡林翼因丁母忧而暂时离军，结果造成大将李续宾兵败三河并殉职沙场，胡林翼带病去黄州收拾整顿，三军不振幸亏他力挽危局。到太湖潜山之战发生时，陈玉成十万大军来犯，胡林翼苦思对策，夙夜不眠，虽终获胜，但精力益行不支。尤其是当安庆围急时，陈玉成又竭力攻安徽和湖北，胡林翼仍不顾身体，批阅战报直到深夜。他自知病已危后曾写信给曾国藩说："心肺脉均模糊，此是最重之症，用一分心即增一分病，用一日心即增十日病，然愿即军中以毕此生，无他念也。"

得知胡林翼去世后，曾国藩在给皇帝的奏章中说，一方面感到有愧在胡林翼生前时自己就不如他，另一方面则担忧以后再难出现这样杰出的人物了。

3—11. 天下巡抚各方赞誉，中兴名臣备受推崇

胡林翼一生最重要的成就当属他主政湖北这一段时间，在这段时间内他做到了：

肃清了太平军在湖北的势力，保证了湘军东征太平军无后顾之忧；

亲身参与了在安徽与江西协助曾国藩对太平军的作战，对击败陈玉成攻克安庆有巨大的贡献；

从兵员上给湘军输送了大批精兵良将，湘军刚进湖北时也就两万多人，后来发展到数十万人，胡林翼的输送是重要因素；

尤其是，胡林翼所经营的湖北是东进湘军的主要军饷供给来源，每年提供的几百万两军饷是湘军不可或缺的生存与战力保障，由于在湖北，胡林翼"措注俱善"，因此无论朝廷或曾国藩与官文，都知道湖北不可以没有胡林翼；

由于胡林翼本人的高风亮节、为人诚恳，他成功地团结了湘军与满人将帅（官文、多隆阿等），大大增强了湘军整体的作战能力；

正是由于胡林翼坚持不懈数十年的七次推荐，才使得朝廷最后终于获得和重用了左宗棠这位立下了旷世奇功的名臣。

的确，没有胡林翼的帮助与积极参与，曾国藩就难以平定太平军。故人们普遍认为，仅就平定太平天国一事来说，胡林翼的贡献确实可以说并不逊于曾国藩，而且高于左宗棠。可以说，没有胡林翼，便没有后来的湘军。

他死后，曾国藩在咸丰十一年（1861年）九月的《日记》中感叹道："赤心以忧国家，小心以事友生，苦心以调护诸将，天下宁复有斯人哉！"

曾国藩还赞胡林翼"忧国之诚，进德之猛，好贤之笃，驭将之厚，吏治之精，无善不备，无日不新，同时辈流，固无其匹，即求之古人中，亦不可多得"，其评价之高，在曾国藩论人之语中，是绝无仅有的。而曾国藩也曾十分感慨地说胡林翼是"湘军第一苦命人"。

他对于胡林翼的整体评价是："林翼坚持之力，调和诸将之功，综核之才，皆臣所不逮，而尤服其进德之猛。"他曾说："润芝（胡林翼）之才胜我十倍。""变风气为第一，而荡平疆土二千里次之。"

李鸿章晚年与人谈旧事，常挂口边的是"先师曾文正公"与"前辈胡文忠公"。

清人唐文治评价胡林翼其人："此其量，乃江海之量；此其心，江海之心也。"

其实，在晚清，时人都认为胡林翼的治行才望在曾国藩、左宗棠之上。

李慈铭说胡林翼"老谋深识，烛照不遗，固中兴第一流人"。

王闿运曰："中兴之业，实基自胡"。

而沈卓然认为胡应位列同治中兴功首，指出"世徒知曾、左之贤，而不知胡文忠固在曾、左之前。盖胡公之学与才，实无逊于曾、左；而于政治、文章、经济、军事，固无所不学，无所不致其用也。更考其生平，不独坐镇武昌，坚守不摇，以扼形势之要；且于课厘馈饷，擘画尽善，遂使当时诸军无饥馁之扰，克奏中兴之业。由此而论，允推功首。即其察吏安民，兴利除弊诸政，亦皆大端，足为后世之法式"。

而且他一生为官清廉，两袖清风。在家书中，他曾说："我必无钱寄归也，莫望莫望，我非无钱，又并非巡抚之无钱，我有钱，须做流传百年之好事，或培植人才，或追崇先祖，断不至自谋家计也。"因而，郭嵩焘说他"位巡抚，将兵十年，于家无尺寸之积"。

1861 年 9 月 30 日，胡林翼病逝。曾国藩感到几年来胡林翼委屈求全、有功不报或推让他人，于是上书为胡请功。原来清廷为了监督湘军，控御号称"九省通衢"的武汉，派了满族官员官文担任湖广总督。为了笼络官文，胡林翼将治鄂功绩多推让官文，报告战争胜利的奏折也都将官文署名在前。每次胡林翼统帅湘军得胜，都成了官文得胜，加官进爵，样样都是官文优先。现在，曾国藩觉得应当将实际情况说清了。于是在湘军攻占安庆报捷折中，曾国藩就推首功为胡林翼，说"楚军围攻安庆，已逾两年，其谋始于胡林翼一人画图决策""前后布置规模，谋剿援贼，皆胡林翼所定"。所说强调一人，就是说只胡林翼一人，并没有算官文的份儿。然后，他又专门上了一个《历陈前湖北抚臣胡林翼忠勤勋绩摺》，其中历数胡林翼整理湖北、顾全大局、调度将士、谋划进兵的种种功劳，特别指明，咸丰七年以来，"每遇捷报之摺，胡林翼皆不具奏，恒推官文与臣处主稿。偶一出奏，则盛称诸将之功，而己不与焉。其心兢兢以推让僚友、扶植忠良为务。外省盛传楚师协和，亲如骨肉，而于胡林翼之苦心调护，或不尽知"。曾国藩还说，湖北以残破贫瘠之地，养兵六万两，月费至四十万两，而商民不疲，吏治蒸蒸日上，都是胡林翼之功。

清政府接到奏折，下令追赠总督，并按总督例为胡林翼治丧。后来又给了胡林翼极高的谥号：文忠。这一谥号只有朝廷认为最需要奖赏的大臣才能得到。胡林翼之前，林则徐死后谥文忠；胡林翼之后，李鸿章、荣禄死后谥文忠。由此可见清廷给胡林翼谥号之高。曾国藩以及其他湘军将领，对此当然感到宽慰。可见，胡林翼能文善武，懂经济，擅理政，又清廉勤俭，是一个历史上，尤其是晚晴时代，十分难得的复合型将帅大才。

史家这样评说胡林翼：其一生的施为，充分显示出一个成功的封疆大吏所发挥的作用。一个国家能有这样出色的威慑一方的大臣，自然可以改造时势，勘定大乱。

在反袁世凯称帝的护国战争中，"护国军神"蔡锷将军特别欣赏胡林翼的军事才能和用兵思想，他曾把曾国藩胡林翼的治军用兵之道编成《曾胡治兵语录》，用于指导和武装他的部队。后来。此书被增订为《曾胡兵法十三篇》。

第四章

股肱重臣：
李鸿章殚精竭虑大兴洋务为图国强

天涯路远走英雄，入幕帅府亦从容；他日但遇风雷际，冲天一跃显潜龙。

三千健勇东征起，一战成名沪上惊；西取苏常北平捻，赢得青史赞淮军。

4—1. 曾帅与李师生相属，奉旨入皖兴办团练

李鸿章在晚清时期，在中国近代史中，是一位极其重要的人物。作为晚清的重臣，他组建淮军，平定太平天国和剿灭捻军，后来又组建北洋水师，兴办洋务，坐镇直隶总督兼北洋大臣办理内政外交数十年，是名副其实和炙手可热的晚清朝廷重臣。

梁启超曾指出："四十年来，中国大事，几无一不与李鸿章有关系……读中国近代史不得不曰李鸿章。"还说他"独立国事数十年，内政国事，常以一人当其冲……近世所未有也。"

李鸿章是安徽合肥人，字少荃，生于1823年2月15日（道光三年正月初五），是家中的次子。道光二十年，李鸿章得中秀才，三年后在庐州府被选为优贡生。

1843年，即道光二十三年，李鸿章的父亲李文安已经在北京当官了，于是要李鸿章进京，参加来年的顺天府乡试。在乡间久居的李鸿章因此

踌躇满志，为此他写了十首《入都》诗，其中有两首是：

> 丈夫只手把吴钩，意气高扬百尺楼；
>
> 一万年来谁著史，三千里外觅封侯。
>
> 定须捷足随途骥，那有闲情逐野鸥；
>
> 笑指卢沟桥畔路，有人从此到瀛洲。
>
>
> 一入都门足可夸，征人北上日西斜；
>
> 槐厅足见明经选，桂苑犹虚及第花。
>
> 世路恩仇收短剑，人情冷暖验笼纱；
>
> 倘无驷马高车日，誓不重回故里家。

在北京，他以年家弟子身份投帖拜在湖南大儒曾国藩的门下，其实当时曾国藩并未做大官，不过是翰林院侍讲（从四品），从此他们之间建立了师生关系，而且也影响与成就了李鸿章的一生。曾国藩对他十分客气，虽然比他年长十多岁（曾国藩生于1811年）。

道光二十四年，李鸿章顺利通过顺天府乡试，获得第四十八名举人。

道光二十五年，李鸿章参加会试，未中，但他并不气馁，于1847年（道光二十七年）再次参加会试，中第二甲第十三名进士。当时，在同一榜中，曾国藩有四个弟子得中进士。

中进士以后，再经过朝考，授庶吉士，再进翰林院教习三年，散馆以后再通过散馆考试，1850年因成绩优异授翰林院编修。1852年，在咸丰皇帝主持下，他又参加了翰（林）詹（事）大考，名列第二等末。

但是此时大清皇朝已经面临十分严峻的形势。1850年太平军开始在广西兴起，一路北上，席卷湖南，于1853年1月（咸丰二年十二月初四）攻陷武昌，接着就挥师东下，横扫江南，咸丰三年正月初一，攻陷九江，并于1853年3月（咸丰三年二月）攻占江宁，随即将江宁改名为天京，正式在此建立太平天国。

当太平军攻陷九江以后，当时任翰林院编修的李鸿章向他的同乡、工部侍郎吕贤基建议，应当向皇帝上折，迅速派兵保卫安庆以防太平军东下。吕贤基随即要李鸿章以他的名义向皇帝写一个奏折，于是咸丰三年正月二十二日，咸丰皇帝就收到了李鸿章代吕贤基所写的《江防吃紧对折》，折中指出：洪秀全贼寇攻占武昌、九江后，下一步一定是攻取安庆、庐州，接着目标就是六朝古都江宁。若其水陆两路并进攻江宁，则江宁危矣！江宁若失，则大清半壁江山将失，祸患将大矣。指出形势的危急以后，奏折提出三点建议：

一、陆路要加强省府庐州府和巢湖的防御，历来江苏、安徽均以此地为屏障并为训练水师的基地，因此一定要将保卫庐州作为重中之重；

二、必须策划江宁上游的江防，现在两江总督陆建瀛不布置任何江防就退守江宁，是愚蠢至极，必须在九江、安庆、贵池和当涂等地凭险布置水陆江防；

三、应派足智多谋的周天爵迅速进驻庐州，并选择地方士绅协助办团练于是咸丰皇帝立即下诏命吕贤基和李鸿章都回安徽老家办团练以御太平军。

咸丰三年二月初二，李鸿章与吕贤基一起离京赴安徽办团练。吕贤基被任命为安徽团练大臣，李鸿章协助办理团练事务。

此时，太平军已经于正月十七日攻占安庆，并于咸丰三年二月十一日（1853 年 3 月 20 日）攻占江宁，并定为天平天国都城，改名天京。

接着，咸丰三年四月初一，太平天国天官副丞相林凤祥、地官正丞相李开芳率北伐军从扬州出发，会同从天京出发的春官副丞相吉文远，连下滁州、临淮关，并于四月十一日攻占凤阳府城。当时，阻止太平军北上就是在安徽的清军的主要任务。

四月二十七日，太平军在太平府乌江击败清军向荣的水师，李鸿章为保卫庐州，受命防守巢湖东的重要咽喉地——东关。在东关李鸿章与太平军进行了激战，并最终击退了太平军的进攻，他因此从七品翰林院编修升到六品，赏赐蓝花翎。

此时，他突然接到驻守舒城的吕贤基的求援信，此时太平军主将石达开已来到安庆，并全面指挥西征军的作战，石达开立即采取进攻战略，皖北形势顿时紧张。吕贤基驻守的舒城受到了太平军的猛烈攻击，李鸿章的援军还没有赶到，城池已被攻破，吕贤基自杀身亡。

接着太平军就猛攻庐州，赶来支援庐州的湘军悍将、继任安徽巡抚江忠源据城死守，终因寡不敌众，咸丰三年十二月，城破之后壮烈投水自尽。此时，李鸿章就到庐州附近协助新任安徽巡抚福济协防皖北，并被朝廷授予知府衔。

从咸丰三年开始，李鸿章在安徽办团练五年多，其间，其父李文安也奉旨回乡办团练。

当时的安徽形势简直是一片混乱，太平军和捻军横扫各地，清朝廷的八旗、绿营兵一败涂地，各地的团练、土匪等遍地崛起，争城夺地的战乱不已。期间李鸿章的父亲又不幸去世，但李鸿章也不能回家奔丧丁忧，而只能在军营中丁忧。

此后，他还继续在安徽与太平军周旋，咸丰六年（1856年）因功赏加按察使衔，第二年，获军机处记名，遇有道员出缺可请旨简放，但是此时李鸿章始终没有建立起自己统帅的军队与建立可靠的基地，也就只是一个来自京城的书生，无兵、无权，也无实际统帅大军的经验。

咸丰八年（1858年）七月，太平军陈玉成部又攻占庐州，将李鸿章的祖宅焚烧一空。于是仓皇中，李鸿章带着家眷逃到江西投奔自己的哥哥李瀚章。在途中，他悲怆地赋诗一首：

> 巢湖看尽又洪湖，乐土东南此一隅；
>
> 我是无家失群雁，谁能有屋隐栖乌。
>
> 袖携淮海新诗本，归访烟波旧钓徒；
>
> 遍地稿苗待霖雨，闲云欲去尚踟蹰。

此时，曾国藩已率领湘军于咸丰四年二月出兵进攻湖北，十月攻克武昌后就进入了江西，当时正在与太平军争夺江西，而李瀚章此时就正在江西任襄办湘军粮台。由于曾国藩早就认识李鸿章，因此1859年1月，李鸿章就得以进入曾国藩营中任幕僚，每月薪水只有六两银子。

《清史稿》中是这样记录这一段事的："三年二月，命随同侍郎吕贤基回籍办理团练。五月，御贼于和州之裕溪口，叙功赏六品顶戴，并赏戴蓝翎。四年，分攻含山，克之，赏加知府衔，赏换花翎。五年五月，丁父忧，仍留营。十月，从克庐州府，以道府用。六年，从克无为州，赏加按察使衔。七年，以迭次剿匪出力，奉旨交军机处记名，遇有道员缺出，请旨简放。八年，侍郎曾国藩驻师江西，留襄营务。"

道员是四品官，当然比在京城的七品编修官要高多了，可是为什么他要去投奔曾国藩呢？不但有前面所说的自己实际上并无兵权的难处以外，实际上主要原因是当时督办安徽的钦差大臣、满洲镶白旗人胜保很不相信李鸿章，他怀疑李鸿章可能会割地自雄，名为团练实有与土匪勾结的嫌疑（事实上，李鸿章在安徽办团练时确实认识了当时在安徽的许多草莽英雄，如刘铭传等，他们后来都成为李鸿章所创淮军的主要将领），因此一旦他向朝廷参李鸿章一本，李鸿章就会有杀身的危险，所以不如躲开他，于是就投奔曾国藩。

但是，李鸿章刚入曾国藩幕府充当幕僚时，还不熟悉应当注意的事项，因此被曾国藩教训了一次。薛福成在《庸庵笔记》中记录了此事："合肥傅相肃毅伯李公（指李鸿章）……闻曾文正公督师江西……入居幕中。文正每日黎明必召集幕僚会食，而江北风气与湖南不同，日食稍晏，傅相欲遂不往。一日，以头痛辞。顷之，差弁络绎而来；顷之，巡捕又来，曰：'必待幕僚到齐乃食。'傅相披衣跟跄而往。文正终食无言，食毕舍箸，正色谓傅相曰：'少荃，既入我幕，我有言相告。此处所尚，惟一诚字而已。'遂无他言而散，傅相为之悚然。盖文正公素知傅相才气不羁，故欲折之，使就范也。傅相初掌书记，继司批稿、奏稿。数月后，文正渭之曰：'少荃天资，于公牍最相近，所拟奏折函批，皆有大过人处，将来建树非凡，或竟青出于蓝，亦未可知。'傅相亦自谓，从前历佐诸帅，茫无指归，至此如识南针，获益匪浅。"

也就是曾国藩先就一件吃早饭的小事给李鸿章一顿教训，告诉他在自己这里做事一定要认真负责，不得自以为是，后来又积极评价和表扬鼓励李鸿章，说他今后会大有出息，而李鸿章也深深感到，以前他跟随团练大臣吕贤基和安徽巡抚福济，皆平庸之辈，自己什么也没有学到。而归到曾国藩幕下，这就像带着指南针，走到了正确的方向。

4—2. 入幕曾帅才识卓越，虽有所依亦有所戒

作为曾国藩的幕僚，李鸿章随即表现出他卓越的才干与见识。

首先是前面曾经提到过的在 1860 年英法联军逼近北京时，朝廷要从曾国藩军中调鲍超北上勤王，曾国藩接到命令后，左右为难，举棋不定，

而且此时也正是徽州失守，自己的祁门大营危急之时，若抽走大将鲍超之兵将直接影响对太平军的作战。

曾国藩要求所有的幕僚每人都提出一个解决的办法，几乎所有的幕僚都认为圣命难违，只有派兵。唯独李鸿章提出一个"拖"的办法。李鸿章认为英法联军的部队已经到达北京城下，北京城陷落将是指日之事，调兵北上保卫京城已毫无意义，而且英法联军入侵最后必将"金帛议和"了事，真正威胁朝廷命运的是太平军，即这才是关系"天下安危"的大事，所以应"按兵请旨"，再请示朝廷，说鲍超对北京地区人生地不熟，所以"断不能至"，请朝廷在胡林翼与自己之间"酌派一人进京以卫根本"，也就是拖。果然不久议和成功，不需要曾国藩派兵了，而李鸿章这次出色的谋划让曾国藩对他大为欣赏。

咸丰八年到十一年，翁同书任安徽巡抚，当时在长江流域，清军与太平军的战斗正在激烈进行，而对于在河南、山东和皖北的捻军以及那些时为团练时为匪的所谓"练匪"就没有很多精力顾及了，因此他们发展得很快。咸丰九年，捻军配合太平军大举进攻翁同书的驻地定远县城，翁同书仓促退出，定远失守，翁同书因此受到革职留任的处分。咸丰十年，太平军又大举进攻寿州，由于寿州城的团练极力抵抗，太平军乃退去。此时寿州的团练分两部分，城内团练首领为孙家泰、蒙时中、徐立壮，城外团练首领为苗沛霖，太平军退后，他们之间就开始仇杀，苗沛霖进而转化为匪，反过来就进攻寿州，四面烧杀。朝廷见到这个时顺时反的苗沛霖部实际上比捻军和太平军更难对付，于是指示翁同书小心处置，不要使事态进一步扩大。于是翁同书就派一个前安徽按察使张学醇去招安，苗沛霖提出两个条件：一、对他过往不究；二、将杀害他侄子的孙开泰、蒙时中的首级交付他祭灵血仇。张学醇向翁同书转告了苗的两个条件，结果孙开泰自杀，蒙时中被翁同书下令杀了。但是，当翁同书将这两个的人的首级交给苗沛霖以后，他并无归顺之意，且作乱之势继续扩大。

苗沛霖（1798—1863 年），字雨三，安徽凤台人。秀才出身，原为塾师。1856 年，在乡举办团练，与捻军作战。后势力日盛，截留两淮钱粮税收及厘金，控制凤台周围数十州县，割据称雄。次年，投靠清将胜保，后又随袁甲三在宿州等地围攻捻军、官至道员。1860 年，乘第二次鸦片

191

战争之机，将翁同书、傅振邦、袁甲三等部清军驱逐出安徽。1861 年又举兵反清，被太平天国封为奏王，1862 年又暗中降清，诱捕英王陈玉成献胜保将其杀害。旋又举兵反清，1863 年，在安徽蒙城被清军僧格林沁部击败后，为部下所杀。

同治帝继位以后，曾国藩就翁同书对苗沛霖处置失当，以致引起兵变，而且这位巡抚在太平军围攻定远城时自己弃城逃走，有负于封疆大吏肩负守土之责，所以要上疏弹劾他，但要参倒翁同书，谈何容易。其父翁心存历任工部尚书、户部尚书，授体仁阁大学士，是同治帝的老师。其二弟翁同爵当时任盐运使，后来官至湖北巡抚兼湖广总督。其三弟翁同龢以状元入仕，是同治、光绪两朝帝师；后因辅佐光绪维新，在史上留有大名。翁心存的弟子门生满布朝列，究竟应当如何措辞，方能使皇太后决心破除情面，依法惩治，而朝中大臣又无法利用皇帝与翁心存之间的关系，来为翁同书说情。曾国藩当时实在颇为踌躇。他最初让某一位幕僚拟稿，觉得很不满意，于是决定自己写，但觉得也是说得不甚妥当，最后还是决定由李鸿章代拟一稿，结果，39 岁的李鸿章所拟的这道 696 字的折子脱颖而出，其中称翁同书的行为"颠倒是非，荧惑圣听，败坏纲纪""廉耻丧尽，恬不为怪"，故"臣职分所在，例应纠参，不敢因翁同书之门第鼎盛瞻顾迁就"，最后还没忘"是否有当，伏乞皇上圣鉴训示"。其笔墨之干净、逻辑之严密、分寸之恰当和由此产生的杀伤力，远非大部分时评可以比拟。这份奏参义正言辞，不但使皇帝和皇太后都不能庇护，也使朝臣哑口无言。结果翁同书被褫职逮问，定为处斩，后来因其父翁心存不久病逝，皇太后与皇帝就以眷念帝师为由，从轻处理，充军新疆，得免一死。

咸丰十年八月，皖南徽州失守，曾国藩决定将大营移往祁门，在这个问题上，曾国藩与李鸿章却产生了矛盾。薛福成的《庸庵笔记》中记录此事说："既而文正进驻祁门。傅相（指李鸿章）谓祁门地形如在釜底，殆兵家之所谓绝地，不如及早退军，庶可进退裕如。文正不从，傅相复力争之。文正曰：'诸君如胆怯，可各散去。'"也就是曾国藩坚持自己的想法，不同意撤出祁门，甚至对幕僚们说，你们谁怕死可以走。其实曾国藩当然也知道祁门地形危险，但他就是要使朝廷见到并相信，他曾国藩带领的军队是在不惧任何危险与太平军死战。

　　当李鸿章刚到曾国藩幕府时，湘军正值三河镇大败，6000 名精锐之师全军覆没，名将李续宾战死，曾国藩感到十分内疚，于是上折自请处分，其奏折上说："臣屡战屡败，上负朝廷圣恩，下负三湘黎民之托。"奏折再三斟酌后，仍觉不满意，于是询问李鸿章的意见，李鸿章随即将奏章中"屡战屡败"四个字，倒置为"屡败屡战"。此一改动就使得奏章的意义完全不同了，曾国藩大喜，果然奏章呈上后，结果曾国藩非但未受处分，反而受到嘉奖。李鸿章更受重视了。所以，后来曾国藩不无感慨地说："本人做事总是迂缓，不如少荃来得明快决断。"

　　但是他们两人之间也不是没有矛盾。薛福成的《庸庵笔记》中继续说；"会皖南道李元度次青率师守徽州，违文正节度，出城与贼战而败，徽州失陷。始不知元度存亡，久乃出诣大营，又不留营听勘，径自归去。文正将具疏劾之。傅相以元度尝与文正同患难，乃率一幕人往争，且曰：'果必奏参，门生不敢拟稿。'文正曰：'我自属稿。'傅相曰：'若此，则门生亦将告辞，不能留待矣。'文正曰：'听君之便。'傅相乃辞往江西，闲居一年。适官军克复安庆，文正也移建军府焉。傅相驰书往贺。文正复书云：阁下久不来营，很不可理解。以公事论，你与淮扬水师各营官有上下级关系之名，怎能无故离去，不管祸福？从私情讲，去年你离幕时，并无不回营的约定。今春祁门危险，我怀疑君有躲避之情；夏天东流稍安，又怀疑君有离楚之意。我全身热毒攻身，内外交病，百事皆废，不能理事已经五十日，若在江西无事，可即前来。傅相乃束装赴安庆，文正复延入幕，礼貌有加于前，军国要务，皆与筹商。"咸丰十一年九月，李鸿章回到湘军大营，与曾国藩畅谈了三天三夜，和好如初。

　　李元度在曾国藩在湖南办团练之初，就曾经担任曾国藩的幕僚达五年之久，后来追随曾国藩转战赣东皖南各地，劳苦备尝，曾国藩曾自称与李元度的"情谊之厚始终不渝"。在曾国藩的举荐下，李元度升任徽宁池太广道，驻防徽州。但由于不听曾国藩的命令，擅自出城与太平军接战，兵败导致徽州失守，直接导致祁门大营面临危险，而李元度在破城以后的一段时间里也不知生死，他在浙赣边境地区游荡了一阵以后才回到祁门大营，但又不老老实实等候听参，自己又回家去了。于是曾国藩决定正式向朝廷上疏参他，以申军纪。但李鸿章以为应顾及曾与李两人多年的友谊，不应参他，于是带着全班幕僚出来为李元度说情。然而曾国藩却以为"行法当自贵近始"，如果李元度违令失机之罪可以不究，将来人人效法，湘军的军纪如何能维持？所以曾国藩认为私情绝不能代替军纪。最后，李鸿章竟然说出了若坚持要参劾李元度，他就不拟稿，曾国藩毫不退让地说我自己写，使得李鸿章最后不得不说那我就告辞，而曾国藩更是不留余地说请便。这样，李鸿章便离曾国藩而去，在江西闲住了一年。但一年以后，当李鸿章写信给曾国藩祝贺攻克安庆，实际上表示要重修旧好时，曾国藩立即将他召回，重入幕僚，而且"礼貌有加于前"，说明曾国藩实际上是非常需要李鸿章的。

曾国藩于 1861 年 5 月 10 日（咸丰十一年四月一日）将两江总督衙门移出祁门至东流（现安徽东至县东流镇），接着，湘军于 1861 年 9 月 5 日（咸丰十一年八月）克复安庆，至此太平军在天京以西长江中游段上除了池州就没有重要据点了，曾国藩就可以一路东下直接攻击太平天国的都城天京了。

4—3. 曾帅重托组建淮军，一生事业从此奠定

太平军在长江中游战场上逐步失去主动以后，形势迫使李秀成采取了另一个争取主动的战略，即：经略苏浙，尤其是天京以东到上海一带，所以太平军就陆续攻占了常熟、无锡和苏州。而当 1862 年 1 月李秀成在完成对浙江的占领以后，就准备要进攻上海。江苏巡抚薛焕用重金雇用了一批外国兵，即装备了洋枪洋炮的所谓"常胜军"来保卫上海地区。但是这批洋人不但要价很高，而且不合乎他们的利益就不干，而上海地区是富绅集聚之地，对此形势都很忧虑，所以当湘军攻克安庆以后，都迫切希望请湘军派出一支部队来保卫上海。

不过此时曾国藩也有他的为难之处，即兵力紧张，当时曾国藩虽然以两江总督的身份统辖苏、浙、皖、赣四省军务，但实际在他直接指挥下的部队并不多，所以在攻克安庆以后，他立刻要他的弟弟，也就是直接指挥湘军攻克安庆的曾国荃再回湖南招兵，以便能积极展开下一阶段在长江下游的军事行动。

但是，来安庆请求曾国藩出兵的上海士绅们却提出了一个令曾国藩很难拒绝的条件——助饷，即每月接济湘军十万两银子，而且告诉曾国藩，还可以通过其他方法每月筹集军饷数十万两。须知，湘军并不是清军编制内的军队（是"勇"而非"兵"），兵饷要自己筹措，此时曾国藩虽然已经被任命为两江总督，然而当时江浙

装备了洋枪的淮军

两省大多已沦陷，所以湘军军饷主要靠湖北（胡林翼）和湖南援助，因此军饷问题一直是曾国藩感到最头疼的问题，现在上海的士绅们一下字就答应每月助饷十万两银子，他能不动心吗？

派谁去呢？当然首先想到的就是自己最嫡系的部队，即弟弟曾国荃。为此，他写了一封信给曾国荃："上海富甲天下，现派二人前来请兵，许每月以银十万济我，用火轮船解至九江，四日可到。余必须设法保全上海，意欲沅弟（指曾国荃）率万人以去。已与请兵之官商订定，渠买洋人之夹板船数号，每号可装三千人，现已放二号来汉口，不久放五号来皖，即可将沅兵全可载去。目下专主防守上海一隅，待多隆阿破庐州，鲍超破宁国以后，渠两军会攻金陵，沅弟即可由上海进攻苏常。不知沅弟肯愿远行否？如慨然愿往，务祈于正月内赶到安庆，迟则恐上海先陷。如沅弟不愿远征，即望代我谋一保守上海之法，迅速回信。"

但是曾国荃却不愿意去，他复信说："恐归他人调遣，不能尽合机宜，从违艰难。"这意思是说，现在江苏巡抚是薛焕，他去了以后，势必要归薛焕指挥调度，非他所愿。其实曾国荃心中想的是要夺攻破太平天国的都城天京这个首功，将近十年对太平军的征战目的就是要攻破天京，而这已经是即将来到的现实了，他能放过这个最重要的功劳吗？

本来曾国藩设想，弟弟曾国荃现在已经是布政使，到上海后再立战功升巡抚是很自然的，现在既然他不愿意去，那应当选谁去呢？

恰在此时，1862年1月7日，朝廷发出上谕称：军兴以来，制兵不足，更议招募，战场上勇多于兵，湖南弁勇又常居十分之七八。"用兵之道，

择将为先；求将之道，当量其识之短长，才之大小，以为器使……何地无才？不必湖南人之充勇，湖南之人始能杀贼。嗣后各直省督抚及各路统兵大臣，务当认真选将，各就各省按照湖南募勇章程妥为办理。"曾国藩明白了，真若派曾国荃去上海，并随即取代薛焕为江苏巡抚，则曾家的兵权将更重，而这正是这道上谕所忧虑的，即不能让湖南人兵权太重，要分散兵权。所以曾国荃既然自己不愿意去而且形势上也不宜于派他去，那就只能选一个非湖南籍但又能与湘军同心同德而且还能领兵的人去防卫上海。

谁最合适呢？李鸿章！他曾经在安徽办过团练，这几年又一直在自己身边学到了很多治军的知识与经验，他是曾国藩最为了解的而且也是最同心的可以放心的人物。

于是曾国藩就将这个任务交给了李鸿章，并且首先要求他从安徽招募一批团练人马。

李鸿章大喜，这是一个绝对不可错过的自领一军的机会。于是他立即写信给他在安徽练团练时认识的各地团练头目与草莽英雄们，要他们共同到他这里来共图大业。果然这帮朋友们都带着自己的队伍来投奔他，其中包括后来赫赫有名的淮军将领张树声、吴长庆、刘铭传、潘鼎新、刘秉璋等武将，还有周馥那样的文人。到了同治元年二月初，李鸿章已经招募到四个营的兵力了。

曾国藩十分高兴，又特意拨给李鸿章八个营，使其足以成军，李鸿章当然感激不尽，湘军的"输血"不但使淮军得以成军，而且使新建的淮军实力相当可观。在淮军最初成军的十三营6500人中，从湘军中抽调或借调来的就在一半以上，所以后来李鸿章曾感慨也感激地说："湘军是淮军之母。"湘军不但从兵力上直接支援了淮军，而且也从作战经验、训练方法、军纪规章、统兵理念等各方面影响了淮军的形成。

同治元年二月二十八日（1862年3月28日），淮军登上上海士绅们用十八万两银子租来的英国船只，从安庆直奔上海。三月初七（4月5日），首批衣着不整、穿着大裤腿、武器落后的淮军在上海上岸时，洋人见了后发出一片鄙夷和嘲笑，而中国人则充满了疑问：这样的军队能保住上海吗？但李鸿章对左右说：让他们去说吧，军队能不能打仗，不在衣服上。

得知淮军已经陆续到达上海后，为便于李鸿章调动军队实施布防，朝廷就将原江苏巡抚薛焕调往他处，5 月 13 日，任命 39 岁的李鸿章署理江苏巡抚，从此李鸿章就正式成为封疆大吏了。

李鸿章到上海后并不急于与太平军作战，他首先做好战前准备的五项工作：宣传鼓动造势，扬言淮军是不可战胜的；整顿军纪听指挥，上海是繁华的城市，而初组建的淮军又组成复杂，因此一定要强调军纪统一指挥；更换军器提高战斗力，也就是尽快让更多的部队装备洋枪；修筑营地和壕沟；等待最佳的作战时机。更为重要的是，他迅速采取手段清除了贪污的上海道台吴煦，取得了上海海关的控制权，这就取得了财源；又迫使苏淞督粮道杨坊辞职，并保荐由湘军的老朋友郭嵩焘接任（不久又提拔为两淮盐运使），这就保证了军队的粮草供应。

李鸿章到上海安顿好部队以后，立刻向曾国藩写信报告说："鸿章到沪，修营浚壕，兵勇无吸烟扰惊，佥谓大帅军容为苏省用兵以来所未见。鸿章照此做去，稳扎稳打，拟翻刻营制营规，遍给沪军。翻刻劝戒浅语，遍给属吏。翻刻爱民歌解散歌，遍贴各城乡，以晓谕军民与贼中之百姓。此即是不才新政。"当时李鸿章为淮军制定的军歌是：

我军今日到上海，战旗飘扬军威在；三军听我仔细说，教你当勇十诀歌。

第一莫结哥老会，哥老会是斩头罪；三个成群五结党，是你自家投法网。

第二切莫闹粮饷，军令森严莫乱闹；筹饷本来非容易，稍有迟发不足奇。

第三切莫出怨言，我带兵勇已多年；未冷为你备寒衣，有病捐资为你医。

第四切莫混出营，无事不准四乡行；奸淫掳掠罪为极，人调你妻依不依。

第五切莫吸洋烟，吃上瘾来祸患连；两眼泪痕双鼻涕，皮黄骨瘦真晦气。

第六切莫贪嫖赌，嫖赌之人终吃苦；好嫖必害杨梅疮，久赌神仙也是输。

第七技艺要精晓，操了矛杆又操刀；洋枪磨得明晃晃，免得临事上阵慌。

第八同伴要和好，些需小事莫争吵；你肯让来我也让，大家同心好打仗。

第九买货要公平，不可恃众欺商民；商民将本来求利，为何要受你的欺。

第十你要学礼貌，遇见官府需避道；在营早晚站个班，朔望官棚请个安。

可见是完全按照曾国藩统军的方式统辖淮军。

曾国藩对他成功进驻上海感到十分高兴，当然勉励他要继续努力，而且告诉他一句话："淮军兴，则阁下安；淮军败，则阁下危。"

4—4. 军容不整广受轻视，首战上海淮军扬威

同治元年五月（1862 年 6 月），李秀成命十万太平军直逼上海，李鸿章以三千淮军与来犯的太平军进行了一场恶战，并最终取得了胜利。这就是虹桥大战。

方浚颐在其《梦园丛说》一书中是这样记述这场战斗的："合肥爵相抚吴时，沪上虹桥之捷，实有裨于东南全局。时淮军不过数千人，爵相之介弟季荃以候补郡丞统军驻浦东，诸统领分布苏松要隘。会贼以犯沪上前营，爵相督五成队出战，不利，星夜飞调浦东各营，密令前营坚守以拒之。次日，谍者报，前营三垒尽为贼所困。至三日，再往侦探，则营中军帐皆偃，贼围之数重，幸未溃。计浦东军将至，爵相命出三成队，冲其中坚，直达前营，登敌楼观贼。贼见大帅入营围复四合，而爵相军之后队不得入，势甚危。瞥见贼军东南一角旗帜忽乱，爵相知援军到，亲执桴鼓立于军前，诸将勇气百倍，里外三面夹击，斩贼千余，追逐数十里。日值微雨，三鼓后忽闻炮声震天，亟令出队。贼见我军，即狂奔，自相践踏，死者万余。盖贼之初败，未甚创，夜复冒雨而来，沪城南门外故有西洋兵木城，堵御甚严，贼劫其营，炮火齐发，贼之前队已倒戈相向，进退不辨东西，复为我军所乘，遂大败之，战地一带尸积如山。自此沪

上军威大振，贼势日蹙。是役也，我军以三千人破敌十万之众，诚东南一大转机也。"

虹桥之役真正打出了淮军的盛名，上海的中外军民都赞誉不已。该战斩首太平军精锐三千余人，俘虏敌军首领四百余人，降千余人，淮军伤亡仅一百多人。上海各方面于是在军饷、武器上就不断支持淮军，而淮军也不断扩大，尤其是其装备日益洋枪化，所以战斗力就步步增强了，也就能逐步向苏州和常州推进，配合西边的湘军对困守天京的太平军作最后的攻击。

由于见到李鸿章在上海取得了胜利，朝廷就下谕旨要调李鸿章大部分淮军去镇江，以图江宁。李鸿章当然不愿意去镇江，那里是镇江总兵冯子材、钦差大臣多兴阿和漕运总督吴棠等人的势力，而且若要对江宁进军，更要与进攻江宁的主帅曾国荃配合，也就是重新受曾氏兄弟的直接指挥；更重要的是，一旦离开上海，则上海提供的饷源自然就没有了，自己又将成为无根之木、无源之水，如何能使自己大展宏图。

于是他立即起草了一封《权衡沪镇缓急片》，上奏朝廷，折中指出：

一、淮军只有几千人，两处分兵则都不足以御敌，专守一地还可勉强维持；

二、上海只有依靠淮军才能守卫，面对太平军大军压境，协防的洋军已经不能依靠；

三、难以找到适合的人选来替代自己保卫上海，而上海仍面临太平军重来攻击的现实危险，因为太平军对上海有志在必得的意图；

四、冯子材要我去镇江，其实主要是看中了我所能带去的兵饷。我现在署理江苏巡抚，负有筹集军饷的重责，而在上海所筹军饷也就仅能保证驻沪淮军之用，无法再支持冯军的军饷；

五、镇江与上海相距有八百多里，难以兼顾两头。

对谕旨中所说"对苏省绅士之言不可过分相信"，他指出"军事以得人心为本"，也就是上海士绅们对淮军的欢迎实际上代表的民心。最后，他又反攻为守地提出：若两江总督曾国藩能派出合适人选接替我，我一定离沪援镇。

这就是，将在外军令有所不受，朝廷也只好接受他的意见。

果然，太平军慕王谭绍光部、潮王王子龙部共十余万人，又推进到离上海不到十里之遥的前沿阵地，上海形势再度紧张。李鸿章派程启学等率主力淮军又与这两路太平军进行了激战，终于使他们退回苏州。随后淮军又发动主动进攻的四江口战役，全面解除了太平军对上海西面的威胁。淮军的这些胜利，不仅保证了上海的安全，而且使淮军真正受到了上海市民的信任，他们夸赞说："人不可貌相，海水不可斗量，别看淮军衣衫破旧，但打起仗来却真厉害。"连傲慢的英国洋枪队，也惊呼："了不起！真厉害！"赞淮军是大清第一支军队。

接着，上海人民就为淮军换上了新装，也就是不再穿前"淮"后"勇"的反襟衫，那种衣服在使用冷兵器的作战中适合于互相识别，但在使用洋枪洋炮的对阵中，穿这种军装就会成为对方射击的活靶子，在淘汰原有军装以后，一律穿上西洋士兵的对襟军服。

接到李鸿章报喜的信后，曾国藩也特意写信给李鸿章，对他为湘军增光添色，感到极大的欣慰，尤其对李鸿章亲临战场指挥作战，大加赞许，并说自己感到惭愧。

是年底，李鸿章实授江苏巡抚。

在掌握地方实权后，他就在江苏大力扩军，采用西方新式枪炮，俨然乃新式陆军，使淮军在两年内由6000多人增至六七万人，成为清军中装备精良、战斗力较强的一支地方武装。然后李鸿章就同外国雇佣军一起（后组建为常胜军）进攻太平军。

1862年（同治元年）11月18日，常熟太平军守将骆国忠投降。李鸿章乘机率淮军发起收复苏、常的战役。经过与前来平叛的太平军反复激战，淮军最终攻克常熟、太仓、昆山等地。在初步扫清苏州外围后，同治二年（1863年）五月，李鸿章制订了三路进军计划，中路程学启统率，由昆山直趋苏州；北路李鹤章、刘铭传从常熟进攻江阴、无锡；南路则下攻吴江、同望，切断浙江太平军增援的道路。

1863年正月李鸿章兼署五口通商大臣。于是他奏设外国语言文学学馆于上海，是其创办洋务之始。1864年（同治三年）他率领淮军各部攻入常州，清廷赏他骑都尉世职。

4—5. 苏州之战杀八降将，不义之举引发争议

1863 年 7 月，程学启部兵临苏州城下，太平天国忠王李秀成率军自天京往援，与北路淮军大战于无锡大桥角，太平军失利，退回苏州后就面临淮军围城的局面。

当时，与淮军共同围攻苏州的英国人戈登（他率领雇佣军"常胜军"，从 1860 年 6 月起，受上海官商雇佣开始与太平军作战，并取得了显著的战果）认为苏州城太大，而"常胜军"人数太少，因此他要求扩军，这样就能更快攻下苏州。但李鸿章唯恐"常胜军"扩大规模以后就能够单独攻下苏州，所以拒绝了戈登的要求。

然而在戈登的不断要求下，李鸿章后来也不得不同意"常胜军"再扩招一百人，但同时提出了十分苛刻的条件：无论是否攻克苏州，这一百名新招的洋兵在一个月后必须辞退，而且，在攻下苏州以后，"常胜军"必须与淮军程启学部一同进驻。不仅如此，进驻苏州五天后，"常胜军"就必须撤离苏州，回到自己原来的驻地昆山。对此要求，戈登不能完全接受，就要求英国新任驻华陆军司令伯朗出面与中国交涉，但李鸿章拒绝与他见面。

苏州是江南重镇，在清代它曾是江苏省城。太平军在攻下苏州以后，鉴于它的重要性，将它立为苏福省的省会，而忠王李秀成本人也十分关注苏州，多年来一直精心经营苏州，想把它建成第二个天京。由于它的重要性，因此迅速攻下苏州无疑是当时的江苏巡抚李鸿章梦寐以求的事。

1863 年 11 月中旬，李鸿章的淮军和"常胜军"相继攻下常熟、太仓、昆新、吴江、江阴等地以后，兵临苏州城下，然而对苏州却屡攻不下，伤亡不小。

这时，苏州太平军并没有到已无退路的局面，苏州太平军守军主将是慕王谭绍光，但他手下部将纳王郜永宽和宁王、康王、比王以及四天将发生了动摇，他们不愿听从李秀成和谭绍光的计划：由于湘军已兵临天京城下，因此太平军必须收缩兵力，放弃苏州，自苏州突围，保存实力并回救天京。

　　这八名太平军将领与淮军程学启部秘密接洽献城事宜，并且在英国"常胜军"首领戈登的参与下，达成了以下协议：

　　一、纳王郜永宽、比王伍贵文、康王汪安均、宁王周文佳，天将军范启发、张大洲、汪怀武、汪有为等八将军，自愿降清，特献苏州城，诛杀伪慕王谭绍光等，以将功续罪；献降八将，各官封二品武职；四王任总兵之职，四天将任副总兵之职；

　　二、八将降清后，江苏巡抚李鸿章将保证八将及家眷的生命财产安全；

　　三、恐口说无凭，特立此约，并以英国"常胜军"首领戈登将军为佐证。

　　由于已经知道无法说服领军八将撤出苏州，而且面临湘军的进攻，天京方面形势告急。

　　十一月初四，忠王李秀成带着自己的一万多的人马，乘着月夜离开了苏州。

　　在第二天，十一月初五，在举行的军务会议上，郜永宽等八将杀死了苏州守城主将慕王谭绍光，开城投降。但淮军入城后，太平军八降将率部十万余人屯居半城，不愿剃发解除武装，而是索要官衔兑现，并要保持一定编制。此时，入城的淮军只有两万多人，面临危险，于是李鸿章采纳程学启的建议，诱杀了八降将，并遣散余众。

　　但是，李鸿章此举却遭到了英国常胜军首领戈登的强烈反应。他认为这是不可饶恕的背信弃义的行为，因为他曾经信誓旦旦地为降将们作保，因此怒气冲冲地冲到巡抚衙门找李鸿章理论。

　　戈登带着枪要找李鸿章算账，李鸿章当然躲了起来，由于几天都找不到李鸿章，于是戈登就下了最后通牒，要求李鸿章下台，不然他就率领"常胜军"进攻淮军，并将所攻占的城池交还给太平军。

　　由于他没有找到李鸿章，于是戈登就将"杀八降将"这个"世上最卑鄙的行径"，报告给英国驻沪公使，请求英国政府出面，与清廷正式交涉，务必要将李鸿章撤职查办。

　　英国驻华陆军提督柏郎也决定，从李鸿章手中接管对洋枪队的指挥权。英国驻沪领事也与各国驻沪领事馆联合起来，谴责李鸿章彻底背叛人性的杀降行为，并向清廷发出警告：若不将李鸿章撤职查办，各国将不再支持大清。

李鸿章做梦都没有想到杀几个太平军的降将竟会引出这么大的外交事件，因为当时的中国军队从来就没有"不可杀害俘虏"的概念，也没有"不可杀害已投降敌军将士"的军纪，更不懂得战争行为还要遵守国际规则。

于是，不敢公开露面的李鸿章就在一个秘密地方召开幕僚会议来商量对策。

大家商议的结果是：

首先要取得朝廷对此次杀降将行为的支持，这样就无后顾之忧了；

要取得曾国藩对这个行动的谅解，要他对朝廷施加影响；

对戈登的反应要研究其原因，采取适当方式应对；

对降将郜永宽等人不撤销对他们的官职封号，只说是不听军令，因此就不是"杀降将"。

于是李鸿章就向朝廷递上了一个精心推敲的奏折，说："查长毛降众实有二十余万，其精壮不下十万。郜永宽等八降将，献城后，还占领阊、胥、盘、齐四门，执意要求准立二十营，并保障所保奏的八名总兵副将官职，在何省何处？而且不肯剃发，不肯解除武装，意图挟制。臣毅然诛其首领，解散党羽，苏州大局于是顷刻就定。"

很快，朝廷回复就来了，肯定他杀降合情合理，还指责洋人不明道理，曾国藩也来信对他果断采取断然措施深加赞许，这样李鸿章就放心了。

对于朝廷对英国收回对洋枪队指挥权的后果影响，李鸿章又回答朝廷说："淮军兵力现在已达五万，东南对长毛进剿，凭淮军及大清防军，实力已完全能胜任。若将洋枪队武器装备及军饷供应淮军，淮军实力将远超常胜军。"但同时，李鸿章又为戈登及常胜军请赏。

于是朝廷给戈登颁发了一枚大勋章，奖银圆一万，给常胜军奖银圆七万，并且由李鸿章发表声明说苏州事件发生时，戈登并不在场而且也不知情，也就是与戈登无关，以此换取了戈登的让步。

最后，还为郜永宽等被杀的八名将领举行了葬礼，并设佛事七日，表明他们绝不再是太平军长毛的身份，并安置他们的家属。

此时，经过掌控中国海关的赫德的调解，英国方面也看到，维持与清政府的和好更符合自己的利益，因此主张将此事交给总理衙门处理，制止了戈登的过激行为。而且，此事淮军人数已达五万人，且其中已有三四万人装备了洋枪，而"常胜军"只有三千人，从实力上说也不是淮军的对手，所以也不要将事情做绝。因此，戈登也就接受了以李鸿章发表声明的方式来解决苏州的事件。

这样，这次沸沸扬扬的"杀降将"风波，最后才得以平息。

4—6. 平定苏南助攻江宁，功成名就入主两江

取得苏州、无锡后，李鸿章所规划的淮军作战方向是：

西攻常州，策应曾国藩攻江宁；

南下浙江，与左宗棠配合，夹击浙西的太平军。

于是李鸿章兵分两路。刘秉璋与潘鼎新从北路很快就占领了无锡，太平军守军投降，但是南路进攻嘉兴的程学启部却遭到了太平军的顽强抵抗，虽然最后攻破了嘉兴，但淮军第一悍将程学启却在攻城时阵亡。

为他的葬礼，李鸿章亲撰挽联：

> 坚城垂拔，壮士先摧，当时若失左右手；
>
> 百战论功，片言制敌，如公可谓文武才。

程学启死后被追赠太子太保衔。

淮军随即猛攻常州，城破时太平军守将护王陈坤书与佐王黄和锦被俘，随后被处决。至此，天京以东就无险可守了。

当时，湘军久攻天京不下，清廷屡次诏催李鸿章率淮军前往会攻。李鸿章从自己与曾氏兄弟的关系考虑，染指金陵必会被认为抢功，而得罪曾氏。于是，他一面在苏、常按兵不动，一面掉头南下攻入浙江，结果却惹恼了闽浙总督左宗棠，左上奏朝廷，告李鸿章"越境掠功"，由此开始，二人做了一辈子对头冤家。

同治三年六月十三日，李鸿章闻知湘军攻城地道将成，又因为朝廷一再催促，遂派刘士奇炮队及刘铭传、潘鼎新、周盛波等二十七营来会攻天京。十五日，曾国荃出示李鸿章发来的出兵咨札，激示众将曰："他人至矣，艰苦二年以与人耶？"众皆曰："愿尽死力！"第二天（1864

年 7 月 19 日），湘军终于攻克天京。事后，曾国藩曾执手向李鸿章表示感激："愚兄弟薄面，赖子保全。"江苏肃清，湘淮军将帅均得加官进爵，李鸿章受封一等肃毅伯，赏戴双眼花翎。

此时淮军也已经扩充到近五十个营，无论从兵力还是从装备上，都是一支不可忽视的军队了。

清朝廷在谈到淮军的成功时承认："近年江苏用兵，雇觅英法洋弁，教练兵勇……抚臣李鸿章不惜重资，购求洋匠，设局派人学制，源源济用。各营得此利器，足以摧坚破垒，所向克捷，大江以南逐次廓清，功效之速，无有过于是也。"

太平天国覆亡以后，同治四年（1865 年）四月，僧格林沁剿捻在山东曹州阵亡，曾国藩随即被任命为剿灭捻军的钦差大臣，督办剿捻事宜及直隶、山东和河南三省军务，他必须要到前线督师，因此曾国藩推荐，李鸿章被朝廷命令署理两江总督，并为曾国藩办理后路粮台。

当时捻军分任化邦和赖文光所统率的捻军与张宗禹所统率的捻军，与太平军不同，他们没有建都，也不守城或建立基地，而是东流西窜，飘忽不定，但是势头很大，一来就是几万人甚至十几万人。

在李鸿章受命署理两江总督仅五个月时，他突然又接到朝廷谕旨，要他率领部下杨鼎勋等部，赴河洛一带（指黄河、洛水，也就是洛阳、开封一带）进行防剿捻军，并兼顾山东和陕西门户。同时决定以漕运总督吴棠署理两江总督，李宗羲和丁日昌分别署理漕督与苏抚。

李鸿章一看就明白了，这道谕旨实际上是冲着两江总督这个位置来的，吴棠不是湘淮系统的人，要他来接任两江总督就是要将湘淮势力挤出两江总督的要位。

李鸿章一方面上奏朝廷表示以现有形势难以遵旨，因为大量淮军已交由曾国藩指挥剿捻；另一方面就是立即写信告诉曾国藩，而曾国藩接到他的信以后，也马上就向朝廷上疏曰：臣今剿捻匪，全赖淮军诸勇听我指挥。李鸿章若果入洛，亦怎肯撤去臣布置已定之兵，带着西行，坐视山东、江苏之糜烂而不顾？同时他还认为吴棠不熟悉两江事务尤其是不谙政情、李宗羲资历太浅、丁日昌则宜于洋务，对他们的任命均不合适。

在当时的情况下，朝廷是不敢惹曾国藩和李鸿章这两个人物的，同时也看出了，两江总督这个位置，湘淮系统也是不会轻易让出的，于是上议作罢。

4—7. 钦差大臣奉旨剿捻，东西两捻全部剿灭

虽然曾国藩制订了以围进逼的正确剿捻的计划，不过，曾国藩具体实施的剿捻军事行动却以失败告终，同治五年九月，捻军在许昌会师，并正式决定分组东西两支，声势大振，当然就意味着曾国藩对捻军围剿的失败。曾国藩因此病倒，十月，他不得不以"病难速痊"及"剿捻无效"向朝廷递交了"请罪书"，同时希望朝廷调李鸿章前来帮忙，可是朝廷却任命李鸿章为剿捻钦差大臣而彻底取代了曾国藩。

可是这也使李鸿章有所为难，因为一是他将因此丢失两江总督的显要位置；二是使自己的恩师曾国藩被迫去职而得罪恩师；三是剿捻这件事并非容易的事，不知自己会不会重蹈失败的覆辙。但是，他还是决定为恩师去接手这个烂摊子。当李鸿章派人去曾国藩处取钦差大臣官印时，卧病在床的曾国藩有些不满但也无奈地说："这么快就要拿走了，我还以为要办一个交接仪式呢。"但是李鸿章并没有忘恩负义，因为在接钦差大臣印之前，他就已经向朝廷上折，力请曾国藩回到两江总督任上，并称曾国藩若不回任两江，前线剿捻的湘淮军饷粮的供应就难以得到保障（后来梁启超就特别强调这一点）。朝廷果然答应了李鸿章的要求，让曾国藩回任两江总督，曾国藩也就因并非免职而保住了面子。

此时，朝廷按李鸿章的要求，进行了这样的人事安排：曾国藩回任两江总督，李鸿章为湖广总督、剿捻钦差大臣，李鸿章的大哥李瀚章从湖南巡抚调任江苏巡抚，而且署理湖广总督（因为李鸿章要到剿捻前线督师），以李鸿章的僚属郭柏荫和丁日昌分别署理江苏巡抚和江苏布政使，以曾国藩的好友刘昆为湖南巡抚，这种人事安排就使得湘淮系牢牢掌控两江和湖广，从而能保证剿捻的军饷供应不成问题，毫无疑问，这是李鸿章对剿捻的战略安排。

其实，对于如何剿灭捻军，曾国藩与李鸿章在战略上的主张是一致的，即：对于善于流动作战的捻军，绝对不能追着他打，那会疲如奔命并极

易中埋伏，原来清军剿捻的主帅僧格林沁就是在追捻军的过程中，于同治四年四月二十四日中了埋伏，阵亡于山东曹州，因而朝廷就不得不请曾国藩出来剿捻。曾国藩认为对捻军要围而不能追，要设法把它围起来逼到某一个死角然后歼灭之，但是曾国藩在具体的部署上却未能实现这一目标，所以他的剿捻军事行动也失败了。

为对付李自成，明朝的孙传廷曾经说过："剿流寇当驱之于必困之途，取之于垂死之日；如但一彼一此，胜负于矢石之间，即胜亦无关于荡平。"李鸿章十分赞同他的意见，所以他曾上奏朝廷："须蹙之于山深水复之处，弃地以诱其入，然后合各省之兵力，三四面围困之。"

这是李鸿章第二次接任他的老师曾国藩的职位而来担任剿捻的重任，节制湘、淮各军专办剿捻事宜。李鸿章挂帅之初，同治六年一月，东捻军就在突破曾国藩部所布防的贾鲁河与沙河防线后，迅速进入到湖北钟祥一带，人数达十万以上。

经分析，李鸿章认为，东捻进入湖北的企图或者是想要"长驱西进，一入四川，居巴蜀之利，一出取汉中，合张宗禹会攻陕西"；或者是想要夺取战略要地武昌，但是，无论东捻是何种企图，都应当在它进入湖北以后就地消灭它。

于是李鸿章与时任湖北巡抚的曾国荃商定，湘淮军要联合作战，以争取在湖北消灭这支东捻军，于是李鸿章所指挥的湘淮军与东捻在湖北进行了一场大战，但结果并不是很理想。

湘军大将郭松林首先接战东捻，结果大败，自己身受重伤；

淮军大将、铭军统领、现任广西左江镇总兵张树珊接着领军再战东捻，但结果是所带兵马全军覆没，自己也在乱军中中弹身亡。

于是湘淮两军决定联合与东捻在臼口战场决战，由淮军刘铭传率"铭军"西上，而湘军鲍超率"霆军"东下，在尹隆河一带对东路捻军形成两路夹击之势。本来已经约定正月十五日卯时（早七点钟）双方同时进兵，但刘铭传想夺头功，竟提前于早上五时就进军，亲自率十五营，7500多人出发，结果提前与捻军遭遇，并遭到了捻军的猛烈攻击，两万多骑兵将刘铭传部团团围住，刘铭传大败，两名总兵先后中弹身亡，军队已溃不成军，刘铭传面临被俘的危险，幸好鲍超的"霆军"及时赶到，不但救出了刘铭传，而且使战役转败为胜。

在此战役中，捻军损失9000多人、马5000匹，另有8000多人投降清军，是捻军重大的挫败，也直接影响了捻军下一步的行动，对其最后的失败起到了至关重要的作用。

东捻一看自己在这次战役中遭到了如此重大的损失，于是放弃了入川的打算，并立即跳出了清军的包围，复进河南，然后就向山东进发，直趋胶东半岛。

东捻军虽然在湖北没有被湘淮军所消灭，但从河南转入山东，应当说，从战略上来说这是东捻的一个重大失误，因为胶东半岛三面环海而且地域有限，且北有黄河，西有运河，南有六塘河，绝不适宜于捻军的流动作战，也许当时东捻是想进入山东的沂蒙山区进行休整。

李鸿章于是不让捻军得到休整，要把捻军逼到胶莱海隅，但是捻军虽于1867年6月与7月间徘徊在鲁东地区，但却于8月间渡过潍河，跳出鲁东，再次来到运河边上。此时，李鸿章仍然坚持以运河为中心的堵截原则，他亲自坐镇台儿庄，将东捻军围困在黄河、运河、六塘河之间的狭长地带。11月，东捻首领之一的任化邦在突围到苏北的一次战斗中被其部下所杀。12月，东捻军在寿光的一次战斗中损失三万多人，精锐丧失殆尽。

1868年1月，赖文光率残部渡过了六塘河，先来到苏北沭阳，后沿运河到达扬州北面邵伯镇。想在那里渡过运河时被发现，在败逃中到达扬州后被俘，并被处决。李鸿章给朝廷的奏折称："同治六年十二月十一日，长毛遵王、东捻匪首赖文光，在江苏扬州城北邵伯镇湾头附近被淮军华字营统领吴毓兰捕获。"

至此，东捻军就被李鸿章剿灭。李鸿章赏加骑都尉世职。

西捻军原在陕西与左宗棠作战，并且于同治六年十一月与控制绥德的武装会师，但此时西捻军首领梁王张宗禹接到东捻首领赖文光的紧急求援信，得知东捻在山东运河东岸陷入重围以后，为了实践"誓同生死、万苦不辞"的誓言，张宗禹决定再用"围魏救赵"之策，率西捻渡河而东，深入北京畿辅地区，力图将山东战场上主要的清军力量，都吸引到自己的周围，以解东捻之危。十一月初十，西捻和回军都撤出陕西绥德，十一月二十三日凌晨，张宗禹带领突击队首先趁黑夜在陕西宜川壶口冒险踏冰桥渡过黄河，击败了山西的清军，随即越太行山和王屋山从小路迅速进入冀南地区，然后沿河北中部连夜北上，极其神速地通过保定和易州，前锋直抵北京市郊的卢沟桥。

整个清朝廷和直隶、山西各省的军政部门立刻陷入一片混乱，山西巡抚、河南巡抚、直隶总督随即都被撤职，而左宗棠和李鸿章也都受到申斥。左宗棠连夜督军冒大雪率领刘松山的老湘军从山西穷追到河北，而李鸿章也在平定了东捻以后急忙率三万淮军从江淮北上。

虽然进军十分神速而且挽救东捻的意志也十分坚定，但张宗禹还是来晚了一步，其实西捻到达冀南和豫北时，东捻已经完全失败，任化邦和赖文光均已战死，但张宗禹没有得到确切消息，因此举兵北上，这就使自己成为一支冒进的孤军。到达卢沟桥以后，又接连几天大雾，被迫推迟进攻北京的军事行动，然而就在这两三天内，各路清军已汇聚在北京地区。西捻一看自己有陷入被围的危险，于是立即折头南下。

左宗棠曾描述与捻军作战的困难："遇官军坚不可摧，则望风远遁，瞬息数十里；候官军追及，则又盘旋回折，亟肆以疲我。其欲东者，必先西趋；其欲北也，必先南下，多方以误我。贼马而我步，贼轻捷而我重赘；贼咨掠而驰，官军必待粮而走；贼之辎重少，官军之辎重多，故贼速而官军迟。尾追之战多，迎头之战少，盘旋之日多，相持之日少。"

于是西捻就用这种战术与李鸿章和左宗棠在豫北河北一带作战，并且于同治七年四月初（1868年5月）再次逼近天津，使得北京城内再次戒严，朝廷严令李鸿章和左宗棠务必在一个月内将捻军"全数歼除"。但是，到了闰四月末，捻军还是未能消灭。于是朝廷下旨处分李鸿章和左宗棠，"交部严加议处"，并派满员都兴阿为钦差大臣，统帅其他的军队，也就是削减李鸿章和左宗棠的兵权，正如左宗棠所说："捻军本可早灭，然此时数百里之内，大臣三、总督一、巡抚三、侍郎一、将军一，军非专令不从，何能为之？"

这是指当时军机大臣、大学士李鸿藻，以各路统兵大员事权不一，疏请特派恭亲王为大将军，坐镇京师，以固北路；左宗棠、李鸿章为参赞大臣，分扎保定、河间东西两路，各率所部兵勇相机剿办；陈国瑞为帮办军务，专统一军为游击之师；直隶总督官文专顾省城，筹备诸军饷需，以资接济；丁宝桢驻扎直、东交界，防贼东窜；李鹤年驻扎直、豫交界，防贼南窜；直、晋交界，由左宗棠等分拨劲旅扼要驻扎；并请敕下各该大臣和衷商办，互助协攻。奏入，朝廷遂命各路统兵大臣均归恭亲王节制。

此时李鸿章已经受处分被拔去双眼花翎、褫去黄马褂、革去骑都尉职、降二级留用，但李鸿章此时也顾不了这么多，他赶紧与左宗棠在德州进行了会晤，决定左宗棠在后面猛追西捻，使西捻不敢北上而被迫南下，李鸿章则在黄河与运河严阵以待，结果西捻在后有追兵前有堵截的情况下，难以渡河进入河南平原地区，只能在济南北面渡黄河进入到山东北部，这就面临与东捻同样的情况。于是李鸿章用同样的办法将西捻向海边逼，同治七年六月末（1868 年 8 月），张宗禹率部突围，成功南下到达山东茌平境内，不料此时必须要渡过的徒骇河河水陡涨，渡不了河，而后面又遇到李鸿章军队的猛烈攻击，在狭长的河边上背水而战，结果西捻也全军覆没。同治七年六月二十八日，张宗禹率十余人突围，不知所踪。这样，西捻在李鸿章和左宗棠配合下也被剿灭了。

西捻被剿灭以后，当然李鸿章原来所受的处分也随即被撤销了，七月初十，又下旨："李鸿章平捻功伟，列为第一，授武英殿协办大学士，留任湖广总督。"

十月，他进京觐见皇帝，首次拜谒慈禧太后和同治皇帝，赏加太子太保衔。

梁启超在《李鸿章传》中讲到他剿灭捻军一事时说："鸿章之用兵者，谋定而后动，料敌如神，故在军中十五年，未尝有所挫，虽曰幸运，亦岂不以人事耶？其剿发（指太平天国，人称长毛，所以说是剿发），以区区三城的立足地，仅二岁而荡平全吴。其剿捻也，以十余年剽悍之劲敌，群帅所束手无策者，亦一岁而歼之，盖功有天授焉。其待属将也，皆以道义相交，亲爱如骨肉，故咸乐为用命，真将将之才哉！虽然，李鸿章兵事之生涯，实与曾国藩相终始，不徒荐主之感而已。其平吴也，由国藩统筹大局，肃清上流，曾军合围金陵，牵制敌势，故能使李秀成疲于奔命，有隙可乘。其平捻也，一承国藩所定方略，而所以千里馈粮，士有宿饱者，又有良江督（指当时任两江总督的曾国藩）在其后，无狼顾之忧也。不宁唯是，鸿章随曾军数年，砥砺道义，练习兵机，盖其一生立身行己、耐劳任怨、坚韧不拔之精神，与其治军驭将、推诚布公、团结士气之方略，无一不自国藩得之。故有曾国藩然后有李鸿章，其事之如父母，敬之若神明，不亦宜乎？"

梁启超这段话非常有名，尤其是最后一句："故有曾国藩然后有李鸿章。"

梁启超的中心意思是在肯定李鸿章的成就的同时，也强调这些成就的取得是离不开曾国藩的。这一点倒无需否定，但也应当特别强调的是，李鸿章上述成就的获得，主要还是李鸿章个人的果断明智以及淮军的不畏艰苦和英勇奋战得来的。

4—8. 直隶总督北洋大臣，领大学士青出于蓝

同治八年正月初十（1869 年 2 月），李鸿章正式接任湖广总督。

期间除处理四川总督吴棠被参案以外，并无大事。

同治九年二月十六日（1870 年 3 月），他突然接到朝廷上谕，命李鸿章率军赶赴陕甘督办军务，协助左宗棠。

这却使李鸿章很为难，因为当年在平定太平天国时，曾因李鸿章要进兵浙西一事，当时任浙江巡抚的左宗棠曾将李鸿章告到朝廷，说他抢功，从此两人之间的关系就很不和谐，而且在平定西捻时，左宗棠怀疑李鸿章向朝廷奏报"张宗禹投水自杀"的结论不实，强令刘松山、郭运昌等到处搜查，结果结论是"张宗禹下落不明"。所以，自视甚高的左宗棠是一个极难相处的人，李鸿章当然明白。

所以他很不愿意去陕西，但是圣命难违，于是他再次使用"拖"的办法。

三月二十日，他从武昌出发，在路上足足走了三个多月，六月二十二日才到西安。一到西安，就对左宗棠申明，他不是来参与作战的，只是在陕西作为左宗棠的后援存在，以使左宗棠解除对他的戒备。

事实上，还没有等他安顿好，他就接到朝廷于六月二十八日发出的密谕："着令李鸿章即日启程，速到京畿一带布防。"

李鸿章十分惊喜，喜的是可以立刻离开左宗棠，惊的是要他速去京畿则一定是京畿之地出了大事，曾国藩都处理不了，必须要他去。他确实很奇怪，京畿附近会有什么大事连直隶总督曾国藩都处理不了呢？

接到朝令以后，李鸿章只用了两天的时间，就带领淮军从西安出发，这次是兼程而行，三天后到达潼关。到达潼关以后，他才知道要他领兵火速进京的原因是发生了"天津教案"。

原来，五月二十三日（6月21日），天津发生了火烧外国教堂，打死法国领事丰大业等洋人二十人的"天津教案"，法国公使向朝廷提出了强烈抗议，俄、美、英、法等国也扬言要派军舰到天津、烟台来，形势骤然紧张。所以朝廷除派直隶总督曾国藩亲赴天津处理以外，另一方面就急调李鸿章领淮军到京畿驻扎，以防不测。

于是李鸿章就加速向京畿进发，但七月十八日和二十日又接连收到两份密旨，要他将军队远扎在直隶、河南、山西的交界处，切勿走漏调兵的消息，原来是朝廷怕淮军进驻京畿过近会刺激洋人。

虽然他对朝廷的指示有不同看法，并向朝廷上书指出无需在洋人面前过于胆怯，而是应当明确向洋人宣示，我们是有强大准备的，这样才能使洋人不敢妄动，因此他不能离京过远。

但是朝廷命令还是要执行的，于是他只好领兵慢行并随时待命。

八月初三，当他来到直隶的获鹿县时，突然接到调补他为直隶总督的谕旨。他当然感到很惊奇，现任直隶总督是他的老师、德高望重的曾国藩，怎么会让他去接任曾国藩的位置。

此时他还不知道，在此期间发生了两件震惊朝野的大事：

七月间，曾国藩处理"天津教案"失当，引起朝野一片愤怒与指责；

七月二十六日，两江总督马新贻突然被刺，而此时曾国藩正因"天津教案"处理不当面临巨大压力，所以朝廷就让他离开直隶去回任两江总督，处理马新贻案件。

就是在这样的情况下，朝廷宣布由李鸿章继任直隶总督。

八月二十五日，李鸿章到达天津，九月初六，正式接任直隶总督，而湖广总督由他的哥哥李瀚章接任。

李鸿章接任直隶总督以后，首要的事情就是处理"天津教案"。

曾国藩处理此案时方法过于简单：他按照"以命抵命"的原则，认为既然中国人杀死了 20 名洋人，那就不问青红皂白，要杀 20 个中国人为洋人抵命，另外还要充军 25 人，这个处理办法引起一片愤怒。

李鸿章接手此案以后，当然不好直接推翻曾国藩的原判，但了解到俄国对于被杀死的四名俄国人并不要求"以命抵命"，于是立即将处死刑的人减为 16 人；而且在对其余 16 人执行死刑时，他又耍了一个花招，即用监牢中的 16 个死刑犯进行了偷梁换柱以进行替代；另外充军人数也由 25 人减为 21 人；在答应重修教堂和支付抚恤金方面，还大大压减了法国领事所索要的无理金额；他又派崇厚去法国赔礼道歉；由于各种目的已经基本达到，又见中国已经在京畿一带屯聚重兵，因此各国都将军舰撤走了，一场危机便因此化解。

所以李鸿章对天津教案的最后处理结果深受朝野一致好评。

此前，第二次鸦片战争时，清政府被迫签定了《天津条约》和《北京条约》，增加了一批新的通商口岸。咸丰十年十二月，更是设立了总理事务衙门，下设三口通商大臣一职，规定该大臣驻天津，办理天津、牛庄（后改营口）、登州（后改烟台）三口通商交涉事宜，兼办海防，并管理天津关税，职位与督抚平级。

"天津教案"之后，考虑到此次事件的发生，与原三口通商大臣崇厚平日过分吹捧洋人，使得民怨积累已久，从而遇事而酿发成大案，为了以后避免地方办事多方掣肘，使办事更有效率，便决定撤裁三口通商大臣一职，而设立北洋通商大臣，由直隶总督兼任。

于是李鸿章就成为直隶总督兼北洋通商大臣，是当时清朝廷中地位最显赫的、权势也最大的封疆大吏，而且他从 1870 年 10 月任此职，一直到 1895 年 5 月签订《马关条约》以后被解职，共延续 25 年。

同治十三年十二月初三，李鸿章被授予文华殿大学士，这是清朝文官的最高爵位，时年 51 岁。由于李鸿章一直任直隶总督兼北洋大臣这个重要的职位，所以他没有进入军机处成为军机大臣，他与曾国藩一样，都是晚清最显赫的疆臣而非枢臣。

当时他回到督署时当然春风满面，众僚属都向他祝贺，他母亲高兴之余，也喜笑颜开地叫他的小名。李鸿章高兴地立即挥毫写下了：

已无朝士称前辈，

尚有慈亲唤小名。

他回想起，当年曾国藩曾预言他可能会"青出于蓝"，超过曾国藩，如今他已任文华殿大学士，而当年老师曾国藩只任武英殿大学士，他确实是"青出于蓝"了，能不高兴吗？

李鸿章当然知道，他之所以受到如此重用，与恭亲王奕䜣对他的支持是分不开的，因此对恭亲王当然十分感激。既然是感激免不了就要送礼，但如何送礼呢？都知道恭亲王不是一个很贪的人，因此必须讲究送礼的策略。于是，他在给恭亲王送礼时反而就从廉政谈起。

一天，李鸿章登门去拜访恭亲王，其实意在送礼，但他却先说："癸酉年（1873 年），丁宝桢在山东巡抚任上，回贵州平远扫墓，路过汉口，鸿章家兄、湖广总督李瀚章见其行从简朴，乃赠银三千两以备其回乡打点亲友。但次年扫墓归来，丁宝桢竟一两不少地奉还了。丙午年（1876 年），丁宝桢奉旨督川，入京陛见，鸿章得知其宦囊羞涩，京中的应酬花销没有着落，于是就凑了一万两银子相赠，这一次总算他赏脸，收下了，比起家兄来，面子上好看多了。"随即，他又啧啧有声地大发感慨说："老丁真是一清如水！"

两人谈了半天廉政话题，临辞行前，李鸿章才说："王爷马上要过生日了，作为廉政楷模，鸿章知道王爷低调惯了。但接着还有太后的生日，王爷就不能太寒碜了，所以鸿章预备了一点小心意。"说完，将一方红地金花信封轻置于茶几上。恭亲王略一踌躇，但想起了刚才议论的"一清如水"的丁宝桢，自然也就给了李鸿章的面子。送客回来，恭亲王抽出信封一看，是一张四万两的银票。

梁启超在《李鸿章传》中写道，"且论李鸿章之地位，更不可不明中国之官制。李鸿章历任之官，则大学士也，北洋大臣也，总理衙门大臣也，商务大臣也，江苏巡抚也，湖广、两江、两广、直隶总督也。自表面上观之，亦可谓位极人臣矣。

然本朝自雍正以来，政府之实权，实在军机大臣（自同治以后督抚之权虽日盛，然亦存乎其人不可一例），故一国政治上之功罪，军机大臣当负其责任之大半。虽李鸿章之为督抚，与寻常之督抚不同，至若举近四十年（指 1860 年至 1900 年）来之失政，皆归于李之一人，则李固有不任受者矣。"意思就是说，李鸿章固然担任了这么多要职，但毕竟只是一个重要的疆臣，不是最掌握朝廷军政大权的军机大臣，因此把后来近四十年的失败，都归结于李鸿章一人的身上，是不公平的。

历史出乎意料之处，往往在于它逸出思考之外，中国皇权制度之破坏，竟然是军队系统的"国有"变"私有"。这是曾国藩和李鸿章的湘军与淮军相继出现之后，兵为将有，地方督抚拥有重兵，从而就使得中央与地方，满族与汉族的关系渐次改变成：内轻外重（中央权力下降疆臣权重加大）、满轻汉重（汉人督抚数量更多）。

4—9. 承认落后倡导自强，洋务运动从此开展

经历了 1860 年英法联军进北京，中国政府被迫签订《北京条约》以后，在一些有远见的大臣推动下，清廷开始推行自强运动，李鸿章是自强运动最积极的倡导者和推动者，这个阶段一直延续到甲午战争战败，约有25 年。

经历了东援上海之战并且在与驻上海的洋人"常胜军"的多番接触中，李鸿章立刻认识到了"炮火绝妙精利"的西洋枪炮的厉害，所以他立即产生了淮军也要装备洋枪洋炮的想法。

此前，清廷一直没有专门办外交的官员、官职与外交事务衙门，只是在藩务（封贡事务）和商务基础上对待外国。在鸦片战争前，藩务由礼部执管，俄罗斯与边境事务由理藩院管辖。

《北京条约》签订以后，西方各国取得了在北京长期驻扎外交代表的权利，因此面对以后与洋人交涉的事务会越来越多也越来越正常，经恭亲王奏请，朝廷于 1861 年 3 月 11 日在北京成立了办理各国事务的总理衙门。恭亲王是总理衙门的首任也是任期最长的大臣，当时军机大臣兼户部侍郎文祥是负责总理衙门具体事务的主要大臣。衙门内设五个股：俄国股、英国股、法国股、美国股和海防股，另有两个附属机构：海关总税务司署和同文馆。

该衙门成立后，恭亲王和文祥就向朝廷灌输一个观念：我们在几次

与洋人的战斗中遭受失败，并不是将士们不用命，而是因为装备太差，远不如人，因此若要准备应付今后还可能发生的战争，就必须装备与采用西洋火器、洋轮和洋舰并训练新式军队。

恭亲王与文祥是英法联军之役中清廷派出与联军议和的主要代表，和议告成以后，他们从交涉过程中得到了三点重要的教训：

第一，认清了西洋军队的武器与军队的组织和训练方法上确实都远远强于中国军队，今后若还想与他们作战，就必须先向他们学习；

第二，他们发现，洋人军队武器虽然先进、军队训练方法也很完善，但是洋人却愿意将这类武器卖给中国，甚至也同意将制造武器的方法传授给中国，还愿意帮助中国训练军队，这就表明向洋人学习并非没有这种可能；

第三，议和条约签订后，英法联军就根据和约将北京交还给中国，而且也按时撤军，并无霸占之意，这就表明他们愿以信义和法律与我们往来，因而与他们和平共处也是可能的。

而这种观念正合乎李鸿章、曾国藩等经历过对太平天国作战的军事统帅们的想法。

李鸿章自 1860 年以后就开始推行自强运动的理念与实践，他认为："师彼之长，去我之短，今及为之，而已迟矣。若再因循不办，或旋作旋辍，后患殆不忍言。"当然他的认识与行动也是随着时间的进程而不断发展的，大致分为三个阶段：

第一阶段（1861 年至 1872 年）主要以吸纳西洋火器、机器、军队训练、接触西方新的科学知识、培养技术和外交人才为主；

第二阶段（1872 年至 1885 年）他认识到，一个国家要建立强大的国防力量与体系，还必须有很好的交通体系和通信系统，不但要有工业和企业作为技术支持支持，而且要依赖它们提供资金支持，所以他就大力发展轮船、铁路、开矿、办厂和推广电报业务等，也就是发展工业；

第三阶段（1885 年以后）落实到防务建设而建立北洋水师，也加强了陆军的建设。

李鸿章到上海地区与太平军作战并初步将淮军装备了一些洋枪洋炮并取得若干胜利以后，他就向朝廷奏曰："臣军由江南剿贼，人手本宜水而不宜陆，嗣因西洋火器精利百倍于中国，自同治二年以后，分令各营雇觅洋人教练使用炸炮洋枪之法，传习日久，颇窥奥妙。"

他随即利用上海富商们的财政支持，购买了大批洋枪洋炮，将自己的几个营都换装了洋枪装备，终于使淮军成为当时中国军队中装备实力最强大的部队。

但是，李鸿章知道，光靠向外国人购买武器是不行的，最根本之路是自己也能造出这样的武器。于是在同治三年，平定太平天国已经指日可待时，下一步最应当注意什么问题，时任江苏巡抚的李鸿章就给恭亲王奕訢和军机大臣文祥写了一封很有名的信，明确表达了自己的想法，信中说：

"鸿章窃以为天下事穷则变，变则通。中国士大夫常浸于章句小楷之积习，武夫悍卒又多粗蠢而不加细心，以致所用非所学，所学非所用。无事则斥外国之利器为奇技淫巧，以为不必学；有事则惊外国之利器为变怪神奇，以为不能学。不知洋人视火器为身心性命之学者，已数百年，一旦豁然贯通，参阴阳而配造化，实有指挥如意，从心所欲之快。……前者英法各国以日本为外府，肆意诛求。日本君臣发愤为雄，选宗室及大臣子弟之聪秀者，往西国制器厂师习各艺，又购制器之器，在本国制习，现在已能驾驶轮船，造放炸炮。去年英人虚声恫吓，以兵临之。然英人所持攻城之利者，彼已分擅其长，用是凝然不动，而英人固无如之何也。日本以海外区区小国，而能及时改辙，知所取法，然则我中国深知穷极而通之故，夫亦可以皇然变计矣。……鸿章以为，中国欲自强，则莫如学习外国利器；欲学习外国利器，则莫如觅制器之器，师其法而不必尽用其人。欲觅制器之器与制器之人，则或可专设一科取士，士终身悬以富贵功名之鹄，则业可成，艺可精，而才亦可集。"

并且指出，在国家没有事的时候谈这件事，人们会说你是沽名钓誉，并不相信；而当国家有事时再谈及此事，人们固然会相信但却又来不及了。

中国近代史著名学者蒋廷黻极为赞誉李鸿章此文，说它是"中国十九世纪最大的政治家具有历史价值的一篇文章"，称赞他看得远，是一位先知先觉者，对国家未来发展用心良苦，不愧当年有"一万年来谁著史，三千里外觅封侯"的气魄。他而且说："我们无法阻止西洋科学和机械势力，使其不到远东来……我们很可以转祸为福，只要我们大胆地接受西洋近代文化，以我们的人力、物力，倘若接受了科学机械和民族精神，我们就可以与别国并驾齐驱，在国际生活之中取得极光荣的地位。"

恭亲王奕䜣也十分同意并支持李鸿章的意见，恭亲王说："治国之道，在乎自强。而审时度势，则自强以练兵为要，练兵又以制器为先。"

4—10. 建制造局制造武器，白手起家困难重重

于是李鸿章按照他的"中国欲自强，则莫如学习外国利器；欲学习外国利器，则莫如觅制器之器"的想法，他就要开始打造自己的兵工厂了。1863 年春，他先是在一座古庙里，建立起一个只有榔头、锉刀、泥炉等十分简陋的工具和 50 名工人的上海洋炮局，真是白手起家。是年底，与清政府解约的英国"常胜军"的组成部分阿思本舰队途经上海，李鸿章看准机会，派人与阿斯本暗中做了一笔交易，用不到五千两白银买下了英国舰队"水上兵工厂"的所有机器设备，并将这些机器悄悄运到苏州，然后就将上海洋炮局的人马都调到了苏州，在此基础上就建立了苏州枪炮局。利用买来的英国工作母机，并扩招了 300 名工人以后，建立了三个车间，最后真生产出了开花炮弹、自来火枪和坐如蛤蟆的田鸡炮等武器。

有了这些自产的西式枪炮武装后，淮军声威大壮，自后在与太平军作战时屡屡获胜，因此也深受曾国藩所重视。

1864 年初夏，湘军围攻天京，太平天国覆亡在即。一直站在时局巨变潮头上的李鸿章当即下定决心加大西洋武器与装备的制造规模，于是决定筹建江南制造总局。

当时李鸿章已经认识到，造枪炮不算什么，关键在于机器，而且尤其重要的是，不是造炮的机器，而是造机器的机器。也就是前面他给恭亲王的信中所说："中国欲自强，则莫如学习外国利器；欲学习外国利器，则莫如觅制器之器。"只要有了可以造机器的机器，则不但可以造枪炮，而且还可以造舰船，因此他打算在上海虹口要收购上海一家美资船舶修造厂旗记厂。为此，他请他的老师曾国藩出马，与他一起会衔《置办外

国铁厂机器折》，他们的奏折获得了朝廷的认可，于是李鸿章借了一笔钱，就把这家设备先进的美国机器厂买下来了。

1865 年 9 月，继曾国藩任两江总督的李鸿章又正式上奏朝廷，奏请建立江南机器制造总局。他在奏折中说："该厂一经收买即改为江南制造总局，正名办物，以绝洋人觊觎。"为此朝廷允许拨江海关收洋税（先是一成后加至二成，约 40 万两白银）为该局的常年经费。

李鸿章继曾国藩任两江总督以后的同治七年，又将苏州枪炮局迁到金陵，改名为金陵机器局，将"枪炮局"改名为"机器局"，更进一步说明他对"制器之器"的重视。

随后，金陵机器局以及曾国藩委托容闳从美国购来的 100 多台机器，都全部并入江南制造总局。自此，寄托了几代中国人的强国梦并创造了中国工业史上多个第一的这家大型现代企业，就登上了中国的历史舞台。

此时，朝廷看到李鸿章先后办的几个机器局（上海洋炮局、苏州枪炮局、金陵机器局以及后来的江南制造总局）都卓有成效以后，就决定在天津也开办机器局，为此向李鸿章要机器和管理工厂的人才。对于朝廷要机器，他就要自己的机器制造局仿造一部分运往天津，但要他的管理人才与技术骨干，那他是坚决不给。例如他坚决不让朝廷点名要的丁日昌北上，他说："中国可无李鸿章，不可无丁日昌。"

为什么李鸿章这样看重丁日昌呢？丁日昌于 1861 年（咸丰十一年）任庐陵知县时投入曾国藩幕中，为其襄办军务。1862 年（同治元年）奉曾国藩之命，前往广东督办厘金。丁日昌在抵达广州后，发挥自己通晓火器制造的专长，在广州市郊燕塘亲自设计监制成功短炸炮 36 尊，炮弹2000 余枚。这些武器受到广东清军的欢迎，丁日昌因此声名远播。

1863 年（同治二年），由于他在广州郊区燕塘设炮局，仿制西洋大炮和炮弹成功，后被李鸿章调赴上海，创设炸炮局，制造 18 磅、48 磅等多种开花炮弹，同时也铸造少量短炸炮，供淮军攻击太平军之用，并在进攻常州作战中发挥了相当的威力。由于他铸造的大炮在平定各地的太平中起了很大作用，升补直隶州知州，赏戴花翎。在这个过程中，丁日昌的思想发生了两个重要的变化。一是认为"太平军已不足平"，真正构成对清朝威胁的是外国侵略者。

1864 年（同治三年）8 月，他上疏李鸿章，指出外国威胁的严重，洋人乘我多事之秋，不时恫吓挟制，令人忧愤难忍，必须积极自强以图御侮。他认为外国的长技在于船坚炮利，洋人恃此以挟制中国，我们也可以取其所长以对付洋人。丁日昌思想的另一个重要变化就是他从自己的亲身体验中认识到，中国传统的生产工艺和手段无法适应近代枪炮制造的需要。旧式泥炉炼不出能够制造近代枪炮的钢铁，用泥模铸炮也很难使炮膛光滑匀衡。因此，丁日昌产生了改革生产工艺和手段的强烈愿望。他在上海与洋人频繁接触，已对西人的机器工厂有所了解。读了王韬所著《火器说略》，更使他对近代枪炮的制造原理、生产工艺，特别是车床等生产工具有了更深的理解。他写信向李鸿章推荐王韬，同时建议设立"夹板火轮船厂"，用机器生产近代轮船和枪炮。恰在这时，容闳提出了要在中国发展"制器之器"的主张，丁日昌立即深表赞同。

从手工生产进而追求机器生产，是一个重要的观念变革。这个观念变革对中国 19 世纪 60 年代洋务自强运动的兴起具有十分重要的意义。丁日昌以这种新的认识和观念为基础，在上海积极设法，积极帮助李鸿章主持收买了美国人设在虹口的旗记铁厂，合并原来的炸炮局，后又接纳容闳从美国购回的机器。1865 年（同治四年）9 月，在李鸿章的主持下丁日昌正式成立了江南制造局。江南制造局是清政府设立的第一家近代军工企业，它标志着中国近代军事工业的产生。

所以，丁日昌是江南制造局的第一任督办，是李鸿章在江苏兴办洋务最重要的支柱人物，是誉满全国的最有名的洋务干将、军工制造专家与官员。因此绝对不能放他走。

丁日昌后任江苏巡抚。

当时，李鸿章的三条原则是：要他出兵剿捻，可以，已经装备了洋枪洋炮的淮军不久就剿灭了捻军；要他向朝廷其他部队输送枪炮也可以，只要付钱；但是自己辛辛苦苦建立起来的军工企业是绝不能脱手的。

1867 年，江南制造局正式由美租界虹口迁移到沪南高昌庙，与此同时，由朝廷任命的满人崇厚主持的天津机器局也正式成立。

李鸿章当然是官越做越大，先后任两江总督、湖广总督和直隶总督以后，不但大力购买外国军舰与武器，而且大力支持江南制造总局与天津机器局，也就是要制造西式武器；同时一方面派人到国外学习，另一方面又自己兴办武备学堂与水师学堂，以培养能掌握现代武器与舰船的人才；与之配套的还有轮船局、造船厂、铁路、电信等也陆续兴办；这都需要钱，于是就开煤矿、铁矿、铜矿和金矿，以及兴建各种有利可图的工商企业。

4—11. 各类洋务相继展开，为求自强需办工业

所有这些，就构成了人们所称的李鸿章的"洋务"计划，其中心目的是要学习西方技术并引进西方武备以建设中国现代化的国防，也就是自强。1870 年 10 月李鸿章接替曾国藩任直隶总督兼北洋大臣以后，更是积极推进引进西方技术与设备的自强运动。而且李鸿章认识到：建近代军事工业以及近代海陆军需要巨额的资金投入，依靠传统的田税以及中央拨款根本不足以支撑军事以及军工企业的资金需求；其表现就是"百方罗掘"但仍"不足用"。同时李鸿章本身也看到泰西各国是以工商致富，由富而强，因而认为"求富"是"求强"的先决条件。于是，从 19 世纪 70 年代开始，洋务派就逐渐开始将工业范围扩大，并兴办民用工业以"兴商务，竣饷源，图自强"。1872 年李鸿章在上海开办轮船招商局，开始了"求富"之路，在此后的十余年间，煤矿、铁厂、缫丝厂、电厂、自来水厂、织布厂、电报、铁路相继建设，结果这些民用工业的创办打破了西方资本在中国的垄断，为国家回收了大量的白银，并为中国近代民族工业的发展打下了坚实的基础。因为从民生工商业中得到了大量的资金，所以中国的军队也得到了前所未有的发展，到了甲午中日开战之前以湘军、淮军为代表的各省防军、练军普遍装备了后膛枪炮，比之西洋各国毫不逊色，1888 年北洋水师的成军更是使清朝的国防力量上了一个台阶，使得中国的军队从大刀长矛的中世纪军队一变而为使用先进兵器的半近代军队。

首先，1872 年（同治十一年）成立以民营资本为主的上海轮船招商局，并与在华的英国太古、怡和、美国旗昌等外国轮船公司为争夺中国的水运市场展开了激烈的竞争，李鸿章当然给予大力支持，例如漕粮、官运

都委托招商局承担，招商局越做越大，并挤垮和收购了旗昌公司。

1885 年李鸿章委派盛宣怀为招商局督办，又大大增强了招商局的"官督商办"性质。招商局成立之初只有 3 艘轮船，到了 1893 年，已经拥有轮船 26 艘，总吨位为 24584 吨，航行在中国沿海与内河，对提高中国的海防具有重要的意义。

1878 年（光绪四年）正式成立开平煤矿矿务局，以力求摆脱对进口外煤的依赖，因为李鸿章已经清楚认识到发展工业必须以能源为先导。他说："中国兵商轮船及机器制造各局用煤，不致远购于外洋，一旦有事，庶不致为敌人所把持，亦可免利源之外泄。" 1879 年，煤矿开始凿井，1881 年开始正式出煤，刚开始年产 3 万吨，到 1894 年已年产 70 万吨。

为解决洋枪子弹生产用铜的需要以及筹集资金，又先后开办了热河平泉铜矿和山东招远金矿以及黑龙江漠河金矿，从此开始了中国的采矿业。

1879 年（光绪五年）着手筹建上海机器织布局。当时外国洋布由于其质量好和花色多样，在中国市场上销路很好。早在光绪二年，李鸿章在给沈葆桢的信中就指出，英国洋布在中国每年销售额达三千万两银子，这个财路绝不能让洋人霸占。于是李鸿章决定创建从弹花到纺纱和织布乃至印染都完全通过机器完成的上海机器织布局，但是不知道纺织厂易发火灾，结果建成以后却于 1893 年 10 月毁于大火，李鸿章乃决定重建，终于在 1894 年使得华盛机器纺织总厂再度成立，并开始了中国现代的纺织工业。

1880 年（光绪六年）在天津开办电报总局，以盛宣怀为总办。他充分强调电报一方面便于通讯，另一方面则是加强防务所必需的，得到了朝廷的高度重视，同样采用招商局的模式，募集商股积累资金以加快建设速度。在相继建成了大沽至天津、天津至北京的电报线路以后，1881 年底建成了天津至上海的长途电报线路，1884 年夏天又建成了上海至广州的电报线路，于是上海就成了全国电报通讯的中心，因此电报总局也迁到了上海。1908 年电报总局改为官办，隶属邮传部，改称电政局，因为那时已经有电话业务了。

朝廷方面的守旧人士，包括慈禧太后，对在中国修建铁路都缺乏认识，且以铁路是"奇技淫巧""洪水猛兽""失我陷阻，害我田庐，妨碍我风水"等为由，极力反对在中国修铁路。即令对于英国人擅自于光绪二年在上海修建的一条长约 15 公里的非营业性铁路，清廷也宁可花 265000 两银子将其赎回，然后再拆掉。对于要图国家富强的李鸿章来说，他当然知道修建铁路的重要性，但当时连恭亲王都不敢同意修建铁路，李鸿章也就没有办法了。

同文馆旧址

但是李鸿章最后想了一个办法，即在开平矿务局的矿区内修一条从唐山到胥各庄的矿区运煤的铁路，1880 年动工，1881 年完成，刚完工时还不敢用蒸汽机车，而用骡马拖。

李鸿章很聪明，那时正好赶上慈禧太后的生日，于是李鸿章就以礼贡为名，在北京中南海内，修建了一条环北、中、南海的小铁路，还专门从法国进口了豪华机车及六节车厢。此后的一段时间，慈禧太后差不多每天都要坐小火车，往返于北海和南海，沿途一路赏看美景，好不快活。有了这种贴身体验，慈禧太后当然就不再反对修铁路了。于是，1886 年李鸿章就将铁路延伸到阎庄，1888 年再延伸到天津，这样，修建铁路的事总算在中国展开了，后来随着俄国势力向东扩张，中国就加大了向东北关外修铁路的速度。

李鸿章自己不懂外语，但是通过多年与洋人打交道，他深知要学习洋知识以及方便与洋人打交道，中国必须大力培养熟悉外国语言的人才，所以还在 1863 年（同治二年）初他还是江苏巡抚时，就于正月二十二日上了一道折子，名为《请设外国语言文字学馆折》，可见他对学习外国语言的高度重视。他说，不但从军务上来说，就是从士、农、工、商各方面对外交流来说，都应当学好洋文。

他的这个意见受到了朝廷高度的重视。同治元年七月二十九日，在北京成立了同文馆，原来只是为了培养熟悉外国语言的翻译人员。是恭亲王与曾国藩等首先提议建立起来的，当时恭亲王已极具远见，由鸦片战争与英法联军之役他已经清楚看到了中国落后于西方列强，因此深切感到了应当向西方学习，要加强与西方的交流，所以他被史家称为清末洋务派最早的领袖。他主政不久的 1866 年（同治五年），接受了李鸿章等人的建议，就在同文馆中设立科学班，招收学员并请外国专家来讲课，内容有算学、化学、国际公法、医学、生理、天文、物理、外国史地等，这本来是一件极好的事，可以通过接受西方人的教育，了解西方的技术并培养自己的人才。但是在当时的背景下，他的这种先进思想却遭到了守旧派的坚决抵制与反对，如当时一位著名的内阁大臣（朝廷中满臣之首）、文华殿大学士倭仁就上疏奏曰："窃闻立国之道，尚礼仪不尚权谋；根本之图在人心，不在技艺。今求之一艺之末，而又奉夷人为师。无论夷人诡谲，未必传其技巧，即使教者诚教，所成就者不过求教之士，古今来未闻有持术数而能起衰振弱者也。天下之大不患无才，如以天文算学必须讲习，博采旁求必有精其术者。何必夷人？更何必师事夷人？"并与恭亲王发生激烈的争论。

可见当时推行向外学习之难，经历明清两代已经僵化的中国政界与思想界，只留恋于相信自己泱泱天朝大国的一切——文化、传统、道德、自给自足的价值观，因此排斥任何向外国学习的想法与做法。把向西方学习说成是向"鬼"学习，而认为持这种想法的出类拔萃的人物是不能容于中国传统礼教的，所以晚清时节有一副骂洋务派的对联：

> 出乎其类，拔乎其萃，不容于尧舜之世；
> 未能事人，焉能事鬼，何必去父母之邦。

他们高喊："立国之道，尚礼仪不尚权谋，根本之图，在人心不在技艺。"坚决拒绝洋务。但是在恭亲王的支持下，同文馆办了三十多年，后来并入北京大学前身京师大学堂。

李鸿章于 1863 年奏请在上海也设立上海同文馆，四年后改名为上海广方言馆，分为上、下两个班，初进馆者进下班，学习外国公理公法、算术、代数、几何、天文、地理、绘图及外国语言文学，上班则注重制艺技术和军事实践、外国情报等。

在创办上海广方言馆后，在 1870 年到 1900 年间，李鸿章又先后创办了培养军事人才和工商实业人才的两大类学堂。军事学堂有：水师学堂、武备学堂、鱼雷学堂等，工商业洋务学堂有：铁路、电报、航运、医学等新式学堂。后来民国时期著名的军事家，如段祺瑞、徐世昌、冯国璋、王士珍、曹锟等都是出自这些学堂。

同时，李鸿章也是最早建议向外国派遣留学生的人，而且考虑到中国当时的实际情况，并没有与西方教育接轨的小学和中学，所以他建议直接派幼儿出国学习，在国外生活并学习十五年后再接回来，每年派三十人，这样使他们在完全西化的教育与生活环境中成长，就能培育出真正了解外国并能真正学到本领。在那个时代，这是一种非常有战略眼光和超前的见解，他与曾国藩在共同向朝廷所上的奏折中指出：设局制造，开馆学习，是图谋中国振兴的根本，而派人出国留学，集思广益，能收到长久的大功效。中国不可能尽购外国兵船机器，只能派人出国留学。古语说，百闻不如一见。要学齐国话，必须去齐国。派人出国留学费用虽然看来巨大，但时间为十五年，所以每年的负担并不算大。再说派人出国留学，是储才备用，更不能因经费偶然缺乏而中止。

1872 年，第一批幼童被送出国，到 1875 年，总共派出 120 人，后来有 94 名先后回国，其中有些人，如詹天佑、唐绍仪等，后来都成为十分杰出的人物。

梁启超在《李鸿章传》中说："李鸿章所办洋务，综其大纲不出二端，一曰军事，二曰商务，其间有兴学堂派学生游学外国之事，大率为兵事所见，否则以供交涉翻译之用者也，海陆军事，是其生平全力所注也。概彼以善战立功名，而其所以成功，实由与西军杂处，亲睹其器械之利，取而用之，故事定之后，深有见夫中国之兵力，平内乱有余，御外侮不足，故兢兢焉以此为重，其眼光不可谓不加常人一等，而其心力瘁于此者，亦至矣。"

正是：慷慨合肥李鸿章，胸怀洋务眼高瞻。造枪造炮造机器，重人重钱重工厂。简乎陋乎难创业，制耶买耶皆平常；风雨飘摇强国路，可叹时运不辉煌。

总之，当时在朝中以军机大臣恭亲王奕䜣和户部尚书文祥为代表，地方封疆大吏以曾国藩、左宗棠、李鸿章为代表，他们在兴办洋务向外国学习并引进先进技术和武器的思想主张基本一致，于是就形成了晚清时节一个重要的政治派别，即洋务派与历时三十年的洋务运动，其主要内容是：发展像江南制造总局这样的兵工企业；发展为兵工工业服务的民用工业，如煤矿、铁路、电报、电力等；建设北洋和南洋水师；兴办新式学堂并向外派遣留学生。

4—12. 师夷之长补己之短，韬光养晦暗中开展

应当指出，在晚清时节，清朝确实是面临"内忧外患"双重威胁。

但是，在朝廷看来，哪一个危险更严重呢？

这与具体形势有关，当太平军与捻军势头正盛时，他们被认为是"心腹之患"，而洋人的侵略则被看作是"肘腋之患""肢体之患"。但是，当看到太平军与捻军被消灭或者肯定将被消灭，那么以后什么将是朝廷"心腹之患"呢？毫无疑问那就是即将面对的洋人的侵略了。虽然当时还没有发生甲午战争（1894年）和八国联军侵华（1900年），但清廷当时已经经历过两次鸦片战争（1840年和1860年）和后来1884年的中法战争，知道洋人存在威胁。

经历过这几次对外战争的失败，人们已经清楚看到"外国利器强兵，百倍中国"。因此要想不再在对外战争中失败，就必须向洋人学习制造枪炮以武装自己，也就是"师夷之长技以制夷"。换句话说，就是要兴办洋务。

"要兴办洋务"不但要有这种认识，而且要尽快付诸实施，而且在一定程度上还要韬光养晦，不要让洋人觉察到兴办洋务的目的是最后要对抗洋人。所以恭亲王在筹办"自强"新政，设厂制造枪炮的奏折中说："现在江浙尚在用兵，托名学制以剿贼，亦不可露痕迹，此诚不可失之机会也。若于贼平以后，始筹

李鸿章办理洋务

学制，则洋匠虽贪能重值而肯来，洋官必疑忌而挠阻，此又势所必至也。是宜趁南省军威大振，洋人乐见其长之时，将外洋各种机械火器实力讲求，以期尽窥其中之密。有事可以御侮，无事可以示威。"

这就说得很清楚了，趁着现在平定太平军的战事未了，以此为借口，大量购买洋枪洋炮，研究其火器并兴办工厂，对外说就是为了要早日平乱，则洋人必定会支持帮助，而一旦平乱完成以后，再大兴洋务办工厂，即令可以重金聘请外国工匠，但外国政府必将以技术封锁而阻挠，所以兴办洋务必须在平内乱的借口下迅速行动。而且一旦掌握了洋人制造火器的技术，则以后再发生对外战争就可以御敌，无事可以显示自己的威力，如后来组建的北洋水师。

应当说这种看法，即汲汲于"讲求洋器""及早自强"，其目的实际上主要不是着眼于"靖内患"，而在于"御外侮"和自立，这是洋务派兴起与当时积极创办近代军事工业的潜在、隐蔽而长久的内在动因。

因此，江南制造总局、金陵机器局这样重要的军械制造厂都是在天京陷落，太平天国败局已定的情况下兴建的，天津制造局的大力扩建也是在捻军覆没之后，而随着国内战争的平息，在中国各项军事工业都是越办越大、越办越多。

所以，中国早期洋务运动并非仅仅由几位有影响的大臣呼吁而搞起来的，事实上，太平天国的兴起与平定太平天国过程中，湘淮军事实力派人物对洋枪洋炮的亲身认识，以及他们当时手中所握有的实际权力，就催生了中国早期的洋务运动。

4—13. 为重海防欲弃塞防，偏执之见实不可取

1874 年 5 月，因两年前琉球朝贡人员漂流到中国台湾被杀的事件，日本悍然派兵 3600 人入侵台湾，虽然遭到了当地驻军台湾人民的坚决抵抗，但是由于清廷的软弱，无法向台湾增兵，被迫与日本签订了《北京专条》，中国以"抚恤"的名义，赔偿日本白银 50 万两，而且清政府屈从于日本的压力，把琉球人遇害写成"日本国民遇害"，把日本军队无理入侵台湾写成是"保民义举"，实际上等于承认中国的藩属国琉球属

于日本。《北京专条》的签订，使日本在谈判桌上轻而易举地得到了武装进攻所没有得到的好处。更为重要的是，惯于强取豪夺的日本已经从这件事情中看到了清政府的软弱无能、外交无知和对自己国土和主权的漠视，因此就为日后吞并琉球得到了书面依据，并使日本为今后侵略朝鲜更加大胆提供了可参照的模式。

1875 年 9 月 20 日，日本刻意挑起所谓江华岛事件，它派军舰"云阳"号入侵朝鲜汉江口外的江华岛，与朝鲜守军发生冲突，日军获得全胜（两人受伤，而朝鲜方面死亡 35 人）。于是次年 2 月 26 日，日本借机逼迫朝鲜政府与它签订了《日朝修好条规》（也称《江华条约》），它为日本今后对朝鲜进行经济上的掠夺、政治上的渗透和军事上的操控提供了合法依据和便利条件，而中国却对此毫无反应。

1875 年 7 月，日本内务大臣在琉球宣布禁止琉球入贡中国，命令琉球奉行日本的明治年号，遵行日本的法律制度，允许日本军队在琉球驻军。而日本的这些举动又没有引起清政府的注意与反应，更没有采取什么具体措施，这毫无疑问就加快了日本完全吞并琉球的步伐，终于，1879 年 4 月，日本突然出兵占领那霸，正式吞并琉球，并将其改为冲绳县。

而在中国西部边陲新疆，从中亚入侵的阿古柏匪帮不但占领了南疆，成立了所谓"哲德沙尔汗国"，且于 1871 年攻占了乌鲁木齐，势力已经扩展到北疆，而沙俄则于 1871 年侵占了伊犁，甚至扬言要进军乌鲁木齐，至此，整个新疆实际上已经脱离了中国的控制。

这样严峻的形势当然震动了朝廷，也就是应当在东面加强海防，同时也应当在西面加强塞防，这两个问题同时摆到来的朝廷面前。虽然知道两者都重要，但是无论处理哪一个都需要钱，而当时朝廷的财力有限，何能兼顾两方，于是颇感为难。

因此，此时在朝廷上下，就展开了一场究竟应当是重"海防"还是应当重"塞防"之争。

下面引述安静波教授在《晚清巨人传：左宗棠》一书中对此问题十分详细的叙述。

同治十三年九月二十七日（1874 年 11 月 5 日），也就是处理完台湾事件不久，总理各国事务衙门向朝廷呈送了《海防亟宜切筹武备必求实施疏》，疾呼："溯自庚申之衅（指台湾事件），创巨痛深。……以一小国之不驯，而备御已苦无策，西洋各国之观变而动，患之频见而未见之也。倘遇一朝之猝发，而弭救更何所凭？"所以总理衙门就极力强调筹办海防的必要性和紧迫性，并提出"练兵""简器""造船""筹饷""用人""持久"六条具体的应变措施。十月十一日，丁日昌将他在江苏巡抚任内拟定的《海洋水师章程》六条呈递给朝廷，他的意见是立即组建北洋、东洋、南洋三支海军，以期"三年联为一气"，"意在整饬海防，力求实际"。于是朝廷就将总理衙门的奏折与丁日昌的条陈，均交沿海沿江各省督抚、将军十五人，命他们详细筹议，限一个月内复奏。

虽然大家都知道，筹办海防"非有大宗款不能开办，非有不竭饷源不能持久"，而且也知道当时中国是处于"倭逼于东南，俄环于西北"的夹击状态，但是由于这些督抚与将军们都处在沿海和沿江，所管辖的地理位置就决定了他们的态度，因此都几乎是赞成加强海防。

然而，不同意见总是有的，当时在对待国防问题上，实际上有三种不同的主张。

一、重点在海防。如浙江巡抚杨昌俊认为："此时整饬海防各师，比江防为忧急。"

两江总督李宗羲、湖广总督李瀚章、福建巡抚王凯泰、江西巡抚刘坤一以及闽浙总督兼福建船政大臣沈葆桢等，也都纷纷复奏朝廷，强调海防是当今第一要务，要求优先筹办海防、刻不容缓，这实际上是当时大多数官员的主张。

二、重点在江防。如曾为湘军水师统领的彭玉麟于1872年奉命查阅长江水师，他认为："长江上有荆湘，下至东海，以南北论之，则天堑之险也；以东西论之，又建瓴之势也，据其要害，可以左顾右盼，雄视四方，整饬江防，则可为东南久远之计。"两广总督英瀚、安徽巡抚裕禄也都赞成重江防。

三、重点在塞防。如湖南巡抚王文韶认为"海疆之患，不能无因而至，在视成败以为动静者，则为西陲军务"，因此，"俄人攘我伊犁，殆有久假不归之势"，且"大军出塞，而艰于馈远，深入为难。我师退一步，则俄人进一步……事机之急，莫此为甚"。因此，"宜以全力注重西征。

俄人不能逞志与西北，各国必不致勾衅于东南"。山东巡抚丁宝桢、江苏巡抚吴元炳、漕运总督文彬等亦认为，海防固应筹办，但目前应全力注重塞防。丁宝桢指出："各国之患，四肢之病，患远而轻；俄国人之患，心腹之疾，患近而重。"

在这场争论中，有一位特别重要的人物，他就是直隶总督李鸿章，他后来被人称为"海防派"的代表人物。同治十三年十一月初二（1874年12月10日），他呈递了《筹议海防折》。在奏折中，他不但强调要重海防，甚至提出了放弃新疆的荒谬主张，他在奏折中说："新疆各城，自乾隆年间始归版图，无论开辟之难，即无事时，岁需兵费尚三百余万，徒收数千里之旷地，而增千百年之漏卮，已为不值；且其地北邻俄罗斯，西界土耳其、天方、波斯各回国，南近英属之印度，外日强大，内日侵削，今昔异势，即勉图恢复，将来断不能久守。屡阅外国新闻纸及西路探报。喀什噶尔回首新受土耳其回部之封，并与俄、英两国立约通商，是已与各大邦勾结一气，不独伊犁久踞已也。揆度情形，俄先蚕食，英必行其利，皆不愿中国得志于西方。而论中国目前力量，实不及专顾西域，师老财痛，尤虑别生他变。曾国藩曾有暂弃关外专清关内之议，殆老成谋国之见。今虽命将出师，兵力饷力万部能逮。可否密谕西路各统帅，但严守现有边界，且屯且耕，不必急图进取。一面招抚伊犁、乌鲁木齐、喀什噶尔等回酋，准其自为部落，如云、贵、粤、蜀之苗瑶土司，越南、朝鲜之略奉正朔可矣。两存之则两利。俄、英既免各怀兼并，中国亦不至屡烦兵力，似为经久之道。况新疆不复，于肢体元气无伤；海疆不防，则腹心之大患愈棘；孰重孰轻，必有能辨之者。此议果定，则已经出塞及尚未出塞各军，似须略加核减，可撤即撤，可停则停。其停撤之饷，即匀作海防之饷。否则只此财力，既备东南万里之海疆，又备西北万里之饷运，有不困穷颠蹶者哉。"在这道奏折中，李鸿章明确主张放弃新疆，理由是：

他首先否定了乾隆年间中国将新疆纳入版图的必要，认为新疆是一块无用的荒漠旷地；他认为这片土地不仅不能增加国家的财政收入，反而使朝廷不得不增加开支，造成财政上巨大的"漏卮"，实在是不值得；

其次，他认为，在英、俄争相向新疆扩张和阿古柏政权与俄、英、土等国进行勾结的情况下，中国不可能收复新疆，而且即令收复了也难以守住；

再次，中国现在无力既顾海防又顾塞防，海疆不防是心腹之患，而丢失新疆对肢体元气无伤，因此最好的办法就是舍弃新疆而重海防。

最后，他提出对新疆应当停兵和移饷，各地官员只要守住现有之地就可以了，不要再图恢复进取；而且可以允许新疆各民族自成部落或成为土司治理，或者像越南和朝鲜那样，自己拥有主权只是中国的藩属而已。

所以，李鸿章的上述论调，实际上已经不是讨论海防与塞防孰轻孰重的问题了，而是直截了当地向朝廷提出放弃中国的领土新疆的问题了。

为了寻求支持，李鸿章在呈递这份奏折以后，又多方活动。

在进北京参加同治皇帝丧礼的机会，向慈禧太后奏请停止收复新疆一切军事行动；写信给河南巡抚钱鼎铭，要他撤回已经派往陕甘的豫军，并要他也上折子力陈不可西征；写信给山西巡抚鲍源深，攻击收复边疆失地的主张将使"各省财力分耗太多，西陲恢复无期，已成无底之壑"。

还通过海关总税务司、英国人赫德，阻扰左宗棠向英商借款筹集西征军费。

在李鸿章的影响和鼓动下，一时间"边疆无用"论、"得不偿失"论、"出兵必败"论等甚嚣尘上。要求停止西征、放弃新疆之声充斥于朝廷内外。在地方大吏中，山西巡抚鲍源深、河南巡抚钱鼎铭等纷纷上奏，支持李鸿章的主张，如鲍源深说："若不顾心腹元气之伤，锐攻四肢疮癣之疾，窃虑肢体之疫未疗，而心腹元气愈亏。""耗费于边陲，竭财于内地，何以异是"，"边地荒遐，回情狡谲，恐非克日成功之举"，"万一贻误戎机，悔将何及？"而在朝廷内部，光绪皇帝的父亲、醇亲王奕譞表示："李鸿章之请罢西征为最上之策。"刑部尚书崇实奏曰："前大学士曾有暂弃关外之谋，今大学士亦有划守边界之请，询属老成谋国之见，惟求立予宸断……节省物力，专备海防。"他还反问道："纵能暂时收复"，"万里穷荒，何益于事？"还有不少御史和侍郎也上奏反对对西域用兵。

但是对于如此重大的问题，朝廷还是不敢只听一面之词，于是光绪元年二月初三（1875 年 3 月 10 日），朝廷给陕甘总督左宗棠发了一封密谕，其中将李鸿章和王文韶的两种观点不点名地通报给左宗棠，并具有倾向性地指出：“刻下情形如可暂缓西征，节饷以备海防，原于财用不无裨益。惟中国不图规复乌鲁木齐，则俄人得步进步，西北两路已属堪虞。且关外一撤藩篱，难保'回匪'不复啸聚，肆扰近关一带。关外贼氛既炽，随欲闭关自守，势有未能。现在通筹全局，究应如何办理之处，着该大臣酌度相宜，妥筹具奏。”

左宗棠随即于光绪元年三月七日（4月12日），呈上《复陈海防塞防及关外剿抚粮运情形折》，全面叙述他对当前国防问题的见解。

一、应该“东则海防，西则塞防，二者并重”，但这不是平均使用资源，而是要考虑轻重缓急。台湾事件刚了结，目前暂不会发生大事，而且西方各国图我主要是想谋取通商利益，不会要占我疆土；但西北边疆确是强敌压境，不但已经霸占了我大片国土，而且意图要占我新疆，事态并且正在不断恶化，此时若停兵撤饷，将巨额军饷用于海防，则新疆必失。

二、海防与塞防的军饷都可以用不同的方式通融解决，不会也不必互相占用，他举出了由东南各省支持以及向外国银行借款及自己开源节流，就可以解决西北用兵的军饷。

三、尤其是他着重指出，新疆是中国的西北屏障，战略地位十分重要。在中国历史上，周、秦、汉、唐国势之衰，都是从不能固守西北开始的，最后“并不能固其东南”。而现在沙俄“拓境日广”，我如停兵不进，结果只能是鼓励沙俄对中国领土侵占。他说：“今若画地自守，不规复乌垣，则无总要可扼，即乌垣速复，驻守有地，而乌垣南至巴里坤、哈密，北之塔尔巴哈台各路，均应增置重兵，以为犄角之势；精选良将，兴办兵屯、民屯，招徕客、土著，以实边塞，然后兵渐停撤，而饷可议节矣……若此时即拟停兵节饷，自撤藩篱，则我退寸而寇进尺，不独陇右堪虞，即北路科布多、乌里雅苏台等处，恐亦未能晏然。是停兵解饷，于海防未必有益，于边塞则大有所妨，利害攸分，宜熟思审处者也。”

四、侵占伊犁以后，沙俄对中国新疆的威胁就已经不是议论中或是可能避免的事，沙俄下一步必然会侵入新疆腹地，所以，现在加强塞防以防止沙俄的进一步入侵，已经是刻不容缓。左宗棠尖锐地指出：“此时乌鲁木齐未复，无要可扼，边军万无撤理。”而且即令能收回伊犁，今后也一定要加强中央对新疆的管控，而不能再恢复以前那种由土司和地方封建头目统治的模式，否则就难以抵御沙俄对中国领土的觊觎。

五、收复新疆必须"先北后南"，对叛乱头目以"剿"为主，而对广大维吾尔族和回族民众则应以"抚"为主；而且，对于粮饷，不但要注意筹措，更要注意长途的运输。只要做好了"剿抚兼施"和"粮运兼筹"，西征就有了胜利的保证，而对于我们自己，当然要选用精兵良将，则是有信心可以打败阿古柏叛匪与沙俄的。

当时左宗棠面对的形势是：朝中有以李鸿章为首的一股强大势力要求"重海防"和"弃边防"。

朝廷本身还犹豫不决；即令是对于边防，由于多年的传统，总是不愿意交给汉人，而只相信满族亲贵，所以现在指定负责新疆事务的将军们都是满人，如前面已经指出的，已经命令身在乌里雅苏台的署伊犁将军荣全速赴伊犁，同时命令逗留在甘肃高台的乌鲁木齐提督成禄，火速出关，会同驻扎在甘肃安西的哈密帮办大臣景廉尽快收复乌鲁木齐，结果这些军事调动都毫无效果。于是同治十三年，朝廷又急调金顺和张曜两军出关，总计兵马有17000多人。七月，朝廷正式任命景廉为钦差大臣，督办新疆军务，金顺为帮办大臣，负责关外军务，他们都是满人。当时，左宗棠只是被任命为督办关外粮饷转运，而以户部侍郎袁保恒为帮办。

左宗棠当然知道朝廷囿于传统实有难言之隐，自己作为一名汉将，似乎应当是局外人，但是国家边疆形势如此严峻，不容得他作壁上观了。因此，他在奏折中说："臣本一介书生，辱蒙两朝殊恩，高位显爵，久为生平梦想所不到，岂思立功边域，觊望恩施。况臣年已六十有五，正苦日暮途长，及不自忖量，妄引边荒艰巨为己任，虽至愚极陋，亦不出此。"

左宗棠对边防形势的精辟分析和言之有理的论说，以及他为国家慷慨献身的精神，终于使朝廷认识到，新疆事务必须交给他才有希望，也才能使朝廷真正放心。

于是，光绪元年三月二十八日（1875年5月3日），朝廷发出"六百里加急"谕旨："左宗棠奏海防塞防实在情形并遵旨密陈各折片，所称关外应先规复乌鲁木齐，而南之巴、哈两城，北之塔城均应增置重兵以张掎角，若此时即拟停兵节饷。于海防未必有益，于边防大有所妨，所见甚是。"并任命"老成谋国，素著公史"的左宗棠"以钦差大臣督办新疆军务"，授予他军事、政治和筹运粮饷等方面的全部权力。四月二十六日（5 月 30 日），朝廷又正式决定："命令左宗棠等加强西北防务，准备迅速进军新疆；分别任命李鸿章为北洋大臣，沈葆桢为南洋大臣，主持海防事宜；命令彭玉麟等同李成谋办理江防。"

也就是朝廷决定：塞防、海防和江防都不放弃。

然后，左宗棠兵出玉门关，消灭了阿古柏匪帮，为国家保住了新疆，立下不世之功。

所以，在对待新疆问题上，毫无疑问李鸿章是错误的。也就是说，李鸿章关于要重视海防的主张没有错，但是他因此就要放弃新疆的主张绝对是错误的。

不过李鸿章关于放弃新疆的主张也并非是他独创的。早在康熙、乾隆年间出兵平定准噶尔叛乱，并在乾隆年间最后裁定新疆时，朝中就有人认为，每年要拿三百万两银子补助新疆是得不偿失，"取之或不劳，而守之或太贵"。以后，凡是新疆一有乱，放弃新疆的议论就盛行于朝廷，而当新疆有乱而朝廷又财政困难时，放弃新疆的议论更加浓厚。因为，那时候在绝大多数官员心目中，还没有国家的概念，而只有朝廷的概念，当朝廷力量强大时，就主张对外扩张，当朝廷力量衰弱时，就可以捐地弃民，保住朝廷就可以了。

像左宗棠这样的以国家和民族利益为重的国家重臣，在那个时代真是少之又少，所以在中国晚清时节出现了左宗棠这样的一位人物，那真是中国历史的幸运。

4—14. 一手创建北洋水师，巩固海防殚精竭虑

1860 年的英法联军攻占北京、1874 年日本人侵入台湾以及 1884 年中法战争中，法国海军舰队全歼中国福建水师于马尾，这三件事情极大地刺激了清朝廷，再回想起道光年间的鸦片战争也是输在海上，于是主政的恭亲王、李鸿章以及丁日昌等众大臣都奏请朝廷要从速建立一支强大的海上力量，首先要保卫山东以北的海防安全，由此清廷开始组建北洋水师。

光绪八年（1882 年）年七月，朝鲜乱党突围日本使馆滋事，王宫也在同一日被袭。李鸿章当时正丁忧在家，署理直隶总督张树声当机立断，即刻派遣吴长庆率领淮军渡海入朝鲜，进入朝鲜都城汉城，为其平定了乱事，并将酿成祸乱的首脑人物大院君李罡应拘到保定幽禁。乱事既定，吴军乃留驻朝鲜。当时清朝廷内对此颇为兴奋，多主张乘此兵威以震慑日本，并请朝廷命令李鸿章派兵驻烟台，相机调度威胁日本。当时中国认为俄国很强大，对它有所畏惧，因此对俄国总是退让，但对于日本则很藐视，因而对日本很强硬。

于是李鸿章与张树声联合向朝廷奏曰："查日本兵船在二十艘以外，而坚利可用者十余艘。以彼所有，与中国絜长较短，不甚相让。但华船分隶各省，畛域各判，号令不一，拟不若日本兵船统归海军卿节制，可以呼应一气。万一中东有事，胜负之数尚难逆料。是欲制服日本，则于南北洋兵船整齐训练之法，联合布置之方，尤必宜豫为之计也。……从前日本初行西法，一得自矜，辄敢藐视中国。台湾一役，劫索恤款，后来废灭琉球。中国方以船械未齐，水师未练，姑稍含忍，以待其敝。然比年以来，臣鸿章与内外诸臣熟商御侮之要，力整武备，虽限于财力，格于浮议，而购船制械，选将练兵，随时设法，独具规模。……中国地大物博，能合力以图之，持久以困之，不患不操胜算。……中国战舰足用，统驭得人，则日本自服，琉案亦易结矣。"应当说，李鸿章奏折中所说的确实没错。

一、现在中日的海军力量，不分上下，但中国的舰船，分属各省，各省画地为牢，号令不一，而日本海军归海军大臣统一指挥，因此两国现在若发生海战，胜负难料。

二、所以现在就应当筹谋中国海军应当如何统一训练，联合作战，必须未雨绸缪。

三、过去中国由于水师没有建设好，所以对于日本在台湾登陆并勒索钱财，并随后吞并了琉球，我们只得忍下。这是指同治十三年（1874 年），因三年前发生了台湾本地人与因海难来到台湾的琉球朝贡人员的流血冲突事件，于是日本以保护为名，派三千六百名士兵进入台湾，貌似强大的大清皇朝对它无可奈何，日本首相大久保利通亲自到北京谈判，态度强硬，清廷只好用五十万两银子将它"送"出去。一看到当时的中国好欺负，实际上是承认了琉球受日本保护，于是在1879年日本就派兵直接占领并兼并了当时中国的藩属国——琉球群岛上的中山国。这是日本向外扩张的第一阶段——向东海扩张。

四、现在我们的水师已经具有一定的规模，只要我们对日本"能合力以图之，持久以困之"，则我们不怕不操胜算。

这个过程是：1870年9月李鸿章任直隶总督并随后就任北洋大臣，1879年就开始向英国订购军舰。后来经过比较，觉得德国的军舰质量更佳，于是从1880年起就转向德国购买，如订购了铁甲舰"定远"号和"镇远"号，同时开始在旅顺和威海修建海军基地。

中法战争后，1885年朝廷正式成立海军衙门，由光绪皇帝的亲生父亲醇亲王奕𫍯任总理海军大臣，李鸿章任会办海军大臣。此时，又分别向国外订购了"致远""靖远"等舰。

1888年12月17日，北洋水师正式宣布成立，当时拥有舰艇25艘，官兵约4千人，是当时世界第六大舰队，也是亚洲最强大的海军，《北洋水师章程》也同时公布。高级海军军官们都到国外培训过，会说英语，同时还聘请外国专家到舰队指导。

据估计，清廷为组建北洋水师，从1861年到1888年的27年间，总投资约3500万两白银，投入可谓相当巨大，也说明对组建水师的重视。本来，一支庞大的舰队在建成以后，每年还必须有相应的投入以加强训练、进行基础设施建设和强化舰队维护保养以及补充新舰和更新武器，但令人心寒的是，北洋水师在建成以后，却没有后续投入，因此难以真正形成战斗力。也就是没有"能合力以图之，持久以困之"，结果导致北洋水师在甲午海战中惨败。

此时任总理海军事务大臣的奕𫍯是光绪皇帝的亲父，他本人确实本来就极不情愿让自己的儿子进宫去当这个傀儡皇帝，但是他没有办法，而当时又正是慈禧应当撤帘归政和光绪亲政在即的时候（1889年），他当然不敢得罪慈禧太后，于是就决定将要继续用于海军的钱用来修缮慈禧太后归政后的休憩地——颐和园。这样不但能使政权早日归到自己儿子手中，也使慈禧太后对他产生好感从而有利于他们父子。

另外，李鸿章本人对北洋水师当时的强大也过于乐观，以为渤海门户已经坚不可摧，于是也不再十分注重后续的投入；而且，此时朝中一些大臣，主要是光绪皇帝的老师翁同龢，认为北洋水师已成为李鸿章的私产，因此也极力反对再对北洋水师进行新的投入，这都造成了北洋水师后续难以形成战斗力。

4—15. 甲午战争水陆皆败，舰船落后陆师无能

光绪二十年（1894年）春，朝鲜爆发"东学党"农民起义，朝鲜政府于6月3日请求清政府派兵协助镇压。清军首批部队于6月8日抵朝。日军便以清军入朝、保卫侨民为借口，调遣大批日军赴朝，准备向清军开战。

此前，即当年5月，为了庆祝慈禧太后六十大寿，李鸿章还特意检阅了北洋水师，而且规模很大。5月10日，北洋水师全部舰船出海到海上行驶操演，在操演中不时改变阵形，或雁行或鱼贯，操纵自如，演练娴熟。李鸿章在旗舰甲班上观看，十分满意和赞许。正当李鸿章得意之时，远处有一艘日本战舰尾随而来，原来是来窥探北洋海军演习的日舰"赤诚"号，还打着致礼的旗语，但北洋水师竟然没有任何警觉，任其跟随。尽管李鸿章对这次演习很满意，但是只能演习而不能实战的北洋水师，在几个月后就全军覆没在日本海军的攻击下。

1894年7月23日，日军攻占汉城朝鲜王宫，扶立了傀儡大院君，并宣布与中国绝交，然后在汉城以南牙山偷袭港外的中国海军及运兵船，正式揭开了甲午战争的序幕。

8月1日，清政府被迫对日宣战，同一天，日本同治天皇也发布宣战诏书。

战争的第一阶段是从1894年7月25日到9月17日，战争在朝鲜陆地上展开。当时清廷在朝鲜的陆军兵力与日本大致相当，但是清军的总指挥、直隶提督叶志超却以保命为主，弃城不战，急急逃过鸭绿江，将朝鲜拱手让给了日本。然后，中日两国的海军舰队在鸭绿江口的大东沟展开海战：日本军舰12艘，中国军舰10艘。从火力和航速两方面来看，日舰都占优势。但在海战中，中方提督丁汝昌受伤不退，"致远"舰管

带邓世昌英勇牺牲，"经远"舰管带林永升率舰誓死冲锋，其他舰只也都苦战不退，这场海战虽压低了日军的气焰，但中国在海战中损失五艘战舰，这就是黄海大海战。

战争第二阶段是从 1984 年 9 月 18 日到 11 月 21 日，主要在辽东半岛上进行。一路日军渡过鸭绿江从新义州进入中国东北，另一路 3 万日军 11 月初在辽东半岛登陆，直逼金州，形势急转直下，中国陆军约有三万人，但主将宋毅老而无能，守将都弃城而逃，三天内防线就崩溃，导致 11 月 21 日旅顺口被日军侵占，日军血洗全城，至此中国渤海与黄海都已洞开。

战争第三阶段是从 1894 年 11 月 22 日到 1895 年 2 月 17 日，日军在山东半岛荣成登陆，主要战场转到山东半岛的大门威海卫。威海卫的南帮炮台的中国守军仅 3000 人，但誓死抵抗 25000 名日军的猛烈进攻。在威海的南北帮炮台均失守以后，丁汝昌坐镇指挥的口外刘公岛已成为孤岛，但日军曾对刘公岛发起了八次进攻都被击退，最后，在海战中他的旗舰"定远"号中鱼雷搁浅，他就作为炮台作战，弹尽后舰长刘步蟾下令沉船，自杀殉国；2 月 11 日，丁汝昌拒降自杀，"镇远"舰继任管带杨用霖亦自杀殉国。1895 年 2 月 17 日，威海卫陷落，困在刘公岛的北洋水师余部全军覆没。3 月，日军又在山海关外发动攻击，占领营口。

在战争开始之前，清廷内部并没有认识到日本是一定要进攻中国的，战争的主动权其实并不在中国方面，中国方面只有一个积极准备战争的问题。所以当时在中国朝廷，对于与日开战具有不同看法。以光绪皇帝为首的一派坚决主张对日宣战，而慈禧太后则怕若战败会影响自己的统治地位，同时那一年又是她的六十寿辰，她绝不想有不祥的事情出现，所以她同意李鸿章的主意，即请欧美各国出面调解，但最后却是在没有充分准备的情况下打起来了。

光绪二十年七月二十九日甲午海战刚开始时，李鸿章在给皇帝的奏章中就已经预感到战局可能不利，他在奏折中说："查北洋海军可用者，只'镇远'、'定远'铁甲船二艘，为倭船所不及，然质重行缓，吃水过深，不能入海汊内港。次则'济远'、'经远'、'来远'三船，有水线甲穹甲，而行驶不速。'致远'、'靖远'二船，前定造时号称一点钟十八海里，近因行用日久，仅十五六海里。此外各船，愈旧愈缓。海上交战，能否趋避，应以船行之迟速为准。速率快者，胜则易于追逐，败亦易于引避。若迟速悬殊，则利钝立判。西洋各大国讲求船政，以铁甲为主，必以极快船只为辅，胥是道也。详考各国刊行海军册籍内载，日本新旧快船推为可用者，共二十一艘，中有九艘自光绪十五年后分年购造，最快者每点钟行二十三海里，次亦二十海里上下。我船订购在先，当时西人船机之学尚未精造至此，仅每点钟行十五至十八海里，已为极速，今则至二十余海里矣。近年来部议停购船械，自光绪十四年后。我军未购一船。丁汝昌及各将领屡求添购新式快船，臣仰体时艰款绌，未敢奏咨渎请，臣当躬任其咎。倭人心计极深，乘我力难添购之际，逐年增置。臣前于预筹战备折内称，海上交锋，恐非胜算，即因快船不敌而言。倘与驰逐大洋，胜负实未可知。……盖今日海军力量，以之攻人则不足，以之自守尚有余。用兵之道，贵于知己知彼，舍短用长，此臣所为兢兢焉以保船制敌为要，不敢轻于一掷，以求谅于局外者。"

这就是说，从光绪十四年以后，北洋水师没有添购一艘新舰，而日本在光绪十五年以后陆续新增军舰九艘，其速度与火力均比北洋水师的老舰强的多，所以光绪二十年甲午海战发生时，李鸿章就知道北洋水师敌不过日军，因而只求"保船制敌"，但最后船也没有保住，敌更没有制止。结果无论是在陆上或是在海上，清军都遭到惨败，尤其是北洋海军全军覆没，在陆上，日军不但占领了朝鲜而且占领了中国的辽东半岛，并且还在山东的荣成登陆，占领了威海，并全歼了被困在刘公岛基地的北洋舰队。

4—16. 甲午战败原因多致，国家体制举国松弛

甲午战争中中国的失败不但是战争进行过程中准备、组织、指挥、战术、用人等战术因素上的失败，同时更重要的是战略上的失败。

其实当时西方列强是很注意中日之间的这场战争的。例如英国海军情报处的报告称："中国要想取胜日本，只有通过大幅拖延时间，譬如说两年或者三年。"而英国人赫德也做过预测："日本在这场战争中，料将勇猛进攻，它有成功的可能，中国方面不免又用它的老战术，但是

只要它能经得起失败，就可以慢慢利用其持久的力量和人数上的优势转移局面，取得最后胜利。"他特别强调："中国如果能发挥持久的力量，在三四年内可以取胜。"

当时有些中国官员也有人主张对日本应实行持久战，如两江总督、南洋大臣刘坤一早在战争开始时就主张对日军的攻势要"以坚忍持之"，后来更明确提出"持久"二字实为现在制倭要着，所以当他受命调动关内的军队时，他坚决不同意将没有整备好的中国军队一批接一批送到关外任日本人歼灭。还有官员认为："与倭人抵死相持，百战不屈，百败不挠，决之以坚，持之以久。"甚至还建议，即令迁都也无所谓。

但是这些具有战略高度的意见当时都没有被采纳，反而是或者速胜或者败了就忍辱求和的短视主张弥漫在朝廷。

但从日本方面来看，这场战争却是它经过长期策划与准备、并分阶段逐步实施、目标十分明确的战争，因此也是一步一步走向全面胜利。这是我们今天回顾甲午战争时所特别要吸取的教训，即：战争是要有准备的而且必须具有明确的要达到的目标。现在我们就来看，日本是怎样一步一步进行这场战争的策划、准备与实施的。

（一）欲取朝鲜，诱骗中国

在历史上，中国一直是日本人心目中不可动摇的文明大国，所以1840 年清朝在鸦片战争战败的消息传到日本以后，引起当时日本幕府官员的极大恐慌，1841 年 1 月 29 日，日本最高的幕府负责官员在写给他的心腹的信中说："此次海外来人称，清国严禁鸦片通商不当，引起英国人不满，派军舰四十余艘到宁波府发动战争，现已占领宁波县之一部。此虽他国之事，但亦应为我国之戒也。"

而 1844 年，与日本有通商关系的荷兰国王也写信给日本幕府建议说："中国抗战无功而败北，结果改变古来之政策，开五港，付巨额赔款，而如果英国来日本要求通商，引起日本人民反对，由此发展成兵乱，则会导致严重的事态，故望日本采取坚定的政策，不要停留在只向漂流者提供燃料和水的阶段，而应开展交易以避免兵灾。"

事实上，从 19 世纪中叶开始，逐渐工业化的欧美国家便开始大规模侵略东亚，处于封建社会末期的中国和日本，都面临民族存亡和社会危机，但日本见到中国在鸦片战争中的失败以后，便迅速进行"明治维新"而成为强国，中国则一直闭关自守。

1867 年日本孝明天皇病死，15 岁的明治天皇继位，并从此开始了改变日本历史的重大转折——明治维新运动。长达 700 年的幕府封建割据统治被推翻，成立了以天皇为首的统一的中央集权的国家。不久，大久保利通掌政，他实行一系列六亲不认的铁血改革政策，消灭一切敢于抵抗中央集权的力量，虽然他于 1878 年 5 月遭暗杀，但通过制定殖产兴业、文明开化和富国强兵的政策，终于使日本走上了世界强国之路。

1871 年 4 月，李鸿章与日本签订了《中日修好条规》和《中日通商章程》。这次条约的签订，首先在朝鲜问题上使日本取得了与中国同等的地位，而当时朝鲜是中国的藩属国，因此利用中国在外交上的无知，就使得朝鲜的地位降到日本之下。

（二）入侵台湾，多方获利

1874 年 5 月，因两年前琉球朝贡人员漂流到台湾被杀的事件，日本悍然派兵 3600 人入侵台湾，虽然遭到了当地驻军台湾人民的坚决抵抗，但是由于清廷的软弱，无法向台湾增兵，被迫与日本签订了《北京专条》，中国以"抚恤"的名义，赔偿日本白银 50 万两，而且清政府屈从于日本的压力，把琉球人遇害写成"日本国民遇害"，把日本军队无理入侵台湾写成是"保民义举"。《北京专条》的签订，使日本在谈判桌上轻而易举地得到了武装进攻所没有得到的好处。更为重要的是，惯于强取豪夺的日本已经从这件事情中看到了清政府的软弱无能、外交无知和对自己国土和主权的漠视，因此就为日后吞并琉球得到了书面依据，并使日本为今后侵略朝鲜更加大胆提供了可参照的模式。

（三）军舰开路，叩开朝鲜

1875 年 9 月 20 日，日本刻意挑起所谓江华岛事件，它派军舰"云阳"号入侵朝鲜汉江口外的江华岛，与朝鲜守军发生冲突，日军获得全胜（两人受伤，而朝鲜方面死亡 35 人），于是次年 2 月 26 日，日本借机逼迫朝鲜政府与它签订了《日朝修好条规》（也称《江华条约》），它为日本今后对朝鲜进行经济上的掠夺、政治上的渗透和军事上的操控提供了合法依据和便利条件，而中国对此却毫无反应。

（四）毫无声息，吞并琉球

1875 年 7 月，日本内务大臣在琉球宣布禁止琉球入贡中国，命令琉球奉行日本的明治年号，遵行日本的法律制度，允许日本军队在琉球驻军。而日本的这些举动又没有引起清政府的注意与反应，更没有采取什么具体反措施，这毫无疑问就加快了日本完全吞并琉球的步伐，终于，1879 年 4 月，日本突然出兵占领那霸，正式吞并琉球，并将其改为冲绳县。

（五）要取朝鲜，索驻军权

1882 年 7 月，朝鲜发生了"壬午兵变"，乱民冲进了王宫，有多名日本人被杀，应朝鲜国王的要求，清廷派吴长庆领兵入朝平叛，但日本也因此派军队进入了朝鲜，并后来与朝鲜政府签订了《济物浦条约》和《修好条规续约》，不但获得了大量赔款，还扩大了商业活动的范围，更重要的是获得了在朝鲜半岛南部驻军的权利。

（六）狡猾外交，再次获利

1884 年，中法战争爆发，日本借机在朝鲜策划并发动了朝鲜的"甲申政变"，丁汝昌等率领军队迅速平定了叛乱。事后日本方面借口清军强行发动进攻，以致日本使馆又被焚，卫兵被杀。于是日本决定派一支讨伐部队去朝鲜并要求赔偿，日本首相伊藤博文与李鸿章在天津进行了谈判，由于当时清廷正忙于与法国的战事，不愿与日本纠缠，因此于1885 年 4 月 18 日双方达成几点协议：四个月内双方都将军队撤出朝鲜；中、日均不参与教练朝鲜军队；日后任何一方如欲派兵进朝平叛，必须先通告对方。这实际上就是将朝鲜变成了中日两国的共同保护国，而它以前只是中国的藩属国。这又是日本利用中国外交无知取得的胜利。

自 1870 年到 1895 年的 25 年间，虽然当时日本的军事和经济实力还远不如中国，但它却通过狡猾的外交手法与利用清政府的弱点，及时打开了中国的大门，而且十分清楚地看到了清皇朝的实际能力，然后采取不同的策略，先吞并琉球，然后再跨入朝鲜并一步一步的渗透，最后再找一个机会吞并它。但是，吞并朝鲜还不是日本的最终目的，日本的最终目是要攫取中国的台湾、东北乃至全中国。

（七）建设海军，第一要务

日本明治天皇刚登基不久，就发布谕令："海军为当今第一急务，务必从速建立基础。"1881 年，日本政府制定了海军 20 年造 60 艘军舰的发展规划，此后又不断调整此规划，即加快舰艇建造速度。1887 年，日本天皇拨出皇室专款 30 万日元，用于海军建设，并表示此后六年内将连续省出皇宫内廷费用，每年拨出 30 万元。由于天皇的带头示范，所有官员都积极响应，纷纷捐出工资的 10% 甚至 15%，用以为国家发展海军。而此时在中国，清廷却将建设海军的资金挪用去为慈禧太后修建颐和园。

日本自明治维新（1868 年）实施对外扩张的战略决策以来，到 1894 年甲午战争爆发前的 20 多年间，日本海军从不到 10 艘小型船艇，而发展成拥有可参战的军舰 30 多艘，鱼雷艇 20 多艘，总排水量由 1872 年的不足 1.8 万吨增加到 6 万多吨，大大超过了北洋水师。

（八）扩充兵源，变革军制

1878 年 12 月，日本进行了重大的军制改革，废除陆军省参谋局，设立陆军参谋本部。直接听命于天皇，以利于军令的迅速实施。1879 年 10 月，日本政府修改《征兵令》，极大地扩充了士兵的来源，增加了国家可用于作战的兵力。1888 年 5 月，日本政府再度进行军制改革，把原有军队的防守型"镇台制"改编为适宜于大陆作战的师团制，并制定师团、旅团条例。同时，为加快备战的需要，1893 年又成立了"出师准备物资经办委员会"，也就是强化了战争的后勤保障，又公布《战时大本营条例》，把陆军和海军军令机关的关系规范化，使之成为日本天皇的最高军事智囊团队，至此，日本军事体制近代化的改革就已经基本完成，而中国当时还在实施落后的总兵制，没有成立规范建制的陆军。

（九）大力培养，军事人才

明治维新以后，日本一方面不断派优秀学生和高级军官前往先进国家留学或考察，另一方面为培养高素质人才，包括军事的和技术的，在国内加速军事学校与技术学校的建设，以军事为例，建立了陆军大学和海军大学，以及一些其他的士官学校，培养了一大批高级参谋和少壮派指挥官，他们在甲午战争和后来的日俄战争中发挥了重大的作用。

（十）知己知彼，刺探中国

还在 1872 年 5 月，日本就派外务省官员池上四郎等到中国东北进行地理和人文风俗的实际调查。次年，又派陆军少将桦山资纪、海军秘书儿玉利国到中国南部沿海和台湾岛搜集各类情报。1888 年 12 月，北洋水师刚刚在刘公岛成立，日本海军大尉就被派往胶东半岛沿海进行了两个多月的详细侦查。

（十一）侵略中国，计划周密

在 1879 年到 1880 年间，日本陆军部就已经制定了第一份《对清作战策》，其内容是派遣三个师团占领大连湾，并同时袭击和消灭福州的中国海军，然后"一举攻克北京，迫定城下之盟"。这是近代日本制订的第一个侵略中国的作战计划，距离中日甲午战争的爆发整整早了 15 年。后来甲午战争的进行正是这计划的翻版：在陆地上占领中国的辽东半岛，在海上消灭中国的北洋水师。

1887 年 7 月初，日本陆军参谋本部小川又次局长又制定了《清国征讨策案》，提出乘中国尚未觉醒，先"断其四肢，伤其身体，使其不能活动"。还提出以 5 年的准备时间为限，预计在 1892 年就完成对中国的作战准备。《清国征讨策案》具体指出，占领中国后，要将华北和华东的部分地区、辽东半岛、山东半岛、舟山群岛、澎湖群岛、台湾全部以及长江下游沿岸两侧 30 公里之地，全部并入日本版图，然后再将中国大陆分割为大小不等的 5 个国家，指定既有影响又听从日本指挥的人做国王。

从日本制定《清国征讨策案》可以看出，这不但是一个全面侵略中国的作战计划，而且还是一个残酷分割、灭亡中国的完整方案。

与此同时，日本海军部也制定了征清方策 6 份，这 6 份方策总的作战目标与陆军部制定的策案相同，都是以最后攻占北京为目标，但主要从海军作战考虑。

由日本陆军部和海军部制定《对清征讨策案》可以清楚知道，日本酝酿对中国作战是早已定下的目标，到了 1893 年，时任日本枢密院议长的山县有朋就大力鼓吹："早日同北洋舰队决一雌雄。"同年夏天，日本参谋本部次长川上操六中将亲自带人到中国实地调研，在掌握了大量第一手资料以后，他在笔记中写道："确信中国不足为惧，增强了必胜的信心。"

由此可知，当时日本为了要对中国进行一场目的是完全击败中国的战争已经进行了数十年的准备，并一步一步地推进到与中国全面摊牌，甲午战争就是日军认为水到渠成的时候。

所以，对于1894年发生的甲午战争，战争的一方——清廷，对此毫无准备，而战争的另一方——日本，已经为此准备了二十多年，胜负属于哪一方不言自明。所以日本人嘲笑说："甲午战争是日本国与李鸿章一个人打。"

李鸿章自己曾感慨地说："以北洋一人之力搏倭国倾国之师，自知不得。"

梁启超说："以一人而战一国，合肥合肥，虽败亦豪哉！"

4—17. 马关签约终生之恨，各种骂名独自担承

1895年4月17日，中日两国（李鸿章与伊藤博文）在日本马关签订了《马关条约》，中国承认朝鲜独立（15年后日本便吞并朝鲜）；中国向日本割让台湾和澎湖列岛以及辽东半岛；中国向日本赔款2亿两白银，分八次付清；中国向日本开放沙市、重庆、苏州和杭州为通商港口。后经俄、德、法三国干涉，日本被迫放弃割据中国辽东半岛的要求，但中国必须另外再支付白银3000万两赎辽费。

通过签订的《马关条约》，日本得到了价值一亿两银子的战利品和23000万两银子的赔款（当时日本一年的收入才六千万两银子），日本首相当时兴高采烈地说：做梦也没有想到能得到这么多银子。此巨大的财富就成为日本后来在国内建立金本位的基础，使它得以建立稳定的货币体系，为经济和军事的后续发展奠定了极坚实的基础。

1895年3月20日午后2时半，李鸿章一行登上日本马关春帆楼。春帆楼上，围着方

李鸿章签订《马关条约》

桌摆放着十多把椅子。日本政府还特别为年逾七旬的李鸿章安排了痰盂。日方主谈判、首相伊藤博文为谈判颁布了四条命令：一是除谈判人员外，不论何人有何事，一概不得踏入会场；二是各报的报道必须要经过新闻检查后方可付印；三是除官厅外，任何人不得携带凶器；四是各客寓旅客出入，均必须由官厅稽查。此外，伊藤博文还特别宣布：清政府议和专使的密码密电，均可拍发，公私函牍概不检查。从表面上看，好像日本人对李鸿章非常客气，其实，日本人在甲午战争前已成功破译了清政府的密码，中国使团与中枢往来的电文日本人一览无遗，自然也乐得送个顺水人情。

3月21日，在与李鸿章的首次谈判中，伊藤博文向李鸿章提出的停战条件是：日军占领大沽、天津、山海关一线所有城池和堡垒，驻扎在上述地区的清朝军队要将一切军需用品交与日本军队，天津至山海关的铁路也要由日本军官管理，停战期间日本军队的一切驻扎费用开支要由清政府负担等。伊藤博文明白，山海关、天津一线如果被日军占领，将直接危及北京安全。这个停战条件清政府是万万不会答应的。如果这一停战条件被清政府驳回，日本正好就此再战。尤其狡猾的是，伊藤博文此时隐藏起了觊觎台湾的企图，向李鸿章隐瞒了日军正向台湾开进的事实，企图在日军占领台湾成为既成事实后再逼李鸿章就范。

春帆楼上，中日两国代表唇枪舌剑，谈判僵持不下。恰在此时，一桩突发事件改变了谈判的进程。3月24日下午4时，中日第三次谈判结束后，满怀心事的李鸿章步出春帆楼，乘轿返回驿馆。谁知，就在李鸿章的轿子快到达驿馆时，人群中突然蹿出一名日本男子，在左右未及反应之时，瞄准李鸿章就是一枪。李鸿章左颊中弹，血染官服，当场昏厥过去。一时间，现场大乱，行人四处逃窜，行刺者趁乱躲入人群溜之大吉，躲入路旁的一个店铺里。

行刺事件发生后，马关警方很快抓到了凶手。经审讯，此人名叫小山六之助，21岁，是日本右翼团体"神刀馆"的成员。他不希望中日停战，更不愿意看到中日议和，一心希望将战争进行下去，所以决定借刺杀李鸿章，挑起中日之间的进一步矛盾，将战争进行到底。小山六之助的想法与日本政府此时的意图大相径庭。

　　日本政府本来拟就的谈判方略是借战争逼迫清政府签订不平等条约，然后见好就收。此时的伊藤博文最担心的就是有什么把柄落在列强手中，让一直虎视眈眈的西洋各国从中干涉，坐收渔翁之利。小山六之助的行为恰恰无异于授人以柄。难怪伊藤博文闻讯后气急败坏地发怒道：这一事件的发生比战场上一两个师团的溃败还要严重！

　　李鸿章被枪击后，伊藤博文假装"震怒"，派其助手陆奥来慰问李鸿章，慰问就是观察李鸿章的反应，接着天皇派遣医生，皇太后送来亲手制作的绷带，派遣护士。慰问品、慰问信、发来的慰问电报堆积如山，日本表演了一场"渴望和平"的大戏，挽留李鸿章"谈完了再走"。李鸿章在给北京的电报中称："对于我遇难，日本官民表示出痛惜的态度，这都是表演的把戏。"他看到了对方在"演戏"，但并没有看到日本的真正弱点。陆奥看到了这封破译了的电报，只是苦笑点头。他庆幸日本的弱点没有被李鸿章看破。

　　陆奥专门找了伊藤："这次事件过程中，皇室与国民对李鸿章表示了充分的礼仪，但是单从礼节上、社交上对他有所表示恐怕不够，还是应该干一个有现实意义的事，否则李鸿章应该不会满足。利用这个机会，允许清政府提出的无条件停战怎么样呢？这样的话，不光向中国清政府表现出了日本的诚意，其他国家也会理解日本所采取的措施吧。"

　　对于陆奥提出的"无条件停战"，伊藤表示赞成，但是在向广岛发电报后，军部回电"现在停战对日本不利，希望慎重考虑"，伊藤为此专门向天皇请示，25日夜专程赶往广岛，27日夜回电，称停战获得了天皇的同意。28日早晨，陆奥看望躺在病床上的李鸿章，告诉他"喜讯"。30日，签订了停战条约。

　　4月1日日本向李鸿章提出了"和平提案"，内容大致就是后来的《马关条约》的内容。要中国割地、赔钱，日本要求中国四天之内必须答复。

　　李鸿章立刻将此电告光绪皇帝。中国方面因为意见分歧，并没有在规定的四天期限内给李鸿章任何答复。而北京没有回电，日本也无从知道中国方面的真实想法。李鸿章在没有中国方面任何指示的情况下，4月5日自己起草了一个内容回复日本，除了承认朝鲜独立外，对日本的割地、赔偿要求均不接受。但他当天再次向北京致电："若欲和议速成，赔费恐须过一万万，让地恐不止台湾。"

4月8日，总理衙门的复电到。"先将让地应以一处为断，赔费应以万万为断，与之竭力申说。"4月14日，总理衙门再电李鸿章："原冀争得一分有一分之益，如竟无可商改，即尊前旨与之定约。"但中国的一举一动都被日本了解得一清二楚。

这是光绪皇帝的最终指示，因此李鸿章便与日本人签约。4月17日，签字仪式在春帆楼举行。

《马关条约》签署后的第四天，日本天皇便批准了条约，接着急忙任命内阁书记官伊东已代治为全权办理大臣，随时准备前往烟台换约，同时，请美国驻日公使谭恩转电北京，催问中国何时批准条约。日本最怕中国清政府"不履约"。

当然是各方面的原因（有深层次的也有临战的，即腐朽的朝廷、腐败的官僚、堕落的军队、松弛的战备、落后的舰炮、无能的指挥与错误的战术）最后造成了1894年中国在甲午海战中的惨败，李鸿章辛辛苦苦建立起来的北洋水师全军覆没，而在朝鲜，李鸿章一生赖以起家的淮军也一败涂地，因而李鸿章的兴洋务、图自强的运动最后也就以失败告终。

签订《马关条约》是李鸿章政治生涯中的滑铁卢。在此之前，李鸿章曾不无得意地总结过自己："少年科第，壮年戎马，中年封疆，晚年洋务，一路扶摇。"但是就在他觉得风光无限的时候，爆发了甲午战争，不但自己花了一生心血培育出来的淮军与北洋水师都全军覆没，而且自己还不得不到日本去签订《马关条约》，结果举国一片哗然，李鸿章成了众矢之的。"杀李鸿章以谢天下"的呼声响遍全国。李鸿章自己说："无端发生中日交涉，致使一生事业，扫地无余；半生名节，被后生辈描画殆尽，环境所迫，无可如何。"

李鸿章签订《马关条约》回国后，立即遭到朝野举国的谴责。

帝师、户部尚书翁同龢首先疾呼："李鸿章迁延误国，应该严办，首先应拔去三眼花翎，剥夺黄马褂，交吏部惩处。"

礼部右侍郎、宗室大臣志锐等三十八名廷臣，联名上疏皇帝："请杀李鸿章以谢天下！"

翰林院编修梁鼎芬和蔡元培等三十五人也联名上《请罪李鸿章公折》，

弹劾李鸿章战败误国，有六条可杀之罪。

都察院御史安维峻上疏中咬牙切齿地说："恨不得食李鸿章之肉，以解天下臣民弥天大恨。"

台湾巡抚唐景崧上疏朝廷，强烈抗议割让台湾，其言语掷地有声："与其生为降虏，不如死为义民！情愿人人战死而失台湾，决不愿拱手而让台湾！"

当时正逢全国各地举人在京参加会试，于是康有为和梁启超联合全国一千三百多名举人，向朝廷上万言书，要求拒签和约，迁都御敌，变法图强，这就是有名的"公车上书"。

南通才子、状元张謇，将自己书写多年的《淮军志》书稿当众烧毁，义愤填膺地申明："淮军误国，我今生不再写这类书！"

为了平息举国如潮般的责骂声，朝廷决定让李鸿章来背这口"出卖国家利益"的天大黑锅，慈禧太后虽然没有惩罚李鸿章，但还是免去了他的一切实权，拔去三眼花翎，剥夺黄马褂，只保留了一个文华殿大学士，还允许在总理衙门行走。

于是他就成了一个闲住在北京的寓公，每天靠读书写字来打发时间，"鸿章议和归国后，开直隶总督缺，入阁办事，遂以大学士留京，萧闲若老僧也。"1897年李鸿章74岁生日时，京城安徽同乡会会长、合肥举人徐子苓给李鸿章送来一块贺匾："当今宰相，朝中一品，乌纱盖顶，贵客盈门。"实际上是暗含"当朝乌龟"四个字，自己的同乡都这样憎恨他，李鸿章只得苦笑一声，默默收下。当时维新派在北京集会，他想送点钱支持，人家都不要。

自从1870年10月，李鸿章卸任湖广总督，接替曾国藩就任直隶总督兼北洋大臣，到1895年9月被免职，他任直隶总督兼北洋大臣长达25年，他卸任后由王文韶接任此职。

但是，实事求是地说，李鸿章本人对于甲午战争的战败，也是应当承担一定责任的。

首先应当指出，他清醒地看到了日本将是侵略中国的重要敌人。1871年冬，有66名琉球朝贡人员因受海上飓风漂流到台湾，被当地牡丹社民众杀死54人，另12人被救，由当地地方政府遣返，但日本借此大造舆论，更于 1874 年 5 月 6 日，借口此事派兵 3600 余人在台湾登陆，最后中国不得不支付 50 万两银子将其"送走"，日本更于次年强行将本是中国藩属国的琉球划为它的藩属国。由此李鸿章就认识到，日本必将是今后从海上侵犯中国的主要敌人。为此他递呈了一份著名的《筹议海防折》："历代备边多在西北……今则东南海疆万余里，各国通商传教，来往自如，麇集京师及各省腹地，阳托和好之名，阴怀吞噬之计，一国生事，诸国构煽，实为数千年来未有之变局。轮船电报之速，瞬息千里；军器机事之精，工力百倍；炮弹所到，无坚不摧，水陆关隘，不足限制，又为数千年来未有之强敌。"他进而认为，要应付这样的变局与强敌，就必须整顿海防，"而欲整顿海防，舍变法与用人，别无下手之方"。然后又指示他的老部下丁日昌，再递上著名的《海防条例》奏折，透过日本侵台事件，详细分析日本将成为中国最危险的对手，因此有必要兴办北、东、南三洋海军，目前应优先建成北洋海军，目的就是应对日本咄咄逼人的侵略态势。所以，从战略上来说，李鸿章是看到了日本将是中国最危险的敌人，而且有远见地组建了北洋水师。

但是他却犯下了一些致命的判断上的失误。

首先是 1888 年北洋水师成军后，看到再没有外国入侵，李鸿章满足了，虽然主要是醇亲王奕譞挪用了建设海军的钱，去修建颐和园，以及户部尚书翁同龢拒绝为海军拨款，但李鸿章本人没有坚持或者说不敢坚持继续加大对海军的投入却也是重要原因，致使北洋水师没有更新、没有补充、没有训练、甚至都没有弹药，李鸿章对此应负一定责任。这是因为就李鸿章或者当时的清廷来说，由于没有海洋利益也不追求海洋利益，所要求的仅是一支能实现海防的海军，而不是要求建设一支可以开拓海疆与争取海外利益的海军，因此对于不再对海军建设增加投入，在这一点上同样缺乏远见的李鸿章也没有坚持反对的立场。

另外，李鸿章出于个人顾虑，主要是怕人说北洋水师是属于他个人的资产，扩充北洋水师是扩充他自己的实力，因而没有敢积极申请追加投资也是造成北洋水师失败的原因。

在朝鲜问题上与日本交涉中，李鸿章犯有严重的外交错误，他完全迁就或相信日本，自己忽视了朝鲜本是中国的藩属国这个事实，而主动使日本与中国在朝鲜处于同等的地位，在朝鲜具有同样的权利与义务，他在 1885 年与日本的谈判中对伊藤博文说："我有一大议论预为言明。我知贵国先无侵占朝鲜之意，嗣后若日本有此事，中国必派兵争战；若中国有侵占朝鲜之事，日本亦可派兵争战，若他国有侵占朝鲜之事，中日两国皆当派兵救护。"这就说明了，中国已经将原属中国保护的藩属国朝鲜变成了中日共管，这是日本所求之不得的，这就为后来日本出兵朝鲜提供了依据，种下了甲午战争的祸根。

当甲午战争先在朝鲜爆发时，李鸿章又完全没有认识和估计到这会是中日之间的一次全面战争，日本一定要发动一次对中国的战争。

首先他就没有想到日本会全面进攻与夺取朝鲜，以为它出兵只是干涉朝鲜内政，而且相信与日本谈判以后日本会撤军，结果自己方面不积极备战，反而命令中国军队的主将叶志超"整理归装"，结果日本在谈判的伪装下一切都得以准备就绪，最后发动攻击就使根本已失去任何准备的中国军队一败涂地。

其实当时的光绪皇帝是要求积极备战的，他于 1894 年 6 月 2 日和 7 月 1 日分别下了两道谕旨，要求李鸿章加强战备。但李鸿章不是主战的，因此没有真正积极进行战备，除了一方面他没有估计到日本会在朝鲜发动一场要侵占全朝鲜的战争以外（他以为可以通过谈判解决他认为只是纷争之类的问题），另一方面就是李鸿章此时非常寄希望于俄国和英国出面调解，想搞"以夷制夷"的策略，结果都告失败，而自己也失去了备战的时机。

当外国调停的希望破灭以后，李鸿章不得不考虑战争了，7 月 12 日，光绪皇帝给李鸿章下达了严厉的谕旨："现在倭韩情势已经决裂，如势不可挽，朝廷一意主战。李鸿章身膺重寄，熟谙兵事，断不可意存畏葸。着懔遵前旨，将布置一切进兵事宜，迅筹复奏。若顾虑不前，徒事延宕，驯至延误军机，定惟该大臣是问。"

所以，李鸿章是在无可奈何的状态下才被迫开始应战的，也就是李鸿章不但错估了日本的本意，也错估了可以信赖的外国友邦的态度，同时还错估了自己朝廷的决策。

还有要命的是，在朝鲜的陆军本是李鸿章的淮军，但此时淮军原来的大将张树声、吴长庆及周盛波等都已凋零，竟然有将无帅，于是李鸿章只好请刘铭传出马，但李鸿章却忘记了刘铭传此时是已经担任过台湾巡抚的封疆大吏，可不能再像过去调一个总兵或副将那样调来调去，结果就因请将程序不合，刘铭传拒绝赴任，这样中国派赴朝鲜的陆军就由胆小如鼠的直隶提督叶志超担任，结果一败涂地，而在辽东半岛的中国主帅却是八十多岁的宋毅。

这些不能不说是李鸿章本人在这场战争中的判断失误。

4—18. 甲午以后联俄抗日，无奈之举并无结果

《马关条约》签订后的第六天，俄国就连同法国与德国向日本施压，强迫日本同意放弃辽东半岛，但中国要多支付 3000 万两赎辽费。对此，清廷当然对三国，尤其是近邻俄国，感谢不已。而且为了缓解当时清廷支付赔款的困难，俄国还表示愿意向中国贷款一万万两，年息四厘，数额之大，利率又低，十足显示它对中国的同情与友好之心意，令中国感激万分。第一笔赔款为六个月内支付 5000 万两，第二批赔款为随后六个月内再支付 5000 万两。而当时清政府一年的收入才 8900 万两，根本无法承担数额如此巨大的赔款，只有借款一途。所以为了筹集第一笔赔款

李鸿章与俄国沙皇

5000 万两和 3000 万两赎辽费，北京向俄—法银行借款四亿法郎。后来，在 1896 年和 1898 年，清廷又向英—德银行借款两次，每次 1600 万英镑。

由于俄国表示对中国的友好，于是，"联俄抗日"的呼声就开始在中国兴起。

光绪二十一年（1895 年）闰五月十六日，两江总督刘坤一密奏朝廷："此次与日议和，诸多迁就，益启外人窥伺之渐，虎视眈眈，皆思择肥而噬。我自度力不能及，不可不联邦交以资将伯之助。以臣愚见，各国之患犹缓，惟日本之患为急。盖其国与我逼近，若得台湾辽

东，则来路益便，直从枕席兴师，随在其侵轶也。……且倭之强非俄所愿，倭之扰我东三省，尤为俄所忌。是以中倭合约业经割予辽东，而俄与德法勒令退还，讵专为我，兼自为乎！我乘此时与之深相结纳，互为声援，并稍予以便宜，俄必乐于从我。俄不能保证我沿海各省，而东三省与俄毗连之地，倭必不敢生心。"

而湖广总督张之洞也于同月二十七日奏曰："此次为我索还辽地，虽自为东方大局计，而中国已实受其益，倭人凶锋，藉以稍挫，较之他国袖手旁观，隐图商利，相去远矣。正宜乘此力加以联络，厚其交谊，与之订立密约，凡关系俄国之界务商务，酌与通融。若俄国用兵于东方，水师则助其煤粮，陆路则许其假道，一切视其所资于我者，量为协济。而与之约定，若中国有事，则俄须助我以兵，水师尤要，并与议定若干酬报之法。中俄相结，将来无论何国寻衅，数旬之内可以立发舰数十艘，游行东方海面，则我得以专陆路战守之计，而敌人亦断不能为深入内犯之谋也。"知道应当结盟了，这比死死认定自己是"天朝大国"而且谁也比不上自己的想法，当然是前进了一步，可是想与俄国结盟却是找错了对象，例如当时的山东巡抚李秉衡与河南巡抚刘树棠都上奏指出，其实俄国是很危险的敌人，若与英法结盟，他们顶多要求扩大商业利益，再就是增加一点租界的面积，而俄国是一个对中国领土有极大野心的国家，与它结盟将受害无穷，可惜他们的看法没有得到清廷的重视，而决定争取与俄国订立密约。

光绪二十二年四月十四日（1896年5月26日），俄国新皇帝尼古拉二世举行加冕典礼，各国均派专使赴俄国祝贺。清政府原来打算派湖北布政使王之春为赴俄专使，但俄国不满意，据说俄国皇帝专门打电报给中国皇帝，说中国若能派李鸿章作为贺使，将使他不胜高兴。于是清廷降旨命李鸿章为致贺俄皇加冕的正使，而以湖南巡抚邵友濂为副使。皇帝的上谕发布后，李鸿章立即上疏请辞，理由是自己已经年老体弱，若因自己的健康原因而有失外交礼仪，就会影响国体，因此要求选派他人前往。但皇帝再次降谕说："李鸿章耆年远涉，本深眷念，惟因赴俄致贺，应派威望重臣，方能胜任。该大学士务当仰体朝廷慎重邦交之意，勉效驰驱，以副重任，无得固辞。"这样，李鸿章只好接受这个任务了。

在离开京城之前，光绪二十二年正月十六，慈禧太后接见了李鸿章，单独密谈了一个多小时，估计是有关中俄密约之事。

1896 年 5 月 18 日，经过苏伊士运河与黑海以后，74 岁高龄的李鸿章到达俄国首都，沙俄摆出了隆重的礼节接待李鸿章，铺红地毯，鸣礼炮十九响。

在俄期间，经过谈判，中俄最终签订了一项条约，即所谓《中俄密约》，该条约规定：日本如侵占俄国远东或中国以及朝鲜土地，中俄两国应以全部海、陆军互相援助；非两国共商，缔约国一方不得单独与敌方议和；开战时，中国所有口岸均准俄国兵船驶入；为使俄国运输部队，中国允许于黑龙江、吉林等地建造铁路，以达海参崴，该事交由俄华道盛银行承办经理；无论平时或战时，俄国均可以通过该铁路运送军队和军需品，为此成立中东铁路局，中国划出一部分土地作为铁路建设用，中东铁路局在该区域内具有全权，包括警察权。三十六年后中国可用七亿卢布赎回该铁路，满八十年后则可无偿交还中国。

当时中国看重的是中俄联盟对抗日本，而俄国看重的是取得中东铁路的建设权与运营权以及可用战争借口进入中国沿海口岸的权利，因为这就完全打开了俄国势力今后进入中国的大门。不过，由于有这个条约的签订，甲午战争后，日本还不敢贸然吞并朝鲜，一直到 1905 年日俄战争中打败俄国以后，日本便于 1910 年宣布吞并朝鲜。

由于中俄签订的是密约，所以为了避免日本的猜疑，李鸿章离开俄国后，又亲自访问了德、荷、比、法、英、美、加等国，作为特使亲递国书，先后会见了德国皇帝威廉二世、前首相俾斯麦、荷兰国王、比利时国王、法国总统、英国维多利亚女王和美国总统克里夫兰，而且在回程途径日本时，拒绝上岸再登日土。此行他一共访问了八国。

但是，就在李鸿章签定中俄密约不久，又发生了德国又因借口干涉还辽有功要求强行租借胶州湾事件，中国方面以为根据《中俄密约》俄国应当帮助中国，但是当俄国的波罗的海舰队远涉万里来到胶州湾外所谓要"牵制"德国军舰的行动时，却暗中与德国达成协议，即德国不阻止俄国在中国东北和朝鲜采取任何行动，而俄也不防碍德国在中国山东谋取利益。于是俄舰队借口过冬并根据《中俄密约》所规定的它所具有的权利，将舰队驶进了旅顺港，并再也不走了。因此最后李鸿章不得不与德国签订了租借胶州湾的条约，而且德国还得到了在山东的筑路权与开矿权，与俄国又签订了租借旅顺和大连的条约，并又允许俄国修建连接哈尔滨与大连的南满铁路。此后，借口要保存均势，英国就提出要租借威海卫，当李鸿章与英国公使谈判拒绝他的要求时，英国公使以令人极其难堪的态度对李鸿章说："中堂不必将这些理由对我辩论，阁下如能以你的辩才使俄国交还旅大，则英国绝不要求租借威海卫；否则威海卫非租借给英国不可。"

接着法国又要求租借广州湾，英国则再度提出要租借九龙新界以为平衡。清政府对列强这种无休止的巧取豪夺毫无办法，而此时光绪皇帝刚刚亲政，深恨李鸿章联俄误国而招此瓜分之祸，大为愤怒，于是降旨李鸿章勿在总理衙门行走，这样一来，李鸿章就完全只剩下文华殿大学士这一个头衔了，整天在家读书写字，深居简出。

不久，因山东黄河多处决堤，遭成数十县被淹，难民流离失所，慈禧太后就命令李鸿章为山东勘河大臣。对此他也真是很负责，他以75岁的高龄带着德国水利专家和自己所办天津武备学堂一些懂测量的学生，沿着黄河实地考察了黄河千里之地，终于于光绪二十五年正月向朝廷提出了《勘察山东黄河会议大治办法折》和《筹议山东河工救急治标办法折》，负责地提出了自己的建议。

回京后，光绪二十五年十月，李鸿章被任命为商务大臣，考察各通商口岸。

4—19. 甲午战败后果严重，中国面临瓜分危机

对于中国来说，甲午战争的后果是极其严重的。

对日本来说：割让台湾与澎湖；向日本赔款2亿3000万两白银；丧失对朝鲜的控制；从此变为日本为所欲为的侵略对象。

德国借口干涉还辽有功，必须获得补偿，最后又被迫与德国签订条约，同意德国租借胶州湾99年，并在山东境内享有筑路和采矿之权。

对德国条约签订以后，俄国又借口德国获利太多，要求正式租借旅

顺和大连 25 年以作补偿。同时获得从中东铁路的哈尔滨开始再修筑一条通往大连的南满铁路权利。

果然，德国租借了胶州湾和俄国租借了旅顺和大连以后，接着就有一连串的连锁反应：

英国租借了威海卫，租期 25 年；租借了拓展的九龙新界，租期 99 年；

英国还从清政府得到不将长江流域让给其他国家的保证；

日本得到了不将福建让给其他国家的同样保证；

法国租借了广州湾，租期 99 年，并在云南和两广建立了它的势力范围。

这就使中国面临被瓜分的现实危险。

针对各国在中国都相继谋求获得自己的势力范围区，1899 年 3 月，美国首先提出各国应当在中国获得机会均等的商业机会，也就是"门户开放"政策，虽然这不是一项强制性的政策，美国也没有能力在中国强制推行它，但是，这项政策宣布以后，瓜分中国的势头得到了遏制，因为列强担心或者害怕它们互相之间会发生对抗与冲突，因此都谋求某种均势。

后来，当义和团在中国兴起，可能会促使某些国家借口保护自己的教士而变相攫取自己势力范围内的行政权力时，美国于 1900 年 7 月 3 日，发表了关于中国问题的第二份声明，宣称"门户开放"包括保护中国的领土和行政权力的完整。由于各列强国家不得不在中国寻求均势，因此在"门户开放"的原则下，清朝得以保持完整，避免了在 19 世纪末和 20 世纪初受外国列强瓜分的危险。

所以，失去对朝鲜的控制，割让台湾和澎湖，被迫租借胶州湾、旅顺和大连、威海卫、九龙新界、广州湾，并同意西方列强在中国划定自己的势力范围，这些丧权辱国的记录，都是当时不计影响进行甲午战争带来的严重后果。

伊藤博文时代的日本在甲午战争中战胜了中国，中国在甲午战争中败得很惨，这是毋庸置疑的事实。但是，甲午战争的失败却使中国随后领悟到几条极其重要的教训。

假如今后中日两国还是在日本强、中国弱的情况下再发生全国性的战争，那么要想最后战胜日本，中国一定要坚持以下三个战略原则：

一、与日本打长期的持久战，不要怕丢疆失土，哪怕迁都，与它从海边打到内地、打到山区。中国广大的土地、人民与资源，可以支持长期战争，而日本不能坚持长期战争；

二、由三国干涉还辽可以看出，世界列强绝对不会同意由日本单独占有中国，因此只要中国坚持对日本的战争，列强为了维护它们在华的利益，必然最后都会支持中国，所以当日本已经被中国的长期抵抗消耗殆尽时，中国可以借助国际的帮助最后战胜日本；

三、无论战争进行得多么艰苦，绝对不能与日本讲和并签订和约，而希望尽快与中国签订和约结束战争，并确定自己的战胜国地位并提出各种战胜国的要求，从来就是日本在对中国的战争中最迫切追求的目标。

在甲午战争中，李鸿章输了，既输给了日本人，也输给了主战派。可是，这个国家也输了。因此，历史逻辑显示出它残酷的一面：要满清政府领导这个国家完成现代化转型，就此宣告不可能。中国的现代化道路，其前提是清皇朝必须被推翻。

1937 年中日两国之间又爆发了第二次全面战争，在这一次战争中，中国坚持了上述三个原则，经过全民抗战，终于最后完全战胜了日本。

4—20. 庚子之乱奉命议和，了此大事人生谢幕

李鸿章这次的两广总督任内时间并不长，因为在次年夏天就发生了义和团事件，八国联军于 1900 年 8 月 14 日进入北京，第二天慈禧太后就带着皇室主要成员和军机处的大臣们逃往西安。

1900 年 7 月 3 日，李鸿章就已经接到上谕要他北上回京师准备与八国联军议和，7 月 6 日再次催他北上，并且于 7 月 8 日重新任命他为直隶总督兼北洋大臣，所以这次李鸿章任两广总督前后也只有 8 个月（1899 年 11 月至 1900 年 7 月）。

为什么要李鸿章去北京与联军谈判议和呢？

因为朝廷原来是要派当时的直隶总督兼军机大臣荣禄为谈判代表，但联军认为荣禄是清军和义和团进攻北京使馆区的总指挥官，因此拒绝与他谈判而要求与李鸿章谈判。

7月17日，李鸿章乘招商局"安平"号轮船离开广州，当时送行的南海知县裴景福问他如何看待目前的形势。

李鸿章慢慢地说："百足之虫，死而不僵。当今虽然京师蒙难，但袁世凯支撑山东，湖广张之洞、两江刘坤一都是有主见的封疆大吏，已经稳定了江南半壁江山，因此国家形势还不至于一蹶不振。"他又说："目前看来，按照各国在华兵力而论，京师危机当发生在七、八月间，我淮军将领直隶提督聂士成已经阵亡，宋毅等人已经无力牵制敌军，因此京师当在七、八月间失陷敌手。"北京果然于8月14日被八国联军攻陷。

裴景福接着问："万一京师不守，公进京后打算如何办？"

李鸿章叹口气说："三个问题，首先是剿灭拳匪以示威并向洋人赔罪；二是惩治祸首以泄各国之恨；第三个，恐怕也就是最难的事了，那就是谈赔款的事，现在我对此心中确实无底，恐怕是难谈了！"他估计得完全不错。

但李鸿章并不急于北上，7月21日到达上海，并接受英国政府的劝告在上海等待。

李鸿章不愿意立即北上的原因有二：一是他担心此时北京城还在义和团控制之下，他去北京安全没有保证；二是朝廷现在也没有任何认错的表示和采取处理应承当责任的大臣的措施，也就是没有取得联军的任何谅解，所以当时各国也还没有停战的迹象，尤其是公使被杀的德国，继续进行战争的意图尤为明显，在这种情况下，在联军面前他也是危险的，因此这种情况下他无法进行谈判。

8月7日，已被任命为直隶总督兼北洋大臣的李鸿章被正式任命为全权代表与列强谈判，但是他还是没有北上的意思。

后来在俄国人表示愿意提供保护的情况下，李鸿章于9月18日抵达天津。当时朝廷对他能答应出任谈判代表寄予了厚望，在给他的上谕中说："该大学士此行，不特安危系之，抑且存亡系之。旋转乾坤，匪夷人任，勉为其难，所厚望焉。"

为什么俄国人愿意给李鸿章提供保护？

原来这时候攻占了北京的八国之间也产生了矛盾。

首先是此时俄国趁势出兵占领了中国的东北，此事大大触怒了日本，日本立即也出兵朝鲜，日俄矛盾立即尖锐化；英国对于俄国在中国的扩张行为也极为不满，因此英国就积极支持日本对抗俄国。

当清朝廷于 1900 年 7 月就决定派李鸿章为议和大臣时，八国刚开始并不是一致同意的，俄国为了诱使清朝廷对它侵占中国东北的同意，首先就表示赞同中国派李鸿章为议和大臣，并主动提出八国军队主动都退出北京，开始与中国议和，以此表示它对中国的善意。俄国的意图当然被其他各国所清楚，因此都断然拒绝接受李鸿章为谈判代表，更不会先先撤军，并提出以惩办慈禧太后和端王等战争祸首为议和的先决条件，这样，议和谈判便无法进行。

此时，美国的"门户开放"政策成为了八国可以共同接受的唯一标准，即各国共同承诺保持中国的领土完整。首先是在 10 月，英国和德国达成了保持中国领土完整的原则协议，并照会奥、法、意、日、俄、美六国政府，各国政府均表示没有异议，于是，不涉及中国领土问题的谈判原则就这样定了下来。

当时外国漫画中的李鸿章

当时，联军代表也拒绝在清廷"回銮"之前开始和谈，他们意在实现中国还政于不愿意与列强作对的皇帝，而这是慈禧太后绝对不能接受的条件，因此就拒绝返回北京，因为她担心回到北京会受到她不能接受的待遇，所以她坚持必须先签订和约并且联军退出北京城后才能回京。此时东南各省大员们就设法将联军的注意力放在惩处应负实际责任的官员身上。山东巡抚袁世凯尤其主张这一点，因为他当然害怕若真是还政给光绪皇帝，那皇帝一定会清算"百日维新"时他向荣禄告密而导致皇帝从此被囚之事。经过一年的谈判，最后于 1901 年 9 月 17 日，由李鸿章与庆亲王奕劻代表清廷政府与十一国代表（八国之外再加比利时、西班牙、荷兰）签订了《辛丑条约》，主要条款是：

赔款四亿五千万两白银，分三十九年支付，年息四厘，本息总计九亿八千多万两银子；

惩办罪犯：庄亲王载勋被赐自尽，端郡王载漪终身发配新疆，刚毅已经在西行的路上病死，褫夺其生前的各种职衔，杀毓贤于兰州，赐英年和赵舒翘自尽，杀启秀、徐承煜，董福祥被免去官职回居甘肃，载勋之弟载澜也永远发配新疆。各省有 119 名官员受到不同处分。

但是，真正的祸首慈禧太后却没有受到任何牵连，这使慈禧忐忑不安的心顿时放了下来，因为这意味着她的统治地位没有受到威胁，更没有失去，于是她指示李鸿章，在谈判中，只要不涉及她本人，什么条件都可以接受。也就是什么国家和民族的利益都可以不顾，只需要保持住自己的统治权。经历了这样一场大灾难，而罪魁祸首竟然免于被责。

条约签订后联军于 1901 年 9 月 17 日开始撤离。清政府于 1902 年 1 月 7 日回到北京。

在处理与八国联军的谈判与随后的对俄交涉中，李鸿章已心力交瘁。签订条约不到两个月，1901 年 11 月 7 日（光绪二十七年九月二十七日）便在北京寓所贤良祠吐血身亡，享年 78 岁，临死前还说："尽一分心酬圣主，收方寸效作贤臣。"

恭亲王溥伟受慈禧太后委派前来贤良祠祭奠，并宣读上谕：大学士、一等肃毅伯直隶总督兼北洋大臣李鸿章，器识渊深，才猷宏大，由翰林倡率淮军，勘平发、捻诸匪，厥功甚伟。总督直隶兼北洋大臣，匡济艰难，

合肥李鸿章墓

辑和中外，老成谋国……照大学士例赐恤……谥文忠，追赠太傅，晋封一等侯爵，入祀贤良祠。安徽、浙江、江苏、上海、江宁、天津各建专祠以祀，并命于京师特建专祠。继配夫人莫氏封一品诰命夫人。

真是皇恩浩荡，死后按其遗愿葬于合肥包拯墓旁。

还在光绪十八年（1892 年），李鸿章七十寿辰时，当时就曾经收到很多赞誉他的寿联，其中慈禧太后送的寿联是：

栋梁华夏资良辅，带砺江山锡大年。

盛赞李鸿章是国家栋梁，大清皇朝的中流砥柱，而且又长寿。

四川总督刘秉璋的寿联则总结他的耀眼成就：

南平吴越，北定齐燕，二十年前人美黑头宰相，

西辑欧洲，东缓瀛海，三万里外共推黄发元勋。

名满江南的大才子俞樾的寿联是：

五百年名世之才，上纬天维，下理地轴，

七十载从心所欲，西摩月镜，东弄日珠。

而他最欣赏的一副寿联是：

天生以为社稷，人望之若神仙。

这副寿联字字贴切，尤其上联用有了一个有名的典故：唐代名将李晟因平定众藩和朱泚的叛乱，匡扶社稷，被封为西平郡王。此联就将李鸿章比作功高盖世的李晟。

所以，他生前就已经得到朝野广泛的赞誉。

他临死前自己有遗诗云：

劳劳车马未离鞍，临事方知一死难；

三百年来伤国事，八千里外吊民残。

秋风宝剑孤臣泪，落日旌旗大将坛；

海外尘氛犹未息，请君莫作等闲看。

可见临终时他对国家所面临的严峻形势还是十分担忧的，并且警语后人绝不可掉以轻心。

据说，李鸿章于弥留之际，当人问及家事，李鸿章无言；但当问及国事，忽然睁开眼睛，欲语泪流。亲信周馥亲眼看着他带着无尽的悲怆和遗憾离开人世："相国已着敛衣，呼之犹应，不能语。延至次日午刻，

目犹瞪视不瞑。我抚之哭曰：老夫子有何心思放不下，不忍去耶？公所经手未了之事，我辈可以办了，请放心去吧。相国忽口张目动，欲语泪流，余以手抹其目，且抹且呼，遂瞑，须臾气绝。" 可见李鸿章临终都是放心不下国事。

4—21. 人已盖棺争论不已，功矣罪矣历史评判

梁启超在李鸿章逝世后感叹地说："今日举朝二品以上的大员，五十以上之达官，无一能及彼者，此则吾所敢断言也。嗟乎！李鸿章之败绩，既已屡见不鲜矣，后此内忧外患之风潮，将有甚于李鸿章时代数倍者，乃今欲求一如李鸿章其人者，亦不可复睹也。"

不过，他也说，时势当然可以造就英雄，但英雄又何尝不能造时势；李鸿章是时势造就的英雄，而不是造就时势的英雄，相反，伊藤博文却是能造就时势的英雄。

梁启超还说："吾敬李鸿章之才，吾惜李鸿章之识，吾悲李鸿章之遇。李鸿章必为数千年中国历史上一人物，无可疑也；李鸿章必为十九世纪世界史上一人物，亦无可疑也。"

梁启超对李鸿章的挽联是：

太息斯人去，萧条徐泗行，莽莽长淮，起陆龙蛇安在也，

回首山河非，只有夕阳好，哀哀浩劫，归辽神鹤意何之。

然后他开始写一本后来十分有名的书——《李鸿章传》。他在《李鸿章传》中说："自李鸿章之名出现于世界以来，五洲万国人士，几乎见有李鸿章，不见有中国。一言蔽之，则以李鸿章为中国独一无二之代表人也。夫以甲国人而论乙国事，其必不能得其真相，固无待言，然要之李鸿章为中国近四十年第一流紧要人物。读中国近世史者，势不得不口李鸿章，而读李鸿章传者，亦不得不手中国近世史，此有识者所同认也。"

李鸿章是晚清时节最显赫的重臣，但由于承担了甲午战败和缔结众多丧权辱国条约的责任，使得在相当一段时间内，后人对他正面评价不多，在历史上和社会上颇多责骂。例如，在他死后，有人送了这样一副挽诗：

傅相而今已盖棺，国中舆论半悲伤；

　　北门锁匙同虚设，南渡朝廷误苟安。

　　西学酿成亡国恨，东床洗尽腐儒寒；

　　九泉若遇曾文正，莫道燕京已被残。

　　这是一首明显讽刺李鸿章的诗。

　　第一句指的是，傅相李鸿章虽已盖棺，但朝野的反应却不同声，半是悲痛，半是高兴，褒贬不一；第二句中"北门锁匙同虚设"，讽刺李鸿章任直隶总督兼北洋大臣，捍卫京畿锁钥重地，却在甲午战争中一击而破，形同虚设，结果害得大清皇朝像南宋小朝廷一样，落得个苟延残喘的局面；第三句中"西学酿成亡国恨"，是说李鸿章一心要学西洋之长，大力推行"自强求富"的洋务事业，结果洋务未成却酿成了甲午战败和八国联军侵华的亡国大祸，"东床洗尽腐儒寒"指的是李鸿章提携自己的女婿张佩纶，使他由一个充军回来的失意潦倒的文人，变为富贵非常的宰相东床快婿；第四句则是提醒李鸿章，你死后若在九泉遇见你的老师曾国藩，千万别告诉他八国联军侵华，你去签订了丧权辱国的《辛丑条约》，北京城现在已经破烂不堪。

　　但是应当实事求是地说：

　　在平定太平天国与捻军之乱中他有重大贡献，保证了中国社会的稳定与进步发展的可能，是实现同治中兴的关键重臣；

　　他敏锐地看到了中国与西洋列强的差距，大胆而果断地在中国开启了学习西方的洋务过程，是使中国摆脱自我封闭、走向世界的先驱者；

　　他欲通过兴洋务而图自强，这种强烈的愿望和所采取的种种兴洋务的具体措施与结果都是令人赞许的，尤其是他通过兴洋务图自强而认识到国家首先必须实现工业化，因此通过兴办各种工业企业，开启了中国走向现代化的进程；

　　尤其是他较客观地认识到中国军事实力与西方列强的差距，因此极力主张避免挑衅外国以起战端，所以爆发甲午战争、八国联军之役，实际上主要不是他的责任；

　　他清楚地认识到日本将是今后中国的主要威胁；

　　他从鸦片战争、英法联军和中法战争中中国的失败清楚地领悟到，从海上侵略中国是当时中国面临的主要危险，因此他力主并坚决实施了创建现代海军的划时代措施。

甲午战败不能完全归结于他一个人的责任，缔结众多的丧权辱国的条约也不能完全将责任推诿给他。须知，当时只有他能代表中国与列强打交道，而且列强也只接受他作为中国的谈判代表。中国战败了要议和，不派他去签订和约也得派别人出去签订和约，这是必然的事实，因此虽然李鸿章所签订的和约使中国蒙受了巨大的损失，这并不完全是李鸿章本人无能或向外国人卑躬屈膝所造成的，而是由于国家力量太弱，因而在谈判中不是处于对等谈判的地位，况且实际掌权的慈禧太后为保持她自己以及大清皇朝的统治而指示他或同意他签所造成的，李鸿章不应当对此承担最后全部的责任。

所以，1895年李鸿章赴日本与伊藤博文进行议和谈判临行前，恭亲王奕䜣在率领文武百官给朝廷的奏折中明确指出："此次中国之败全由不西化之故，非鸿章之故。"见到这一句话，李鸿章顿时老泪纵横。

的确，由于经历的挫折太多与阅历太过于丰富，李鸿章在晚年确实趋于保守，自己但求不出事，对外事多求妥协，中法战争就是明例，当时中国在战争中已经处于有利地位，但李鸿章还是认为妥协为好，结果在所签订的条约中丢失了越南这个藩属国；而且由于自己也只是一名汉臣，因此在大清朝廷中，面对慈禧太后当政及维护太后利益的一大帮王公亲贵与大臣，他也不敢过于坚持自己的主张，实际上他晚年在朝廷中没有帮手，所以面临失败也是不难理解的。

而且，从李鸿章兴办洋务所取得的一些具体成果来说：首先设立江南机器制造局，自制枪支弹药，奠定了中国现代军事工业与制造业的基础；首开轮船招商局，打破航运外人垄断，开启了中国现代航运事业；首创语言文学馆，并且设立技术科、基础知识科，开启了学习现代知识之门；首创以洋枪洋炮武装淮军并建立以西洋战舰组成的中国北洋水师，开启了中国军队走向现代化之路；创建开平矿务局采煤和漠河矿务局采金，奠定了中国近代采矿业的基础；首建中国铁路，从此改变中国交通面貌；首设天津电报总局，以后又推出电话业务，中国从此有了现代通讯业；开始建立各种新式学堂，如先后建立外国语、机械、电报、水师、武备、军医等学校，现代教育便得以在中国开花结果；首建机器织布局，建立现代纺织业；首次向国外派遣留学生，开启了中外交流之路；首建天津西医院，使西医开始进入中国；首先建设旅顺港，使得中国开始了海洋海运事业；首派驻外使节，使中国开始融入世界，等等。

这都是李鸿章为使中国走向现代化所作出的不可磨灭的贡献。

李鸿章晚年曾自嘲自己是一个裱糊匠："我办了一辈子的事，练兵也，海军也，都是纸糊的老虎，何尝能实在放手办理？不过勉强涂饰，虚有其表，不揭破犹可敷衍一时。如一间破屋，由裱糊匠东补西贴，居然成一净室，虽明知为纸片糊裱，然究竟决不定里面是何等材料，即有小小风雨，打成几个窟窿，随时补葺，亦可支吾对付。乃必欲爽手扯破，又未预备何种修葺材料、何种改造方式，自然真相破露，不可收拾，但裱糊匠又有何术能负其责？"

这确实是他心中真实思想的自白。

第五章

老臣无心：
张之洞一心推洋务可叹却种豆得瓜

　　洋务新政意相通，潮涌南皮张之洞；湖广总督声威显，灼灼荆楚人称颂。

　　办厂兴学废科举，五千学子海外送；文士投军忧国运，暗反朝廷铸剑锋。

　　忽报蜀中路争起，楚军入川汉上空；武昌炮响惊天下，自家兵马立首功。

　　九州风雷灭帝制，十八金星扫黄龙；殚精竭虑老臣愿，种豆得瓜不由翁。

5—1. 张之洞者原是清流，仕途得意一路迁升

　　1901 年 11 月 7 日李鸿章逝世，清朝也进入最后十年。从清末最后十年来看，推崇洋务的思想与进程并未停止，而且在继续发展成为推行洋务与新政。在这个过程中，参与新政最深者就是袁世凯与张之洞，袁世凯的主要成就是练出了北洋军和北洋系的巨大军事力量，而在其他方面张之洞则成为洋务新政的中心人物。

　　张之洞（1837—1909 年），字孝达，号香涛（人尊称他为香帅），直隶南皮县人。生于清道光十七年（1837 年），其父张瑛，在贵州任知府，故张之洞生于贵州。张之洞 16 岁中举人，同治二年参加北京会试，得中

进士后参加殿试，洋洋洒洒的两千言文章一挥而就。在文章中，张之洞指陈时弊，认为人才匮乏的原因在于朝廷的现有选拔制度不合理，又提出"任人正治，任法止乱"的为政主张。这样一份大胆直言、口无遮拦的殿试对策，引起了考官们的热烈争论，有人极力赞扬，也有人坚决贬抑。最后经大学士宝鋆看中并裁定为二甲第一名，上呈两宫皇太后。慈禧太后看了张之洞的试卷，认为人才难得，决定提升到一

张之洞

甲的三名，即得中"探花"，并留在翰林院中供职，由编修（七品）历升到侍讲（从四品）。期间，他曾历任浙江乡试副考官和四川学政。

在担任京官时期，张之洞加入了"清流党"的圈子，并成为其中活跃分子。所谓"清流党"并没有什么严格的组织，而是一帮没有任实权大官的京官们的松散联合，他们就是喜欢议论，专挑施政官员们的毛病。在某种意义上来说，"清流党"也是慈禧太后用来牵掣一些权力甚大的朝臣（如李鸿章等）的手脚的一种工具，以防止他们权力膨胀而坐大，或行事肆无忌惮。

同治年间，"清流党"成员按籍贯分，又可分为南、北"清流"。北清流兴起于先，南清流崛起于后，所以有时也称为前、后清流。

北清流以协办大学士、军机大臣李鸿藻为首，此人资格老、权位重、胆子大，为人耿直又重孝道，连慈禧太后有时也得让他三分。许多北方籍的京官，如张佩纶、陈宝琛、黄体芳等人，便聚集在他的周围，张之洞由四川回京后，也加入了他们的圈子。

南清流以军机大臣沈桂芬、户部尚书翁同龢为宗主，文廷试、黄绍箕等为骨干，一直延续到清末，是"帝党"的中心。

南、北清流之间，虽存在着门户之见，每有意气之争，但也有许多共同观点，如抵御外侮、改革弊政、痛恨贪污等。尤其在反对"洋务"方面，更是高度一致。他们见到鼓吹西学，倡导"洋务"的人，就一律斥之为士林败类，名教罪人。对于李鸿章等人力主办妥协外交，更是以"卖国"的罪名猛烈攻击，不遗余力。

湖广总督张之洞

从光绪三年到光绪七年，张之洞在京城担任的是一系列没有实际职责的闲官，正好让他集中精力，不避嫌怨，不计祸福，专挑朝廷内外的各种毛病，斗胆直谏，在弹劾污吏、平反冤狱、内顾民愿、外争国权等方面发表了很多意见，被称为"清流六君子"之一。也因受慈禧太后喜爱，她想再赏出一个"曾国藩"，光绪七年（1881 年）六月，慈禧终于作出一个酝酿已久的决定。她就像当年道光皇帝破格提拔曾国藩那样，因举荐良臣有功，让张之洞在一夜之间，由从四品的翰林院侍讲学士直接升为从二品的内阁学士、礼部侍郎。张之洞连升四级，宠惊朝野，进而到兵部侍郎（正二品）。那么什么是举荐良臣有功呢？举两个例子。

光绪七年三月，与慈禧太后共掌朝政的慈安太后突然去世，此后慈禧太后便独自一人垂帘听政了，她立即决定广开言路，推行仁政。张之洞认为这是一个良机，于是就以加强东南海防和西北边防力量为由，给慈禧上了一道有关朝廷大员任免的奏折："东南海防重在两江，可两江总督兼南洋大臣刘坤一年老体弱，不能胜任两江防务。而湘军水师统帅彭玉麟却能征善战、屡立战功且精力充沛，堪当此任。""西北边塞重在防守，左宗棠一直督办新疆军务，他忠勇可嘉，可陕甘总督曾国荃迟迟不到任，加上他最近连丧一子一侄，所以他更无心西北防务。浙江巡抚谭钟麟曾担任过陕西巡抚，他对西北的情况很熟悉，可擢升他为陕甘总督。另外，左宗棠的部将张曜也很忠勇，可令他帮办西北军务。"

张之洞的这项人事任免建议十分中肯，慈禧照章采纳。从表面上看，他举荐了彭玉麟、谭钟麟、张曜，自然是和他们拉上了关系；他参劾了刘坤一和曾国荃，自然是得罪了这两位元老，其实不尽然。例如曾国荃就根本不想去担任陕甘总督，所以接到任命后就是拖着不去。张之洞上这道奏折，正合朝廷和慈禧之意。他在上这道奏折之前，就捕捉到了慈禧对这几个大员的态度信息。原来，在张之洞上书之前，彭玉麟就上书参劾刘坤一"耽于逸乐，精神疲弱，于公事不能整顿"，"广蓄姬妾，稀见宾客，且纵容家丁，收受门包（红包）"，等等，看到这道奏折后，慈禧十分为难，因为彭、刘二人均为元老重臣，她无论得罪谁，结果都不好，于是置之不理。其实她内心是想罢免刘坤一的，只是有所顾忌。慈禧的这种心思被张之洞窥知，他上的那道奏折，恰如其分，深合慈禧心意。

不久，慈禧召刘坤一进京谒见，并令彭玉麟出任两江总督。刘坤一知道彭玉麟参了他，也知道张之洞又在背后点了一把火，他很生气，索性以养病为由乡居起来，直到九年之后，他才出山，再度出任两江总督兼南洋大臣。彭玉麟参劾刘坤一并不是出于私心，上任两江总督不久，他就递交了辞呈，返回原任。随后，朝廷便调左宗棠接任两江总督兼南洋大臣。在这件事情上，张之洞确实得罪了刘坤一。不过不要紧，刘坤一算得上是正人君子，他虽然忌恨张之洞，但他却胸怀大度不予计较。

张之洞此前曾担任浙江乡试的副考官、湖北学政、四川学政职务。张之洞任湖北学政时，整顿学风，建立经心书院，提拔、奖励有真才实学的人，颇得众望。他任四川学政时，在成都建立尊经书院，延请名儒，分科讲授，仿照阮元杭州诂经精舍、广州学海堂的例规，手订条教，并撰写《輶轩语》与《书目答问》两本书，以教导士子应读什么书，应怎样做学问以及修养品德等。这两本书在当时和以后都产生了较大的影响。《书目答问》至今仍是近代目录学的一部具有参考价值的书。他还聘请通才宿儒，如缪荃孙、樊增祥、王文锦、王懿荣、蒯光典、易顺鼎等，教士子以治经门径，通达时务。在四川尊经书院的学子中，他推荐了五名少年，第一名是杨锐，后来成为戊戌变法运动的"六君子"之一；第二名是廖登廷，即后来著名的今文经学家廖平。

光绪五年（1879年），张之洞补国子监司业，补授詹事府左春坊中允，转司经局洗马。同年，清廷因俄国侵占新疆伊犁，派左都御史崇厚赴俄国交涉索还伊犁。崇厚昏庸无知，与俄国签订了丧权辱国的《里瓦几亚条约》。这一条约名义上收回伊犁，但西境、南境都被沙俄所占，伊犁处于俄国包围的危险境地。消息传来，舆论大哗。群臣上书，张之洞上《熟权俄约利害折》《筹议交涉伊犁事宜折》，分析俄约有十不可许，坚持必改此议，宜修武备，缓立约，并要求治崇厚罪。折上，被慈禧、慈安太后召见，特许其随时赴总理衙门以备咨询。他随后同张佩纶、陈宝琛共同起草奏折19件，提出了筹兵筹饷、筹防边备的积极建议。

当时，张之洞、宝廷、张佩纶、黄体芳称翰林四谏，号为清流派。他们拥戴军机大臣、大学士李鸿藻为领袖，而实际上张之洞是清流派的首领。在中俄交涉事件中，张之洞的政治声望提高了，并且得到了慈禧太后的赏识。光绪六年授翰林院侍讲，次年擢内阁学士，又任山西巡抚。由于他们的强烈要求，光绪六年（1880年），清廷派曾纪泽赴俄，重订伊犁条约。这个结果是张之洞作为清流派人物最得意之作。

5—2. 走出清流受命封疆，方知庶务实是难办

1881—1884年（光绪七年至十年），张之洞任山西巡抚。

当时，山西吏治腐败，人民生活困苦，鸦片流毒严重。张之洞给友人书云："山西官场乱极，见闻陋极，文案武案两等人才乏极，吏事民事兵事应急办之事多。竟非清净无为之地也。""晋患不在灾而在烟。有嗜好者四乡十人而六，城市十人而八，吏役兵三种几乎十人而十矣。人人枯瘠，家家晏起。堂堂晋阳，一派阴惨败落景象，有如鬼国，何论振作有为，循此不已，殆将不可国矣，如何如何。"

张之洞注意整顿吏治，一上任便勤考吏属，振作革弊，劾罢贪纵害民的县官，奖励好的官吏，严禁鸦片，奖举人才，编练军队，清查仓库。山西的铁运销奉天、上海等地，陆运成本很高，他改由天津出海，通过海运降低运费，又在产地筹办冶炼局。他创办令德堂，也是仿照阮元诂经精舍、学海堂的例规，聘请王轩为主讲，杨深秀为襄校兼监院。杨深秀后是戊戌变法运动"六君子"之一。

英国传教士李提摩太在山西传教，刊行《救时要务》等小册子，并举办仪器、车床、缝纫机、单车的展览和操作表演。张之洞会见了李提摩太，读了他的书，受其影响，拟筹建洋务局，未及实现。

1984年（光绪十年），法国侵略越南，边疆告急。张之洞上疏建议战守，请严督滇、桂之战，急修津广之防。四月，清廷召张之洞晋京。张之洞陈抗法事，多所谋划，1883年中法战争爆发，因力主抗争升任两广总督。

张之洞到达广州后，便加强防务，饬沿海各地，严密防守。六月，

法国侵略军占台湾基隆，张之洞奏请饬吏部主事唐景崧，往会刘永福，在越南合击法军。他认为："援台惟有急越，请争越以振全局。牵敌以战越为上策，图越以用刘（永福）为实济。"也就是要想援助台湾，最好的办法就是用"围魏救赵"之计，在这边进攻越南的法军。

清廷采纳张之洞的建议，加刘永福为记名提督。刘永福率领黑旗军进入越南后骁勇善战，屡创法军。但由于广西布政使徐延旭、云南布政使唐炯所率军队在抗法战争中配合不力，打了败仗，唐炯军逃走，使黑旗军寡不敌众而遭到失败。唐、徐被撤职查办，张之洞因荐徐延旭不当而交部察议。

1885年（光绪十一年）正月，法军侵占中越边境重镇镇南关（今友谊关），形势危急。张之洞奏请调前任广西提督冯子材、总兵王孝祺等援桂，驻镇南关。

70岁的老将冯子材率军，奋力殊死抵抗，大败法军，扭转了整个战局。法国茹费理内阁因此倒台。但是清廷却决意乘胜求和，命令前线各军停战撤兵。前线将士闻讯，"皆扼腕愤痛"。张之洞接连电奏缓期撤兵，竟遭李鸿章传旨斥责。

5—3. 善于做官巧宦热中，湖广总督一十七年

张之洞于光绪七年外放山西巡抚（正二品），开始了封疆大吏的生涯。从此他也就知道当一个实际负责任的官员，要办出一点实际的成绩有多难，所以他也再"清流"不起来了。

三年后，1884年署理两广总督，由于请出七旬老将冯子材在谅山取得了对法战争的胜利，他因此实授两广总督（从一品）。任两广总督六年以后，1889年调任湖广总督，从此坐镇武汉，一直到1906年。其间，他虽然也曾经三度被调往两江，署理两江总督，但始终只是署理而已，不久仍回任湖广。1907年（光绪三十三年），他以体仁阁大学士（正一品）内召为军机大臣（也就是拜相），入参大政。直到宣统元年卒于任上，终年73岁。纵观他一生，居翰苑十八年，任巡抚三年，任总督二十三年，居军机大臣位三年，尤其是任湖广总督前后十七年。他曾自诗说："劳

歌已作楚人吟。"

对于张之洞的一生，毁誉参半，即令在其生前，亦有很多评论。主要是两个方面，一是说他"巧宦热中"，二是说他"好大喜功"。说张之洞"巧宦热中"，那是批评他为官之道不为某些人所赞许；而说他"好大喜功"却恰恰是现在正面评价张之洞的依据。

批评张之洞当官"巧宦热中"最典型的例子，就是慈禧太后粉碎"百日维新"之后，出于对光绪在这次活动中有包围颐和园捕捉太后之议，因此对光绪十分不满，就想直接废黜光绪皇帝，另立新君之事。此事当然非同小可，于是她分别向三个最重要的封疆大吏：前直隶总督后两广总督李鸿章、两江总督刘坤一和湖广总督张之洞征求意见。

张之洞是进士及第（探花）出身，不可能不知道这样一个著名历史典故：

唐高宗李治欲立武昭仪为后，向大臣长孙无忌、褚遂良和徐世绩征询意见。长孙无忌和褚遂良都坚决反对，但徐世绩却很滑头，他说："此陛下家事，何必更问外人？"

张之洞就向徐世绩学习为官之道，他回复慈禧太后："此事权在太后，非疆臣所能干预。"这话在道理上也没有什么大问题，或者说不无道理，但是却明显表明自己不敢对这个问题表态。然而，对同一问题李鸿章和刘坤一却都明确认为不可。其中，尤其是刘坤一，说了一句非常有名的话："君臣之分已定，中外之口难防。"刘坤一斩钉截铁的十二个字的回答，使慈禧太后彻底放弃了废立的念头。所以舆论界都盛赞刘坤一"卓有操守，无愧大臣风节"，而张之洞则被人指责为人首鼠两端。

5—4. 一建兵工再建钢厂，困难虽多立意坚强

且不说他为官之道，再来看他的"好大喜功"。

1886 年（光绪十二年），张之洞在广州创办广雅书局和广雅书院。广东原有端溪书院，在肇庆，他聘请梁鼎芬主持端溪书院，后来梁鼎芬率师生来到广雅书院。张之洞又聘朱一新到广雅书院主讲。当时梁鼎芬因弹劾李鸿章主和而获罪，朱一新因弹劾太监李莲英而降职。张之洞不

怕非议，敢于延聘他们，显示了他的不凡气度。

1889 年（光绪十五年），张之洞上奏朝廷，建议修筑一条卢汉铁路，自卢沟桥至汉口，以贯通南北。他认为铁路之利，以通土货厚民生为最大，征兵、转饷次之。他提出卢汉铁路是"干路之枢纽，枝路之始基，而中国大利之萃也"。朝廷准奏，计划北段由直隶总督主持，南段由湖广总督主持，南北分段修筑。于是，清廷调张之洞任湖广总督。

1889 年（光绪十五年）冬，张之洞到了湖北。首先是筹建汉阳铁厂。张之洞办企业，也曾闹过一些笑话。他致电驻英公使薛福成购炼钢厂机炉，英国梯赛特工厂厂主回答说："欲办钢厂，必先将所有之铁、石、煤、焦寄厂化验，然后知煤铁之质地如何，可以炼何种之钢，即以何样之炉，差之毫厘，谬以千里，未可冒昧从事。"张之洞大言曰："以中国之大，何所不有，岂必先觅煤铁而后购机炉？但照英国所用者购办一份可耳。"英国厂主只得从命。结果，机炉设在汉阳，铁用大冶的，煤用马鞍山的。但马鞍山的煤不能炼焦，不得已只好从德国购焦炭数千吨。1890—1896年（光绪十六年至二十二年），耗资 560 万两，还没有炼成钢。后改用江西萍乡的煤，制成的钢太脆易裂。张之洞才知道他所购的机炉采用酸性配置，不能去磷，钢含磷太多，便易脆裂。于是又向日本借款，将原来的机炉改用碱性配置的机炉，才制出优质的马丁钢。

1909 年（宣统元年），汉冶萍公司的经理叶景葵评论道："假使张之洞创办之时，先遣人出洋详细考察，或者成功可以较速，糜费可以较省。然当时风气锢蔽，昏庸在朝，苟无张之洞鲁莽为之，恐冶铁萍煤，至今尚蕴诸岩壑，亦未可知，甚矣功罪之难言也。"汉阳铁厂是一家钢铁联合企业。1893 年（光绪十九年）建成，包括炼钢厂、炼铁厂、铸铁厂等大小工厂 10 个、炼炉 2 座，工人 3000 名，采煤工人 1000 名。这是近代中国第一个大规模的现代机器生产的钢铁工业企业，而且在亚洲也是首创的最大的钢铁厂，日本的钢厂建设还比这晚几年。

张之洞从两广总督调任湖广总督以后，1890 年就将在广州筹建的枪炮厂移往湖北汉阳，枪炮厂最初只有工匠 1200 多人，到 1904 年就发展到4500 多人。该厂能制造毛瑟枪和克虏伯火炮。到 1907 年，改名为汉阳兵工厂，它所生产的"汉阳造"步枪就是仿制德国的 1888 式毛瑟枪，在以后的若干年内（甚至在抗日战争中）一直是中国步兵最主要的枪械。同时，正如上面所说，张之洞还将原要建在广东的钢铁厂也迁到湖北，建立了当时中国甚至亚洲最大的汉阳炼铁厂，其技术和设备与那时西方钢铁厂相比，差距已不是很大。当他打算要将钢铁厂搬到湖北建并将有关机器设备运走时，他还担心继任两广总督李瀚章（李鸿章的哥哥）不同意，谁知道这个新任两广总督却是一个极端保守的人，本来就不想接办钢铁厂，而且当时就是李鸿章也不看好，认为是一种"抑扬铺张"，"恐难交卷，终要泻底，朝廷皆知其大言无实也"。所以李瀚章带着一种幸灾乐祸的心理，爽快地同意了张之洞将原有设备移鄂，他原准备看张之洞今后的难堪，但却成就了张之洞的洋务大业。

张之洞还办了湖北织布局。1892 年（光绪十八年）在武昌开车，纱锭 3 万枚，布机 1000 张，工人 2000 名。织布局是盈利的，但是张之洞却将织布局的盈利去弥补铁厂、枪炮厂的亏损，使织布局一直处在高利贷的压迫下，无从发展。

张之洞看到棉纱销路很广，便决定开设两个纱厂。他致电驻英国公使薛福成向英商订购机器。1897 年（光绪二十三年）建成北厂，纱锭 5 万多枚，为湖北纺纱局。南厂一直没有建成，机器停放在上海码头任凭风吹雨打，后来张謇领去办了南通大生纱厂。湖北纺纱局、织布局、缫丝局、制麻局到了 1902 年（光绪二十八年）转租给广东资本家组织的应昌公司承办。

发展重工业，尤其是钢铁工业，资金是最重要的，为了筹集资金，张之洞想尽了办法：争取朝廷中央户部拨款；改革地方税制，增加税收；设立各种变相税收，即收"捐"，如铁路捐、彩票捐、警察捐等名目；通过自己在山西和广东任职的关系，向两省借钱；截流应向中央缴纳的军饷等费用；挪用中央拨付的水利费、粮仓费等钱款；发展轻工业来为重工业筹集资金；利用民间资本，尤其是将一些事情交给民间资本去做，减少政府财政负担；积极发展汉口的商业，增加税收。辛亥革命前夕，汉口已成为仅次于上海的全国第二大通商口岸。

就是通过这一系列的方法，张之洞才能筹集到为发展重工业所需要的资金。

但因为使用中央户部拨款时，要向中央报销。当时的户部尚书翁同龢规定报销金额要扣 4% 提留给户部官员们作"辛苦费"，张之洞觉得扣得太多，要求减为 2%，但翁同龢不同意。于是张之洞找到他的族兄、军机大臣张之万，而张之万在朝中地位极高，于是他指示翁同龢将报销回扣减为 2%，因此，翁同龢就与张之洞产生了隔阂。后来光绪皇帝想将张之洞调到北京朝中任职，翁同龢就从中作梗，因此便未能成行。

但后来在百日维新过程中，翁同龢被撤职，被贬回原籍，永不叙用，1904 年病死在老家，被朝廷冷遇。宣统元年，张之洞已任体仁阁大学士兼军机大臣，他却奏请为翁同龢赐谥号，他对人说："叔平（指翁同龢）无他，惟不晓事与执拗也，赐谥之典宜厚。"其实这是宋朝司马光参与谥王安石事所说的话，实际上是用来讽刺翁同龢的。

而且，1909 年张之洞弥留之际，亲自圈定自己的诗集，他的门生建议删掉其中一首的后注，免与翁家结怨于文字间，张执意不可，可见张之洞临死对翁同龢也未能释怀。该诗注原文是："叔平相国，一意倾陷，仅免于死，此种孽缘，不可解也。"

5—5. 网罗贤士培养人才，不拘一格各得其所

张之洞为网罗人才，确是费尽心血，礼贤下士。

在任湖广总督期间，首先是要充实幕府人选。在他心目中的"得人之道"有七端，即至诚、秉公、虚心、破格、器使、节取、造就。

至诚就是朝廷要真心实意地吸纳人才，做大臣的也要积极向朝廷推荐；

秉公就是不管是否有名望，只要他有真才实学，不是尸位素餐，滥竽充数，就不以个人喜好定取舍，放手提拔使用；

虚心就是朝廷要虚心求才，平时就要注意储备人才，不能临时拉夫；

破格就是不讲究资历、成例，也不论关系亲疏，唯才是举；

器使就是根据个人的才能，安排最合适的人才岗位；

节取就是对人才不应当求全责备，而是看其主流和根本，尤其是对于偏才与怪才，要爱惜和保护，让其发挥所长；

造就就是让人才在实践中得到锻炼，能脱颖而出，建功立业。

据统计，在张之洞主政湖广总督时，先后入其幕府的有400多人，而经他向朝廷推荐的就有50多人。

张之洞在卸任两广总督的当天，即奏请从广东调蔡锡勇、赵凤昌等五员干练之才，"随带赴鄂"，分司各职。蔡锡勇其人，曾任驻美、日等国使馆翻译、参赞，"器识闳远，熟悉洋情"，在广东办理洋务多年，深得张之洞的信任和赏识。赵凤昌当时还不过是一个候补知县，但他"志洁才敏，办事诚实，心精力果，通达时务，于电线事宜与外洋军火最为考究精细"，也是不可多得的人才，此人对于后来民国的诞生发挥了特殊的作用，被人誉为"民国产婆"。所以张之洞督鄂期间，幕下各类人才济济。许多通才、专才、偏才乃至怪才，都在这里得到了施展才干的机会，如主管学务的官场怪人梁鼎芬（他因大胆弹劾李鸿章和袁世凯而出名），主制造的华蘅芳、徐建寅，都是一时之杰。尤其是辜鸿铭，从小游学欧洲，精通多种语言，唯独对中国文化十分生疏，甚至说不好中国话，而且他性格古怪，言行乖戾，不修边幅，但是张之洞仍将他纳入幕府，教其研习国学，同时又发挥他卓越的外交才能。

办洋务，学西方，张之洞不但竭力网罗国中俊杰，而且也积极引进外国人才。用他本人的话说，叫"塞外番僧，泰西技巧，驾御有方，皆可供我策遣"。他通过驻外机构的引介，从欧、美、日等国聘请了大批专业人才，包括铁路、矿冶、钢铁、机器、兵工、纺织、制革、军事、警察等方面的人才，在他督鄂期间，总数超过250人，都是采用聘用制。而且为适应洋务活动的需要，就要培养熟悉中外法律的人才。因此，张之洞就主张聘请各国律师，博采各国矿务律、铁路律、商务律、刑律等，为中国编撰简明矿律、路律、商律、交涉刑律，说制定此四律是"兴利之先资""防害之要"，可谓灼有远见。

在引进人才的同时，张之洞又特别着力培养人才，他有一段名言："非育才不能图治，非兴学不能育才，非变通文武两科不能兴学，非游学不能助兴学之不足。"

张之洞到了湖北后，其中1894年（光绪二十年）调署两江总督，任期一年多。他就十分重视湖北、江苏的教育，创办和整顿了许多书院和学堂。在湖北，有两湖书院、经心书院，又设立农务学堂、工艺学堂、武备自强学堂、商务学堂等；在南京，设储才学堂、铁路学堂、陆军学堂、水师学堂等。在学堂、书院的学习科目方面，他针对社会需要有所改革，添增了一些新的学科。他也注意训练军队，在两江总督任职期内，曾编练过江南自强军，人数 1 万，地点在徐州，军官全部用德国人担任，采用西法操练。1896 年（光绪二十二年），他回任湖广总督，将自强军交给两江总督刘坤一。

　　其办学过程尤其值得一提，张之洞自 1889 年（光绪十五年）8 月，调署湖广总督，其中并多次署理两江总督。在这个历史进程中，在张之洞本人的具体策划和亲自指导下，湖北地区开始办新学，首先创建两湖书院，1898 年（光绪二十四年），张之洞在省城东门外卓刀泉创建农务学堂。1900 年正式开学，聘请美国农学教习 2 人指导研究农桑畜牧之学。1906 年，农务学堂校址迁移到武胜门外多宝庵地方（今湖北大学校园），开设高等正科，改名为湖北高等农业学堂，并附设实验场。这是湖北最早的近代农业学堂和现今华中农业大学的前身。 张之洞还在湖北铁政局内创建工艺学堂。课程有汽机、车床、绘图、竹器、洋脂、玻璃各项制造工艺。

　　张之洞改书院、兴学堂、倡游学，使包括汉口在内的武汉三镇形成了较为完备的近代教育体制。传统的书院教学以研习儒家经籍为主，不合乎形势的需要，张之洞就致力于书院改制，相继对江汉书院、经心书院、两湖书院的课程作出较大调整，各有侧重，以"造真材，济时用"为宗旨。在兴办新式学堂方面，其创办的算学学堂（1891 年）、矿务学堂（1892 年）、自强学堂（1893 年）、湖北武备学堂（1897 年）、湖北农务学堂（1898 年）、湖北工艺学堂（1898 年）、湖北师范学堂（1902 年）、两湖总师范学堂（1904 年）、女子师范学堂（1906 年）等，则涵盖了普通教育、军事教育、实业教育、师范教育等层面，开创了中国教育走向现代化的道路。

　　自 1902 年 12 月起，小学之上，于武昌又分设文武普通中学各一所，再上则是文武高等学堂各一所及两湖大学堂。开办之初，张之洞主要注意普通中学堂，以为小学是教人为民之道，而中学堂是教人为士和为将之道，后来日本教师反复开导他，小学教育及普通中学实际上是文武百事的重要基础，都是为今后的发展打好基础的，于是张之洞也就开始注意教育要从小学起步。以文普通中学为例，每一期招生240名，由于湖广总督兼管湖南，因此湖南也获得相当的名额，如宋教仁、刘彦等湖南学子便得以入学。

5—6. 坚决主张保卫台湾，拳拳之心可鉴明月

1894年（光绪二十年）8月1日，中日宣战后，张之洞是坚决主战的，他曾奏请派马队"驰赴天津，听候调遣"，并想以"外洋为助"。他鉴于"倭势日强，必将深入"，建议"慎固津沽及盛京"。10月26日致电李鸿章，提出"购兵船、借洋款、结强援"三项主张。10月底，日军强渡鸭绿江后，辽沈危急，张之洞再提出"购快船、购军火、借洋款、结强援、明赏罚"五事。11月2日，两江总督刘坤一奉命节制关内陆军以备战事，于是张之洞临时调署两江总督。11月7日，他在致李鸿章电中指出"无论或战或和，总非有船不行"。11月下旬，日军围困旅顺，张之洞先后致电李鸿章、李秉衡，要求急救旅顺，均无效。他敏锐地认识到日本对中国的巨大野心，于是提出了"迁都、勤王、借款、购舰"的明确主张，并历史性地提出了持久战的正确观点："战即不能胜，岂可尽扫诸军？彼孤军远征，粮弹皆靠海运，分兵守则军势弱，不守则接济断，彼时一败即不能支。"

1895年初（光绪二十一年），日军进犯山东半岛，张之洞给山东巡抚李秉衡发急电，建议李"责成地方官多募民夫，迅速星夜多开壕堑，于要路多埋火药，作地雷"，以阻止日军进犯。并表示拟拨枪支弹药支援山东守军。

在北洋水师提督丁汝昌自杀殉国后，他曾建议将驻扎台湾的刘永福调来山东抗日，保卫烟台。当张之洞得悉清廷有割台湾于日本之说，于2月28日致电朝廷，历陈利害，极力反对割台。并提出保台的"权宜救急之法"有二：一、向英国借巨款，"以台湾作保"，英必以军舰保卫台湾；二、除借巨款外，"许英在台湾开矿一二十年"，对英有大益，必肯保台。3月29日，张之洞致电唐景崧，一方面鼓励御倭；另一方面

建议起用百战之将刘永福，同时致电刘永福，建议他"忍小任大，和衷共济，建立奇功"。

《马关条约》签订后，张之洞于 4 月 26 日向清廷上奏，提出废约办法"惟有乞援强国一策"。5 月 20 日，清廷谕令台湾巡抚唐景崧"着即开缺，来京陛见。其台省大小文武各员，并著唐景崧令陆续内渡"。张之洞认为"此时为台之计，只有凭台民为战守，早遣无用客勇，以免耗饷，禁运银钱内渡，以充军实"。

24 日，张之洞从唐景崧来电中得悉"日内台民即立为民主国"之事，27 日上奏，认为台湾"现自改为民主之国，以后筹械等事，自未便再为接济，以免枝节"。6 月 3 日，日军攻陷基隆港。5 日，张之洞仍致电唐景崧，希望他激励士勇民众坚守台北府，并鼓励唐"自率大支亲兵，获饷械，择便利驻扎，或战、或攻、或守，相机因应，务取活便，方能得势。"可是唐景崧辜负了台湾人民的期望，7 日乘船退回厦门。最后只剩刘永福在台湾领导军民坚持抵抗日本侵略军。但是"饷械奇绌"，多次向张之洞求援，张之洞虽有饷械，却不敢接济，10 月 19 日，刘永福战败，退归厦门，台湾乃失。

5—7. 认识形势支持维新，胸怀改革意在强国

中日甲午战争期间，张之洞暂时调署两江总督，虽然也筹饷筹军械，但他练的军队没有发挥什么实际作用。朝廷旨调 4 艘兵舰，他致李鸿章电说："旨调南洋兵轮四艘，查此四轮既系木壳，且管带皆不得力，炮手水勇皆不精练，毫无用处，不过徒供一击，全归糜烂而已。甚至故意凿沉、搁浅皆难预料。"可见他对南洋水师有很现实的了解。

甲午战争失败后，张之洞上《吁请修备储才折》，希望朝廷总结失败教训，变法图治。由于他慷慨激昂讨论国家振作，主张反抗侵略，又办洋务企业，因此维新派首领康有为在《公车上书》中称张之洞"有天下之望"，对这位封疆大吏抱有很大的希望和崇敬。谭嗣同也说："今之衮衮诸公，尤能力顾大局，不分畛域，又能通权达变，讲求实济者，要惟香帅一人。"这是当时维新派的共同看法。

康有为在北京组织强学会，张之洞表示赞助和同情，捐 5000 两以充会费。帝师翁同龢也加入了强学会，当时有"内有常熟（翁同龢），外有南皮（张之洞）"之称，翁、张成了强学会的两大支柱。1895 年（光绪二十一年）11 月，康有为南下到了南京，去拜谒张之洞，受到张之洞的热情欢迎和接待。康有为准备在上海设强学会，推张之洞为会长，并代张之洞起草《上海强学会序》。张之洞当时答应了。后来上海强学会成立时，请他列名，张复电说："群才荟集，不烦我，请除名，捐费必寄。"他以会外赞助人的身份，捐款 500 两，拨公款 1000 两，表示赞同。上海强学会成员中有汪康年、封勇、黄体芳、屠仁守、黄绍箕，都和张之洞关系相当密切。

但是，后来他看到慈禧太后采取了行动，逼令光绪帝封闭了北京的强学会和《中外纪闻》，便借口康有为谈今文经学、主张孔子改制说和他平素的学术主旨不合，停止捐款。

1896—1897 年（光绪二十二年到二十三年），维新派在上海创刊《时务报》，梁启超主笔，汪康年为经理。张之洞以总督的名义，要湖北全省各州县购阅《时务报》，捐款千元，给予报纸经济上的支持。后来，《时务报》发表了关于中国应争取民权的文章，使张之洞大不高兴。他就授意写了《辨辟韩书》，批判严复的《辟韩》一文，在《时务报》上发表。

陈宝箴任湖南巡抚后，湖南掀起了维新运动。他在湖南的新政，包括办厂、改革教育等，都得到张之洞赞同。在张之洞的影响下，陈宝箴也命令全省各州县书院的学子阅读《时务报》。湖南成立南学会，创办《湘学报》《湘报》，张之洞利用政治力量，推销《湘学报》于湖北各州县。自第十册起，《湘学报》刊载了关于孔子改制和鼓吹民权思想的文章，这又使张之洞大为不满。光绪二十四年闰三月，张之洞电陈宝箴说《湘学报》议论悖谬，饬局停发。他还告诫陈宝箴说，这件事"关系学术人心，远近传播，将为乱阶，必宜救正"。对湖南维新运动施加压力。

是年三月，张之洞刊行自己所写《劝学篇》。翰林院编修黄绍箕以《劝学篇》进呈。《劝学篇》的出版，受到守旧派的赞扬，但遭到维新派的严厉驳斥。顽固派苏舆所编《翼教丛编》，收入了《劝学篇》中的几篇文章，并赞叹说："疆臣佼佼厥南皮，劝学数篇挽澜作柱。"章太炎则毫不客气地批评《劝学篇》上篇，"多效忠清室语"，宣扬封建的忠君思想。维新派梁启超评论此书道："挟朝廷之力以行之，不胫而遍于海内，何足道？不三十年将化为灰烬，为尘埃野马，其灰其尘，偶因风扬起，闻者犹将掩鼻而过之。"

在戊戌变法运动中，张之洞和维新派有较多的联系。他自己也是相当活跃的人物。张之洞曾让陈宝箴推荐杨锐和刘光第。杨锐是张之洞的弟子和幕僚，到京后，与张之洞保持密切联系。后来杨锐、刘光第以四品卿衔任军机章京，参与要政。光绪二十四年闰三月，张之洞奉调晋京，因湖北沙市发生焚烧洋房事件，中途折回。八月，在慈禧太后发动政变前夕，陈宝箴曾奏请光绪帝速调张之洞入京"赞助新政"，但未成。日本伊藤博文游历到北京，曾对总署说："变法不从远大始，内乱外患将至，中国办事大臣，惟张香帅一人耳。"不久，慈禧太后发动政变，杀害了"六君子"，百日维新失败。张之洞急电挽救他的得意门生杨锐而不得，为此，他深感痛惜。

据说，清朝后期梁启超到广州拜见两广总督张之洞。当时，张之洞在清政府中已是一个举足轻重的人物。梁启超锐意改良，想力挽清皇朝颓势，对张之洞寄予极大的希望。

梁启超到广州后，投帖求拜见总督，帖中自称"愚弟"。张之洞见后，差人将一上联送与梁启超。联文是："披一品衣，抱九仙骨，狂生无礼称愚弟。"这上联狂傲无礼，且拒人千里之外。梁启超气度不凡，坦然对了下联，请来人回送给张之洞："行千里路，读万卷书，侠士有志傲王侯。"对答不卑不亢，有理有据，文字高雅，气势慑人。张之洞一看，马上出衙迎接，大有相见恨晚之意。

后来，张之洞调任湖广总督，名气更大，傲气也更盛。一次，梁启超到江夏拜访他，张之洞又出联求对："四水江第一，四时夏第二，先生居江夏，谁是第一，谁是第二？"

上联既包含四水（指古代江、河、淮、渭四水），长江排首位，又总括春、夏、秋、冬四季，而夏是排第二。接着，提出了"谁是第一，谁是第二？"这样难以回答的问题。

才思敏捷的梁启超，略加思索，巧妙地答出下联："三教儒在先，三才人在后，小子本儒人，何敢在先，何敢在后。"张之洞吟读再三，不禁叹息道："此书生真乃天下奇才也！"

梁启超所对的下联非比寻常。他以自己的身份"儒人"拆开，古代儒、佛、道三教中，以儒为首，在天、地、人三才中，则以人才居末位。梁启超以"何敢在先，何敢在后"巧对"谁是第一，谁是第二？"其含义深远，既挫了对方的傲气，又不失宾主之礼，难怪张之洞为之叹服不已。

5—8. 远见卓识避开拳乱，东南互保免于战祸

1900 年（光绪二十六年），中国北方掀起了义和团仇视洋人的运动。一开始，张之洞便主张坚决镇压。他先后镇压了湖北天门县、荆州府等地的人民焚烧教堂、医院的活动，还会同沿江各省奏请力剿"邪匪"，严禁暴军，安慰使馆，致电各国道歉。英国政府为了保全长江流域一带的既得利益，便同张之洞、刘坤一等有实力的总督联络，签订了《东南互保章程》。条款规定，上海租界归各国共同保护，"长江及苏杭内地各国商民教士产业均归南洋大臣刘、两湖总督张允认切实保护"。两广总督李鸿章、闽浙总督许应骙、山东巡抚袁世凯都表示赞同，并加入了"东南互保"的行列。

七月，张之洞在武汉逮捕并杀害了自立军首领唐才常等 20 余人。原来，戊戌变法失败后，唐才常等人联络会党和清军部分官兵组织自立军，准备在安徽、湖北、湖南几省起义，建立君主立宪的"新自立国"，请光绪帝复辟。他们还想通过日本劝说张之洞，拥戴他建立"东南自立之国"。张之洞得知消息，并未立即表态。这时，英国也正在活动香港议政局议员何启等拉拢孙中山，准备在华南策动李鸿章"独立"。李鸿章也在观望。于是出现了这种错综复杂的政治局面。

当八国联军攻进了北京城，自立军酝酿起事已迫在眉睫，由于看到慈禧太后逃出北京城后，在向西安逃难的过程中，还不断以皇帝的名义发布上谕，足见她并未失去对清廷中枢的控制，而且八国联军也没有对她进行追击，因此张之洞判断慈禧太后的统治权还是稳固的，于是张之洞就立即动手捕杀了唐才常等人。

张之洞剿灭了自立军后，发现参加上海与唐才常有关张园国会的人中有许多著名士绅、学者以及留学生。于是他起草了一份《劝戒上海国会及出洋留学生文》，文中列举了自立军是康党的罪状，劝戒国会中的士绅、学者以及留日学生，以分化瓦解革命队伍。

留日学生看了大为气愤，他们公推沈翔云写了《复张之洞》一信进行批驳。沈翔云在信中以大量篇幅说明西方资本主义国家的民主是普遍流行的公理，并不能称为康、梁邪说；诋毁西方资本主义国家的民主制度，不但留学生们不能认同，就是外国人也会断然反对，他讽刺张之洞说："公之定此狱也，一则曰领事恨之，再则曰教士恨之，三则曰洋官、西士无不恨之，公以为领事、教士、洋官、西士，其为中国乎？其为彼国乎？何大惑不解为是也。"据说张之洞看了这信十分窘迫，便指使两湖、经心、江汉三书院的学生撰写驳文，抵挡一阵才算了事。

5—9. 支持改革中体西用，著劝学篇受到重视

在清皇朝的现存体制内，张之洞是继李鸿章的自强运动以后最重要的洋务派并支持实施一定改革的晚清重臣。他虽然是一位非常推崇儒家的学者，但他不反对向西方学习。他希望通过复兴儒家、兴办新式教育、发展工业、学习西方科学技术来挽救中国。

孔子说："三人行必有我师。"所以向西方学习并没有什么可非议的。中国历史充满了制度性改革，如：从诸侯林立到统一的国家；从雇佣兵到府兵制；从战车战到骑兵战和步兵战；从古文到今文；由世族豪门选官转变到建立科举制；从物物交换发展到银两和银票的使用；而商鞅变法、王安石变法、张居正变法等更促进了历朝改革。

就是在本朝，也有很多改革，如：早期在关外主要依靠骑兵和射手作战的满族诸铁帽子王，后来也是改用从西方引进的大炮来平息了三藩叛乱；乾隆皇帝时就对科举制度进行了相当的改革；嘉庆皇帝看到八旗兵与绿营兵已养尊处优不可用以后，就创立了地方团练制；而在此基础上后来又造就出湘军和淮军，从而能够平定太平天国与捻军之乱；在创建湘军过程中又使用了厘金制（即抽取通行税或买票）；接着又创建长

江水师和北洋水师和练新军；建新疆省、设江南制造局、建造汽船、修建铁路、开通电报线路、向国外派遣留学生等。

所以，他认为向西方学习和进行改革是绝对需要的，为此，他提出了一个十分著名的口号，即"中体西用"，意思就是指：复兴儒家为国家之道德基础，采用西方的器械和技术以备实用。其实这两者是不能分离的，因后者一定会激烈或潜移默化影响前者。不过张之洞提出这个口号实际上另有一个目的，就是避免保守派攻击他只注重向西方学习而背叛儒家与中国传统，事实证明，也正是这一点后来使他免遭厄运。但是这也就是"中体西用"这个口号暴露出了严重问题。在与中国搞洋务运动的同时，日本也开始进行明治维新，但两者因指导思想的不同而产生了巨大的差异。日本虽保留天皇制和封建武士道的传统，却在政治、经济和军事体制上全面学习西方，从而迅速成为强国；而清皇朝在"中体西用"的口号下，只引进一些西方的"器物"，而拒不进行体制改革，因此也就实际上难以走上"富国强兵"之路。日本改革之总设计师福泽谕吉说：一个民族要崛起，有三个要改变，首先是人心的改变，其次是政治制度的改变，最后是器物的改变。但是当时在中国，改革也只注意器物的改变，所以日本的维新能够成功，中国的维新只是皮毛之变，而不能彻底成功。

1898 年，张之洞发表了一系列著名的文章《劝学篇》，共二十四篇，四万多字。在文中，他要国人深刻认识"五知"的重要性，即：知耻，要知道落后于日本、土耳其、暹罗和古巴的耻辱；知惧，要知道朝鲜、越南、缅甸、埃及和波兰的可怕命运；知变，若不变其习，则不能变法；知要，知道中学和西学的要点，前者应实用而不只是思古的研究，而后者尤要注意西方政治治理经验而不仅是技术；知本，在海外不忘国，见异俗不忘亲，多智巧不忘圣。这五点中，前两点强调外国入侵的危险性，随后两点是讲改革的方法，而最后一点则强调传统道德的重要性。可见他所主张的改革是不触及人心与政治制度这两个根本问题的。

1898 年 9 月下旬，慈禧太后发布训政公告，终止"百日维新"，严厉铲除维新派，虽然在 1895 年和 1896 年张之洞曾经支持过康有为的强学会和梁启超主笔的《时务报》，有接近维新派之嫌，但由于此前张之洞发表了《劝学篇》，并将其进献给光绪与慈禧，书中既有若干新学内容，又有维护君王统治的主旨思想，使得《劝学篇》左右逢源，光绪和慈禧太后都认可，认为"持论平正通达，于学术人心大有裨益"，并下令军机处给各省督抚学政各一部，要求他们"广为刊布，实力劝导，以重名教而杜乱言"。又指示总理衙门排印三百册下发，可见朝廷对该书的肯定。

原本确实有维新色彩的张之洞便得以使朝廷解除了对他的疑忌，因为张之洞所提倡的"中学为体，西学为用"八个字，毕竟不同于康有为所提出的令朝廷心惊胆跳的"尽变祖宗之法"六个字。

5—10. 江楚三折要求改革，顺应潮流拒绝保守

清廷在经过了八国联军侵略北京的战争以后，不得不"变通政治"，1901 年（光绪二十七年）3 月，成立督办政务处，湖广总督张之洞和两江总督刘坤一"遥为参预"。5 月和 6 月，张之洞会同刘坤一连续上了三道奏折：《变通政治人才为先遵旨筹议折》《遵旨筹议变法谨拟整顿中法十二条折》《遵旨筹议变法谨拟采用西法十一条折》。这就是有名的《江楚三折》。

第一折，是关于办学堂、废科举事，提出设文武学堂，逐步改文科科举，停罢武科科举，奖励游学等建议。

第二折，言整顿中法，提出了崇节俭、破常格、停捐纳、课官重禄、去书吏、去差役、恤刑狱、改选法、改八旗生计、封勇、裁屯卫、裁绿营、简文法等建议。在这份奏折中说："近日民情，已非三十年前之旧，羡外国之富而鄙中土之贫，见外兵之强而疾官军之懦，乐海关之平允而怨厘金之刁难，夸租界之整肃而苦吏胥之骚扰，于是民从洋教，高挂洋旗，士人入洋籍，始由守法成涣散，乱民渐起，邪说乘之，邦基所关，不胜忧惧。"这里反映了西方列强入侵中国的深度和影响之深，也反映了中国人民痛恨清朝政治腐败的程度和心理。

第三折，言采用西法，提出了广派游学，练外国操，改军练，修农政，变工艺，定矿律、路律、商律、交涉刑律，用银圆，行印花税，推行邮政，广用洋药，多译东西各国书等建议。在这个奏折里，他说："施之实政

则不至于病民，至若康有为之邪说谬论，但以传康教为宗旨，乱纪纲为诡谋，其实与西政、西学之精要，全未通晓，兹所拟各条皆与之判然不同。"

也就是特地申明他采用的西法内容和实质同康有为维新派的毫不相同。主张学习西方法律，是与他提出"中学为体，西学为用"的主张一致的。他与刘坤一合上《采用西法十一条折》中不但推出了采用西法的具体措施，并指出了采用西法的理由：西方列强的政体学术，经历了数百年的研究、数千人的修改，确系精良；且能相互仿效，故成效显著。

张之洞还主张法分民刑、改良监狱等，因此，聘用日本法学博士当顾问，必须两人："一专精民法，一专精刑法"；改良监狱，在他看来，也是采用西法的必然措施。但是学习和采用西法要有前提，即"中学为体"，中法的根本原则不能动；"西学为用"，西法的基本原则不能学。

《江楚三折》仍是张之洞"中学为体，西学为用"思想的具体化，在不变更君主专制制度的前提下，学习西方的一些先进的管理方法与技术手段。

虽则如此，但改革的一些项目，如废科举、兴学堂、奖励留学、设商部、学部、兴办实业等是有利于社会进步发展和新文化传播的。

1901 年（光绪二十七年）10 月，张之洞被赏加太子少保衔。

次年十月，他上《筹定学堂规模次第兴办折》，提出兴办各类学堂，包括师范、小学、文普通中学、武普通中学、文高等学堂、武高等学堂、方言学堂、忠学堂、工学堂、勤成学堂、仕学院、省外中小学、蒙学等。1904 年 1 月（光绪二十九年十一月），张之洞奉旨入京，清廷批准张之洞等《奏定学堂章程》，这是中国近代第一个以法令形式公布的在全国范围推行的学制。当时称为"癸卯学制"。内容是把普通教育分为初等、中学、高等三级，修业期长达 25 年；与此并行的还有师范教育和实业教育。1905 年（光绪三十一年）9 月，张之洞等人又奏请停止科举，以兴学校。清廷诏准，自翌年始，所有乡试、会试及各省岁考一律停止，一切士子皆由学堂出身，结束了 1300 多年的科举制度。

废科举、兴学校是中国近代教育史上的一件大事，张之洞在这方面的提倡和努力，在客观上有利于西方新文化在中国的传播。

5—11. 派人留学全国之冠，训练新军种豆得瓜

　　1890年张之洞就任湖广总督以后，特别着力培养人才，他有一段名言："非育才不能图治，非兴学不能育才，非变通文武两科不能兴学，非游学不能助兴学之不足。"所以他派遣了大批留学生出国，历年所派出的留学生均居国内各省之首。清末，湖北留日学生共计五千多人，其中相当多一批人接受了革命思想，成为了发动清末革命和创建民国的重要参与人物。对于湖北大举向国外派遣留学生一事，清廷曾表示忧虑。

　　1908年，曾任湖北巡抚并署理湖广总督后任两江总督的端方来京晋见皇帝时，慈禧曾表示："造就人才的是湖北，我所虑的也是湖北。"

　　尤其是，张之洞对新军格外重视，他要造就一支高素质的、有文化的新军，因此，当时秀才当兵在湖北就成了十分普遍的现象。如1905年在黄陂招的96名新军中，就有12个廪生和24个秀才。这时，科举制已经取消，大量的秀才和廪生们已经不可能再希望考举人了，因此就有相当一部分人来投军以谋出路。

　　这支新军不但文化水平高，而且驻扎在大城市，军队不再封闭与社会隔绝，所以一方面革命者的活动容易渗透到军队中去，另一方面军队也容易接受外部的新思想、新信息和新观念。再者，张之洞也不是军阀式的人物，他训练新军不像袁世凯训练新军，是练成一支"但知袁宫保，不知大清朝"的私家军队，从而在张之洞的新军中，士兵的思想也不古板。

　　在同盟会成立之前的兴中会期间，孙中山从事革命运动时主要依靠国内各地的帮会力量，所以起义人员当时被清廷称为"会党分子"。帮会是以城市流民、进城农民、被遣返士兵为主要成员，以血缘、同乡、同行业为纽带组成，以堂规和义气为制约的帮派组织，成员依靠帮会寻求在城市中生活并能自保。

　　孙中山早期从事革命活动

湖北秀才当兵

的原则是：国外华侨出钱，国内会党出力，但多次失败。随后孙中山的革命思想逐步形成，并认识到帮会力量难以具有革命理想的局限性和不适应有组织大规模发动起义行动的松散性。后来当湖南人杨度将黄兴这样的"奇才"介绍给孙中山以后，他认识到革命的中坚力量应当转向当时已有相当数量的中国留日学生（1906 年中国留日学生已超过万人），于是 1905 年 8 月 20 日在东京成立了以中国留学生为主体的同盟会，并成为革命的中坚力量和主要领导者。当时的中国留日学生群体有三大特点：

一、文化水平高，视野宽阔。面对清日两国社会现实的强烈对比，留学生们已从理性上认识到中国必须革命，推翻清皇朝的统治，热望图变，所以革命热情高涨，理想坚定；

二、学习军事专业的人居多，所以其军事素养与组织能力远强于国内的会党分子；

三、又多是公派留学，回国后都能受到清廷重用，习武者回国就能进入军队，多能成为管带（营长）以上的军官，很快能掌握新军，革命力量聚集的便利性与隐蔽性就大为提高。

这也就是当年慈禧太后对湖北往日本派出大批留学生的忧虑所在。

不同于立宪派主张改革，同盟会在海内外极力宣传激进革命思想，旨在唤醒国魂奋起推翻清王朝的腐朽皇权统治，建立共和，拯救中华。当时俄国扩张势力已达黑龙江和新疆，且想再占东北；英国占领香港并伸手西藏；法国占领越南和北部湾；日本占领琉球、台湾并即将吞并朝鲜；德国据山东；葡萄牙占澳门。面对列强紧逼并正企图瓜分中国的危险，接过谭嗣同震天的呐喊："四万万人齐泪下，天涯何处是神州！"他们向国人发出了慷慨激昂的醒世呼吁：

沉沉甜睡我中华，哪知爱国即爱家；

国民知醒宜今醒，莫待土分裂似瓜。

同时，同盟会也并非清谈组织，"拼将十万头颅血，须把乾坤力挽回"，这就是其决心，所以成立后便在中国国内不断组织旨在推翻清皇朝的武装起义，而且不怕牺牲，前仆后继。"半壁东南三楚雄，刘郎死去霸图空，尚余遗业艰难甚，谁与斯人慷慨同"，"我未吞胡兴汉业，君已悬首望吴荒"，这些壮烈的诗篇就是孙中山和黄兴为歌颂死难的烈士们而写的。

1906 年 10 月，发动了在湖南、江西的萍（乡）、浏（阳）、醴（陵）起义；

1907 年 5 月到 1909 年 4 月，孙中山和黄兴就连续在广东黄岗和惠州七女湖，广西钦州、廉州、镇南关及云南河口等地区发动了一系列的小规模武装起义，特别是多次直接参与起义指挥的黄兴，虽然屡战屡败，却屡败屡战，百折不回；

从 1906 年到 1911 年，武装起义共举行了十次，其中在广东就有八次，尤其是 1911 年 4 月发生的广州起义，对清廷产生了巨大的震动。

1910 年 7 月 13 日，日、俄两国公布了它们划分在中国利益的协议，显示完全无视中国主权。因此，孙中山认为"时势甚急，岌岌不可终日"，"决意为破釜沉舟之举"，"与虏一搏"，推翻清朝，建立民国，为抵御国家被瓜分之基础。

于是，1910 年 11 月孙中山与黄兴、赵声、胡汉民等在槟榔屿举行会议，商讨在广州大举起义的问题，鉴于过去七次起义，或用民军或策动清军巡防营士兵，都缺乏真正的革命干部实地掌握，所以都功败垂成，因此这一次决定选择同盟会会员 500 人为先锋，以领导新军与民军发难。计划在广州得手以后，即以黄兴领一军出湖南，趋湖北；赵声领一军出江西，趋南京。当时认为，中国兴亡在此一举，故要倾全党人力、财力以赴，尤其是高层次的知识分子要身先士卒，由此可见同盟会刚成立时的大无畏革命精神。

当时的确有很多知识分子加入到新军中，他们隐匿在军中，毫无怨言，即令累年不迁，亦安之若素，遇有风险则换一个名字再潜入其他军中。所以当时在新军中，尤其在南方的新军中，几乎无营没有知识分子，他们在军营中都能保持冷静沉默，不轻举妄动，于是官厅就没有很注意，而士兵们又觉得他们既有文化又和蔼可亲，都乐于与他们接近。所以知识分子以各种方式和身份潜入新军的趋势不断加强，尤以湖北新军最甚。

可惜的是，1911 年 4 月 27 日（三月二十九日）发动的广州起义最后也失败了。

但是革命者并没有因此而丧失信心，通过发动这些武装起义使革命党人逐渐认识到，广东和广西地处中国边远，影响有限，而要想真正威胁清皇朝的生存，必须在北京或长江中下游此中国心脏地带举行带有决定意义的武装起义，因广东"山川隔绝，去京绝远，欲为割据之事则易，欲致清廷死命则难"。认为"天下事断非珠江流域所能成"，所以表现出不满意孙中山只注重广东的做法。

以宋教仁为代表的一批远见卓识者提出了革命要注意的三个问题与三项原则。

革命要注意的三个问题是：

一、革命成功若不能得到外国的承认，那么革命的目的就没有达到；

二、革命在进行时就必须预计对外的关系，这是使外国承认我们革命成果的重要手段；

三、革命成功后不必考虑对外关系可能会发生一时的困难，而恐其不承认。

也就是说，虽然我们是在面临外国要瓜分中国的形势下在中国举行革命，但此次革命的对象不是针对任何外国，而在于推翻清朝统治，所以性质上完全是民族革命，不带有任何排外性质，这样一方面可以使外国不会站在清朝廷一方，另一方面也可以使外国政府迅速承认我们革命的成果，即承认革命成功后所成立的共和国。

革命的三项原则是：

一、革命的时间宜神速而短，即不可以久事战事；

二、发起革命之地宜集中而狭，尤其宜于在国家中央部分起事；

三、革命之力量宜借旧政府之所恃者（旧政府军队）使为己用。

1911 年 7 月 13 日，在 4 月的广州起义失败以后，同盟会就在上海成立了中部总会，由宋教仁负责，这样，华中的湖北和湖南以及长江下游诸省便成为革命者注意的首要目标。

例如，1896 年湖北云梦人吴禄贞 16 岁时考进湖北武备学堂读书，他非常聪明伶俐，很得张之洞的欣赏。1897 年春，张之洞将他派遣到日本士兵学校学习骑兵。吴禄贞先在日本参加了孙中山的兴中会，又奉孙中山的指令，与一些湖北籍学生一起回国，准备与保皇派唐才常合作，密谋于 1900 年在长江沿岸发动"自立军"起义，但起义被张之洞事先镇压了。

幸好吴禄贞没有暴露，他又返回日本继续学习，成绩优异，因此与张绍曾、蓝天蔚并称"士官三杰"。1902 年春，吴禄贞学成归国，张之洞很欣赏他的军事才华，让他担任了湖北新军总教官。吴禄贞就利用这种身份的掩盖，开始联络同志，发展组织，推进反清革命，为此他组织了一次花园山聚会。

通过组织这个聚会，吴禄贞结识了一批有理想的年轻人，并将他们安插在湖北新军中。虽然不久后吴禄贞本人被调离了湖北，没有参加后来的武昌起义，但他发展和安插的这些革命积极分子却继续活动在新军之中，其中以共进会和文学社最为活跃。

本来，1907 年 9 月，当时在日本的一些湖北籍同盟会员，如刘公、屈武、孙武等人，联合湖南的焦达峰、四川的喻培伦等人，因不满意同盟会行动迟缓，就另行组织了共进会，准备采用会党形式发动群众，推翻满清。

共进会的会长是刘公，而共进会的军务部长孙武是湖北夏口人，原名孙葆仁，但一心从事革命事业，为了与孙文（孙中山）拉上关系以提高自己的号召力，他改名为孙武，使人以为他是孙中山的弟弟。他 18 岁时进入湖北武备学堂，毕业后在新军任教官，后两度被张之洞派赴日本留学，受过严格的正规军事训练，因此担任了共进会的军务部长。他回到湖北再进入新军后，迅速就在新军中发展了大批的会员，人们对他都很尊重，真以为他是孙中山的弟弟，他自己不澄清也不否认。会长刘公家中富有，他提供了共进会的活动经费，因此也深得会员们的认可。

到辛亥武昌首义前夕，共进会已经在新军中发展了两千人左右。

文学社的前身是 1908 年 7 月曾经成立过的湖北军队同盟会，曾打算要刺杀当时的湖广总督陈夔龙，因事情败露领导人逃走后被迫解散。但后来有一部分人又在军中组织了一个"群治学社"，宗旨是："研究学识，讲求自治。促睡狮之猛醒，挽既倒之狂澜。"不久，他们就与汉口的《商务报》接上了头，大家志向相同，于是《商务报》就成了群治学社的机关报，而报社的几名编辑，如詹大悲、蒋翊武、刘复基等人则成为群治学社的成员。后来，为了避免引人注意，该组织又改名为只谈文不论武的"文学社"。

所以，共进会与文学社都是以湖北新军作为自己发展力量的主要对象。1911 年 7 月，文学社检查自己在军队中组织的发展情况，得出的结论是：军中各标（团）、营，文学社的社员一般已经达到十分之一，而在第三十一标与第四十一标，更是达到了五分之一，总数约为三千人。如果再加上共进会会员两千多人，两者合计，约占湖北新军总数一万五千人的三分之一。而且，通过革命党人的宣传和教育，当时湖北新军中坚决反对革命的，也不过只有一千多人，所以总体说，湖北新军已经为革命力量所掌控，这就为武昌首义的成功提供了最直接也最重要的实力保证。

问题还不止于此，发动一次成功的起义并不意味着起义真的成功了，这还需要在起义行动完成以后有足够的能力顶住清朝廷军队的反攻，因此起义成功以后就必须迅速扩充起义的武装力量，而这需要两个重要的保证，即武器与钱。武昌恰好完全具备这两个条件。张之洞所建汉阳兵工厂留下了大量的武器，军械库内存有德国、日本及汉阳造的枪械 5.9 万支，还有 128 门大炮和大量的弹药；而张之洞为办军事工业和重工业，在藩署内存有大量现金及银票，这就保证了武昌起义以后，起义军迅速由几千人扩充到数万人。

张之洞的学生张继煦，湖北枝江人，1902 年由张之洞派往日本官费留学，1905 年加入同盟会。民国时期担任过代理教育总长和湖北通志馆总编。新中国成立以后，曾任武汉市人民政府委员、湖北参事室参事，他在追念恩师的《张文襄公治鄂记》一文中说了一段很有名的话："抑知武汉所以成为重镇，实公二十年缔造之力也。其时工厂林立，江汉殷赈，一隅之地，足以耸动中外之视听。有钱官局、铸币局、控制全省之金融，则起事不虞军用之缺乏。有枪炮厂可供战事之源源供给；成立新军，多富于知识思想，能了解革命之旨趣。而领导革命者，又多所培植之学生也。精神上、物质上，皆比较彼时他省为优。以是之故，能成大功。为公所不及料，而事机凑泊，种豆得瓜。"

5—12. 因忧国事叹艰难，一代名臣终抑郁而死

张之洞一生仕途通顺，1907 年（光绪三十三年）慈禧太后将他调任军机大臣本是要抑制她见虑的袁世凯与庆亲王奕劻的互相勾结，慈禧病重时在他的参与下定下了立醇亲王载沣之子溥仪接光绪皇帝死后之皇位，并封载沣为摄政王监国，并希望张之洞能全心辅佐摄政王。但不到一年，张之洞不满意摄政王载沣在军政方面尽用一些亲贵人物，为设立军谘府与他争议无结果，且因在湖广铁路建设路借款问题上遭到后辈人物唐绍仪的刁难，导致一生仕途得意的张之洞气得呕血而死，终年 73 岁。

胡思敬在《国闻备录》卷四，《张之洞抑郁而死》中记录说："及袁世凯既罢，无人掣肘，自料可伸己志。已而亲贵尽出揽权，心甚忧之，军谘府之设，争之累日，不能入。唐绍仪为袁世凯死党，监国欲委以津浦铁路，之洞不可，绍仪闻而衔之。先是，粤汉铁路拒美款，本谓收回自办，旋以款绌，又改借英债，皆之洞为政。绍仪因是促美事诘路事以撼之洞。之洞生平多处顺境，晚岁官愈高而境愈逆，由是郁郁成疾。"

事实是，清廷眼看革命派和立宪派的势力越来越大，为了维护其统治，拉拢立宪派，并行拖延之实，便声称"预备立宪"。1905 年（光绪三十一年）派出五大臣出国考察各国宪政。第二年宣布官制改革，编纂宪法大纲。对于"预备立宪"，一开始，张之洞听到一些风声，感到惊讶，等到五大臣回国到上海，征求他意见时，他回电说："立宪事关重大，如将来奉旨命各省议奏，自当竭其管蠡之知，详晰上陈，此时实不敢妄参末议。"表示出态度暧昧。他对外官改制更持反对态度，认为"若果行之，天下立时大乱"，还说："事关二百余年典章，二十一省治理，岂可不详慎参酌，何以急不能待，必欲草草尔定案耶？"

清廷通过官制改革，欲加强皇权，削弱地方官吏的权力，便把当时地方督抚中权力最大的袁世凯和张之洞调到北京。1908 年（光绪三十四年）10 月，光绪帝、慈禧太后相继死去，溥仪继位，改年号宣统。醇亲王载沣以摄政王监国，满族亲贵乘机集权，排斥汉官。袁世凯是当时权势显赫的汉族大官僚，加上戊戌变法时出卖光绪帝，为载沣等皇族亲贵所忌恨。于是，载沣等密谋杀袁，给袁世凯的罪名是："揽权跋扈，植党营私。"

对此，张之洞表示反对，认为"主少国疑，不可轻于诛戮大臣"。1909 年（宣统元年）正月，清廷以袁世凯患"足疾"为名，让他回河南养病。

6 月，张之洞病重。8 月 21 日（七月初六日），奏请开去各项差额。1908 年 11 月，张之洞以顾命重臣晋太子太保。

当时有人问张之洞："袁项城乃英鸷之辈，朝廷既然不能用他，杀掉本是对的。如今他怏怏不悦，回乡养病，难道朝廷就不担心后顾之忧？"

张之洞回答说："明朝崇祯皇帝勤政爱民，本是一代明君，只因为对待群臣过于严厉，轻易诛杀大臣，终于导致亡国。现在摄政王仁厚英明，理应导以宽大之怀，培养祥和之气，增强国脉，倘若他摄政之初就诛杀先朝倚重的大臣，我担心他杀顺了手，会重蹈明朝末季之覆辙。"可谓是用心良苦。

当病重的时候，末帝溥仪的生父、时任摄政王的载沣虽然与之政见不合，但也是亲临床榻看望之。赞赏他"公忠体国，有名望"；并叮嘱他"好好保养"。张之洞毕竟是三朝老臣，临死之时还是念念不忘天下安危，提出要善抚民众。摄政王载沣扬扬得意道："不怕，有兵在。"张之洞从此再无一语有关国计民生的大计献于摄政王大人之前。

1909 年 7 月因病请假。1909 年 9 月奏请续假。1909 年 10 月 4 日，晚清重臣张之洞的生命走向了终点。这年他 73 岁。虽然病入膏肓，但张之洞头脑非常清醒，意识也依然清楚。这只要看看他在生命即将结束前自己还清醒时又上的一份遗折，也算是留下的"遗言"便可明了。

"遗言"有两个部分，首先是他给朝廷上了份奏折，他在奏折中说自己数日来"肝胃痛楚益剧，饮食愈形减少，呕吐泄泻，诸病杂呈"。然后请求朝廷把他身上的诸多要职一概免去，以让他"暂释重负"，张之洞显然已感到自己病体难支，无法继续工作。张之洞在他的折中表白："臣平生以不树党援、不植生产自励，他无所恋。"又说："当此国步维艰，外患日棘，民穷财尽，百废待兴。……方今世道陵夷，人心放恣，奔竞贿赂，相习成风。尤愿我皇上登正直廉洁之士，凡贪婪好利者概从屏除。"前者张之洞说出了他在为臣做人上的"问心无愧"；后者则道出了他对"国步维艰"和世风日下的官场风气的深切担忧。以前者论，张之洞为官做得如何，人有公论，如做不到问心无愧，相信张之洞也不会在遗折中如此陈言。事实上，张之洞在许多同僚贪污受贿、敛钱敛财、一派乌烟瘴气的晚清官场，确实做到了洁身自好。

《大清畿辅先哲传·张之洞传》也记载，张之洞死后"家无一钱，惟图书数万卷"。并不是张之洞没机会敛钱敛财。只要想想他办洋务那些年，整天处理的要务就是修铁路、修码头、办铁厂煤矿、造枪炮子弹、造轮船以及办各类学校等，在此过程中，他要和多少机构、多少人商议、洽谈关于贷款还款、聘请人员、落实分配等事项，位高权重的张之洞只要愿意，随便动个歪脑筋，就会捞个盆满钵满。但他没这样做，也不屑做。所以他有底气在奏折上说出"尤愿我皇上登正直廉洁之士，凡贪婪好利者概从屏除"这样豪气的话。

以上只是张之洞"遗言"的一半，是说给朝廷听的；另一半"遗言"则是他留给几个儿子的。也许写奏折时过于激动和费思耗神，张之洞不久便开始大出汗，汗稍止，他又想起要和几个儿子交代一些事。

据许同莘《张文襄公年谱》记载，当时张之洞便将几个儿子叫到床前，告诫他们"勿负国恩，忽堕家学，必明君子小人义利之辨，勿争财产，勿入下流"。他怕儿子们不上心，还要他们把他刚才说的话复述一遍。眼看着老父亲边喘息边叮嘱"遗言"，几个儿子也不由得一边哽咽，一边答应遵命行事。

这时倒是张之洞开始安慰起儿子们，说他并不感到自己有什么痛苦。当时张之洞幕府重要成员之一张曾畴也在现场，并作了记录，他对当时的情景叙述更详：张之洞对站在床前的几个儿子说："我病知不能好矣。我一生做人，志在正字、忠字，公忠体国，廉正无私，我可自信。此多之心术也。学术仅行十之五六，治术仅行十之六七。平生不树党，不殖产，自幼不争财产。指公子辈云，汝等须记得此谕：兄弟不可争产，志须在报国，勤学立品；君子小人，要看得清楚，不可自居下流。"至此，张之洞生命最后一天的"遗言"终于画上句号。不一会儿，这位在中国近代史上深具影响的著名人物于 1909 年（宣统元年）10 月 4 日，在哀叹"国运尽矣"声中溘然而逝。

10 月 6 日，清廷谥以"文襄"，晋赠太保，入祀贤良寺，极尽哀荣。

翌年归葬南皮。

5—13. 洋务活动成就斐然，工商兵学皆获发展

总之，在他督鄂 17 年间，他完成了下列事情。

使当时亚洲第一的大型钢铁联合企业汉阳炼铁厂建成投产，比日本第一家近代钢铁企业八幡制铁所早七年。

大型军工企业湖北枪炮厂竣工，虽然它的建设、投产晚于上海、南京、天津等地的军工企业，但是其设备、产品的先进性明显后来居上，它所生产的汉阳造步枪一直到 20 世纪中期的中国抗日战争期间，仍是中国步兵的主要武器。

湖北布、纱、丝、麻四局先后建立并投产，并因此奠定了武汉作为中国华中地区纺织工业中心的基础。

张之洞在湖广总督任上，十分重视兴建铁路，他认为："铁路为自强第一要端，铁路不成，他端更无论矣。""西洋富强，尤根于此。"他所建议并监修的卢汉铁路，自光绪二十四年兴建，到光绪三十一年三月完成，使从卢沟桥到汉口的卢汉铁路通车，开通了当时中国腹地最重要的南北交通大通道，后来命名为京汉铁路。

1905 年（光绪三十一年）6 月，张之洞又奉旨督办粤汉铁路。粤汉铁路的筑路权早在 1898 年就被美国所控制。1898 年（光绪二十四年），美国合兴公司同清廷签订《粤汉铁路借款草合同》，控制了粤汉铁路的筑路权。1900 年（光绪二十六年）又订立续约，规定借款为 4000 万美元，由合兴公司在 5 年内筑成，不得转让他国。但 3 年过去，到光绪二十九年铁路尚未动工。光绪三十年，合兴公司又将股票的 2/3 卖给比利时的万国东方公司。湖南、湖北、广东三省人民获悉这个消息，非常愤怒，要求废除原订合同，收回路权自办。此时，张之洞奉旨督办粤汉铁路，经过与美国公司一年多的交涉，1905 年（光绪三十一年）7 月，他以 675 万两的高价赎回路权。随后，张之洞以商股筹集不易为由，于 1909 年 4 月（宣统元年）与德、英、法三国签订《湖广铁路借款合同》，借款 550 万英镑筹建粤汉铁路。这激起更大规模的反抗浪潮，张之洞也因此不胜

焦虑而死。

改造书院，建立新式学堂，开创了包括普通教育、实业教育、师范教育在内的而且是初等、中等、高等教育配套的新式教育体系；同时大量向国外派遣留学生。

编练了一支实力强大的新式陆军（一镇和一协，即一个师和一个混成旅），其训练水平甚至超过了北洋新军的训练水平。

民营工商业得到迅速发展，规模和实力均仅次于上海，位居全国第二。到 1906 年时，汉口的进出口贸易额已占全国的 12%，几乎与上海持平，因此被外商称为"东方芝加哥"。

要办实业就要钱，张之洞很注意积累资本，故张之洞聚财办实业被称为"屠财总督"。

张之洞七十大寿，文士樊云门写了一篇两千多字的文章祝寿，其中说到张之洞为官四十余载，每有所作为，便遭到同僚们的诋毁，张之洞很是赞同。当张之洞读到"不嘉其谋事之智，而责其成事之迟；不谅其生财之难，而责其用财之易"时，慨然长叹说："云门知我！"

《清史稿》张之洞本传有句云："莅官所至，必有兴作。务宏大，不问费多寡。""任疆寄数十年，及卒，家不增一亩云。"前事言公，后事言私。公者，张之洞居疆臣达数十年，历两广、两江、湖广诸任，其所作为，规模极大，而他用财如水，不问多寡，耗费了国家大量资财。但他有一个最大好处，不谋私利、不贪污，所有国家钱财都用到了事业上去。所以，张之洞一生有清廉之名。"及卒，家不增一亩"即就其私者而言。

曾有一例，即张之洞在光绪二十八年再署两江时，有道员私献商人金二十万两为寿，请开矿海州，这就是现在所谓的行贿了，张之洞"立劾罢之"。

张之洞身后，家乡河北南皮只遗房屋一处，已为张氏后人捐献作了学校校舍。

张之洞一生重视教育，在任翰林期中，两任试差，两放学政。任四川学政时，创设尊经书院，请湘潭王壬秋入蜀掌院，硕学大儒多出其门，承传继往，蜀学大盛，川人多年感念。后任封疆大吏，转向洋务事业，仍不忘教育，如在广东恢复广雅书院，在湖北设立武备、农工商、铁路、方言、军医诸学堂，当其著者。张氏后人捐献故居作校舍，可谓善体先人之志。

又有，张之洞于同治二年会试中探花，入翰林院，至光绪七年十一月补授山西巡抚，在翰林院达十八年。翰林是苦差，收入极薄，一般都靠外放考差、学政捞财。考差，尤其学政，程仪既丰，陋规所得更多。"一年学政，十年吃着不尽"是当时写照，可见收入之丰。四川是大省，生员最多，一任学政，所得陋规收入，有二万数千两银子之多。张之洞于同治十二年十月在四川充乡试副考官事竣，派任四川学政。按陋规应得收入，他概行拒收，两袖清风，重返北京。此种清廉之风，使官场耳目一新。自任山西巡抚开始，历经封疆大吏，张之洞保持着清廉之风，这就更不容易了。

张之洞自我标榜，一生有"三不争"，即"不与文士争名，不与俗人争利，不与无谓争闲气"。在给朋友的信中，他这样解释"鄙人自处之道"："无台无阁，无湘无淮"，从来不拉帮派，不结团伙。孔夫子说，君子和而不同，群而不党，关键在于具有独立人格。他一向坚持独立行事，所以能和又能不同，既能群又能不党。也许就是因为他坚持自己有自己的独立性，所以李鸿章说他"为官数十年，却不会做官"。也就是说他太书生气，张之洞则表示，就是书生气又怎样，起码比李中堂摆架子和老奸巨滑要好得多。

总之，张之洞在督鄂17年间，力主广开新学、改革军政、训练新军、振兴实业，由此湖北人才鼎盛、财赋称饶，成为当时中国后期洋务新政的中心地区。

张之洞是一位学问家，他当然鼓励后辈多读书，为此他说了一段很精彩的话："读书一事，古难今易。无论何门学问，国朝先正皆有极精之书。前人是者证明之，误者辨析之，难考者考出之（参考各种资料），不可见之书采集之。一分真伪，而古书去其半；一分瑕瑜，而列朝书去其十之八九矣。且诸公最好著为后人省精力之书：一搜补（从群书中搜出，或补完，或缀辑）；一考证（旁征博引）；一谱录（列提要、纪元及地理诸表）。此皆需积毕生之精力，踵曩代之成书而后成者。故同此一书，古人十年方通者，今人三年可矣。"

张之洞此话现在看来也是对的，也就是在前人已有的极其丰富的学术基础上，现在读书是比以前容易多了。

5—14. 生财用财颇受责难，张督人知有学无术

福建名士郑孝胥在评说清末几位著名的总督的为人时，称直隶总督袁世凯"不学有术"，两广总督岑春煊"不学无术"，两江总督端方"有学有术"，湖广总督张之洞"有学无术"。实际上是褒扬张之洞为人忠厚。张之洞笑着说："余自问迂拙，不但无术，且不能自谓有学，不过比较岑、袁多识几个字。袁岂仅有术，直多术耳。"

但当有人赞他"老成谋国"时，张之洞却也满意地笑了。

岂料慈禧太后死后，载沣为摄政王，他要为他的哥哥光绪皇帝报仇，也就是要杀袁世凯以谢天下。当时拟定的上谕给袁世凯定下的罪名是"揽权跋扈，植党营私"，庆亲王奕劻震恐而不敢言，唯有张之洞顶着压力，"再三婉陈，力为乞恩"，而且警告载沣，袁世凯原负练兵重任，现羽翼已丰，死党有力，京师实在其掌控之中，倘若处置不慎，则社稷宗庙危矣。于是谕旨最后由张之洞改写，结果是袁世凯回原籍养病，保住了他的命。所以"有术"和"多术"的袁世凯最终还是靠"无术"的张之洞用"高术"保住了命和前途。

面对列强武力入侵李鸿章想通过购买外国武器或办一些制造局来仿造外国武器以实现自强和自保（早期洋务自强）；张之洞看得更深入，认为向外国买武器不是根本之计，他主张不但要认真学习西方技术和知识，重要的是要实实在在办重工业和大型兵工厂，同时大量派遣留学人员，并主张在清皇朝体制内进行一定改革（比李鸿章更深化的洋务运动）；康有为和梁启超则痴想依靠皇帝的权力首先对清廷的现有体制（尤其是中央政府）自上而下作重大变更，并以此为契机进行改革；"立宪"派要用君主立宪来取代现有的清廷皇室的君主专制；革命派则要根本推翻清廷，并创建全新的共和国；以慈禧太后为代表的朝廷则是尽可能拖而不动；在朝中的满族权贵看到汉族官员的势力在日渐壮大，于是拼命反

对改革或想借改革以夺回权力。这就是晚清时节中国的改革形势。

而纵观张之洞的一生：

始终保持着对国家和民族的忠诚，对国家利益的维护以及专心对教育、实业的发展贯穿他的整个政治生涯；他为南疆抗法的伟大胜利作出了卓越贡献；尤其是大力兴办洋务，主要是建成了卢汉铁路并将汉口建成中国最早的重工业基地，他是使武汉得以成为中国近代重工业基地的奠基人，引领了中国走向工业化的道路；大力兴办教育，尤其在中国开始引入西学的教育体系；大量派出留学生与训练新军，并直接孕育了武昌起义的革命火种；支持改革，要求立宪并提出中体西用的主张。

所以尽管由于时代与官职的限制，他不能在思想上有很大的突破，但无论如何他是当之无愧的晚清重要名臣。

对张之洞，无论是当时或是后世，对他都是以正面评价为主。

毛泽东："提起中国民族工业，重工业不能忘记张之洞。"

孙中山："张之洞是不言革命之大革命家。"

张继煦："公常谓中国不贫于财，而贫于人才，故以兴学为求才治国之首务。"

《清史稿·张之洞传》：张之洞是个清官，且又"爱才好客"，做了数十年的封疆大吏，到死，"家不增一亩。"

《申报》说："固卓乎近数十年汉大臣中不可多得之人才，抑亦光绪朝三十四年有数之人物也。"

《新闻报》说："若与历代贤臣相比，张之洞不愧为诤臣、能臣、良臣。"

第六章

开创未来：
善远谋精算盛宣怀推洋务成就斐然

晚清奇才盛宣怀，官督民办门大开；东南互保惊天计，赢得江山免祸灾。

成就斐然多风采，一生洋务献身来；铁路金融加电报，引领神州进现代。

6—1. 投李鸿章一路提携，晚清奇才得以起用

说到李鸿章就不能不说到他从事洋务活动最重要的助手盛宣怀。

盛宣怀（1844 年 11 月 4 日—1916 年 4 月 27 日），江苏常州府武进县人。祖父盛隆，举人出身，当过浙江海宁州知州；父亲盛康，进士出身，当过布政使。盛家虽是书香门第，但祖父两人都比较注重社会实际问题的研究，对孩子的"学历"教育抓得不是很紧，盛宣怀有时随父亲居住官邸，开阔眼界，增长见识；有时回到老家盛氏府第，攻读经书，接受传统教育，其间，他也并非心无旁骛，但是却经常参与设义庄、增祭田、建义学、修宗谱等具体事务的规划。成长于这样一种环境的盛宣怀，当然八股文章不熟，应试能力平平，所以他在 1866 年考中秀才后，乡试三次不中，始终未中举人。然而，盛宣怀落榜不落志，慨然以匡时济世自期，从此绝意科举，积极致力于"有用之学"，对天下之事，均"事事研求"。

洋务派中的佼佼者盛宣怀毕竟是一个有家庭背景的人，由于他的父

亲盛康与李鸿章曾义结金兰，所以作为李鸿章的世侄，清同治九年（1870年），27 岁的盛宣怀入湖广总督李鸿章幕府，然后参与了所有由李鸿章主办的洋务活动，并成为其中流砥柱。盛宣怀在协助李鸿章办洋务过程中，由于一方面与李鸿章有世交交情，另一方面他也确有真才实学，所以随侍李鸿章期间，他虽然没有考中举人，但这并不等于文笔不好，恰好相反，他"磨盾草檄，顷刻千言，同官皆联手推服。历练日深，声誉日起"。

盛宣怀和李鸿章之间一开始就包含了种种复杂的联系，这种联系既是情感上的，也是权力上的。作为千万个希图在大清的官宦序列中谋求一席之地的读书人之一，盛宣怀深深知道，这种情感和权力相交织的关联是朝廷官僚体系的老传统。他并非出身科举"正途"，使他倍加珍惜追随李鸿章的机会。终其一生，他都对李氏保持着紧密的权力和情感联系。

史学家陈寅恪的父亲，学者和诗人陈三立为盛宣怀所作墓志铭中说，盛宣怀"最受知李文忠公（李鸿章）"，原因是，"时文忠为直隶总督，务需知各海国新法，图富强，尤重外交、兵备。公则议辅以路、矿、电线、航海诸大端为立国之要，与文忠意合"，也就是他认为挽救皇朝危亡的洋务事业将二人的命运联系在一起。

1870 年，盛宣怀开始在陕西协助时任湖广总督的李鸿章"防剿"动乱，实际担任李鸿章的秘书；他十分勤勉，从湖北到陕西走了三个多月，据说"盛夏炎暑，日驰骋数十百里"而不畏劳苦，当然，其才能也开始崭露头角，据说他草拟文稿有"万言立就"的功夫。不久，天津教案发生，列强陈兵海上威胁清廷，李鸿章及其所部淮军从西北调往直隶拱卫海疆。盛宣怀亦步亦趋，随李氏赴天津。熟知军务的他很快被李鸿章任命为会办陕甘后路粮台，又在淮军后路营务处工作，往来天津上海等地采办军需。

在李鸿章控制的庞大事业中，盛宣怀参与最多的是筹办洋务企业和外交事务。1874 年，盛宣怀在李鸿章指示下参与买回吴淞铁路的谈判。英国人修建了一条自上海到吴淞的全长 14.5 公里的窄轨轻便铁路，这是中国第一条商用铁路，但英人不告而修引起清政府的不满，进而与英国展开外交干涉，最后由盛宣怀等人出面处理，以 26.5 万两白银将这条铁路赎回然后拆毁。

这种行径在现在看来十分古怪，盛宣怀也觉得十分可惜。这一外交交涉的结果无疑显示清政府当局的颟顸，其过程却颇能显示盛宣怀的才干。李鸿章由此给他"心地忠实，才识宏通，于中外交涉机宜能见其大"的评价。从此，但凡李鸿章办理外交，盛宣怀多随侍在侧。1884年中法两国爆发战争，李鸿章上奏要求派盛宣怀署理天津海关道。天津海关是李鸿章办洋务的主要参谋力量集中之地。在为盛宣怀的任命制造舆论时，李鸿章颇多用"精明稳练""智虑周详""洞悉症结"和"刚柔得中"等赞美之词，且认为盛氏并非只通洋务，对吏治也有才干和经验，是皇朝首都门户所在的天津海关道的不二人选。

盛宣怀在朝廷官僚体系中的上升势头不可谓不快。1879年署天津河间兵备道，1884年署天津海关道，1886年任山东登莱青兵备道兼烟台东海关监督，1892年调任天津海关道兼海关监督。1896年后更是扶摇直上，历任太常寺少卿、大理寺少卿、办理商务税事大臣、工部左侍郎、邮传部右侍郎、邮传部尚书等职。

外事与洋务既是盛宣怀的晋身之阶，又是李鸿章在19世纪末权倾朝野的基石。1870年，盛宣怀在湖北主办煤铁矿，李鸿章寄望甚殷，一方面要求他徐缓图进，不要贪功躁动。另一方面，当盛氏发生动摇时，李鸿章立刻给盛宣怀写信，点破事情的利害：湖北煤铁矿的成败利钝关系到洋务大局；在举世瞩目的情形下，如果兴办不力，势必为对洋务心怀不满的官僚所笑话，并使洋务派大吏们在政治上陷于被动；他警告盛氏，湖北矿务是他卸任湖广总督北上接任直隶总督的"立足之地"（李鸿章于1870年10月调任直隶总督），不可不竭尽心力。

李鸿章既了解盛氏的才能，也希望他能在巩固洋务派势力的过程中有所作为。1884年盛宣怀主掌轮船招商总局，李鸿章曾去信说，希望他将这个洋务标本"做成铁板模样"，使"来者确不可移"。在信中，李鸿章说道，"至于寂寞身后之名，不知谁何之誉，一笑置之可耳"——这关于身后毁誉的猜测，是文人出身和自负道统的朝廷官僚笔下常常可以看见的文句。但多年以后看来，显然并非是李鸿章自我牺牲和自我陶醉的悲情意识的发酵，也是互为知交的盟友之间的秘密谈话。

盛宣怀毕生感念李鸿章的发现和提携之功，他在给李氏的信中剖白自己说，"竭我生之精力，必当助我中堂办成铁矿、银行、邮政、织布数事"；

受垂青的盛宣怀

然而，对未来历史的评价，盛氏似乎比李氏要乐观，他谦恭地说，未来的历史如果能将他的名字附列在李鸿章的后面，得以传世，自己就足慰平生了——也许是怕别人笑他留名史册的愿望过于操切，他笔头一转，自嘲说，"中堂得无笑我言大而夸乎？职道每念督抚姓名得传后世者几人哉？遑论其下。"

就其官宦生涯来说，经李鸿章的重用与推举，1879 年，盛宣怀署天津河间兵备道。1884 年，赴粤办理沙面事件；同年，署天津海关道。1885 年，任招商局督办。1886 年，任山东登莱青兵备道道台兼东海关监督。次年，在烟台独资经营客货海运，航运范围不仅扩大到山东整个沿海，而且还开辟了烟台至旅顺的航线。1891 年春，在烟台设立胶东第一广仁堂慈善机构。次年，任直隶津海关道兼直隶津海关监督。1895 年奏设北洋大学堂（天津大学前身）于天津。1896 年，任铁路公司督办，接办汉阳铁厂、大冶铁矿，奏设南洋公学（交通大学前身）于上海。1902 年，任正二品工部左侍郎。1911 年，任邮传部大臣。虽然他在科举考试中成绩不佳，但是由于在李鸿章幕府中作出了很好的成绩，因此在李鸿章在世时，就已经被李鸿章保举到加衔布政使的候补道，道台是四品，布政使是从二品，所以在官衔上也算是大官了，因此他就放弃了再考举人的打算。

6—2. 建招商局民办官主，从此打破外商垄断

1873 年（同治十二年），已任直隶总督兼北洋大臣的李鸿章创办轮船招商局，盛宣怀任会办，而成立招商局的想法就是由盛宣怀首先提出来的。原来，同治初年，浙江方面尝试通过在上海租雇外国轮船，将浙江应缴纳的公粮通过海运送到天津，试行几年以后，发现这比通过运河运输要快得多，而且也省运费。这时盛宣怀正在上海，并认识了两个与外国人熟悉的买办，于是他们弄来两条船也从事浙江漕粮的海运。聪明

透顶的盛宣怀突然灵机一动：何不自己成立一家海运公司把这个极为赚钱的业务更加做大？而且可以借此发展我们中国自己的航运事业，以防止都被外国人垄断。

1872 年他建议李鸿章用建造商船从事航运获利来提供建造兵舰的费用，对于他的这个建议，李鸿章对此大为赞赏，当时他正苦于寻找对策以应付外国航运公司大举进入中国，使中国很多从事帆船运输的船民沦为破产的苦恼。

于是李鸿章委任盛宣怀开办中国第一家轮船航运企业——轮船招商局，这是盛办理轮船航运的开始。同年他拟定中国第一个集商资商办的《轮船招商章程》。

1873 年，轮船招商局正式营业，盛宣怀担任会办，从此他开始正式成为清末洋务运动的核心人物之一。

1909 年盛宣怀鉴于"商业振兴，必借航业，航业发达，端赖人才"，在南洋公学增设航政科，办航海一班，后于1912年独立成为吴淞商船学院，成为后来大连海事大学、上海海事大学前身。

招商局刚成立时称为轮船招商公司，预计招商（民间资本）一百万两，虽然只募得四十七万六千两，但公司还是办起来了，开始时拥有四条船。虽然运力不足，但是清政府给予了两项重要的政策支持：粮食漕运与货物官运必须首先交这家公司承担，外国公司不得有异议；对中外乘客一视同仁，不得歧视中国乘客，这就使大量乘外国轮船备受歧视的中国乘客都转向了这家公司。因此第一年下来就盈利数十万两银子。

外国公司眼红了，就与它展开价格战争，但由于招商公司有政府的政策支持，不但没有被挤垮，而且越做越大，相反，美国旗昌轮船公司却被挤垮了。于是招商局在两江总督沈葆桢的支持下，一举筹拨公款银一百万两，在此巨额"官本"的支持下，招商局以分期付款的方式以总价二百二十万两银子收购了旗昌公司的全部资产（轮船、码头、仓库、办公楼等），这样一来，招商局立刻变成了拥有 26 艘轮船的大航运公司，其时离公司成立才五年。

招商局是一个官督民办的企业，但是，由于在商业收购这类经济活动中，按照西方交易的潜规则，买方的经手人是可以得到回扣的，当时中国的官员们不懂，于是作为官督的盛宣怀被指责存在贪污，虽然经李鸿章力保而没有问罪，但对他后来还是产生了一些影响。

光绪九年，由于有中法之间可能开战的传闻，上海金融市场十分敏感，因此信用收缩，市场头寸较紧，招商局的主要会办，也就是实际主管（总办已去料理开平矿务局事宜）徐润，因为他自己在上海还办了很多其他产业，却一时因很难借到流动资金而面临经营困难。盛宣怀此时就向南、北通商大臣报告此事，称徐润自营产业的失败将有可能影响招商局，于是李鸿章就将徐润撤职，以盛宣怀接任，这样，盛宣怀在招商局的地位实际上就是"一把手"了。自此，他执掌招商局前后 19 年。

6—3. 再办电报现代通信，谋富图强必不可少

盛宣怀因收购旗昌公司而收受回扣案被参是在 1880 年（光绪六年），以后以直到 1883 年（光绪九年），有三年的时间没有过问招商局的事，这一段时间他又干什么去了呢？

1879 年盛宣怀建议李鸿章建立电报事业，李采纳之，又命盛督办。

1880 年创建中国第一家电报局——天津电报局。

1881 年盛宣怀被任命为津沪电报陆线的总办，从此进入电讯业。

1882 年为了阻止外国人在中国沿海建立电报网，李委任盛架设上海至广东、宁波、福州、厦门等地的电报线。

1883 年盛宣怀督理天津海关，他挪用海关钱粮来资济电报事业，混淆了各个部门的经费，因此受到处分，但因多方说情未被降职。

本来，盛宣怀就曾经向李鸿章进言：要想谋富图强，最要紧的两件事就是架设电报线路和修铁路。李鸿章对此十分认同。

当时，通过铺设海底电缆，外国公司已经铺设了从香港到广州、上海和天津的电报线路，但是保守的清廷就是不让他们在中国架设陆地电报线路，说是会破坏风水和隔断地脉。

光绪五年，以军事需要为由，李鸿章在大沽北塘海口炮台架设了一条通向天津的电报线路，成为中国自己架设的陆路电报线路之始。

看到这条电报线路架设后并没有遇到很大的责难，于是光绪六年八

月，李鸿章就以国防需要为由，奏请在国内架设陆地电报线路。他在奏折中说："用兵之道，必以神速为贵。是以泰西各国于讲求枪炮之外，水路则有快轮船，陆路则有火轮车，以此用兵，飞行绝迹。而数万里海洋，欲通军信，则又有电报之法。于是和则以玉帛相亲，战则以兵戎相见，海国如户庭焉。近来俄罗斯、日本均效而行之，故由各国以至上海，莫不设立电报，瞬息之间，可以互相问答。独中国文书尚待驿传，虽日行六百里加急，亦已迟速悬殊。查俄国海线可达上海，旱线可达恰克图，其消息灵捷极矣。即如曾纪泽由俄国电报到上海只须一日，由上海至京师现须轮船附寄，尚须六七日到京，如遇海道不通，由驿必以十日为期。是上海至京仅二千数百里，较之俄国至上海数万里，消息反迟十倍。倘遇用兵之际，彼等外国军信速于中国，利害已判若径庭；且其铁甲等项兵船在海洋日行千里，势必声东击西，莫可测度，全赖军报神速，相机调度。现自北洋以至南洋，调兵馈饷，都俱关紧要，亟宜设立电报，以通脉气。如安置海线，经费过多，且易蚀毁。如由天津循运河陆路以至江北，越长江，由镇江达上海安置旱线，即与外国通中国之电线相接，需费不过十数万两，一年半可以告成。约计正线支线横亘，须有三千余里，沿途分设局栈，长年用费频繁。拟由臣先于军饷内酌垫筹办，俟办成后，仿照轮船招商章程，择公正商董招股集资，俾令分年缴还本银，嗣后即由官督商办，听其自取信资，以充经费。……"

由于李鸿章以军事需要为理由奏请架设电报线路，因此保守派也难以阻拦，慈禧太后和恭亲王都表示支持，而且他还具体设想了按轮船招商局的模式运行，政府虽然暂时垫付一部分钱，今后都会由电报局偿还，所以更加无人可以反对了。

于是1880年就在天津成立了官督商办的电报总局，又由盛宣怀任督办（总办），而盛宣怀在这个位置上任期达22年，一直到李鸿章去世后，袁世凯接任直隶总督兼北洋大臣后，他在这些领域中的职位就都被袁世凯换成他自己的心腹了。

1881年底建成了天津至上海的长途电报线路，1884年夏天又建成了上海至广州的电报线路，于是上海就成了全国电报通讯的中心，因此电报总局也迁到了上海。1908年电报总局改为官办，隶属邮传部，改称电政局，因为那时已经有电话业务了。

6—4.清楚认识拳乱之祸，东南互保免于战火

1900年在北京发生了义和团排外的事件并随即引起八国联军对北京的进攻，当京津地区已燃战火以后，南方的局势也开始紧张了。

1900年，盛宣怀已任正三品太常寺少卿、大理寺少卿。盛反对朝廷支持义和拳的做法，命令各地电报局将清廷召集拳民的诏旨扣压，只给各地总督和巡抚看。

这是指，当义和团在北京开始闹事以后，上海电报局突然接到北京发来的一封诏书，要南方沿江和沿海各省也招募义和团以对付洋人。盛宣怀对西方当然已有很现实的了解，他本来就认为朝廷不应当相信更不应当使用义和团，所以当他见到这份电报以后，立刻就将它压下了，说这是假的，并且立刻打电报各省分局，若他们也收到此类电报，只能密报督抚，不许张扬。同时他也给各省督抚发电报，要他们切莫轻信北京来的这种"上谕"，因此，不管北京来的上谕是真或是假，南方各省都没有采取行动。

光绪二十六年五月二十九日，在广州的两广总督李鸿章收到了盛宣怀的来电，并同时转发给两江总督刘坤一。盛宣怀的电报中说："千万秘密。廿三署文，勒限各使出京，至今无信，各国咸来问讯。以一敌众，理屈势穷。俄已踞榆关，日本万余人已出广岛，英法德亦必发兵。瓦解即在目前，已无挽救之法。初十以后，朝政皆为拳匪把持，文告恐有非两宫所出者，将来必如咸丰十一年故事，乃能了事。今为疆臣计，各省集义团御侮，必同归于尽。欲全东南以保宗社，诸大帅须以权宜应之，以定各国之心，仍不背廿四旨，各督抚联络一气，以保疆土。乞裁示，速定办法。"

在这一给各总督的通电中，盛宣怀一方面报告了北京近来形势及上海各国领事的动态，另一方面说义和团及主战派已经控制了中央政府，为保全宗社，以免同归于尽，各省切不可召集拳民仇外，并应联络一气，以保疆土。但是当时盛宣怀不过只是一个主管全国电信的电报局总办，

没有资格要求各省的督抚赞同他的建议，所以需要一两位有地位和威望的总督出来倡导，当然他首先想到的是李鸿章和刘坤一。李鸿章看到他的电报以后，除了立即转发给刘坤一以外（这实际就是表明李鸿章支持这个意见），他同时给盛宣怀回电："堪电悉。俄踞榆关不确，吾方与俄廷密商了事方法，必俄不踞地，各国乃不生心。顷美兵官来商，愿以铁舰护送赴沽。俟电旨即行。廿五矫诏，粤断不奉，希将此电密致岘、香二帅。"

这里说的"岘""香"二帅就是指两江总督刘坤一与湖广总督张之洞。"廿五矫诏"就是指该年五月二十五日清廷所颁的宣战上谕而言，此上谕以一国而与世界列国为仇，就是盛宣怀电报中所说的"以一敌众，理屈势穷"，"瓦解已在目前，已无挽救之法"。李鸿章断然拒绝了该上谕，并称之为"廿五矫诏"，也就是认为这是假的，所以我可以不接受。由于李鸿章的鲜明表态，刘坤一与张之洞也都相继如此表态，并进而考虑对策。

而且，在这个过程中，赵凤昌和盛宣怀还胆大包天捏造了一封假电报，说他们截获了一封洋人的电报，这封电报说，慈禧太后撤出北京城时，给各地督抚们下了一道谕旨，就是要他们把自己管辖的地方管好。

张之洞等人一看是洋人内部的通报，也就信以为真了，因此就决定实施东南互保。不但如此，此时在上海黄浦江面上已经聚集了很多外国军舰，其中的英国海军司令扬言要驶进长江，借口保护侨民要把兵舰驶到长江沿线各口岸去，这样一来，冲突就很难避免，兵灾大祸也就会来到江南，若江南再陷战火，则国家完矣。

在此极端危急的关头，张謇、赵凤昌等设计了一个方案：东南各省与在本地的外国军民互保，不介入朝廷与八国联军在北方的战事。具体设想就是：与洋人协商，"各国兵舰勿入长江内地，在各省各埠之侨商教士，由各省督抚联合立约，负责保护。上海租界保护，外人任之；华界保护，华官任之。总之以租界内无一华兵，租界外无一外兵，力杜冲突，虽各担责任而仍互相保护，东南各省一律合订中外互保之约。"

他们以这个想法与盛宣怀谈，并希望他出面与外国人洽商，因为督抚们不能出面，没有一定地位的人不能出面，与外国人没有打过交道并熟悉外国人的人也不能出面，因此只有担任中国电报总局总办的盛宣怀最宜于出面与洋人交涉。当他们将这个设想与盛宣怀谈时，盛宣怀同意了，他们随即拟就了几项与洋人谈判时可能承诺的条款，然后利用盛宣怀是电报局总办的优越条件，迅速将此建议发电报给两江总督（刘坤一）、湖广总督（张之洞）以及两广总督（李鸿章）和闽浙总督（许应骙）。他们都迅速同意了这个意见。

盛宣怀在与各国驻沪领事接触以后，各国领事也都同意，但声明必须与各省负责官员签约。于是各省都派了一个道员作代表来到上海。签约时，中国以上海道为首席，外国领事以美国驻沪领事为首席，盛宣怀以太常寺卿作为绅士出席。在签约前，中方就商量好，有不好回答的问题就由盛宣怀来回答。

果然，在签约中，美国总领事问道："今日各督抚派员与各国订互保之约，倘贵国大皇帝又有旨来杀洋人，遵办否？"这是一个难回答的问题，说遵办则此约就不需签，不遵办就等于在外国人面前说我们是违抗皇命，而盛宣怀则巧妙地回答："今日定约是奏明办理。"意思就是说签订此约定已经得到皇帝的同意了。于是东南互保的约定（共十条）就得以签订，也就避免战火进入江南，而中国也避免了一次全国灾难。

由于有了东南互保，为国家保存了不少元气，而慈禧太后更觉得，多亏有这个东南互保，否则更不知将增加多少条她怂恿义和团排外的罪孽。因此她在回銮北京以后，特意荣褒了三个有功之臣——保全了山东的袁世凯、在西幸途中扈从有功的岑春煊和倡议并实现了东南互保的盛宣怀，都加衔太子少保。

通过这个事件，也可以看出当时一些汉人总督实际上已经不听朝廷摆布了，也就是清皇朝的政权实际上已经不完全归皇家宗室所有了。从此中国地方行政体系就开始与中央的命令脱离。这就是军阀时代的开始，可以说盛宣怀在其中起了举足轻重的作用。

盛宣怀当时主张与列强议和，李鸿章入京进行和谈时请他同行，北京也宣他入京，但他觉得北京的政治太不可靠，因此推脱不肯奉诏入京。

盛宣怀所管理的许多事业如电报、矿业、海关、铁路等是那个时候北京清廷的主要收入，因此北京清廷对他奈何不得，反而褒奖他保护了长江流域的和平，加他为太子少保。

6—5. 欲想强国重在人才，积极推进现代教育

1895 年 10 月 2 日，盛宣怀通过直隶总督王文韶，禀奏光绪皇帝设立新式学堂。光绪帝御笔钦准，成立天津北洋西学学堂。后更名为北洋大学，此为中国近代史上的第一所官办大学，也是天津大学的前身。

1896 年盛宣怀在上海创办南洋公学，也就是现在的上海交通大学、西安交通大学、台湾交通大学的前身。

1897 年在南洋公学首开师范班，为中国第一所正规高等师范学堂。

1909 年在南洋公学首开航政科，后发展为独立的吴淞商船学院，是为大连海事大学、上海海事大学前身。

高等学府，古已有之，但把高等学府称为"大学"，在我国则是清朝末年之事。1895 年（光绪二十一年），被誉为"东方康乃尔"的天津北洋大学堂（现天津大学的前身）创立，这就是我国第一所新式大学。在当时，其头等学堂的毕业生可免试进入美国哈佛、耶鲁等著名大学。有意思的是，出任该学堂的首任督办，也就是我国的第一位大学校长，竟是素有中国"商父"美誉的盛宣怀。以"铜臭"之身，聚书香之气，盛宣怀在中国教育史上的地位的确耐人寻味。

盛宣怀与中国现代教育有着不解之缘，其创办北洋大学堂仅仅是一个开始。盛宣怀为什么如此热心教育事业，究其原因，恐怕与他自身的经历有着非常重要的关系。

一方面，他是传统科举制度的受害者。另一方面，与"西学"相似的经世之学使他终生受益，特别是通过从事洋务事业，他深知"西学"的重要，却又深感自身知识的不足，在具备一定经济基础之后，捐资建学便是顺理成章的事了。所以说，盛宣怀堪称我国捐资创办大学的第一人，而且在他的整个办学理念中，莫不闪现着"经世致用"的光辉，他为北洋大学堂定下的校训就是"实事求是"，这个治学理念延续至今，始终未改。

甲午战争后，盛宣怀更是坚定了自己的信念，他认为国家欲图自强，

筹设学堂、培育人才是关键。他在给朝廷的奏折中说"自强首在储才，储才必先兴学""西国人材之盛皆出于学堂"。在他的倡议下，1895年10月2日，光绪帝御笔钦准设立北洋大学堂，这一天也成为中国第一所现代大学建校纪念日。

北洋大学堂创建后，盛宣怀秉承"事事研求"的人生宗旨，不断丰富和完善"中学为体，西学为用"的办学方针，形成了"西学体用"的思想理念。

第一，他采用专家办学模式，奏明皇帝"须遴选深通西学体用之员总理"，聘请美国教育家丁家立具体掌管设在天津的大学堂，并聘请了一批外籍教员。第二，针对当时清廷在处理内政外交上亟须熟悉法律的人才，以及亟须开发矿业资源、发展机械加工工业的实际，开设了法律、土木工程、采矿冶金、机械工程等学科，并随着事业的变化，及时改变专业设置，添设新的专业。第三，盛宣怀认为"师范、小学尤为学堂一事务中之先务"。所以他又开始了培植师资和生源的工作，1897年他建立了我国教育史上第一所新式师范学院，以及第一所外院（即小学），连同相当于大学附中的北洋大学堂二等学堂，形成了较为完善的三级学制，为中国新式系统学制的建立奠定了基础。第四，盛宣怀注意因材施教，因人而异，培养专门人才。学生入头等学堂先学习第一年基础功课，学完后，由总办、总教习查看每一个学生的资质，酌定今后的学习内容；即便是出国留学，也要根据每人的资质，选其专门学科去深造。第五，确立了"严谨治学，严格教学要求"的校风。

盛宣怀除了创办了北洋大学堂（今天津大学）外，他还创设了南洋公学（今上海交通大学、西安交通大学、北京交通大学、西南交通大学、台湾交通大学前身），南洋公学附设译书院、电报学堂、航政科（今大连海事大学、上海海事大学前身）等。

为适应清政府经济特科的选拔，他又精心开办了"特班"，专门培养政府官吏。如为发展铁路事业，开办了"铁路班"。

盛宣怀与大学教育的渊源并不止体现在他亲自创办的这些学堂上，1916年4月27日他去世之后，其十余万卷藏书被民国政府一分为三，分别给了圣约翰大学、交大和山西铭贤学校。新中国成立后，这些藏书的分配又被作了重新调整，安徽大学、华东师大、山西农大成为新的受益者。甚至连盛宣怀与朋友来往的六百封信札，也被香港中文大学所收藏。

6—6.各种资源充分利用，亦官亦商左右逢源

从1896年起盛宣怀开始督办铁路。

1897年5月27日，他还在上海外滩开办了中国通商银行，这是中国的第一家银行。此后，与比利时、英国、美国签订铁路借款合同草约。他对康有为的改革是支持的，但认为康处理变法大事过急。

1899年11月，时任铁路督办大臣兼大理寺少卿的盛宣怀又奏请首先在北京开展电话业务，于是在电报局的业务内就多了电话业务，并首先给住在颐和园内的慈禧太后接通了电话。

1896年时，整个大清皇朝内的轮船、电报、矿务和纺织四大洋务企业部门全都已经在盛宣怀掌控之下，实现了市场经济下的"官督商办"。李鸿章对他的评价是："一手官印，一手算盘，亦官亦商，左右逢源。"

这一年，朝廷又授予盛宣怀大常寺少卿官职和专折奏事权，可以直接上书皇帝议论国事。在得到这个权力以后，极具现代金融意识的盛宣怀立即奏请在中国改革税制、兴办银行和进行币制改革，于是1897年5月27日，在上海正式成立了官商合办的中国通商银行，1905年又成立了第二家国家银行——大清银行。辛亥革命成功后，1912年2月，这两家银行合并成为中国银行，它也就是今天中国银行的前身。

李鸿章于1901年11月7日去世，临终推荐袁世凯继任直隶总督兼北洋大臣。

此时，盛宣怀已经担任招商局督办、中国电报局总办，并于光绪二十二年（1896年）起担任铁路总公司督办大臣。也就是掌握轮船、电报、铁路三个督办大权。但这都属于政府所派出的到那里任职的官员，而不是他本人在朝廷中的官职。

盛宣怀在官职上，当他任招商局会办时，他的官职是候补道，然后由北洋大臣委派为招商局的会办，所以，候补道是"官"，而招商局会办是"差"，后来他又由招商局会办变为电报局总办，仍然只是差事的

变动，候补道的官员身份没有变。由于他是北洋大臣李鸿章的亲信，所以在光绪十年，李鸿章保举他署理天津海关道，虽然在任上只有四个月，但还是官。

光绪十二年，他又被授予山东登莱青兵备道，不是候补官而是实缺官了，但同时还是兼招商局和电报局的"差"，光绪十八年调补天津海关道兼天津海关监督，地位越来越高了。到了光绪二十二年，北洋大臣王文韶与湖广总督张之洞合奏保盛宣怀办铁路，于是朝廷降旨，将盛宣怀开去天津海关道实缺，作为"四品京堂候补"，充任铁路总公司的督办大臣。这是因为当时朝廷认为铁路督办工作十分重要，盛宣怀无法以天津海关道遥领，所以改实缺为候补，使他能专心从事此工作。此时的铁路督办大臣仍然只是一个"差使"。

由于他在铁路和电报方面的成绩显著，因此经北洋大臣王文韶的一再举荐，他就由四品京堂候补补到太常寺少卿的实官。又由于在庚子之乱中倡导并实施东南互保有功，所以在光绪二十七年慈禧太后回銮北京以后，他又由慈禧太后指定补授出缺的宗人府府丞，这是京城中最高的正三品官，加衔太子少保（正二品），而一年以后，又正式升任正二品的工部左侍郎，所以，在仕途上，他当时也是一路顺风的。

6—7. 首创银行现代金融，却遇假钞坚定对待

上面已经谈到，1897 年 5 月 27 日，在上海正式成立了官商合办的中国通商银行，1905 年又成立了第二家国家银行——大清银行。辛亥革命成功后，1912 年 2 月，这两家银行合并成为中国银行，它也就是今天中国银行的前身。

清廷给予了中国通商银行发行钞票的权力，它因此也就成为中国第一家现代意义上的发行纸币的中国银行，当时大清国还没有统一的国家货币，于是它首先就在上海发行了中国通商银行的货币。

20 世纪初，在上海的外国银行已经很多，它们各自发行不同的货币。

但是在 1903 年 2 月 4 日，在上海却出现了轰动全上海的中国通商银行伪钞案，一时间引起了上海金融界的巨大恐慌。

　　一说是有人拿着一些通商银行的钞票到通商银行柜台上去兑换银两，被柜台发现其中有几张拾元的伪钞，银行当场拒绝兑换；另一说是有人持伪钞去商店购物，事后店主发现有假并随即报告了通商银行。

　　更有人说，持伪钞者为日本人。

　　消息传出以后，上海"市中大闹"。当时在上海，现代银行和较原始的钱庄并存，钱庄对此事颇有幸灾乐祸的态度，并纷纷拒绝接受中国通商银行的钞票，而许多持有中国通商银行钞票的人就因此害怕自己手中的中国通商银行钞票会变成一堆废纸，于是便争先恐后地要将这些钞票兑换成现银，上海并因此出现了一股空前的兑换浪潮。

　　2月5日当天，通商银行又验出一批伪钞，不但有拾元面额的，还有伍元面额的。银行职员将其当场撕破，并盖上"假币"印章。为了安抚市民，通商银行还特别派人将伪钞贴在银行的门上，又贴上一张如何辨别伪钞的说明。说明提示：伪钞纸质粗糙，花纹淡薄，而且遇水（哪怕是口水）就会变色。

　　但是持币者还是人心惶惶。当时盛宣怀在北京，当他得知此事以后，立即吩咐在上海的中国通商银行一定要做到随到随兑，须知也必须保银行的信誉高于一切。现银不够就向沪上的其他银行借。虽然这一次的上海伪钞案是针对中国通商银行发行的货币，可是社会上对银行的挤兑必然会引起整个金融界信誉的大跌，对此，所有的沪上银行都很清楚。通商银行开门"欢迎"兑换现银几天以后，自己的现银所剩就不多了，于是以自己库中的黄金和银锭作抵押，向英商汇丰银行借得了70万元现银以备兑换。

　　盛宣怀在命令全力应兑的同时，还下令尽早查出造假者。在发现伪钞后的第三天，有一个日本人来到汇丰银行兑换现银，银行发现他所持有的4000元通商银行纸币全是伪钞。数额如此巨大的伪钞一次出现，立刻引起汇丰银行的警觉，他们当即将此情况通报给巡捕房，而巡捕房也立即将此人拘捕。

　　经过审讯以后得知，此人是日本人，名叫中井义之助，在上海开了一家贸易公司，但经营很不景气，于是他与几个同伙就萌发了造假币的想法。他们在日本大阪的一间郊区平房内秘密仿制了中国通商银行的钞票，分拾元钞与伍元钞两种，共计 30 万元。假钞印好后，从日本的九州分几批偷运到上海，先放在中井义之助家中，然后再通过在上海的日本商社流入到市场。

案发后，在中国驻日本使馆的要求下，日本警察冲进了他们的造假地点，抓捕了中井的造假集团同伙，并销毁了所有的造假机器与伪钞。

中国政府曾就此案与日本政府进行交涉，希望日方严惩罪犯。但是日本外交部称，对伪造外国货币者，日本法律无规定惩治的专门条款。这样，发生在中国的第一件伪钞案，最后就以无法可依为理由不了了之了。

6—8. 高瞻远瞩认定交通，铁路建设事业顶峰

铁路事业可以说是盛宣怀一生中最重要的事业，他是怎样卷入的呢？

在甲午战争之前，清廷对于在中国修铁路、发展电报事业都是反对的。

1874 年，李鸿章上奏朝廷，提出建设铁路的好处。他在奏章中说："火车铁路，屯兵于旁，闻警驰援，可以一日千数百里，则统帅当不至于误事。"然而遭到了朝中反对派的抵制，他们的理由是："开铁路，山川之灵不安，旱潦之灾易召。"

朝廷方面的守旧人士，还包括慈禧太后，她也曾极力反对在中国修建铁路，且以铁路是"奇技淫巧""洪水猛兽""失我陷阻，害我田庐，妨碍我风水"等为由，极力反对在中国修铁路。即令对于英国人擅自于光绪二年在上海修建的一条长约 15 公里的非营业性铁路，清廷也宁可花 26.5 万两银子将其赎回，然后再拆掉。对于要图国家富强的李鸿章来说，他当然知道修建铁路的重要性，但当时连恭亲王都不敢同意修建铁路，李鸿章也没有办法了。

但是李鸿章最后想了一个办法，即在开平矿务局的矿区内修一条从唐山到胥各庄的矿区运煤的铁路，1880 年动工，1881 年完成，刚完工时还不敢用蒸汽机车，而用骡马拖。后来看修成以后也没有遇到什么大麻烦，1886 年就将铁路延伸到阎庄。为了获得慈禧太后的支持，1888 年，李鸿章在中南海内策划修建了一条由法国人全额出资赞助的、长为 500 米的微型铁路，与之配套的还有一台小火车头和六节车厢，慈禧太后大开眼界，

从此不反对修建铁路。于是李鸿章立即将已延伸到阎庄的铁路于 1888 年再延伸到天津，这样，修建铁路的事总算在中国展开了，后来随着俄国势力向东扩张，中国就加大了向东北关外修铁路的速度。

电报也是这样，1863 年，英、法公使向清廷建议引入电报，但清廷对此也毫无兴趣。当时的三口通商大臣崇厚甚至认为，电报"对中国毫无益处，而贻害于无穷"。甚至有谣言说那一根根杆子戳在地上，专门吸地气和死人魂魄。并说洋人食地气，如我民之吸鸦片，是上瘾的。1865 年英国利富洋行在上海偷偷修建了一条专用的 21 公里的电报线路，由于它是洋人用的，官府也不敢管，但寻常老百姓见着都绕道走。

甲午战败后，中国才真正认识到自己落后了，因而也就开始引进铁路、电报这些以前被看作是"奇技淫巧"的新鲜洋玩意儿了。

一下子，在晚清，铁路建设就成为了热潮，此时朝廷已将其当成富国强兵的国策，为什么呢？因为当时朝廷上下，无论从武将或文官来看，都抱有这个观点。

以淮军重要将领刘铭传为代表的武将们强调为国防需要应加速铁路建设。早在光绪六年十一月初二，刘铭传就上了一道有名的《筹造铁路以图自强折》，奏曰："自强之道，练兵造器，固宜次第举行，然其机括则全在于急造铁路。铁路之利于漕运、赈务、商务、矿务以及行旅、厘捐者，不可殚述，而于用兵以道，尤为急不可缓之图。中国幅员辽阔，北边绵亘万里，比邻俄界，通商各海口，又与各国共之。画疆而守，则防不胜防；驱逐往来，则鞭长莫及。惟铁路一开，则东西南北呼吸相通，视敌所趋，相机策应，虽万里之遥，数日而至；虽百万之众，一呼而集，无征调仓皇之虑，无转输艰阻之域。且兵合则强，兵分则弱。以中国十八省计之，兵非不多，饷非不足，然各省兵饷主于各省，督抚此疆彼界，各具一心，遇有兵端，自顾不暇，征饷调兵，无力承应，虽诏书切责，无济缓急。若铁路造成，则声势联络，血脉贯通，节饷裁兵，并成劲旅，防边防海，转运枪炮，驻防之兵即可为游击之旅。十八省合为一气，一兵

刘铭传

可抵十数兵之用。……"但修铁路需要钱，所以光说强兵还不够，还必须富国，而修铁路本身就具有最明显的富国之利，由于它可以用于运输等各方面，也就是本身就能创造巨大的财富。

以湖广总督张之洞为代表的文官则从外贸的观点来强调修铁路的重要性。当时，中国每年约有两千万两白银外流，因此中国只有加大出口，也就是多多对外推销中国各地的土特产品才能实现外贸的平衡，减少白银外流。而要做到这一点也必须多修铁路，以便使中国内地的土特产品能通过铁路集中到沿海和沿江港口得以出口。可见文官首先考虑富国然后强兵。当时张之洞说："修路之利，以通土货、厚民生为最大，征兵转饷次之。今宜自京外卢沟桥起，经河南以达湖北汉口镇。此干路枢纽，中国大利所萃也。河北路成，则三晋之辙接于井陉，关陇之道交于洛口，自河以南，则东引淮吴，南通湘蜀，万里声息刻期可通。"然后他又指出修路的七点好处，并建议京汉路应分段建设，北路由直隶总督负责，南路由湖广总督负责，由河南巡抚协助。

正因为他有这个建议，所以光绪十五年将他由两广总督调任湖广总督。

可见，朝廷上下无论文武，当时都主张在中国大力修建铁路，而且都是首先从国家的政治层面上来强调修铁路的重要性。张之洞不但极力主张修铁路，且行事是大手笔，如他首先就提出应当修建卢（卢沟桥，因为当时朝廷还不同意铁路进京师，故只能以卢沟桥为起点）汉大动脉，而不是只修一些地方性的铁路。刘铭传当年也是提议修三条铁路：以京师为枢纽，东边至沈阳，南边一由天津至浦口，一由京师至汉口。张之洞的主张得到了朝廷的认可，下诏曰：今采纳张之洞建议，故缓办津（天津）通（通州），先办卢汉。

本来与张之洞有些过节的李鸿章得知此消息以后，要张之洞抓紧开办，以免节外生枝，于是张之洞从国家预算中得到了一笔拨款。果然如李鸿章所说，办事就怕节外生枝，不久，俄国加紧了西伯利亚大铁路的建设，这显然对中国的东北带来了现实的威胁。因此李鸿章立即建议要加紧进行关东铁路的建设，此时朝廷又接受了李鸿章的建议，将修建卢汉铁路的拨款先用于关东铁路建设，并命李鸿章为督办大臣，因此修建卢汉铁路一事就放下了。

不久又发生了甲午战败，总结败因时，其中就有铁路未建成，所以难以向朝鲜调兵，故战后加紧铁路建设一事又再度引起重视，而修建卢汉铁路也再度提上了朝廷的议事日程。

最后决定卢汉铁路分两段建设，北段，即卢沟桥至郑州，由接替李鸿章的直隶总督兼北洋大臣王文韶负责；南段，即由郑州到汉口，由湖广总督张之洞负责。他们两人都是身负重任的国家大臣，当然不能自己来操办铁路建设事宜，于是于光绪二十一年成立铁路总公司，为此必须委派一名铁路督办大臣，而盛宣怀当时就看中了此差使。

王文韶是李鸿章的人，李鸿章此时虽已闲居但他仍然支持盛宣怀，于是他要盛宣怀去汉口亲自谋求获得张之洞的支持。张之洞早就听说盛宣怀办轮船公司和电报公司成绩斐然，声名显赫，所以他不反对盛宣怀出任铁路督办大臣，但是他有一个条件：要盛宣怀接手当时已经亏损严重几乎已经无法运转的汉阳铁厂。生来就干事果断的盛宣怀立即就答应了这个条件，张之洞大喜。

于是张之洞就与王文韶共同保荐盛宣怀为铁路督办大臣，那是光绪二十二年（1896 年）的事。然后，盛宣怀担任此"差使"直到光绪三十二年（1906 年）。

光绪二十七年九月二十七日，李鸿章在北京去世，去世前还念念不忘盛宣怀继承他的兴洋务大业，所以临终前还给盛宣怀寄来一首诗：

> 四十年来百战身，几回此地息风尘；
>
> 经营庶富羞言我，纽握机权耻授人。
>
> 尽一分心酬圣主，收方寸效作贤臣；
>
> 诸君努力艰难日，莫误龙华会里因。

盛宣怀极为感动，他一心要将李鸿章交付给自己的兴洋务大业继续走向辉煌，以不负他们当年在上海开始的事业，"莫误龙华会里因"。

6—9. 除盛宣怀绝无他人，汉阳铁厂接手包袱

在此之前，1870 年李鸿章委盛宣怀办理湖北煤铁矿务，从此盛宣怀就开始办理矿业。

1876 年（光绪二年）盛在湖北广济盘塘设立"开采湖北煤铁总局"，雇英国矿师郭师敦查勘湖北煤铁矿藏。次年七月郭师敦等勘得大冶铁矿。十一月盛宣怀赴黄石港会同大冶知县林佐等对铁山土地产权进行详勘。又自民间购得部分铁山土地产权，准备在黄石港东吴王庙旁（今沈家营）设炼铁厂，后因经费难筹，李鸿章未批准。

1889 年 9 月（光绪十五年八月），调任湖广总督的张之洞决定将原准备在广东兴建的炼铁厂迁至湖北。适逢盛宣怀以事谒张，言及炼钢之事，张提到尚无铁矿，盛当即表示愿将原在大冶购得之铁山矿交给张开办。是年年底，盛又和张面谈开办铁矿事宜，并提出四条建议，为张出谋划策。张之洞遂兴建汉阳钢铁厂的同时，开办大冶铁矿。大冶铁矿于是成为中国历史上第一座用机器开采的大型矿山。

现在，张之洞决定将汉阳铁厂（包括大冶铁矿、江夏马鞍山煤矿）都交给盛宣怀办了。然而，盛宣怀当时确实没有想到，张之洞让他接手的汉阳铁厂究竟是一个什么样的烂摊子。

盛宣怀接办汉阳铁厂后，招募商股，将官办企业改为"官督商办"，并改汉阳铁厂为总厂，委轮船招商局会办郑观应为总办，将大冶铁矿隶属总厂，接着便着手改造、扩充汉阳铁厂。针对汉阳铁厂缺乏燃料、产品质量低劣等问题，首先派下属带同外国矿师沿长江上下暨江、皖、楚西各境，搜求钻试，寻觅佳煤，结果觅得萍乡煤矿。遂向德国礼和洋行借款 400 万马克作为资本，开办萍乡煤矿，解决燃料问题。随即奏派郎中李维格出国考察钢铁，求取炼钢新法，以提高产品质量。李在考察欧美钢铁工业的同时，找到汉厂产品质量低劣的原因。盛于是购置新机炉，全面改造铁厂。经过改造、扩充的汉阳铁厂，成为东亚"第一雄厂"。外人惊呼"中国醒矣"。但盛宣怀在改造、扩充汉阳铁厂时，为解决资金问题，在日本制铁所的诱惑下，以大冶铁矿的道湾矿山及矿局的全部财产作抵押，向日本兴业银行借款 300 多万日元，使大冶铁矿主权丧失。

光绪三十四年，因汉阳铁厂受制于日本，仍不能获利，需扩大生产规模。盛宣怀遂将汉阳铁厂、大冶铁矿、萍乡煤矿合并，成立"汉冶萍煤铁厂矿有限公司"，改"官督商办"为完全商办公司，他被荐举为公司总经理。在冶、萍两矿设总办，与汉阳铁厂鼎峙而三，广招商股，以解决扩大生产的资金。

十年以后，即光绪三十四年二月，他已经卸任铁路督办大臣基本上只管汉阳铁厂的时候，他在给朝廷的《汉冶萍煤铁矿等现筹合并并扩充办法》的折子中，详细说明了他当年接手汉阳铁厂时的实际状况："窃维湖北汉阳铁厂因官费难筹，经前督臣张之洞于光绪二十二年五月遵奉谕旨招商承办，奏明饬将湖北铁厂归盛宣怀招集商股经理。臣谬膺艰巨，劝集商股。当时煤矿未成，化铁甚少，外状颠危，人情观望。尚赖轮电两局各华商，及通商银行、纺织公司各华商力顾大局。陆续凑入股份银二百万两，以立根本。臣不自量力，一身肩任，初谓筹款数百万即足办理，实不知需本之巨，有如今日之深入内地者。盖东亚创局，素未经见，而由煤炼焦，由焦炼铁，由铁炼钢，机炉名目繁多，工夫层累曲折，如盲觅针，茫无头绪。及至事已入手，欲罢不能，惟有躬冒奇险，精思锐进，艰危困苦，绝不瞻顾，期于必成。于是重息借贷，百计腾挪。开辟萍乡煤矿以济冶铁之需，添造新式机炉以精炼钢之法，铁路轮船，码头栈驳，处处钩连，无一可缺，借贷利息，愈久愈增。查自光绪二十二年五月奉饬招商接办起，截至三十三年八月为止，铁厂已用商本银一千二十余万两，煤矿轮驳已用商本银七百四十余万两……"可见盛宣怀接办汉阳铁厂之艰难，不管他当年接手这个烂摊子的主观目的是什么，但当时在中国或者在中国历史上，只有盛宣怀才能够挽救汉阳铁厂，并组建了中国钢铁史上最早的汉冶萍公司，盛宣怀对中国现代冶金工业的形成与发展是功不可没的。

民国元年（1912年）初，盛宣怀在日本看到民国政府需款作军费。便以中日"合办"汉冶萍公司的办法取得日本借款，与民国政府搭上关系，想以此来挽救自己的不利处境。于是与日本垄断财团秘密策划，民国政府分别在神户和南京，同三井和正金财团签订两份性质相同的汉冶萍公司中日"合办"草约。2月12日，盛宣怀从日本正金银行提取300万日元借款，把这笔钱的一部分转三井洋行，三井洋行转给南京政府约

250 万日元。消息传出，举国哗然。盛宣怀在人民的强大压力下，被迫同意废约，并辞去汉冶萍公司总经理职务。

民国二年五月，盛宣怀又出任汉冶萍公司董事长，重新掌握汉冶萍公司大权。盛根据宣统元年第一届公司股东大会的决议，着手兴建大冶铁厂，扩大公司生产规模。为解决基建资金，于同年 12 月 2 日，与日本制铁所、横滨正金银行签订 5 份合同。以汉冶萍公司全部财产作抵押，借款 1500 万日元，其中 900 万日元用于兴建大冶铁厂，600 万日元偿还日本旧债，订明用头等矿产 1500 万吨，生铁 800 万吨供给日本，作为偿还之用，40 年为期。并聘请日本人担任最高工程顾问和最高会计顾问。这些合同使日本制铁所将汉冶萍公司的经营管理权完全控制在手中，也使汉冶萍公司逐步走向没落。

6—10. 国穷财绌有心无力，举借外债兴修铁路

盛宣怀

直到 1889 年 5 月 5 日，大清皇朝中的各种势力才完成了"是否应当修铁路"的争论，这一天朝廷发布文件，明确宣布铁路"为自强要策……即可毅然兴办，毋庸筑室道谋"，但"是否要建铁路"的争论结束了，"如何建铁路"的争论又开始了。

这个问题的实质就是：是官修还是私修，也就是说，是使用国家的钱来修，还是利用民间的钱来修。当然，刚开始时是没有考虑民间资本进入的，但实际上当时的朝廷其实没有很多钱可以投入到铁路建设，因此到 1894 年甲午战争时，总共才修建了 447 公里的铁路。

甲午战争以后，痛定思痛，总结了很多失败的教训，其中一条就是没有铁路，调兵不畅，因此迫切要求加快铁路建设。

然而甲午战败又面临要赔款两亿三千万两银子，这样一来国家更没

有钱了，因此要利用国家投资来修铁路更是成了空话。

1896 年，盛宣怀终于当上了铁路督办大臣，负责修铁路的重担。他知道修建铁路需要巨款，可是钱从哪里来？他是个真正的理财高手，知道筹钱无外乎三个渠道：朝廷拨款，这不但数量有限而且最不可靠；民间集资，但由于铁路所有权不明确，因此民间资本很难大规模介入；最可靠而且最可行的就是借外债，然而借外债却只能由国家出面。

对于在铁路建设中引入民营资本一事，张之洞其实看得很清楚，他说：华商"趋利也，近则明，远则暗"，"见小、欲速、势散、力微"，而且"资本难集，心志不齐"，因此他主张"官为商导，先行筹款垫办"，"惟有先筹官款垫支开办"。也就是说，尽管国资和民资在当时都十分紧张，修铁路还是应当国家资本先作为种子种下，以起引导的作用。

面对当时朝廷的财政状况，国有资本又从哪里来呢？无外乎增税与借外债。增税实际上不可能，那就只有用国家的名义借外债了，然而又能借到外债吗？

晚清时期，由于支付赔款的巨大压力，清廷已经不得不大举向外举债，而借外债必须有抵押，于是海关、采矿权等纷纷被抵押出去，最后剩下还具有抵押价值的资产就是铁路的筑路权。而外国资本对此也特别感兴趣，一是可以输出巨额资本，不但回报可靠且收益率也很高；二是铁路所经过的地区的后来建设，自然成了建筑并经营和管理该铁路的投资国的势力范围，因此外国资本都热衷于投资中国铁路。

从 1896 年到 1906 年，盛宣怀作为铁路督办大臣"借款修路"近十年，先后借外债达 1.8 亿余两白银，修成了 2100 多公里的铁路，即卢汉、沪宁、汴洛、正太、道清五条铁路。

当时盛宣怀先后与比、英美等国银行签订借款协定，其对外借款承诺的条件是：

一、按借款总额的九折交付现款，即回扣为一折；

二、筑路所需材料，必须向借款国购买；

三、借款偿还期一般为 20 年到 30 年，在偿还期间，铁路由借款银公司管理，并且每年可以分得 20% 的盈余；

四、铁路总工程师与总会计师均由外籍人士担任。也就是铁路的运营权力实际上都控制在外方（也就是出资方）手中。

为修建这五条铁路全部借款总额为 1065 万英镑，按一成回扣。可得 100 万英镑，约合 800 万两银子的回扣，由此可见，盛宣怀为什么要如此积极一定要当铁路督办大臣，而且也因此就可以明白，后来（1916 年）他死后会留下几千万两银子的遗产。

盛宣怀于 1902 年因父亲去世而回家丁忧，而且自己也因劳累过度而染病，因此他奏请辞去所担任的各种"差使"，对此朝廷同意他不再管理招商局与电报局，但是"卢汉、粤汉铁路总公司及沪宁铁路筹款、购地、买料、修工事宜，仍着盛宣怀一手经理"。

6—11. 铁路财源利润丰硕，倒而复起再掌铁路

1901 年 11 月 7 日李鸿章去世，袁世凯接任直隶总督兼北洋大臣，他不能看到这样几个极端能敛财的肥缺都握在盛宣怀手中，于是在 1902 年（光绪二十八年）盛宣怀被免去轮船和电报的总办以后，1905 年（光绪三十一年），沪宁铁路在完成苏州上海段以后，盛宣怀的铁路督办大臣也被袁世凯免去，而由袁世凯的亲信唐绍仪接任，因此，此后一段时间内盛宣怀就只管汉冶萍公司这个谁也不愿意接受的烫手山芋。

但是，作为一个在推动洋务与修建铁路的浪潮中曾经叱咤风云的人物，盛宣怀会安于沉沦吗？当然不会，他一定要谋求再起。

机会终于来了。1908 年光绪皇帝与慈禧太后相继去世以后，宣统即位，年龄太小，由他的父亲醇亲王作为摄政王监国，袁世凯被罢黜回老家养"足疾"。

袁世凯倒台之后，政权落入贝勒载涛、载洵和镇国公载泽等一班少年亲贵之手，当时载泽执掌度支部（即以前的户部），他怀疑唐绍仪和梁士诒等人这几年办铁路在财务上有问题，又经过盛宣怀用金钱运动，终于又使盛宣怀再任新成立的邮传部侍郎，并于 1911 年升任邮传部尚书，盛宣怀又掌握铁路建设大权了，这时他已经 67 岁。

尤其重要的是，修建铁路虽然花了很多钱，但是修成以后更是赚了很多钱。1905 年，京汉铁路分段施工通车，当年就净赚利润 238 万两银

子，1906 年更是赚了 354 万两，外方资本一年就可分得白银 60 万两。这样一来，南方各地的士绅们就眼红了，所以现在不是白银外流让朝廷着急，而是白银外流让民间资本着急了。

6—12. 民间资本效率低下，国有民建矛盾尖锐

所以，外资独资在中国修建的铁路，其丰厚的利润不但令中国朝野信服，而且也促成了大清国的铁路建设大大提速。

当时的具体情况如何呢？全汉升在《铁路国有问题与辛亥革命》一文中有一段很精辟的叙述："清政府于光绪二十一年成立铁路总公司，派盛宣怀为督办铁路大臣。因为当日国内资本缺乏，故建筑铁路所需的巨额资本，不得不依赖外债来应付。自光绪二十一年至二十九年，卢汉、正太、沪宁、汴洛、粤汉、津浦、道清等铁路线的借款合同，以及苏杭甬、浦信、广九各路的借款草约，都由盛宣怀以铁路总公司督办的资格，来与外人订立。盛氏大借外债的结果是路权丧失，自然要引起国人强烈的反感。因此，自光绪二十六年至宣统二年，全国各省都普遍发生拒借外债、废弃成约，而把铁路收回自办的运动。在当日收回自办的铁路中，以自美国合兴公司赎回的粤汉铁路最为重要。此外，当时由国人集资商办的，有川汉、赣路、闽路、粤路、浙路、西潼、新宁、豫路、桂路、腾越、同蒲等建路组织。可是，这些由国人集资商办的铁路，由于股本筹集的困难，管理效率的低下和组织的不健全，使建筑之速度非常缓慢，甚至长期不能开工。

例如光绪三十四年上谕说：'铁路为交通大政，绅商集资请设各公司，奏办有年，多无起色，坐失大利，尤碍交通。'

又如汪康年在宣统三年五月初一《刍言报》发表《论铁路国有与民营》一文中说：'夫所谓民者，谓其招商办也。今各省皆于未招股之前，举绅士为总经理，而学界中之人为其羽翼，后即召集巨股，而前之总经理盘踞如故也，虽有股东会不能伸其意见也。是于商办二字不合矣。……况各省筹款难，不能动工者，其总协理以下，坐耗薪水如故也。筹款易者，则争角剧烈，糜费尤甚，于是七八年之久，集款一二千万，仅成路

一二百里者有之；集款数百万，仅成路数十里者有之；而用人之乱，采办之侵蚀，与官办无异。夫如是，吾安能主持民有之说乎？'又宣统三年八月，御史史履晋说：'夫各省商办铁路为世诟病，授人以口实者，约居多半。或款不足而先事铺张，竭小民之脂膏，供个人之挥霍。或款已聚而互争权利，因私家之水火，误公事之进行。而所举总理，部中一奏之后，遂推委责任，绝不督催监察，认真整顿。'

商办铁路成绩之恶劣，促使清政府改变他的铁路政策，即由商办改为国有。而在当日铁路政策改变的过程中，粤汉及川汉铁路商办的情况不能令人满意，尤其是最重要的关键。"

当时一位四川籍的京官在谈到四川商办铁路的情况时说："现开工二百余里，九年方能完工，全路工竣，需数十年。后路未修，前路已坏，永无成期。前款不敷逐年工用，后款不敷股东付息，款尽路绝，民穷财尽。"而盛宣怀更是一针见血地指出，在中国现在的社会资本情况下，对于铁路建设，单纯的筹款自办是"与实事毫无补救"的"徒托空言"，铁路要大发展，就必须收归国有，就必须引进外资。

6—13. 湖广借款风波骤起，护路汹潮剧烈爆发

这样一来，铁路建设就成为各方争夺的热点。在朝廷，以邮传部尚书盛宣怀为首的一派，坚决主张铁路建设要国有化，即令借外债也不同意引进民间资本，因为用民营资本筑路毫无效率与成果。

而以南方各省的地方总督以及民间绅商为代表的另一派，则主张铁路建设应当充分利用民间资本，争论激烈。早在1903年，四川总督锡良就倡议不借外债，靠民间资本建设川汉铁路，一时应者如云。11月，朝廷商部颁布《铁路简明章程》，准许各省官商自集股本设立铁路公司，建造铁路干线或支线。

1905年7月，湖广总督张之洞在武昌召集湖北、湖南和广东三省的绅商会议，获得香港贷款675万美元从美国合兴公司手中赎回了粤汉铁路的修筑权并允许各省自修。于是，各省便掀起了铁路商营的热潮，三年间，先后成立了18家铁路公司，各地绅商乃至百姓纷纷投资于铁路，

购买铁路建设公司股票，但普遍还是资金不够、成效不大，而且大多亏损。

国家拖不起，于是 1909 年 6 月朝廷只好命张之洞官修湖广铁路，在盛宣怀的游说下，以商股筹集不易为由，他与德、英、法三国银行签订了《湖广铁路借款合同》，要借款 600 万英镑。消息传出立即激起大规模的反抗浪潮，英名一世的老湖广总督张之洞竟于 10 月 5 日 "心焦难堪，呕血而死"。

所以铁路建设权的纷争大大激发了民间与朝廷的矛盾。更有甚者，1911 年 5 月盛宣怀上奏朝廷，要求将已民营化的粤汉、川汉两干线铁路建设权收归国有，朝廷准奏但对民营资本给出的补偿为投资者尤其四川的投资者难以接受。1911 年 5 月 9 日（宣统三年四月十一日）《路权回收令》颁布后，各省群起反抗，举行游行示威。

为什么会发布这样一道命令呢？

因为五天之前，有一位官职为四品 "掌印给事中" 名叫石长信的人，给朝廷上了一道奏折，切实地分析了铁路国有与商办的利弊，并提出了 "干路国有，支线商办" 的思路，他从维持政权的安定高度出发，痛斥商办铁路已经成为一种扰民的弊政。

摄政王正为铁路之事十分苦恼，这个 "干路国有，支线商办" 的新思路使他大为欣赏，他称赞说 "不为无见" "所筹办法，尚属妥协"。更有甚者，1911 年 5 月盛宣怀又上奏朝廷，要求将已民营化的粤汉、川汉两干线铁路建设权收归国有，朝廷又接受了他的建议，不但在川、湘两省不再募集新股，而且对于民间资本原来对这两条铁路的投资偿还安排也感到不妥，于是就引发了商办铁路的既得利益集团的强烈反弹。

其中，尤其四川的投资者难以接受。

《路权回收令》颁布后，各省群起反抗，举行游行示威。6 月，四川组织保路同志会，推举立宪党人四川谘议局正、副局长蒲殿俊、罗纶分别为正、副会长，拼死破约保路，参加者以十万计，后发展到成都罢市两个多月，9 月 7 日，新任四川总督赵尔丰诱捕蒲殿俊和罗纶等，枪杀请愿群众三十余人，下令解散保路同志会。激怒了的四川各地民众就将各处电线捣毁，沿途设卡，断绝官府来往文书。四川保路运动的风潮于是就闹得不可收拾了。

由于四川保路运动的风潮已经闹得不可收拾，为应付四川的局面，清廷抽调两标（两个团）湖北新军驰援四川。但是结果是：兵未到成都就因为发不出兵饷而发生了兵变，领兵的铁路督办大臣端方被杀。

1911年，端方被委任为川汉粤汉铁路督办大臣，因欲与湖广总督瑞澂争功，在盛宣怀的支持下，强行将四川当地民办铁路收归国有，激起川湘鄂保路运动。端方于7月14日抵达汉口，至9月7日，发生成都赵尔丰枪杀川民血案，四川局势濒于失控。9月10日，朝廷将四川总督赵尔丰免职，命端方署理，率湖北新军第八镇第十六协第三十一标及第三十二标一部，经宜昌入川，至资州。

11月27日因未能及时为士兵发饷，新军哗变，本来，自1910年2月以来，长江中下游雨水过多，导致江水猛涨，物价随之上涨，而清朝廷无力应付水灾，于是要削减军费，1911年5月军官们的俸禄就减少了40%，这本身就已经严重引起军队的不满，现在连削减了的俸禄都发不出来，而且还要他们远涉千里到四川去打仗，军队当然就发生哗变了，端方和其弟端锦为军官刘怡凤所杀。

被杀之前这位被称为"有学有术"而且是著名金石收藏家的前两江总督端方说他的祖先是汉人，姓陶。1912年1月10日晚7时，端氏兄弟的头颅，放在装洋油的铁盒里，由重庆民军代表李某押解上船，运抵武昌。鄂军都督黎元洪下令将两颗头颅游街示众，武汉万人空巷，围观此头。后由端方长子端继先寻回并运回北京安葬。

朝廷从湖北调兵入四川镇压，结果造成武汉守备减弱，10月10日武昌起义爆发，起义军随即占领了武汉三镇，朝廷大慌。当时御史王宝田在奏折中说："此时的鄂事决裂，实由川民之变；其致变之由，由于收回铁路国有之政策。而主张此事者，则邮传部尚书盛宣怀也。"

然而，盛宣怀不但对武昌起义的爆发有直接的责任，而且武昌起义后清廷形势的急剧恶化，也因他的一句话而造成了相当大的影响。

原来，1911年10月10日武昌起义爆发以后，清廷派陆军部尚书兼京畿陆军六镇训练大臣的荫昌率领北洋军南下镇压，10月15日，荫昌乘车离京南下，邮传部大臣盛宣怀来了，告诉他打武汉时切莫把汉阳铁厂打废了，如果能保全这个重要铁厂的安全的话，会奖励十万大洋。为了让荫昌记住，快要开车了盛宣怀还对着火车窗户对荫昌说："荫大人，我跟你交代的这个事情可别忘了。"荫昌回答说："盛大人，你放心，只管把大洋准备好就行了。"

但是没有想到这句话让在站台上的外国记者听见了，他们以为朝廷派荫昌领兵南下时军饷没有准备好。

第二天，日本的《顺天时报》和英国的《泰晤士报》都发布了该消息。这个消息一登出来，立刻就在社会上炸了锅，老百姓都认为已经风雨飘摇的清廷没有钱了，因此自己存在银行里的钱肯定不安全了，所以人们都上街到银行门口排队取钱。尤其是此时的皇室官员们都带头到银行挤兑，例如庆亲王奕劻，光他一家就有好几百万的存款，他将这些钱都取出来存进了英国汇丰银行。只有两天时间，北京就有两家银行因无力支付而倒闭。

接着金融危机就波及上海，一夜之间，昔日富裕繁华的上海十里洋场内，银行因大量挤兑发现现金不够了，于是在上海也有几家银行相继关门，贴出告示："因现金告急，暂停运营。"再接下来，从南到北全国大大小小的城市，甚至包括最稳定的东三省，像奉天、营口、大连等城市，也都出现了挤兑的金融危机。金融危机是最能扰乱民心的，此时人们就纷纷开始出逃，寻找比较安全的地方，国家局面已难收拾。

严重的金融危机再加上江南连续两年的大雨，造成长江流域几百万灾民流离失所，社会秩序已经严重混乱，如此坏事一环接一环就造成了严重的后果：

社会上，也就是各个阶层的老百姓，都认为清朝廷的末日快到了，从而武昌起义爆发后，整个社会（从官到民）都没有支持朝廷的任何呼吁与行动；

政府因江南严重水灾，又不得不削减军费，再由于金融危机，真的造成军饷支付困难，因此军队中就普遍酝酿了哗变的情绪以响应武昌起义；

在如此混乱的局势下，各省巡抚看到朝廷权贵都在取钱考虑后路，也感到清廷无望了，所以也开始思考今后自己应当走哪一步，事实上后来他们大部分都走上了脱离清廷的道路。

6—14. 开展赈灾功不可没，慈善事业从此开始

中国近代著名的实业家盛宣怀，同时也是一位社会慈善活动家。在清朝末年的赈灾救济活动中他发挥了重要的作用。

1877—1878 年（清光绪三年至四年），山西、陕西、河南、河北一带都遭受到极其严重的旱灾，史载饿殍达一千万人以上，被称为"丁丑奇荒"。李鸿章时为直隶总督，正处重灾之区，赈灾工作十分繁重。他在天津设立了直隶筹赈局处理赈务，盛宣怀以候补道的身份参加该局工作，于 1878 年 5 月，被派往献县主持赈灾。他会同地方官员下乡做了一次调查，给李鸿章写了两份报告，详细汇报了献县受灾后的情形。由于连年灾荒，当地农民除了土地之外已一无所有，久旱无雨，土地坚硬，种粮已被吃尽，农田大半荒芜，无人耕种，灾民或者流落外省，或者坐以待毙，形势非常严峻。灾民人数太多，"献县至少须发赈二万户，方能稍援垂毙。"盛宣怀所带政府赈灾款只有区区六千串，以每户一千文散放，只能救济六千户。盛宣怀请求借库平银一万两，以满足救济"极贫之户"之需。由于这是计划外的要款，可能拨不下来，盛宣怀提出："此银如筹赈局无款核销，拟请代为转借，俟职道回南劝捐，如数归缴，决不敢短少。"

所谓"劝捐"，即在民间开展募捐义赈活动。回南劝捐之"南"，指的是江苏、浙江、上海一带，主要是上海地区。我国江南地区素称鱼米之乡，上海开埠后，逐渐成为万商云集的国际化都市，工商业阶层和市民阶层较国内其他地区发达。江南地区的商贾市民长期有乐善好施的传统美德，也在长期接触西方传教士和商人的过程中受到西方文化的影响，特别是基于人道主义思想的国际红十字会组织的影响。

19 世纪中叶，上海一地已出现为数众多的善会、善堂。其中，同仁辅元堂的董事主要是上海的船商和钱业商人，如郁松年、沈大本、赵立诚、经纬等皆为著名富商；果育堂的主持人主要是在上海经营洋药、洋布业的广东籍买办商人唐廷枢、徐润等；沪北仁济堂和元济善堂则是丝商施善昌、施则敬父子创办、主持的；普育堂有着著名慈善活动家、上海知

县余治参与创办的背景，带有半官方的色彩，但董事主要来自民间商人。

这些民间慈善组织的资金来源，主要依靠行业商会，机构稳定，运转圆熟，平时从事施医、施药、施衣、施棺、恤嫠、保婴、惜字等社会救济工作，灾时就成为募捐义赈的组织机构。由于善堂、善会常常带有同业商会的背景，基于互助救济的理念，他们的募捐活动常常颇有效果，是民间赈灾救济活动的主要力量。1871年河北水灾时，盛宣怀与父亲盛康一起参与赈灾工作，曾到江苏、上海一带募捐钱物，收效颇大，因此他才有把握向李鸿章要求增加一万两赈款，"回南劝捐，如数归缴"。

1879年，为了解决河北特大旱灾后遗留下来的为数众多的孤儿寡妇的抚养问题，盛宣怀秉承李鸿章的意思，在天津设立一座名为"广仁堂"的慈善机构，其创办者和董事多为"南省助赈绅士"，如王承基、吴大澄、经元善、郑观应、李金镛等。其中王承基是上海人，吴大澄是江苏吴江人，经元善是浙江上虞人，李金镛是江苏常州人，郑观应是广东人，但也长期在沪经商。这些人大多数是上海一些著名善会、善堂的堂董或司事。王承基1882年被推举为上海同仁辅元堂的司总，经元善先后在同仁辅元堂、果育堂任职，郑观应曾任上海保婴局董事，后又在果育堂任董事，他们有着长期从事民间慈善事业的经历和经验。盛宣怀晚年回忆广仁堂时曾说"北省向无善堂"，广仁堂可称南方绅商在北方创设善堂的开山之举，南方多善堂都是基督教在中国传播所造成的影响。

1904年日俄战争期间，为了救助陷于战区的民众，上海的一些慈善事业活动家仿效西方红十字会的章程和办法，联合中立的英、美、法、德等国在沪的外交人士、企业家，在上海创设了一个名为"上海万国红十字会"。这个组织虽然也带有政府背景，当时的两位筹划此事的大臣吕海寰、盛宣怀是肩负政府使命的幕后主持人，但出面活动的华人董事沈敦和、施则敬、任锡汾则都是长期在上海从事慈善事业的南方商人。这为1910年2月中国红十字会的正式成立（首任会长就是盛宣怀）起到先导的作用。

1906年春、夏，安徽、江苏又发生特大水灾，受灾人口达730万人。由于地方官吏对赈灾救济工作的漠视和拖延，又造成大批灾民流离失所，清江、沭阳一带灾民每天饿死者数百人，情况非常紧急。鉴于盛宣怀在历年赈灾活动中的影响和号召力，灾区绅民纷纷写信给盛宣怀，甚至直接派代表到上海拜见盛宣怀，呼吁他出面主持赈济工作。

由于朝廷初次拨出的政府赈灾款只有十万两银子，远远不够使用，新任两江总督端方也竭力邀请吕海寰、盛宣怀主持义赈募捐工作。盛宣怀当时正在上海和吕海寰一起与德国、意大利等国进行商约谈判，虽然公务繁忙，还是难以袖手，便慨然承担起义赈重任。

由于掌控了上海广仁堂这样一个民间慈善机构，盛宣怀运作起来颇为顺手。上海广仁堂成为徐、淮、海水灾的义赈主持机构，刊印灾启、登发广告、寄发募册、派员巡视调查、收取捐银、填开收照、编制账册、散放赈款赈衣、编印征信录，一概义赈事务，全由广仁堂经手办理，起到了组织机构和指挥中心的作用。

盛宣怀晚年谈及广仁堂时曾说："上海广仁堂系鄙人一手所建设，平常办理各种善举，遇有灾荒，同人提倡义赈，历有年所。堂内捐置房地、矿业股份，以为恒产，如能经理得宜，未始不可达救人目的。"

这里特意提出"上海广仁堂"，似有与1879年最初在天津创办的广仁堂作以区别的意思。天津广仁堂初办时带有官方色彩，经费有一部分来自官方，在上海设立的广仁堂则没有了官方经费的来源，主要由盛宣怀主持的轮船招商局、电报局、汉冶萍公司、又新公司等企业赞助，已演变成民间性质的慈善组织。

这次水灾的义赈工作前后超过半年。由于江苏一些地方官员官僚作风严重、赈灾不力，盛宣怀致电两江总督端方表示不满："官赈现由乡董地保造册送州，匀摊办法，义赈系经司事亲历各灾区查看开办，俟官赈放后，义赈以补不足。……向来官赈不过凭董保造册呈送，因为分次匀摊，每口最多数百钱，散放极迟，克扣极多。且百姓皆称吃皇粮可不吃者亦都要吃，董保徇情而不中饱者，已算极好。宣官直东，总司赈务，亲督查户，洞察其弊，曾多有建言，禀院以官作义，系将官赈并归义赈，责成义绅，随查随放，奏销则列明官赈若干，义赈若干。官可不派委员，即派员亦只会同义绅而已。非必委员无妥人，实因章法不同。且委员所带之人，断不能耐苦终日奔波，故以候补官充义绅，亦能变好。"

他所提出的"官、义合赈"的建议，得到端方的支持。盛宣怀随后亲自起草制定了《江南北官义两赈合办章程十八条》，规范来自政府途径和民间途径款物的管理和发放办法，实际上官赈的管理权也已经归于上海广仁堂。端方在冬赈结束后上奏朝廷，褒扬盛宣怀等人的功绩："自议定官赈义赈合办，绅任查产放钱，官任监视弹压，遴派员绅，分投开办，随查随放，不少耽延，办理尚称顺手。……至各属查赈，安静不扰，实惠普沾，则义绅之力为多。而此次义绅之遍布各属，力任劳怨，实由驻沪商约大臣吕海寰、盛宣怀主持公义，极力提倡所致。本年九月以后，该人臣等首倡义赈，于捐款弩末之时毅然认筹钱百万串，所派义绅类多朴实廉干之才。"

这年冬赈结束后统计："官赈发过银七十万两，合钱一百余万串，官办平粜米价充赈钱二十万串，义赈钱六十余万串，提用淮海各属积谷钱十余万串，约共钱二百万串有奇。"通过上海广仁堂募捐所得的义赈款占了全部赈灾费用的 30%。

晚年时，盛宣怀对江南地区的绅商长期以来乐于参与灾赈活动屡有褒言："江南义赈，闻于天下，垂四十年，凡遇各省荒歉偏灾，一经官绅布告，靡不竭力集资，四出拯济。"

这是基于他数十年来主持义赈活动事实的基本结论。

中国近代历年的赈济救灾活动中，盛宣怀的组织、推动与上海地区的民间募捐活动作用确实是举足轻重的。

6—15. 终遭罢免永不叙用，历史功绩不可磨灭

由于武昌起义爆发后朝廷的形势越来越险恶，于是 1911 年 10 月 26 日，盛宣怀遭到罢免，谕旨说："盛宣怀受国厚恩，竟敢违法行私，贻误大局，实属辜恩溺职。盛宣怀着即革职，永不叙用。"

六天以后，原来的庆亲王皇族内阁总辞职，袁世凯重新组织内阁。

盛宣怀狼狈出京，先去青岛，然后又转大连，最后惶惶然逃往日本神户。

《清史稿》给他的最后结论是："宣怀侵权违法，罔上欺君，涂附政策，酿成祸乱，实为误国首恶。"

这是站在大清朝廷的观点，而盛宣怀对中国工业、现代高等教育和金融事业发展所作出的贡献在中国历史上却是不可磨灭的。

1912年秋，中华民国建立后，盛宣怀受孙中山邀请回到上海，在上海租界中继续主持轮船招商局和汉冶萍公司。但盛宣怀支持袁世凯，"二次革命"时他希望袁能胜利。1915年日本曾试图拉拢盛，但遭到盛的拒绝。1916年4月27日，盛宣怀病逝于上海。他的葬礼极其盛大，盛宣怀出殡轰动上海，耗资30万两白银，送葬队伍从斜桥弄（吴江路）一直排到外滩，为此租界当局专门安排了交通管制。

盛宣怀去世后所留遗产达二千万两银子以上，主要是这么多年借外债所得的回扣，而李鸿章逝世财产也不过一千万两银子。

在中国近代史中，人们对盛宣怀的总体评价是：

对中国现代工业、金融业、交通运输业的发展和推动洋务有不可忽视和十分重要的贡献；

对中国现代高等教育的发展和慈善事业的发展有历史性的贡献；

对武昌起义的发生有前因后果的、非主观的贡献。

总之，他是一位写入了中国近代历史的重要人物。

盛宣怀创造了11项"中国第一"：

第一个民用股份制企业轮船招商局；

第一个电报局中国电报总局；

第一家内河小火轮公司；

第一家银行中国通商银行；

第一条铁路干线京汉铁路；

第一家钢铁联合企业汉冶萍公司；

第一所高等师范学堂南洋公学（交通大学）；

第一家勘矿公司；

第一座公共图书馆；

第一所近代大学北洋大学堂（天津大学）；

首先创办了中国红十字会。

慈禧太后对盛宣怀的评价："盛宣怀为不可少之人。"

李鸿章对盛宣怀的评价："志在匡时，坚韧任事，才识敏瞻，堪资大用。"

张之洞对盛宣怀的评价："可联南北，可联中外，可联官商。"

孙中山对盛宣怀的评价："热心公益，而经济界又极有信用。"

华东师范大学教授、《盛宣怀传》的作者夏东元对盛宣怀的评价："处非常之世，走非常之路，做非常之事的非常之人。"

但鲁迅对盛宣怀的评价却是："卖国贼、官僚资本家、土豪劣绅。"

后人说，盛宣怀开始是在李鸿章军前当幕僚，后以襄助李鸿章主办洋务企业逐步起家，历任山东登莱青道兼烟台海关监督、天津海关道、大理寺少卿、工部左侍郎、邮传部右侍郎、邮传部尚书和邮传部大臣等职，也成为晚清政府的重要官员。

盛宣怀地位的重要性，不在于官，而在于他掌握和控制了当时的主要近代企业。如旧中国第一家自办最大近代航运公司招商局，第一家自办的也是唯一的电报局，规模宏大的煤铁钢联合企业——汉冶萍煤铁厂矿公司和最大的纺织厂——华盛纺织厂，旧中国自办的主要铁路干线和第一家银行——通商银行，等等，都是由他创办、主持和控制的。另外，他还兴办了旧中国最早的天津北洋大学堂、上海南洋公学等新式学校。旧中国近代化第一阶段中创建起来的主要近代工矿交通运输和金融企业，大半都通过盛宣怀之手。

也就是说，盛宣怀是旧中国第一代资本主义近代化的奠基人之一，也是旧中国新兴资产阶级的领袖人物。

盛宣怀的主要过失同样在于：没有能在兴办近代企业奠定资本主义经济基础的同时，突破封建政治体制的上层建筑，建立与之相适应的民主政治，反而利用控制近代企业的能量，向晚清政府谋求"高官"，使自己陷入封建政治体制的旋涡。

正如夏东元在《盛宣怀传》代序中所说："终其生未能克服保守政治主张与进步的经济实践间的矛盾。"凭盛宣怀创建近代企业的经济实践，他对封建政治体制和封建传统思想的危害性，应该比李鸿章有更深的感受。可惜的是，他在政治思想上，同样未能冲出两者的牢笼，始终站在晚清政府保守的立场。

在戊戌维新运动中，他公开提出与康、梁等人相对立的变法方案，说"中国的根本之学不必更动，只要兵政、工政两端采取各国之所长"。在八国联军入侵时，他敏锐地觉察到形势对国家的不利，于是积极创议和组织"东南互保"，虽然违反了慈禧的意旨，却也维护了东南半壁江山的稳定和免于战火。

1911年5月9日，在他邮传部大臣任内宣布的"铁路干线国有"命令，成为爆发辛亥革命的导火线。

辛亥革命爆发以后，他又竭力动员袁世凯出山，积极参与调兵运粮，企图扑灭革命烈火，挽救晚清政府，但是大清朝廷还是被辛亥革命所推翻。

他个人的结果是：他死保的晚清政府还是寿终正寝；他做大官的迷梦到头来也不得不破灭；他的近代化事业由于受时代的限制，必然在实施过程中受到了各种干扰和影响，从而始终未能获得正常的发展。

总之，李鸿章与盛宣怀，在中国历史和大地上，首先创建了近代企业并发展了工业，为中国早期资本主义近代化立下了大功；但他们个人的能力与愿望，不可能冲破封建政治体制和封建传统思想的牢笼，他们个人的能量可能影响历史，但难以左右历史潮流，因此旧中国第一代近代化未能得到人们想象的效果，也就不能完全归咎于是李鸿章与盛宣怀个人的过失或无能。

主要参考书目

1. 《清史稿》，赵尔巽等撰，中华书局，1977 年；

2. 《清德宗实录》，世续等编，中华书局，1987 年；

3. 《清穆宗实录》，宝鋆等编，中华书局，1987 年；

4. 《中国近代史上的关键人物》，苏同炳 著，百花文艺出版社，2007 年；

5. 《中国近代史》，徐中约 著，第 6 版，世界图书出版公司，2008 年；

6. 《近代中国史纲》，郭廷以 著，格致出版社、上海人民出版社，2009 年；

7. 《晚清七十年》，唐德刚 著，岳麓书社，1999 年；

8. 《清代通史》，萧一山 著，华东师范大学出版社，2006 年；

9. 《曾国藩传》，朱东安 著，百花文艺出版社，2001 年；

10. 《重读曾国藩》，牛贯杰 著，东方出版社，2014 年；

11. 《点评曾国藩家书》（上、下），唐浩明 著，华夏出版社，2009 年；

12. 《太平天国》，牟世安 著，上海人民出版社，1959 年；

13. 《能静居日记》，清 赵烈文 撰，岳麓书社，2013 年；

14. 《晚清巨人传——左宗棠》，安静波 著，哈尔滨出版社，1996 年；

15. 《左宗棠评传》，王天奖 著，河南教育出版社，1990 年；

16. 《走进李鸿章》，许绍堂、许高彬 著，中国书店，2013 年

17. 《晚清第一相李鸿章》，余云叶 著，群众出版社，2011 年；

18. 《太平天国诸王传略》，刘刚、焦洁 著，广东人民出版社，2003 年；

19. 《捻军》，史清禄 著，上海人民出版社，2007 年；

20. 《康有为大传》，张耀鑫、刘媛 著，华中科技大学出版社，2013；

21. 《庚子勤王与晚清政局》，桑兵 著，北京大学出版社，2004 年；

22. 《中国近代史话初集》，左舜生 著，台北传纪文学出版社，1970 年；

23. 《花随人圣盦摭忆》，清 黄濬 著，上海古籍书店，1983 年；

24. 《清稗类钞》，徐珂 著，中华书店，1983 年；

25. 《庸庵笔记》，清 薛福成 著，江苏人民出版社，1983 年；

26. 《光绪朝东华录》，清 朱寿朋 编，张静庐等校点，中华书局，1984 年；

27. 《庚子西行记事》，清 唐晏 著，台湾广文书局，1967 年；

28. 《庚子西狩丛谈》，清 吴永口述、刘冶襄记录，岳麓书社，1985 年；

29. 《庚子国变记》，清 李希圣 著，上海古籍出版社，1995；

30. 《崇陵传信录》，清 恽毓鼎 著，中华书局，2007 年；

31. 《方家园杂咏纪事》，清 王照 著，中华书局，2007 年；

32. 《光绪皇帝外传》，清 恽毓鼎、景善 著，重庆出版社，1998 年；

33. 《凌霄一士随笔》，清 徐凌霄、徐一士 著，山西古籍出版社，1997 年；

34. 《清代野史》，辜鸿铭 著，巴蜀书社，1983 年；

35. 《翁同龢传》，高阳 著，中国友谊出版社，1999 年；

36. 《慈禧十大迷案破解》，徐彻 著，中华书局，2008 年；

37. 《枫窗三录》，罗继祖 著，大连出版社，2001 年；

38. 《翁同龢与戊戌变法》，萧公权 著，台北联经出版公司，1983 年；

39. 《晚清那些人和事》，何晓明 著，东方出版中心，2013 年；

40. 《最后的摄政王——载沣传》，凌冰 著，文化艺术出版社，2006 年；

41. 《洋务运动史》，夏东元 著，华东师范大学出版社，1992 年；

42. 《甲午战争与近代社会》，戚其章 著，山东教育出版社，1990 年；

43. 《晚清人物与史事》，马忠文 著，北京师范大学出版社，2015 年；

44. 《清代人物传考 下篇》，李文海、孔祥吉 编，辽宁人民出版社，1989 年；

45. 《国闻备乘》，胡思敬 著，上海书店出版社，1997 年；

46. 《咸丰同治帝》，徐立亭 著，吉林文史出版社，1993 年；

47. 《晚清那些人和事》，何晓明 著，东方出版中心，2013 年；

48. 《洋务运动史》《盛宣怀传》，夏东元 著，华东师范大学出版社，

1992 年；

49.《甲午殇思》，刘声东、张铁柱 主编，上海远东出版社，2014 年；

50.《谋定天下——流传千古的大清幕僚故事》，姜越 主编，中国财富出版社，2014 年；

51.《晚晴五大名人》，王鲁湘 主持，现代出版社，2015 年；

52.《曾国藩传》，[美]黑尔 著，王纪卿 译，湖南文艺出版社，2011 年；

53.《晚清大变局中的思潮与人物》，袁伟时 著，海天出版社，1992 年；

54.《曾国藩集团与晚清政局》，朱东安 著，华文出版社，2003 年；

55.《中兴名臣曾左胡李》，高伯雨 著，香港波文书局，1977 年。